Informationsmanagement

CW01096259

Springer
Berlin
Heidelberg
New York
Barcelona
Hongkong
London
Mailand
Paris
Singapur
Tokio

Helmut Krcmar

Informations-
management

Zweite, verbesserte Auflage

Mit 137 Abbildungen
und 26 Tabellen

 Springer

Prof. Dr. Helmut Krcmar
Universität Hohenheim
Institut für Betriebswirtschaftslehre
Lehrstuhl für Wirtschaftsinformatik (510H)
Schloß Osthof-Nord
D-70599 Stuttgart
E-mail: krcmar@uni-hohenheim.de

ISBN 3-540-66359-2 Springer-Verlag Berlin Heidelberg New York

Die Deutsche Bibliothek – CIP-Einheitsaufnahme
Krcmar, Helmut: Informationsmanagement / Helmut Krcmar. – Berlin; Heidelberg;
New York; Barcelona; Hongkong; London; Mailand; Paris; Singapur; Tokio: Springer,
2000
   ISBN 3-540-66359-2

SPIN 10699827   42/2202-5 4 3 2 1 0 – Gedruckt auf säurefreiem Papier für Carol und Annamarie

Vorwort zur 2. Auflage

Seit dem Erscheinen der ersten Auflage haben die Entwicklung des Internets und die wachsende Bedeutung von eCommerce die Bedeutung der Enabler-Funktion von IKT eindrucksvoll unterstrichen. Neben den an der Web-Schnittstelle offensichtlich werdenden Veränderungen von Kundeninteraktion, Geschäftsprozessen und Industriestrukturen wird damit vor allem die Bedeutung des Managements von Information, Informationssystemen und IKT für Unternehmen offensichtlich. Diese zunehmende Anerkennung der umfassenden Bedeutung von Informationsmanagement und der Erfolg der ersten Auflage sind Anlaß genug, eine zweite, überarbeitete Auflage vorzulegen.

Bei aller technologischer Entwicklung haben die Grundfragen des IM keine Veränderungen erfahren. Wie können Unternehmen die Möglichkeiten der IKT bestmöglichst nutzen? Welche Organisationsstrukturen, welche Aufgabenaufteilungen im Informationsmanagement haben sich bewährt? Daher wurde die Struktur des Buches nicht grundsätzlich überarbeitet. Ebensosehr haben wir uns entschlossen, die bewährte Form der Schreibung im Deutschen beizubehalten. Neben Aktualisierungen, Umstellungen und Straffungen wurden neue Inhalte und Fälle ergänzt. Themen wie Herausforderung Datenflut, neue Formen des Softwareentwicklungsprozesses, Nutzenkategorien der Informationsverarbeitung, Total Cost of Ownership Debatte, Management von Internet und Sicherheitsfragen werden nun explizit adressiert. Die Fälle "Data Warehouse bei Bayer", "eCommerce bei Brokat", "IKT-Leitlinien bei der Siemens AG" und „Rauser Advertainment AG" sind neu entstanden.

Mein besonderer Dank gilt meinen Mitarbeitern am Lehrstuhl für Wirtschaftsinformatik der Universität Hohenheim. Dies sind Tilo Böhmann, Astrid Hoffmann, Andreas Johannsen, Arnd Klein, Christine Koppenhöfer, Michael Reb, Dirk Rutschmann, Bernd Vöhringer, Jörn Weigle, Stephan Wilczek und Holger Wittges. Sie haben die Änderungen erarbeitet. Besonderer Dank gilt Frau Christine Koppenhöfer und Herrn Arnd Klein für die Organisations- und Layoutarbeit am neuen Werk.

Last but not least: alle Fehler gehen zu Lasten des Autors. Ich hoffe, daß das neue Buch auch wieder Spaß beim Lesen macht.

Alle Abbildungen sind auf Anforderung vom Autor digital erhältlich.

Hohenheim im Juli 1999   Helmut Krcmar

Vorwort

Information Highway, Informationsgesellschaft, Information als Wettbewerbsfaktor: Diese Stichworte verdeutlichen die unternehmerische und gesellschaftliche Bedeutung von Information. Doch nicht nur Information allein, sondern auch die Systeme, die Informationen verarbeiten, speichern und übertragen und die Technologien, auf denen sie beruhen, verdienen Aufmerksamkeit. Informationsmanagement hat die Aufgabe, den im Hinblick auf das Unternehmensziel bestmöglichen Einsatz der Ressource Information zu gewährleisten. Es zählt daher sowohl aus managementorientierter wie technologieorientierter Sicht zu den wesentlichen Bestandteilen heutiger Unternehmensführung.

Die Idee zu diesem Buch entstand 1988 in der Diskussion um die Frage der strategischen Nutzung und der Produktivitätswirkungen des Einsatzes von Informations- und Kommunikationstechnologien. Schmerzlich wurde im Laufe der Jahre deutlich, wieviele Lücken zu schließen waren, bevor ein umfassendes Konzept des Informationsmanagements bereit steht. Dieses sind zum Teil weniger Lücken in detaillierten Forschungsergebnissen, sondern es sind vielmehr konzeptionelle Lücken gewesen.

Zentral ist die Einsicht, daß Informations- und Kommunikationstechnologie die Rolle eines Enablers und nicht nur die eines Rationalisierers spielt. Die Aufgabe des Informationsmanagements, diese Chancen für das Unternehmen zu nutzen und dabei Risiken zu begrenzen, zieht sich durch das ganze Buch. Neben diesem Kernthema war die Beschäftigung u.a. mit den Begriffen Information und Wissen, der Dualität von Information, der Gestaltung eines Ebenenmodelles für das Informationsmanagement, der Integration der Informationswirtschaft in das Aufgabenspektrum des Informationsmanagements, der Verbindung der technologischen Aspekte des Informationsmanagements mit denen der Interpretation von Informationen, dem Konzept der Technologiebündel als Gegenstand des Technologiemanagements, der Entwicklung eines Informationsverarbeitungs-Controlling-Ansatzes bis hin zur strategischen Bedeutung der Nutzung von Informations- und Kommunikationstechnologie, der Rolle der Informations- und Kommunikationstechnologie als Implementor, Facilitator und Enabler bis zur Frage der Synchronisierung technischer und organisatorischer Entwicklungsgeschwindigkeiten Voraussetzung für das Entstehen des Buches. Alle diese Themen führen zu einer umfassenden Darlegung des Informationsmanagements, die über die reine Darstellung von Methoden weit hinausreicht.

Die Erstellung wäre ohne die Mithilfe vieler Menschen nicht möglich gewesen. Zunächst ist allen zu danken, die im Laufe der Jahre als Diskussionspartner gedient haben, auch wenn sie gar nicht wußten, daß sie dies gerade taten. Den Interviewpartnern, die zur Ausarbeitung uns für Interviews in den Firmen zu Verfügung standen, mein herzlicher Dank. Ohne ihre Bereitschaft, Informationen zur Verfügung zu stellen, hätten die Praxisaspekte weit geringeren Eingang gefunden. Dann ist den Mitarbeitern des Lehrstuhls für Wirtschaftsinformatik an der Universität Hohenheim zu danken, die mich bei der Erstellung der Texte unterstützt haben. Dies sind Volker Barent, Alexander Buresch, Helga Daum, Dr. Georg Dold, Dr. Torsten Eistert, Dr. Petra Elgass, Karin Gräslund, Andreas Johannsen, Dr. Henrik Lewe, Jakob Rehäuser, Stephan Schönwälder, Dr. Gerhard Schwabe, Dr. Bettina Schwarzer, Dietmar Weiß und Stefan Zerbe. Über die Jahre haben viele wissenschaftliche Hilfskräfte ihren Beitrag geleistet. Besonderer Dank gilt vier Personen, die mich im Laufe der Jahre mal getrieben, mal unterstützt haben. Mein Dank gilt zunächst Frau Dr. Bettina Schwarzer für ihr unermüdliches Engagement, das Thema „Buch Informationsmanagement" trotz vieler anderer Aktivitäten in der Bedeutung hochzuhalten. Herrn Dr. Torsten Eistert, der es verstanden hat, mit intensiven Diskussionen die Inhalte voranzutreiben. Und schließlich gilt dem Team von Andreas Johannsen und Jakob Rehäuser Dank, die in der Endphase der Buchproduktion unermüdlich daran gearbeitet haben, daß aus dem Manuskript ein einheitliches und auch aus ihrer Sicht gut lesbares Buch werden konnte.

Selbstverständlich gehen alle formalen und inhaltlichen Fehler zu meinen Lasten.

Ich wünsche mir, daß das Buch neben dem Verbreiten von Wissen dem Leser auch Freude bereitet.

Hohenheim, im Juli 1996   Helmut Krcmar

1 EINLEITUNG

1.1 ZUR BEDEUTUNG DES INFORMATIONSMANAGEMENTS

Die Bedeutung von **Informationsmanagement (IM)** als Management von **Information**, von **Informationssystemen (IS)** und von **Informations- und Kommunikationstechnologie (IKT)** wird unterschiedlich begründet. Neben der Argumentation, die versucht, die Bedeutung der IKT auf den dadurch erzielbaren Produktivitätsgewinn zurückzuführen, gibt es weitere Thesen. Zum einen wird IM als eine zentrale Aufgabe der Unternehmenskoordination gesehen, um über die Koordination der Informationsströme die Koordination der Leistungserstellung zu erreichen. Eine weitere These beschäftigt sich mit der Frage, inwieweit IM das Bindeglied zwischen Unternehmensstrategie und der Nutzung von IKT ist. Darüber hinaus läßt sich untersuchen, inwieweit IM Geschäftsprozesse unterstützt und ermöglicht. Weitere Überlegungen schließlich beinhalten, inwieweit die IKT nicht einer Interpretation zu ihrer Nutzung bedarf und das IM sozusagen als Interpretationsmanagement zu betrachten ist.

Die Diskussion um die **Produktivitätswirkung** der Informationsverarbeitung wurde in den 90iger Jahren immer wieder durch verschiedene Untersuchungen neu aufgeworfen, die feststellten, daß die zu hohen Produktivitätsverbesserungserwartungen durch den Einsatz von IKT nicht eintreten (*Harris/Katz* 1988; *Panko* 1991; *Brynjolfsson* 1993; *Brynjolfsson/Hitt* 1996). Eine in Hohenheim zum IV-Controlling durchgeführte Umfrage zeigt deutlich, daß ein Unterschied in der Wahrnehmung besteht zwischen dem, was an Produktivität vermutet wird, und dem tatsächlich realisierten Beitrag (*Krcmar* 1990, 1992). Das Problem der Produktivitätswahrnehmung kann also auch durch eine zu hohe Produktivitätserwartung entstanden sein. Darüber hinaus zeigen die Ergebnisse aber auch, daß nicht **IKT** per se Produktivitätsgewinne liefert, sondern ihre Nutzung. Andersherum ausgedrückt: eine im Rahmen des Informationsmanagement dem Unternehmen angepasste Nutzung von IKT führt zu erheblichen Produktivitätsfortschritten und zwar nicht nur dadurch, daß Computer verwendet werden, sondern daß im Zuge der Verwendung von Computern Arbeitsabläufe und Arbeitsstrukturen effizienter, effektiver und schneller gestaltet werden. Dadurch wird deutlich, daß die Managementfunktion im Kern der Produktivitätsdebatte steht, denn nur durch sie kann die Nutzung sonst „neutraler" IKT für das Unternehmen vorteilhaft gestaltet werden.

Darüber hinaus ergibt sich das IM als Aufgabe der Unternehmenskoordination. Nach einer Untersuchung von Information als Produktionsfaktor bestimmt *Schüler* (1989, S.184) den Gegenstand des **IM** als „die verantwortliche Gestaltung der betrieblichen Informationswirtschaft im weitesten Sinn - von ihrer Konzeption im

Sinn einer Unterstützung der strategischen Unternehmensziele bis zur Realisation unter den üblichen Effizienzgesichtspunkten, wie sie für alle betrieblichen Funktionen gelten". Obwohl Koordination als Untersuchungsgegenstand ein Streitobjekt zwischen Unternehmensführung, Controlling und IM sein kann, soll dieser Konflikt nicht weiter erörtert werden. Es läßt sich aber feststellen, daß die Gestaltung von **IS** zu den zentralen unternehmerischen Aufgaben gehört. Ob man sie mehr über die Frage der Inhalte, der Planung und Gestaltung oder mehr über die Frage der Informationsströme und -strukturen definiert, sei dahingestellt, unbestritten ist ihre Wichtigkeit.

Die Ableitung der Bedeutung des IM aus der Beeinflussung der Unternehmensstrategie hat inhaltlich durch die Diskussion über **strategische IS (SIS)** seit Mitte der 80er Jahre Bedeutung erlangt. Das Beispiel von American Airlines, in dem ein Unternehmen durch die Umsetzung von IKT in ein Reservierungssystem Wettbewerbsvorteile in seinem eigentlichen Geschäft erlangte, war Beginn einer Serie von Beiträgen, Wettbewerbsvorteile durch die Nutzung von IKT zu beschreiben. Derartige Wettbewerbsvorteile werden heute mit der vergleichsweise nüchternen Erwartung betrachtet, daß nicht nur das Sichern von Vorteilen, sondern vor allem auch das Vermeiden von Nachteilen wichtig ist. Wettbewerbsdynamisch zeigen sich neue Anwendungen von IKT regelmäßig nicht nur als Effizienzsteigerung, sondern auch als Paradigmenwechsel. Der Wechsel von der verbesserten Kundenführung durch DV-Systeme zum Electronic-Home-Banking zeigt eine derartige Paradigmenverschiebung. SIS waren demnach für Unternehmensleitungen deutlicher Anlaß zur Kenntnis zu nehmen, daß durch die Nutzung von IKT nicht nur Effizienzvorteile, sondern tatsächlich auch Wettbewerbs- und Marktvorteile, die über Kostendifferenzen zwischen Unternehmen hinausgehen, erreicht werden können.

In der danach erfolgten Diskussion um das **Business Process Reengineering (BPR)** wurde der Einsatz von IKT als selbstverständlich dargestellt. Es ist in allen Publikationen nachzulesen, daß BPR nur unter Nutzung von IKT durchgeführt werden kann. Diese „Enabling"-Funktion wird zwar prozeßorientiert motiviert, daß aber auf gemeinschaftliches Material in Form von gemeinsamen Daten und Informationen durch Datenbankintegration zurückgegriffen wird, ist ein weiterer Beleg für die Bedeutung des IM. Gleichzeitig macht die Enabling-Funktion auch deutlich, daß in diesem Zusammenhang IKT im Dienste des BPR steht und damit ihre bestimmende Rolle verliert. Gerade deswegen hat sie eine prägende Rolle, aber als ein vollständig integrierter Teil des Ganzen.

Diese ermöglichende Funktion der IKT spiegelt sich auch in den aktuellen Ansätzen zum **Wissensmanagement** wider. Viele davon bauen auf IKT auf, um die Speicherung von und den Zugriff auf größere Mengen „Wissens" zu ermöglichen und räumliche Distanzen der Wissensarbeit zu überwinden. Die damit verbundene systematische Gestaltung von Wissensflüssen verändert das Angebot von und die

Nachfrage nach Information im Unternehmen. Doch erschöpft sich Wissensmanagement nicht im Management von Informationstechnologien. Zum einen ist Wissen nicht immer durch IKT speicherbar und kommunizierbar, weil es „tazit", also verborgen ist. Zum anderen muß Wissensmanagement über die informationswirtschaftliche Sicht hinaus die Voraussetzungen für ein Gelingen von Wissensflüsse schaffen und dies erfordert Veränderungen in der Organisation und der Kultur des Unternehmens. Wie bei BPR fügt sich auch in diesem Fall das Management und die Gestaltung von IKT als ein Baustein, wenn auch ein wichtiger, in das Gesamtgebäude Wissensmanagement ein.

Der systematische Umgang mit Unternehmenswissen birgt große Herausforderungen für das Informationsmanagement. Große Mengen explizites Wissen lassen die Datenflut noch bedrohlicher als bisher erscheinen. Um erfolgreiches Wissensmanagement zu ermöglichen, muß es gelingen, den Zugang und Umgang mit großen Beständen an schwach strukturierter Information zu erleichtern. Darüber hinaus macht die Diskussion um Unternehmenskulturen und Visionen deutlich, daß die Führung von Unternehmen durch die Vermittlung von Informationen und Wissen geschieht. Da das Informationsmanagement diese Vermittlungsprozesse gestalten will, kommt dem IM immer mehr die Aufgabe des **Interpretationsmanagement** zu. Eine Beschränkung auf die Unterstützung der Unternehmenskoordination durch die effiziente Abwicklung bestehender Geschäftsprozesse oder das Schaffen von Wettbewerbsvorteilen mittels SIS greift zu kurz.

Betrachtet man sich die Fülle fehlgeschlagener DV- Projekte, gewinnt Informationsmanagement auch dadurch an Bedeutung, dass sich die Gestaltungsmöglichkeiten der betrieblichen Informationswirtschaft im Spannungsfeld zwischen technologisch Machbarem, den arbeitsorganisatorischen Anforderungen der Mitarbeiter an Informationssysteme und der organisatorischen Konfiguration selbst, befinden. Im Management dieses Spannungsfeldes liegt eine zentrale Herausforderung an das IM.

1.2   ZIEL DES BUCHES

Dieses Buch will dem Leser ein umfassendes Verständnis des IM nahe bringen. IM wird als ein Teilbereich der Unternehmensführung verstanden, der die Aufgabe hat, den im Hinblick auf die Unternehmensziele bestmöglichen Einsatz der Ressource Information zu gewährleisten. Damit gehören auch alle Managementaufgaben, die sich mit der Planung, Organisation und Kontrolle der Nutzung der Ressource Information, der notwendigen IS und IKT befassen zum Bereich IM, ebenso wie die dazu erforderlichen Gestaltungsaufgaben. IM ist sowohl Management- wie Technologiedisziplin und gehört zu den elementaren Bestandteilen heutiger Unternehmensführung.

Dieser Komplexität des Themas will das Buch nicht durch Simplifizierung, sondern mit sensibilisierender Diskussion entgegentreten und dazu beitragen, die Diskussion um das Informationsmanagement differenzierter zu führen. Auch weil es sich als hinreichend schwierig erweist, die Problematik des IM von der Informationswirtschaft bis zu den Hardware-Technologien ganzheitlich zu betrachten, verzichte ich auf eine naheliegende formale Modellierung des Gegenstandsbereiches. Zwar sehe ich IM auch als einen Prozeß, derzeit ist aber der inhaltlichen, aufgabenorientierten Beschreibung eher als einem normativen Ablauf der Erfüllung der Aufgaben des IM Vorrang einzuräumen. Die Problemlage als auch die Aufgaben des IM sind transparent zu machen und sowohl Lösungsmöglichkeiten als auch Begrenzungen zu zeigen.

Das Buch versteht sich als Lehrbuch und weniger als umfassende, wissenschaftliche Monographie. Verständlichkeit und Verwendbarkeit stehen - soweit vom Autor zu beurteilen - im Vordergrund. Daher ist das Buch eher pragmatisch geschrieben und verzichtet weitgehend auf formale Ableitungen. Wenn vom Umfang vertretbar, werden empirische und theoriebasierte Ergebnisse der IM-Forschung eingearbeitet, anderenfalls wird in die Literatur verwiesen.

1.3   AUFBAU DES BUCHES

Im zweiten Kapitel „Ein Rahmen für Informationsmanagement" wird zunächst Informationsmanagement als Managementaufgabe vorgestellt und im Abschnitt „Grundbegriffe" nicht nur die Definitionen für das Verständnis des IM vorgestellt, sondern auch die Varietät und der Kontrastreichtum unterschiedlicher Verständnisse von scheinbar einfachen Grundbegriffen deutlich gemacht. Darauf aufbauend werden die vorherrschenden Konzepte des IM einander gegenübergestellt und in ein Modell für das IM-Grundverständnis dieses Buches überführt.

Auf dieses Modell baut die Struktur des dritten Kapitels „Die Aufgaben des Informationsmanagements" auf, bevor das abschließende vierte Kapitel „Querschnittsthemen des Informationsmanagements" einige sich durch alle Elemente des Modells hindurchziehenden und nicht auf das IM an sich begrenzbare Punkte anspricht. Dieses letzte Kapitel soll eine Lücke modularer Ansätze in den Lehrbüchern zum IM schließen.

Daher folgt die Gliederung des Buches dem im zweiten Kapitel entwickelten Modell des IM und ergänzt die Beschreibung der Aufgaben um Querschnittsthemen.

Zur besseren Übersichtlichkeit des Buches wurde ein Ordnungsrahmen angelegt. Dieser dient als Leitfaden, um die einzelnen Bestandteile des IM besser einordnen zu können. Diese Ordnungsaufgabe wird von den in der Kopfzeile verwendeten Symbolen erfüllt. Dem Leser wird dadurch immer signalisiert, in welchem Themenbereich des Buches er sich gerade befindet.

Im **zweiten Kapitel** werden die Grundlagen für das Verständnis des IM gelegt. Hierfür wird im *ersten Unterkapitel* das dem Buch zugrunde liegende Managamentverständnis und der Stand der IM Forschung vorgestellt. Das Symbol „IM" weist den Weg.

Im *vierten Unterkapitel*, herausgehoben durch das Ebenenmodell als Symbol, wird das dem Buch zugrundeliegende Modell des IM vorgestellt.

Im **dritten Kapitel** werden die Aufgaben des IM strukturiert nach dem Ebenenmodell ausgeführt. Im *ersten Unterkapitel* werden die Aufgaben des Managements der Informationswirtschaft dargelegt. Als Symbol dient das Ebenenmodell des IM mit grau unterlegter oberster Ebene.

Im *zweiten Unterkapitel* wird das Management der IS erläutert. Als Symbol dient das auf mittlerer Ebene grau unterlegte Ebenenmodell des IM.

Das *dritte Unterkapitel* behandelt das Management der IKT. Die unterste Ebene des Ebenenmodells wurde als Wegweiser grau unterlegt.

Im *vierten Unterkapitel* wird auf die Führungsaufgaben des IM, die den anderen Ebenen nicht direkt zuordenbar sind, eingegangen. Symbolisch wird das durch den grau hinterlegten ebenenübergreifenden Balken ausgedrückt.

Prozesse
Sicherheit
Standardisierung
Synchronisierung

Das **vierte Kapitel** behandelt Themen, die losgelöst vom Ebenenmodell das gesamte Unternehmen durchziehen. Als Wegweiser dient jeweils die grau hinterlegte Bezeichnung des Querschnittsthemas.

2 EIN RAHMEN FÜR INFORMATIONSMANA-GEMENT

In diesem Kapitel skizziere ich zunächst anhand der Beschreibung des Informationsmanagement als Managementaufgabe mein Grundverständnis von Management. Danach wird durch die Definition notwendiger Grundbegriffe die Grundlage gelegt, um die Konzepte des IM angehen zu können. Anschließend werden Konzepte des IM aus der Literatur vorgestellt, die zur Erfassung der Realität, aber auch zu ihrer Gestaltung dienen können. Nach einer kritischen Gegenüberstellung mit den aus der Diskussion um den Informationsbegriff hervorgegangenen Kriterien wird ein Modell des IM vorgestellt, das den weiteren Ausführungen dieses Buches zugrundeliegt.

2.1 INFORMATIONSMANAGEMENT ALS MANAGEMENTAUFGABE

Kann man in einer von steten Preissenkungen geprägten und gleichzeitig turbulenten Entwicklung der IKT, die immer wieder neue Begriffe hervorbringt und der Begriffe wie „vaporware"[1] entstammen, etwas über **langfristig gleichbleibende Aufgaben** aussagen? Gibt es so etwas wie ein dauerhaftes Problem im IM, das es gestern, heute und morgen zu lösen gilt? Kann es sein, daß die von *Mertens* (1995) beschriebenen überhöhten **Moden**, denen viel langsamere Fortschrittsprozesse zugrunde liegen, so daß sowohl eine Abschwächung der Euphorie als auch eine Verminderung der Skepsis vorzunehmen ist, weder schädlich noch verwerflich sind, sondern diese Moden für die langfristige Entwicklung im IM geradezu erforderlich sind?

Einen Brückenschlag zwischen den aufgabenbezogenen Verhaltensmustern „Grundproblem lösen" und „Moden nacheifern" liefern *Eccles/Nohria* (1992). In ihrem Buch „Beyond the Hype" beschreiben sie die Aufgaben des Managements als Förderung des Wandels, der Anpassung und der Handlungen. Zu diesem Zweck skizzieren sie den Dreiklang **Rhetorik**, **Aktion** und **Identität**. Abbildung 2-1 zeigt im inneren Kreis diesen Dreiklang. Die Sprache (Rhetorik) des Managements dient dazu, Aktionen zu veranlassen. Aus den Folgen dieser Aktionen ergibt sich die Identität der Menschen und der Organisation und damit die Organisationskultur. Ohne Rhetorik gibt es keine Handlung und ohne Handlung keine Änderung der Identität und ohne Änderung der Identität keine evolutorische Anpassung an die Bedingungen der Umwelt.

---

[1] Ins Deutsche wohl am treffendsten als „Scheinlösung" übersetzbar.

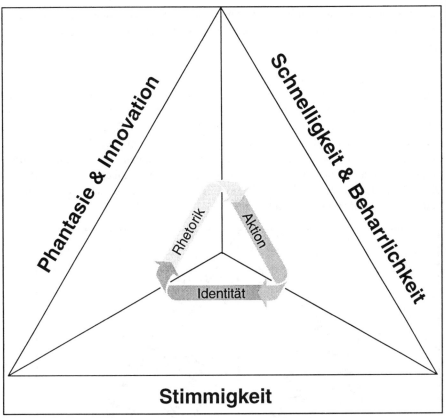

Abbildung 2-1: Dreiklang von Rhetorik, Aktion und Identität

Dieses Verständnis von Management ist sicherlich einer Führungslehre angemessener als das ausschließliche Verständnis von Führung als ein Entscheidungsproblem. Wie Pribilla/Reichwald/Goecke (1996) aber zeigen konnten, ist Kommunikation und Anleiten von Aktion wohl ebenso Bestandteil wie das Treffen richtiger Entscheidungen. Gerade aus organisatorischer Sicht dient die Rhetorik dazu, Handlung zu verlangen und zu ermöglichen. Weil Handlungen Folgen haben, folgt aus ihnen etwas: die zerrissene oder stimmige Identität einer Organisation.

Angesichts der Nutzungsmöglichkeiten der technologischen Entwicklungen, besteht, wenn man *Eccles/Nohria* in Analogie folgt, eine Grundaufgabe des IM in der Förderung des Wandels, um den Fit zwischen IKT und ihrer Nutzung im Unternehmen sowie den wechselnden Nutzungsbedingungen **und** den sich ändernden Technologiebedingungen in der Unternehmensumwelt zu gewährleisten. Dieses letzte „und" ist wichtig, da sich diese Änderungen gleichzeitig vollziehen, sowohl innerhalb als auch außerhalb des Unternehmens. Die Änderungen der Technologiebedingungen führen zu veränderten Nutzungspotentialen und veränderten Ko-

stenstrukturen. Solche Änderungen haben oft paradigmatischen Charakter, nur
wenige haben evolutorischen Charakter. Was vorher „richtig" war, wird nachher
„falsch" sein.

Die Änderungen der Nutzungsbedingungen ihrerseits beeinflussen die Notwendigkeit und Vorteilhaftigkeit der Technologienutzung. Beide Änderungen, die der
Technologiebedingungen und der Nutzungsbedingungen, beeinflussen sich gegenseitig, daher das Gefühl der Undurchschaubarkeit. Welche Technik soll man vor-
antreiben, wenn man nicht weiß, was die externen und internen Kunden wollen,
und wenn die Kunden nicht erahnen, was sie wollen könnten? Unter diesen Bedingungen ist Wandel unabdingbar. Wie ihn also in Gang bringen? Darin liegt die
Bedeutung der Moden und der Rhetorik, nämlich den unverzichtbaren Wandel
unter neuem Namen in Gang zu bringen.

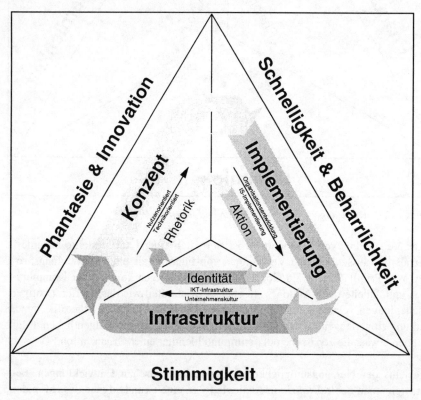

*Abbildung 2-2: Dreiklang von Rhetorik, Aktion und Identität sowie Konzept, Implementie-
rung und Infrastruktur*

Bei genauerer Betrachtung ergibt sich, daß das Grundproblem des IM „die in bezug auf die Unternehmensziele effiziente Versorgung aller Mitarbeiter und anderer
Stakeholder mit relevanten Informationen mit Hilfe der Gestaltung und des Einsat-

IM

zes von IKT" ist. Dieses Grundproblem ändert sich durch die Verwendung neuer Technologien nicht. Dennoch bestimmt allein die vorübergehende Vorteilhaftigkeit und Nachteiligkeit bestimmter Lösungen den im Einzelfall vorliegenden Erfolg des Unternehmens.

In Abbildung 2-2 wird daher in einem zweiten und äußeren Kreis der für das allgemeine Management angedeutete Regelkreis Rhetorik, Aktion und Identität für das Informationsmanagement mit den Stichworten **Konzept**, **Implementierung** und **Infrastruktur** unterlegt. Dabei lassen sich, ähnlich wie im Abschnitt „Die Synchronisierung von Entwicklungsgeschwindigkeiten im Informationsmanagement" (Abschnitt 4.5), nutzungs- und technologieorientierte Konzepte unterscheiden. Eine analoge Unterscheidung ist bei der Implementierung zu treffen. Dem nutzungsorientierten Konzept folgt die Organisationsentwicklung und ihr schließlich im Bereich der Infrastruktur die Unternehmenskultur. Dem technologieorientierten Konzept folgt die IS-Implementierung und die IKT-Infrastruktur.

Technologie- oder werkzeuggetriebenes Vorgehen führt wegen der Lösung der technischen Fragestellung zu tatsächlich neuen IKT-Infrastrukturen. Es folgt Mode auf Mode, die aber damit nur den ständigen Durst nach Alternativen und Innovationen befriedigen. Nutzungs- oder auch problemorientiertes Vorgehen dagegen führt auf jeden Fall zu einem verbesserten Verständnis des Problems, nicht unbedingt jedoch zur Lösung des Problems. Wenn sich dadurch das zugrundeliegende Problem zwar besser verstehen, aber nicht lösen läßt, so kann Enttäuschung folgen. Eine Fortschrittswahrnehmung durch Lösungen stellt sich nicht ein. Leider gibt es auf diese Art und Weise keine Befriedigung der Neugier, sondern höchstens Trost im besseren Wissen.

Sind Nutzungs- und Technologieorientierung im Unternehmen stark voneinander getrennt, entstehen zwar neue IKT-Infrastrukturen, aber keine veränderten Unternehmenskulturen. IKT-Infrastruktur und Unternehmenskultur bestimmen aber gemeinsam, welche Konzepte als neue rhetorische Option nunmehr denkbar sind. Es ist zu überlegen, ob es geschickter ist eine technikorientierte Rhetorik („Laßt uns das Internet nutzen") oder eine nutzungsorientierte Rhetorik („Mitarbeiter sollen bessere Informationen haben") zu verwenden, um Aktionen voranzutreiben. Die Dualität von Nutzungs- und Technologiebedingungen wird es erfordern, daß Konzepte beide Inhalte aufweisen. Die ausschließliche Konzentration auf Nur-Nutzung wird bei Einführung neuer Technologien zum Ergebnis einer abwertenden Ablehnung von Neuem führen („das hatten wir doch schon"), während die ausschließliche Konzentration auf Technologie zu dem Ergebnis eines Mißverhältnisses zwischen Anspruch und Wirklichkeit führen wird („Welches Problem soll man damit lösen?").

Aus der Betrachtung von Rhetorik, Aktion und Identität folgt für das Informationsmanagement weiterhin, daß die temporären Moden eben nicht abzuflachen, auch nicht zu überhöhen, sondern daß sie zu ertragen und auszunutzen sind. Sie dienen als Ansätze für neue Aktionen. Ihr Verschleiß ist schon deshalb notwendig, weil sie ja letztlich nur dazu dienen, verschiedene neue Aktionen anzustoßen. Es ist dann auch nicht verwunderlich, daß Moden in Wellen wiederkehren, so wie es auch in der Textilindustrie üblich ist.

Was nun sind die ausschlaggebenden Faktoren für den Erfolg von Konzept, Implementierung und Infrastruktur? Phantasie und Innovation bei der Konzeptfindung entsprechen Schnelligkeit und Beharrlichkeit bei der Implementierung und der Stimmigkeit bei der Infrastruktur. Vor allem das Thema Stimmigkeit kann dazu führen, die Bedeutung des IM zwar bestimmt, aber dennoch bescheiden vorzutragen. Für das IM folgt daraus, daß für alle Aktionen zu prüfen ist, ob sie auf einer eher getrennten, nutzungs- oder technologieorientierten oder doch identitätsvereinenden Sicht beruhen. Informationsmanager müssen sich dieses Kreislaufs von Konzept, Implementierung und Infrastruktur bewußt sein. Für die Fortentwicklung einer Organisation in unserer zwischen Konzeptualisten, Implementierern und Infrastrukturbetreibern hochspezialisierten Gesellschaft muß das IM eine Integrationsfunktion übernehmen. Es sollte neben der Gestaltung und direkten Beherrschung der Technologiebasis eine Personalbasis kultivieren, die den kompetenten Rhetoriker ebenso wie den qualifizierten Akteur, den mutigen Erneuerer genauso wie den konservativen IKT-Betreiber zum Zuge kommen läßt.

Demgegenüber darf aber die grundlegende Änderung in den Organisationen nicht übersehen werden, nämlich die tatsächliche Veränderung zur Informationsgesellschaft. Ob mit Kondratieff-Wellen beschrieben (*Nefiodow* 1990), mit Statistiken zum Bruttosozialprodukt und zur Arbeitsklassifikation charakterisiert oder soziologisch begründet: Die Veränderung von der Industriegesellschaft zur Informationsgesellschaft ist eine grundlegende Veränderung. Mit anderen Worten: Moden und Überhöhungen existieren. Die Tatsache, daß erst Rhetorik Aktion und individuelle Änderung bewirkt, darf nicht darüber hinwegtäuschen, daß - zwar langsamer als die informationstechnische Industrie uns glauben macht - sich die Grundlagen für Rhetorik, Aktion und persönliche Identität ändern. Die viel beschworene Revolution zur Informationsgesellschaft zeigt sich als Evolution - und wir müssen aufpassen, daß wir nicht durch unsere Zurückhaltung und Skepsis gegenüber dem Einsatz von Rhetorik zu verpassen.

2.2   GRUNDBEGRIFFE

2.2.1   Information

Da die Nutzung von **Informations- und Kommunikationstechnologien (IKT)** als **Datenverarbeitung (DV)**, **Informationsverarbeitung (IV)** und oft auch als **Wissensverarbeitung (WV)** bezeichnet wird, legt dies nahe, *Daten, Information* und *Wissen* seien das gleiche. Dem ist jedoch sicherlich nicht so, obgleich der Inhalt des Begriffes Information auch heute noch kontrovers diskutiert wird. Bevor ausführlich auf die Auffassungen von Information eingegangen wird, sollen an einem einfachen Beispiel Zusammenhänge zwischen Zeichen, Daten und Information dargestellt werden (vgl. Abbildung 2-3).

Auf der untersten Ebene befindet sich ein großer Vorrat verschiedener Zeichen als Basis aller weiter oben angesiedelten Begriffe. Werden die Zeichen einem Alphabet zugeordnet, kann man von Daten sprechen. Die Anreicherung mit zusätzlichem Kontext verschafft den Daten Bedeutung, so daß Information entsteht, beispielsweise darüber, daß mit 1,70 der Wert des Dollars in DM gemeint ist[2].

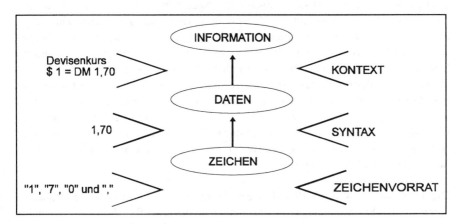

Abbildung 2-3: Die Beziehungen zwischen den Ebenen der Begriffshierarchie
Quelle: In Anlehnung an *Rehäuser/Krcmar* (1996, S.6)

Im folgenden werden aus der Fülle dessen, was zu Information bereits geschrieben wurde, einige Aspekte herausgegriffen, die für ein besseres Verständnis der Aufgaben und Probleme des IM von Bedeutung sind. Neben der allgemeinsprachlichen Verwendung sind das die nachrichtenorientierte Perspektive, die Sichtweise nach DIN, die Semiotik und die betriebswirtschaftliche Auffassung von Information. Schließlich wird auf den Modellcharakter der Information und seine Implikationen hingewiesen.

Die **allgemeinsprachliche Verwendung von Information** berücksichtigt, daß jeder täglich mit Informationen aller Art konfrontiert wird. Dies gilt für das Aufschlagen einer Zeitung ebenso wie für den Prozeß des „sich Informierens", wenn man in einer fremden Stadt ankommt und sich bei der „Information" erkundigt. Diesen umgangssprachlichen Gebrauch definiert *Seiffert* (1971, S.24) so:

---

2   Wird Information mit anderen Informationen vernetzt, entsteht *Wissen* auf einer noch höheren Ebene der Begriffshierarchie (*Rehäuser/Krcmar* 1996, S.4ff.).

„Information ist eine ... gegenwarts- und praxisbezogene Mitteilung über Dinge, die uns im Augenblick zu wissen wichtig sind." Etymologisch läßt sich Information aus dem lateinischen „informatio" ableiten, während „Informare" mit den Bestandteilen „in" und „forma" „eine Gestalt geben" bedeutet.

Die **Nachrichtentheorie** reduziert den Informationsbegriff auf Mitteilung und Nachricht (*Shannon/Weaver* 1976). Information wird verstanden als „diejenige Unsicherheit, die durch das Erscheinen des betreffenden Zeichens beseitigt wird" (*Gitt* 1989, S.4). Der nachrichtentechnische Informationsbegriff versucht den Informationsgehalt eines Zeichens zu ermitteln, um daraus Hinweise zur Codierung abzuleiten. Sie mißt diesen Informationsgehalt durch die Wahrscheinlichkeit des Auftretens eines Zeichens im Rahmen einer Nachricht. Mit abnehmender Auftretenswahrscheinlichkeit nimmt die Überraschung durch das Erscheinen eines Zeichens zu, also auch sein Informationsgehalt. Indem sich die Informationstheorie mit der Auftretenswahrscheinlichkeit von Zeichen befaßt, wird der Informationsbegriff auf eine statistische Dimension reduziert. Dies erlaubt, und darin liegt der Vorteil dieser Begriffsbildung, quantitative Aussagen über den Informationsgehalt von Zeichen, so daß die Übertragung durch Nachrichtenübertragungskanäle besser untersucht werden kann. Diese Art der Analyse versteht Information als eine Auswahl und Aneinanderreihung von Zeichen. Die informationstheoretische Sicht zeigt nicht, inwieweit beispielsweise ein Satz oder Wort verständlich, richtig, falsch oder ohne Bedeutung ist.

Die **DIN Norm 44300** (*FNI* 1972) geht in diesem Sinne nicht weiter, sondern vermeidet die Erklärung des Begriffes, indem sie die Begriffe „Zeichen", „Signal", „Nachricht" und „Daten" nutzt. Signale sind als physikalisch wahrnehmbare Tatbestände die Voraussetzung für die Übermittlung und Speicherung von Zeichen. Zwischen Nachricht und Daten wird anhand der Verwendung so differenziert, daß die Zeichenübertragung zu Nachrichten führt, während ihre Speicherung in Datenform geschieht. Mehr Erklärungspotential weist die **Semiotik** auf, die als eine allgemeine Lehre von Zeichen und Zeichenreihen die Aspekte Syntaktik, Semantik, Sigmatik und Pragmatik untersucht (Abbildung 2-4):

- Die *Syntaktik* befaßt sich mit der Beziehung zwischen den Zeichen eines Sprachsystems, also den durch Konvention festgelegten Regeln einer Sprache, nach denen einzelne Zeichen zu gültigen Ausdrücken und Sätzen kombiniert werden können.
- Die *Semantik* befaßt sich mit der möglichen inhaltlichen Bedeutung von Zeichen. Sie untersucht sowohl die Beziehung zwischen dem Zeichen und seiner Bedeutung als auch die Beziehung zwischen dem Zeichen und dem bezeichneten Objekt (*Sigmatik*).
- Die *Pragmatik* schließlich bezieht sich auf die Relation zwischen dem Zeichen und seinem Verwender.

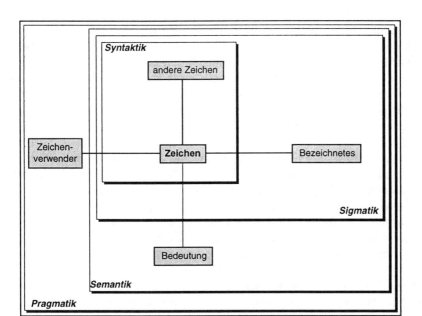

Abbildung 2-4: Syntaktik, Sigmatik, Semantik und Pragmatik
Quelle: *Berthel* (1975, Sp.1869)

Die semiotische Analyse der Information vermag die Beziehungen zwischen dem Objekt und dem Begriff der Information genauer zu definieren. Im Sinne der Sigmatik handelt es sich hierbei um eine Abbildung eines bezeichneten Objektes. Regeln nach denen diese Abbildung erfolgen kann, werden durch die Syntaktik gebildet. Semantik nimmt an, daß Inhalt (also Daten) und seine Bedeutung separat und voneinander trennbar sind. Der Verwendungszusammenhang wird als Pragmatik bezeichnet.

Die Betriebswirtschaftslehre hat dem Begriff „Information" im Lauf der Zeit zunehmende Beachtung geschenkt. Die vielzitierte Definition „**Information ist zweckbezogenes Wissen**" (*Wittmann* 1959, S.14) setzt den Begriff der Information in den Verwendungszusammenhang, wirft jedoch zwei weitere Probleme auf. Zum einen „Was ist Wissen?" und zum anderen „Was bedeutet zweckbezogen?". Es ist zwar sprachlich möglich, aber nicht besonders zweckmäßig, den Begriff „Information" durch den erst zu definierenden Begriff „Wissen" zu umschreiben. Zweckorientierung bedeutet in diesem Zusammenhang, daß nur solches Wissen als Information bezeichnet wird, das dazu dient, Entscheidungen oder Handeln vorzubereiten (*Wittmann* 1959, S.14).

Dies hat zur Aufwertung von Information zum **Produktionsfaktor** im betrieblichen Leistungserstellungsprozeß geführt. In volkswirtschaftlichen Produktionsfaktorsystemen werden die Produktionsfaktoren Arbeit, Boden bzw. Natur und

Sachkapital unterschieden. Innerhalb der Betriebswirtschaftslehre greift man zunächst auf die Faktorsystematik nach *Gutenberg* (1979) zurück, der die Elementarfaktoren objektbezogene Arbeitsleistung, Betriebsmittel und Werkstoffe sowie dispositive Faktoren (Betriebs- und Geschäftsleitung, Organisation und Planung) unterscheidet und diese Klassifikation als Grundlage seiner produktions- und kostentheoretischen Überlegungen verwendet. Die Kombination der Ressourcen bestimmt dabei das Ergebnis unternehmerischen Handelns.

Die von *Gutenberg* vorgelegte Systematik wurde von anderen Autoren modifiziert und explizit um Information erweitert (*Zimmermann* 1972, *Mag* 1984, *Martiny/Klotz* 1989). *Witte* (1972, S.64) beschreibt Information als eine „immaterielle aber keineswegs kostenlose Ressource". Seitdem hat sich die Behandlung von Information als Ressource im deutschen wie im amerikanischen Sprachraum (dort als „Information Resources Management" (*Horton* 1981)) immer stärker durchgesetzt.

Information zählt unter bestimmten Voraussetzungen zu den **Wirtschaftsgütern** (*Bode* 1993, S.61f.). Vom technischen Mittelcharakter sind die Zweckneigung als Erfüllung oder bei deren Mitwirkung für Zwecke eines Subjektes, das Vorhandensein und Verfügbarkeit im Wirkungsbereich eines Wirtschaftssubjekts und die Übertragbarkeit von einem Wirkungsbereich in einen anderen maßgebend. Wirtschaftlich muß eine relative Knappheit bestehen und die Information ökonomisch geeignet sein, d.h. auf eine wirksame Nachfrage stoßen. Diese Voraussetzungen werden beispielsweise vom *Informa–tionsprodukt* „Konjunkturprognose" eines Wirtschaftsforschungsinstituts erfüllt. Die Erzeugung von Information wird häufig als *Dienstleistung* bezeichnet (*Bode* 1993, S.66ff.).

Obwohl Information zu den Produktionsfaktoren gezählt wird und Wirtschaftsgüter darstellen kann, weist sie dennoch wesentliche Unterschiede auf, wie aus Tabelle 2-1, die materielle Wirtschaftsgüter und Information gegenüberstellt, deutlich wird:

Materielles Wirtschaftsgut	Information
Hohe Vervielfältigungskosten	Niedrige Vervielfältigungskosten
Angleichung der Grenzkosten an die Durchschnittskosten	Grenzkosten entsprechen Null
Wertverlust durch Gebrauch	Wertgewinn durch Gebrauch
Individueller Besitz	Vielfacher Besitz möglich
Wertverlust durch Teilung	Wertgewinn durch Teilung
Identifikations- und Schutzmöglichkeit	Probleme des Datenschutzes und der Datensicherheit
Schwierige Verbreitung	Einfache Verbreitung
Preis/Wert objektiv ermittelbar	Preis/Wert nur subjektiv bestimmbar
Kosten leicht identifizierbar	Kosten nur schwer identifizierbar
Preisbildungsmechanismus bekannt	Preisbildungsmechanismus weitgehend unbekannt
Bestandsbewertung möglich	Bestandsbewertung problematisch
Wirtschaftswissenschaftliche Theorien und Modelle verfügbar	Theorie- und Modelldefizit

Tabelle 2-1: Vergleich von materiellen Wirtschaftsgütern und Information
Quelle: *Martiny/Klotz* (1989, S.14)

Darüber hinaus werden folgende Eigenschaften von Information erwähnt (*Eschenröder* 1985, S.91f; *Martiny/Klotz* 1989, S.14; *Strassmann* 1982, S.75f.; *Picot/Franck* 1988; *Picot* 1988):

- Informationen sind immaterielle Güter, die auch bei mehrfacher Nutzung nicht verbraucht werden.
- Informationen stiften dem Informationsbenutzer Nutzen, beispielsweise wenn sie in Handeln umgesetzt werden.
- Informationen sind keine freien Güter, sie können daher einen kostenadäquaten Wert haben.
- Der Wert der Information hängt von der kontextspezifischen und von der zeitlichen Verwendung ab.
- Der Wert der Information kann durch das Hinzufügen, Selektieren, Konkretisieren und Weglassen verändert werden. Information ist erweiterbar und verdichtbar.
- Es gibt unterschiedliche Qualitäten von Informationen, wie z.B. Genauigkeit, Vollständigkeit, Zeitgenauigkeit und Zuverlässigkeit.
- Informationen können mit Lichtgeschwindigkeit transportiert werden, auch wenn die der Information zugrunde liegenden Gegenstände (Bezeichnetes) nicht mit der gleichen Geschwindigkeit transportiert werden können.

- Käufer erhalten Kopien, so daß sich die Durchsetzung exklusiver Rechte insbesondere Eigentumsrechte als schwierig erweist.

Aus diesen Unterschieden läßt sich ein von den Managementaufgaben der materiellen Produktionsfaktoren abweichendes IM begründen. Wesentlich ist dabei der bereits in der Semiotik angesprochene **Modellcharakter** von Information. *Steinmüller* (1981, S.73) schlägt deshalb vor, den Begriff „Information" durch „ein immaterielles Modell eines Originals für Zwecke eines Subjekts" zu ersetzen.

Der Modellbegriff ist unterteilbar in einerseits die Abbildungsregeln, denen gefolgt wird, um die Realität abbilden zu können, und andererseits den Erzeuger oder Betrachter als Modellsubjekt, die abzubildende Realität (Original) und den Adressaten der Modellbetrachtung. Modelle sind

- subjektrelativ, da Auswahl des Originals und der Abbildungsregeln auf den Erzeuger zugeschnitten,
- zweckrelativ, da auf Belange des Erzeugers ausgerichtet, und
- perspektivisch, da der Blickwinkel des Erzeugers eingeht (*Steinmüller* 1993, S.198ff.).

„Modell ist ein Bild von etwas für einen Zweck von jemand; noch kürzer: 'Modell' ist stets 'Modell-wovon-wozu-für wen'" (*Steinmüller* 1993, S.178) (Abbildung 2-5). Demnach sind Information, IS und Informationsprozeß als Modell eines Objekts zu verstehen, das über die semiotischen Relationen abgebildet wird. Dies dient den Verwendungszwecken eines Subjekts, das wiederum eine Verhaltensbeziehung zum Original hat. Dann trifft der umgangssprachliche Satz „Wissen ist Macht" nicht zu, sondern „Information ist nicht Macht, sondern ermöglicht Machtausübung" (*Steinmüller* 1981, S.73f.). Die Modellierung der Objektrealität läßt sich auch als *Interpretation* durch das Subjekt verstehen; Information ist dann Ergebnis und Anlaß einer solchen Interpretation, sie kann aber auch selbst wiederum Objekt und damit Interpretations- und Modellierungsgegenstand sein.

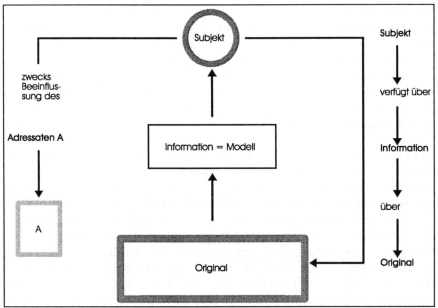

Abbildung 2-5: Information ist „Modell-wovon-wozu-für wen"
Quelle: *Steinmüller* (1993, S.178)

Die Modelleigenschaft der Ressource Information führt dennoch nicht zur vollständigen Abstraktion, denn jede Informationsübertragung hat sowohl einen physischen als auch einen informatorischen Aspekt. *Miller* (1978, S.15) stellt in seiner
Living Systems Theory fest: „Matter-Energy and Information always flow toge-
ther, Information is always borne on a marker". Der physische Prozeß wird dort
Materie-Energie-Transmission genannt, während der Bezug des Empfängers zur
Information in der Informationstransmission hergestellt wird. Folgendes Beispiel
möge dieses Verhältnis von Information zu Materie und Energie erläutern:

> Die von einem Affen verspeiste Banane ist ein nicht zufälliges
> Arrangement spezifischer Moleküle und besitzt dadurch auch ei-
> nen informatorischen Aspekt. Da der Affe die Banane aber
> hauptsächlich zur Ernährung benutzt, handelt es sich um eine
> Materie-Energie-Transmission. Wenn dagegen ein Licht einem
> Affen mitteilt, daß ein Knopf zu drücken ist, um die Banane zu
> erhalten, so steht bei diesem Licht der energetische Charakter
> nicht im Vordergrund. Obwohl auch dieses Licht ein nicht zufäl-
> liges, systematisches Arrangement von Molekülen darstellt, han-
> delt es sich diesmal um eine Informationstransmission (*Miller*
> 1978, S.15f.).

Mit diesem Beispiel kann man den Streifzug durch die Landschaft der Auffassungen von Information zusammenfassen. Die in der Betriebswirtschaftslehre „übliche" Definition von Information als zweckbezogenes Wissen geht - trotz ihres wesentlichen Beitrages der Zweckorientierung - an zwei wesentlichen Aspekten von Information vorbei, die gleichzeitig gelten: Information ist einerseits abstraktes Modell und andererseits bei Übertragung und Speicherung immer an physikalische Signale gebunden. Diese *Dualität* bedeutet, daß Informationen, obwohl sie Modelle einer physischen Realität darstellen, doch selbst physische Realität sind.

Jede klare sprachliche Regelung muß also zunächst festhalten, welches das Objekt ist, über das Informationen bearbeitet werden. Dabei wird sich IM immer auf einer höheren Abstraktionsstufe bewegen als z.B. die Produktion. Dieser Grundgedanke wird sich durch dieses Buch ziehen und dazu führen, daß die Darstellung in separaten Gliederungspunkten auf einer höher gelegenen Modellebene vollzogen wird. Auch die Modellbildung als Interpretationsprozeß spielt eine wichtige Rolle im Management der Ressource Information. Neben der Modelleigenschaft ist eine enge Bindung physischer und informatorischer Aspekte ein zentrales Problem des IM. Beispielsweise kann aus der Sicht des Verwenders entweder ein physikalischer Aspekt (Produktion von Listen im DV-Bereich) oder ein informatorischer Aspekt (Verwendung des auf den Listen Dargestellten) vorliegen.

2.2.2   Management

Der Begriff „**Management**" bzw. „**Führung**" läßt sich aus unterschiedlichen Perspektiven interpretieren und wird in der praktischen und wissenschaftlichen Literatur in vielen Varianten verwendet. In der anglo-amerikanischen Literatur werden beispielsweise fast alle im Unternehmen anstehenden Probleme zu Management- bzw. Führungsproblemen erhoben. Beschränkt man die Perspektive auf den deutschsprachigen Raum, so existieren weitere Auffassungen. So werden Management, Führung und Leitung oft als Synonyme gebraucht. Exemplarisch werden einige Auffassungen vorgestellt:

- Management ist eine komplexe Aufgabe: Es müssen Analysen durchgeführt, Entscheidungen getroffen, Bewertungen vorgenommen und Kontrollen ausgeübt werden (*Ansoff* 1966).
- Management kann ... definiert werden als die Verarbeitung von Informationen und ihre Verwendung zur zielorientierten Steuerung von Menschen und Prozessen (*Wild* 1971).
- The essence of management is the creation, adaption, and coping with change (*Leontiades* 1982).

Dem Management-Begriff kann ein funktionaler oder ein institutioneller Sinn unterlegt werden. Während funktionale Ansätze den Prozeß und die Aufgaben des Managements beschreiben, stehen beim institutionellen Verständnis die Personen

IM

und Personengruppen, die Aufgaben des Managements wahrnehmen, im Vordergrund.

Management im *funktionalen* Sinne beschreibt spezielle Aufgaben und Prozesse, die in und zwischen den Unternehmungen ablaufen. Diese Aufgaben und Prozesse werden wiederum in Personalfunktionen und Fachfunktionen differenziert. Aufgaben der *Personalfunktion* sind die persönliche Betreuung sowie die soziale Integration der Mitarbeiter, die in der Gestaltung des Arbeitsplatzes und der Personalförderung (Schulung und Weiterbildung) ihre Konkretisierung finden. Aus den *Fachfunktionen*, die primär der Sachaufgabenerfüllung dienen, läßt sich die Partizipation an der Realisierung der Unternehmungsziele ableiten. *Planung* (Zielvorgabe, Problemanalyse, Alternativensuche), *Entscheidung* bzw. *Realisierung* und *Kontrolle* stehen hierbei im Mittelpunkt.

Dem Management als *Institution* gehören alle Personen an, die als Entscheidungsträger ständig personen- und sachbezogene Aufgaben wahrnehmen: Vorstand bzw. Geschäftsleitung, Führungskräfte und Stäbe. Eine Zuordnung zum Management ist jedoch eher von den Aufgaben und Kompetenzen als von der hierarchischen Einordnung in die Struktur abhängig. Für dieses Buch finden institutionelle Aspekte des Managementbegriffes ihren Niederschlag in den Abschnitten, welche die Organisation des Unternehmens betreffen. Insgesamt folgt die Konzeption des IM jedoch einem funktionalen Managementverständnis.

Merkmale von Unternehmensführungsentscheidungen lassen sich wie folgt charakterisieren (*Macharzina* 1995, 39ff.):

* Grundsatzcharakter, d.h. es werden weitere Entscheidungen ausgelöst.
* Hohe Bindungswirkung, beispielsweise bei einer grundlegenden Reorganisation des Unternehmens.
* Irreversibilität, d.h. Entscheidungen können nur unter Schwierigkeiten rückgängig gemacht werden.
* Hoher monetärer Wert des Entscheidungsinhalts.
* Wertebeladenheit (ethische, soziale und politische Normen).
* Geringer Strukturierungsgrad.
* Große Reichweite, d.h. Entscheidungen betreffen das gesamte Unternehmen.

Zu den Aufgaben des Managements gehört auch der Kontakt der Organisation nach außen, weshalb *Daft/Weick* (1984) im Sinne einer „Interpretationsaufgabe" dem Management die Rolle des „sense making" für die Organisation zuweisen. Darüber hinaus wird diskutiert, ob die Trennung von Planung und Ausführung und damit von managen und nicht-managen aufrecht zu erhalten ist. Das Schlagwort „every employee a manager" (*Myers* 1970) umschreibt einen Ansatz, in dem der Handlungszyklus Planung, Ausführung und Kontrolle ganzheitlich und nicht arbeitsteilig auf mehrere Personen verteilt angegangen wird.

2.2.3   Informationssysteme

Die Wirtschaftsinformatik befaßt sich mit „**Informations- und Kommunikationssystemen in Wirtschaft und Verwaltung**" (*WKWI* 1994, S.80). Sie gilt als wissenschaftliche Disziplin an der Schnittstelle zwischen der Betriebswirtschaftslehre, die zu den Realwissenschaften gezählt wird, und der ingenieurwissenschaftlich orientierten Informatik. Damit kombiniert die Wirtschaftsinformatik interdisziplinär das Erfahrungsobjekt der Wirtschaftswissenschaften, den Betrieb im Wirtschaftssystem und die Institutionen der öffentlichen Verwaltung, mit der Ausrichtung auf Informationsprozesse und die informationsverarbeitenden Systeme. Der erweiterte Begriff der „**Informations- und Kommunikationssysteme**", der mit der kürzeren Form „**Informationssysteme (IS)**" gleichzusetzen ist, verdeutlicht den „siamesischen Zwillingscharakter" von Information und Kommunikation, die sich gegenseitig bedingen (*Heinrich* 1994, S.12). Da man Systeme allgemein als eine Menge von Elementen versteht, die in bestimmter Weise miteinander in Beziehung stehen, ist die *Kommunikation* in IS nichts anderes als der notwendige Austausch von *Informationen* zwischen den Elementen eines Systems und zwischen dem System und seiner Umwelt.

Bei IS handelt es sich um soziotechnische („**Mensch-Maschinen-**") Systeme, die menschliche und maschinelle Komponenten (Teilsysteme) umfassen und zum Ziel der optimalen Bereitstellung von Information und Kommunikation nach wirtschaftlichen Kriterien eingesetzt werden. Dabei gelten IS als offene, dynamische und komplexe Systeme: „*Offen*", weil ihre Elemente mit ihrer Umwelt interagieren, „*dynamisch*", da durch diese Interaktion die Elemente ihre Eigenschaften verändern können und „*komplex*" wegen der großen Anzahl von Elementen und den vielen Beziehungen zwischen diesen.

Die Auffassung von IS als soziotechnische Systeme führt zu der Frage, wie dieses Konstrukt weiter unterteilt werden kann. In der Organisationstheorie wird traditionell von „dem einen Informationssystem" des Unternehmens ausgegangen, welches die Gesamtheit aller betrieblichen Abläufe und Tätigkeiten bezeichnet, die sich mit Information befassen. Dieses eine IS mit seinen Planungs-, Steuerungs- und Kontrollaufgaben sei dem *Basissystem* der Unternehmung mit der Aufgabe der betrieblichen Leistungserstellung gegenüberzustellen (*Grochla* 1975).

In der Wirtschaftsinformatik wird der Begriff „Informationssysteme" üblicherweise im Plural gebraucht und eine Zerlegung des Gesamtsystems in Subsysteme vorgenommen. Beispielsweise lassen sich nach dem Verwendungszweck verschiedene Anwendungssysteme („application systems") für die Administration, die Disposition und die Entscheidungsunterstützung unterscheiden. *Administrationssysteme* werden für die Speicherung und Verarbeitung von Massendaten zum Beispiel in der Finanzbuchhaltung eines Unternehmens eingesetzt, während *Dispositionssysteme* Entscheidungen beispielsweise im Rahmen der Bestellabwicklung oder der Materialbeschaffung unterstützen. Der Begriff *Entscheidungsunterstützungssysteme* wird hingegen für die Vorbereitung von Entscheidungen der mittleren und oberen Managementebene angewendet (*Mertens/Griese* 1993, S.4ff.).

Nach ihrem Anwendungsfokus lassen sich IS einerseits in *betriebliche* und *überbetriebliche* IS einteilen, während andererseits *branchenspezifische* und *branchenübergreifende* IS unterschieden werden können. Warenwirtschaftssysteme für den Handel oder Produktions-, Planungs- und Steuerungssysteme in der Industrie sind Beispiele für branchenspezifische Systeme, während Anwendungssysteme für die Buchführung in allen Branchen angewendet werden können.

Nach *Scheer* (1988, S.94ff.) können IS eines Industriebetriebs in funktionsbezogene und unternehmensbezogene Systeme eingeteilt werden. Die *funktionsbezogenen* IS werden dabei in die Bereiche Produktion, Technik, Beschaffung, Absatz, Personal, Rechnungswesen und Verwaltung eingeteilt und schließlich durch Schaffung geeigneter Schnittstellen zu einem *unternehmensbezogenen* integrierten Gesamtsystem der betriebswirtschaftlichen IV weiterentwickelt.

Alle IS des Unternehmens fallen insofern in den Aufgabenbereich des IM, als IS die notwendigen Werkzeuge darstellen, um die Informationsversorgung im Unternehmen sicherzustellen. Planung und Bereitstellung der IS des Unternehmens zur Erfüllung betrieblicher Aufgaben stellt damit einen Teilbereich der Aufgaben des IM dar. IS nutzen das Potential der IKT.

2.2.4 Informations- und Kommunikationstechnologie

Neben dem Begriff der Information ist auch der **Technologiebegriff** und sein Verhältnis und Abgrenzung zum **Technikbegriff** Gegenstand unterschiedlicher Definitionsversuche. Im allgemeinen wird *Technologie* als der weitere Begriff verstanden, der sowohl die *Technik* als auch die *Verfahren* umfaßt. Damit bezeichnet „*Technologie*" die *Gesamtheit* sowohl der anwendbaren als auch der tatsächlich angewendeten Arbeits-, Entwicklungs-, Produktions- und Implementierungsverfahren der Technik (*Heinrich* 1996, S.157f.). Die „*Technik*" stellt damit die konkrete Anwendung einer Technologie dar, die entsprechend ihrer Neuigkeit und ihres Verbreitungsgrades als Basis-, Schlüssel-, Schrittmacher- oder Zukunftstechnologie bezeichnet wird. Bezieht man sich auf die Grundfunktionen Speicherung, Verarbeitung und Kommunikation der IV, lassen sich **Informations- und Kommunikationstechnologien (IKT)** definieren als die *Gesamtheit der zur Speicherung, Verarbeitung und Kommunikation zur Verfügung stehenden Ressourcen* sowie die *Art und Weise*, wie diese Ressourcen organisiert sind.

Insgesamt stellen IKT die Basis für die erfolgreiche Speicherung, Verarbeitung und Übermittlung von Informationen und damit für ein erfolgreiches IM dar. Mit dem Fortschritt der Entwicklung der IKT ist das IM im Unternehmen aus einer

Schattenfunktion herausgewachsen und bestimmt in immer größerem Maße die Effizienz und Effektivität der Unternehmung.

2.3   KONZEPTE DES INFORMATIONSMANAGEMENTS

Konzepte des IM gibt es in Hülle und Fülle. Viele gehen im wesentlichen auf das **Information Resources Management** (*Horton* 1981) zurück, obwohl in der Folgezeit unterschiedliche Begriffe wie **Informationsmanagement** (*Szyperski/Eschenröder* 1983), **Informatikmanagement** (*Österle* 1987) bis zum **Management der Informationsversorgung** (*Horváth* 1994) entstanden. Nach *Horton* (1981) ist ein Informationsmanager verantwortlich für die effiziente, effektive und ökonomische Behandlung aller *Informationen* und *Informationswerkzeuge* der Organisation. Eine der wesentlichen Aufgaben des IM ist es demnach, die erforderlichen Informationen zur richtigen Zeit und im richtigen Format zum Entscheider zu bringen. Wie der Werkzeugcharakter verdeutlicht, muß das IM dabei auch die nötige Informationsinfrastruktur bereitstellen.

Im Folgenden werden einige Konzepte zum IM vorgestellt, die unterschiedliche Sichten auf Information und IM herausarbeiten. Zunächst sind die an den Problembereichen des IM ausgerichteten *problemorientierten* Konzepte von *Cash/McFarlan/McKenney* (1992) und *Benson/Parker* (1985) (Abschnitt 2.3.1) zu nennen. Im deutschsprachigen Raum orientiert man sich viel stärker an den *Aufgaben* des IM, wie vor allem bei *Seibt* (1990), *Griese* (1990) und *Heinrich* (1996, 1999) deutlich wird, aber auch in der detaillierten Ablaufdarstellung des Ansatzes von *Österle/Brenner/Hilbers* (1991), der sich an ein Modell von *IBM Deutschland* (1988) anlehnt (Abschnitt 2.3.2). Von der Informatik her wird eine Schichtung nach Techniknähe als *Ebenenmodell* vorgenommen. Das Modell von *Wollnik* (1988) schafft eine überzeugende Trennung der Ebenen Information, IS und technologische Infrastruktur (Abschnitt 2.3.3). Die in solchen Ebenenmodellen fehlende Zusammenhangsdarstellung wird vor allem von *Architekturmodellen* wie ISA von *Krcmar* (1990b) und ARIS von *Scheer* (1991) angestrebt (Abschnitt 2.3.4).

Sinn der Vorstellung derart verschiedener Konzepte des IM ist es, dem Leser die Vielschichtigkeit der Konzepte näherzubringen, um das Management der Ressource Information angehen zu können. Diese unterschiedlichen Konzepte werden verglichen und anhand der in Abschnitt 2.2.1 entwickelten Sicht auf Information bewertet, bevor das der Darstellung der Aufgaben des IM in diesem Buch zugrundeliegende Modell vorgestellt wird.

2.3.1   Problemorientierte Ansätze im amerikanischen Sprachraum

Einen Klassiker zum IM stellte das Buch „Corporate Information Systems Management" von *Cash/McFarlan/McKenney* (1992) dar. Die Autoren

IM

identifizieren zuallererst die Themen, mit denen sich Informationsmanager auseinandersetzen müssen: die Wettbewerbsauswirkungen der IT (Strategic Impact), die Technologieentwicklungen (Changing Technologies), Organisationsentwicklung (Organizational Learning), die Beschaffungsentscheidungen zwischen Make oder Buy (Sourcing Policy), den kompletten Anwendungslebenszyklus (Applications Life Cycle) und die organisatorische Balance zwischen der IT-Abteilung, den IT-Nutzern in den Fachabteilungen und dem General Management (Power Balance). Diese Themen ziehen sich durch alle Kapitel des Buches, ohne daß eine eindeutige Aufgaben-Systematik vorliegt, was von den Autoren damit begründet wird, daß sich Probleme nicht eindeutig speziellen Aufgaben zuordnen lassen.

Noch viel stärker als bei *Cash/McFarlan/McKenney* (1992), wo die Balance zwischen IT-Abteilung und Fachabteilung bereits thematisiert wird, steht die Frage nach dem Verhältnis von Geschäftsstrategie auf der einen Seite und IT auf der anderen Seite im Vordergrund des **EWIM**-Ansatzes. EWIM (Enterprise-wide Information Management) wurde zu Beginn der 80er Jahre in den USA von *Benson/Parker* (1985) veröffentlicht (vgl. auch *Krcmar* 1985). Merkmale des Konzeptes sind einerseits die Trennung des Unternehmens in die zwei Bereiche „Nutzer" und „DV-Bereich" mit unterschiedlichen Planungsanforderungen und andererseits die Verbindung dieser Bereiche auf zwei Ebenen durch Planungsprozesse mit entgegengesetzter Richtung. Abbildung 2-6 zeigt, wie die Bereiche „Nutzer" und „DV-Bereich" auf zwei Ebenen miteinander verbunden sind, und daß diese Verbindungen in entgegengesetzte Richtungen laufen.

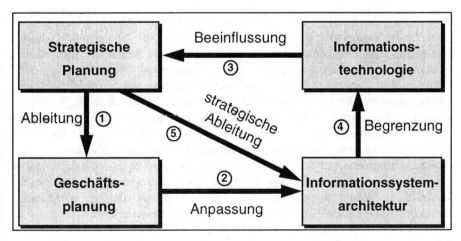

Abbildung 2-6: Die Beeinflussung von Technologie- und Geschäftssphäre
Quelle: In Anlehnung an *Parker/Benson/Trainer* (1988, S.59); *Krcmar* (1985)

Fünf Prozesse werden unterschieden: Die „**Ableitung der Geschäftsplanung aus der strategischen Planung** ①" liefert die generelle Basis für die weiteren

Prozesse, ohne daß das IM direkt betroffen ist. Der darauf aufbauende „klassische" Planungsprozeß für das IM, die **„Anpassung der Informationssystemarchitektur an die Geschäftsziele** ②", versucht die Unterstützung durch IT zu optimieren, indem die IS an die Unternehmensorganisation und die Bereichszielsetzungen angepaßt werden. Damit entspricht der Anpassungsprozeß dem klassischen Bild der DV als Dienstleister im Unternehmen (siehe auch *Earl* 1989). Probleme können allerdings entstehen, wenn (1) der Bedarf sich schneller ändert als die Umsetzung dauert, (2) der Bedarf erst während der Nutzung entsteht, (3) der Bedarf während der Nutzung wegfällt, oder (4) der Bedarf sich nicht klar auf Jahre im voraus bestimmen läßt. Tatsächlich sind jedoch diese vier Bedingungen gerade bei größeren Projekten oft gleichzeitig gegeben.

Deswegen wird der nächste Prozeß der **„Beeinflussung der Unternehmensstrategie durch Informationstechnologie** ③ " relevant, obwohl dieser Einfluß oft unterschätzt wurde und wird. Strategische Planung an sich steht nicht fest, sondern wandelt sich im Zuge der Veränderungen in der Umwelt, die auch und gerade durch IT geprägt werden, wie beispielsweise durch neue Distributionsformen, verbesserte Geschäftsabwicklung oder flexiblere Produktionstechniken. Dabei nimmt nicht die Technologie an sich, sondern die Nutzung der Technologie Einfluß auf die Strategie. Nutzungspotentiale durch IT sind z.B. bei elektronischen Märkten und der Vorgangskettenintegration gegeben. Dieser Beeinflussungsprozeß erfordert das Einbringen von Nutzungswissen in den strategischen Planungsprozeß und setzt damit Kommunikationsfähigkeit auf beiden Seiten voraus.

Beeinflussen der Strategie heißt jedoch nicht nur Möglichkeiten eröffnen, da im Sinne einer **„Begrenzung der Technologieoptionen** ④" die Nutzung der IT auch ihre technischen Grenzen erfährt. Das in Unternehmen theoretisch vorhandene Nutzungspotential kann aufgrund der existierenden IS-Architektur, der Qualifikation der Mitarbeiter und nicht zuletzt wegen des knappen unternehmensspezifischen Wissens der Technologienutzung nicht ausgeschöpft werden. Ist erst einmal die Rolle der existierenden IS-Architektur als Begrenzung für die Unternehmensstrategie erkannt, erscheint es sinnvoll, deren Entwicklung im Prozeß **„Strategische Ableitung der Informationssystemarchitektur** ⑤" in direkter Verbindung mit der Geschäftsstrategie zu gestalten und den „Umweg" über die Entwicklung operativer Geschäftspläne zu verkürzen. Da dennoch konkrete Anwendungen und Geschäftsprozesse betroffen sind, erfordert auch dieser Prozeß eine detaillierte Abstimmung der beteiligten Abteilungen.

Die Bedeutung des EWIM-Ansatzes besteht darin zu verdeutlichen, daß Nutzer und Bereitsteller von IT untrennbar miteinander verbunden sind: Technologische Optionen beeinflussen die strategischen Pläne, während die Geschäftsorganisation eine Anpassung der IS-Architektur an ihre Ziele verlangt. Wenn für die Unternehmensstrategie Entscheidungen über die Ausnutzung der durch

IM

Technologie gelieferten Handlungsspielräume zu treffen sind, dann sind Beurteilungsmaßstäbe für diese Spielräume vonnöten, wodurch der EWIM-Ansatz die Know-how Anforderungen auf beiden Seiten herausstellt. Des weiteren wird verdeutlicht, daß IM sowohl Impulse aus der geschäftlichen Welt erhält („Alignment") als auch gibt („Impact"), wodurch IT die Rolle eine „Enablers" zukommt.

2.3.2   Aufgabenorientierte Ansätze im deutschen Sprachraum

Heinrich/Burgholzer (1987) greifen als erste in einer umfassenden deutschsprachigen Lehrbuchform das IM auf. Mit IM bezeichnen sie das Leitungshandeln in einer Organisation in bezug auf Information und Kommunikation. „Generelles **Sachziel** des Informationsmanagements ist es, das Leistungspotential der Informationsfunktion für die Erreichung der strategischen Unternehmensziele durch die Schaffung und Aufrechterhaltung einer geeigneten Informationsinfrastruktur in Unternehmenserfolg umzusetzen" (*Heinrich* 1996, S.21). Er ordnet den Aufgabenschwerpunkt des IM nicht dem Management, sondern der Informationsfunktion zu und ordnet das Gebiet als Teilgebiet der Wirtschaftsinformatik ein. *Heinrich* (1996) strukturiert Aufgaben des IM auf der strategischen, administrativen und operativen Ebene, wie in Tabelle 2-2 dargestellt.

Strategische Aufgaben	Administrative Aufgaben	Operative Aufgaben
Strategische Situations-analyse	Projektmanagement	Produktionsmanagement
	Personalmanagement	Problemmanagement
Strategische Zielplanung	Datenmanagement	Benutzer-Service
Strategieentwicklung	Lebenszyklusmanagement	
Strategische Maßnahmen-planung	Sicherheitsmanagement	
	Katastrophenmanagement	
Qualitätsmanagement	Vertragsmanagement	
Technologiemanagement		
Controlling		
Revision		

Tabelle 2-2: Aufgaben des Informationsmanagements
Quelle: In Anlehnung an *Heinrich* (1996, S.3)

Die strategischen Aufgaben dienen der langfristigen Ausrichtung der IV an den Unternehmenszielen. Die administrativen Aufgaben des IM setzen die strategische Planung um und sind die Führungsaufgaben der Realisierung und Aufrechterhaltung der Infrastruktur, insbesondere der gesamten Systemplanung und Systementwicklung. Die operativen Aufgaben des IM sind die Führungs-aufgaben des Betriebes und der Nutzung einer vorhandenen IKT-Infrastruktur.

Auch *Griese* (1990) unterscheidet ein strategisches und ein operatives IM. Er ordnet den betriebswirtschaftlichen Produktionsfaktoren Mitarbeiter, Informations- und Kommunikationstechnik und Kapital die originären Führungsaufgaben Planung, Kontrolle, Organisation, Risikohandhabung und Innovation zu. Auf der Basis dieser Aufteilung erhält *Griese* ein Raster von 18 unterschiedlichen Aufgaben des IM. Damit wird zwar die Handhabbarkeit der Einzelfragen, nicht aber eine Darstellung des Zusammenhangs unterschiedlicher Aufgaben im IM erreicht.

In diese Tradition langer Listen von Funktionen läßt sich auch der Beitrag von *Seibt* (1990) einordnen. In einer Darstellung des Tätigkeitsspektrums des IM unterscheidet *Seibt* die drei Aufgabenbereiche Hardware- und Software-Systeme, Management System-Lebenszyklus und Informationsanalyse, -beschaffung, -verteilung, und -einsatz, denen verschiedene Gegenstandsbereiche zugewiesen werden. Manche Zuordnung ist allerdings nicht ersichtlich systematisch, so daß der Eindruck einer Aufgabenliste mit übergestülpter Gliederung bleibt.

IM

Strategische Ebene		
– Strategische Planung und Steuerung – Strategische Geschäftsplanung – IS-Architekturen-Erstellung – Strategische IS-Planung und Steuerung		
Taktische Ebene		
Entwicklungs-Planung – Anwendungs-Planung – Daten-Planung – System-Planung – Projekt-Planung	*Management-Planung* – Management-System- Planung – Management-System- Überwachung	*Informations-Service- Planung* – Service-Marketing- Planung – Servicegrad-Planung – Wiederanlauf-Planung – Datenschutz / Sicher- heits-Planung – Revisions-Planung
	Ressourcen-Planung – Kapazitäts-Planung – Budget-Planung – Personal-Planung – Management des taktischen IS-Planes	
Operationale Ebene		
Informations-Service-Steuerung – Projekt-Nominierung – Projekt-Detailplanung – Projekt-Steuerung – Projekt-Anforderungen Steuerung – Projekt-Abschlußbewertung	*Entwicklungs und Wartungs- Steuerung* – Änderungssteuerung – Ressourcen-Bestands- Steuerung	*Ressourcen-Steuerung* – Produktions- und Ver- teilungs-Detailplanung – Ressourcen- Produktivitätssteuerung – Problem-Steuerung – Service-Bewertung
Entwicklung und Wartung – Anwendungs- / Software- Entwicklung und Erweiterung – Anwendungs- / Software- Beschaffung und Anpassung – Hardware- / Einrichtungen, In- stallation u. Erweiterung – Wartung – System-Optimierung (Tuning) – Management-System-Entwicklung und Erweiterung	*Administrative Dienste* – Finanzielle Administration – Schulung / Training – Mitarbeiter Produktivität	*Informations-Services* – RZ-Produktion – Verteilung – Benutzerunterstützung – Service-Marketing

Abbildung 2-7: IS-Management Prozesse
Quelle: *IBM Deutschland* (1988, S.20)

Detaillierter als die bisherigen Aufgabenlisten sind die Konzepte des **„Information Systems Management (ISM)"** von *IBM* und seine Weiterentwicklung zum St. Galler ISM durch *Österle/Brenner/Hilbers* (1991). Das ISM-Konzept wurde von *IBM* in den 80er Jahren als genereller Rahmen für IM-Aktivitäten entwickelt. Abbildung 2-7 zeigt die Einteilung des IM in 11 Aktivitätenblöcke mit 42 Teilaufgaben auf der strategischen, taktischen und operativen Ebene. Jede Aufgabe ist dabei im Sinne eines Prozesses zu verstehen, so daß der Managementprozeß des IM in detaillierte Einzelprozesse aufgespalten wird. Im Mittelpunkt des Konzepts steht als Schnittstelle zwischen Planung und Umsetzung die Ressourcen-Planung.

Ausgehend vom St. Galler Management-Modell entwickelte *Österle* (1987) ein Teilmodell für die Integration der Informatik in die Unternehmensführung. Beim Herausarbeiten der Bedeutung des IS, das neben der Berücksichtigung von Führungskonzept und Funktionen steht, ergibt sich die Forderung nach dem Management des Erfolgsfaktors Informationstechnik. *Österle* (1987) unterscheidet

- die informatikorientierte Unternehmungsführung,
- das Management des Informationssystems und
- das Management der Informatik.

Aufbauend auf einer strikten Trennung von Management der Informatik und Management des IS schlagen *Österle/Brenner/Hilbers* (1991) die in Abbildung 2-8 gezeigte Konzeption des St. Galler ISM vor. Unterschieden werden 5 Ebenen des IS-Management: IS-Konzept, Architektur, IS-Projektportfolio, IS-Projekt und IS-Betreuung. Für jede der Ebenen ist ein Planungs-, Verabschiedungs-, Umsetzungs- und Kontrollzyklus vorgesehen.

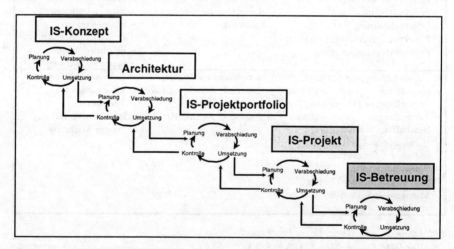

Abbildung 2-8: Das St. Galler Informationssystem-Management
Quelle: *Österle/Brenner/Hilbers* (1991, S.44)

Am Ansatz des St. Galler ISM ist besonders hervorzuheben, daß Geschäftsbereiche und ihre Zielsetzungen explizit berücksichtigt werden. Kennzeichnend für das ISM-Konzept sowohl von *IBM* als auch von *Österle/Brenner/Hilbers* (1991) ist die genaue Beschreibung von Sollabläufen mit der Bezeichnung der für die

IM

einzelnen Teilaufgaben zuständigen Institutionen. Allerdings werden die Inhalte der durchzuführenden Aufgaben und die Methoden zu ihrer Durchführung nicht beschrieben.

2.3.3   Ebenenmodell

Wollnik (1988) beschreibt die Aufgaben des IM auf der Grundlage eines aus drei Ebenen bestehenden **„Referenzmodells der technikgestützten Informations-handhabung"** (Ebenenmodell). Dieser Mehrebenenzusammenhang ist in Abbildung 2-9 dargestellt.

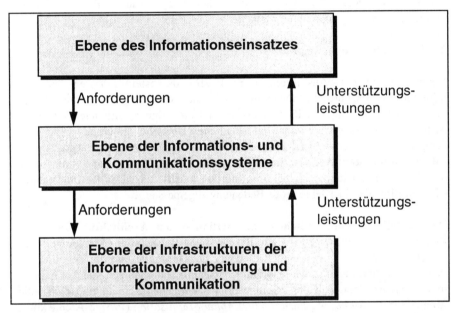

Abbildung 2-9: Ebenen des Informationsmanagements
Quelle: *Wollnik* (1988, S.38)

Die einzelnen Ebenen unterteilt *Wollnik* nach der Art des Managementprozesses in Planung, Organisation und Kontrolle und unterscheidet darüber hinaus einzelne Aktionsgebiete. Seine Analyse führt zu den drei Orientierungsschwerpunkten

- Management des Informationseinsatzes,
- Management der IS und
- Management der Infrastrukturen für IV und Kommunikation.

Diese Orientierungsschwerpunkte des IM unterteilt *Wollnik* jeweils in mehrere „Aktionsfelder". Aktionsfelder des Informationseinsatzes betreffen den internen und externen Informationseinsatz. Auf der Ebene der Informations- und

Kommunikationssysteme müssen IS strukturiert und gestaltet werden. Die Infrastruktur-Ebene befaßt sich mit dem Management der Bereitstellung der notwendigen Technologien.

Das Modell von *Wollnik* leistet als Referenzmodell eine weitgehende Aufgliederung und führt die in der Informatik und Wirtschaftsinformatik übliche Abschichtung anhand der Nähe zur Technik in die Diskussion des IM ein. Durch die Abschichtung nach der Nähe zur Technik wird die Abhängigkeit der Gestaltung des IT-Einsatzes von der fachlichen Aufgabenerfüllung hervorgehoben. Der Ansatz trägt durch die Trennung in Ebenen dazu bei, die Komplexität des IM zu reduzieren, unterläßt es jedoch, die zwischen den Ebenen bestehenden Beziehungen zu problematisieren und zu konkretisieren.

2.3.4   Architekturmodelle

Wenn -wie in den Ausführungen zu EWIM dargestellt- Wissen über die informationswirtschaftliche Nutzung und die technologischen Handlungs-möglichkeiten der eigenen IS-Architektur im Unternehmen vorhanden sein muß, ist nach Wegen zu suchen, einen *ganzheitlichen Überblick* zu erhalten, der nicht perspektivenverlierend in die Detailflut abgleitet. Der Ansatz der **Informationssystem-Architekturen** verbindet die Idee einer strukturellen Sichtweise mit der Idee des Überblicks durch Modellierung. Den IS-Architekturen wird seit Mitte der 80er Jahre große Bedeutung zugemessen.

Das Modell der **ganzheitlichen Informationssystem-Architektur (ISA)** von *Krcmar* (1990b) stellt einen solchen Beschreibungsversuch dar (Abbildung 2-10). Die oberste Schicht der ISA enthält Elemente der *Geschäftsstrategie*, deren Vision sich wie der Pfeil in der Abbildung durch das ganze Unternehmen und damit durch seine Systeme zieht. Auf der zweiten, organisatorischen Schicht findet man die Architektur der *Aufbauorganisation* und *Ablauforganisation* (Prozeß-Architektur). Auf der dritten Schicht finden sich die drei Architekturen für Anwendungen, Daten und Kommunikation. *Anwendungs-Architekturen* beschreiben Funktionen (Geschäftsprozesse und deren Unterstützung), während *Daten-Architekturen* den statischen Zusammenhang zwischen den Daten beschreiben, die zu Datenmodellen führen. *Kommunikations-Architekturen* schließlich beschreiben die logische Dimension der Informationsflüsse zwischen Anwendungen und Daten. Auf der vierten Schicht beschreibt die *Technologie-Architektur*, welche IKT wo im Unternehmen benutzt wird.

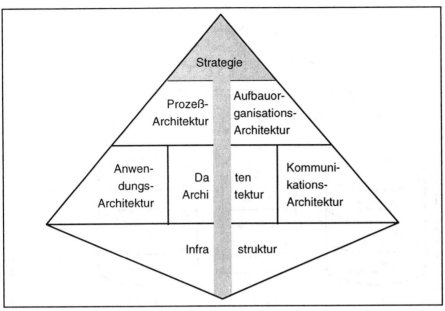

Abbildung 2-10: Das ISA-Konzept als Kreiselmodell
Quelle: *Krcmar* (1990b, S.399)

Damit enthält ISA nicht nur die Technologie-Infrastruktur als Grundlage von IS sowie den zusammenhängenden Elementen Daten, Anwendungen und Kommunikation, sondern auch die Geschäftsziele und die daraus abgeleiteten organisatorischen Strukturen. Entsprechend der obigen Argumentation im EWIM-Ansatz wird die Ableitung der Geschäftsstrategie im Sinne einer Rückkopplung auch von der ISA und dem allgemein technologisch Möglichen geprägt. Die Darstellung als **Kreisel** verdeutlicht die Notwendigkeit der Abstimmung aller Schichten: Wird auch nur eines der Teile entfernt, gerät das Ganze „aus dem Gleichgewicht". Die Schwierigkeit der ISA resultiert aus ihrer vereinfachenden und aufteilenden Art. Während jedes einzelne Teil vollständig beschrieben werden kann, ist die Frage, wie alle vier Schichten miteinander zusammenhängen, wesentlich schwieriger zu beantworten.

Auf der Suche nach einem stärker auf den Gesamtzusammenhang ausgerichteten Architekturmodells wählt *Scheer* (1991) in seiner „**Architektur integrierter Informationssysteme (ARIS)**" eine zweidimensionale Betrachtung nach Sichten und Entwicklungsstufen. Vier Sichten (Daten, Funktionen, Steuerung und Organisation) werden in Fachkonzept, DV-Konzept und Implementierung unterteilt, wobei diese Stufen einem Vorgehensmodell entsprechen (Abbildung 2-11).

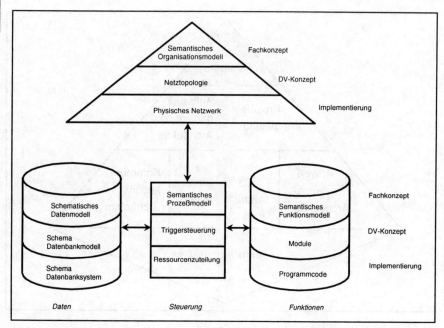

Abbildung 2-11: Architektur integrierter Informationssysteme (ARIS)
Quelle: *Scheer* (1993, Sp.402)

Im Gegensatz zur unternehmensweiten Betrachtung der ISA ist die ARIS-Architektur zunächst auf die Gestaltung eines einzelnen IS gerichtet. Ausgangspunkt der Entwicklung der ARIS sind Vorgangskettenmodelle für betriebliche Bereiche. Der Ausgangspunkt Vorgangskette trägt dem Prozeßgedanken Rechnung und berücksichtigt, daß der IT-Einsatz der Unterstützung von Informationsprozessen dient. Der Ausgangspunkt „bereichsorientierte Vorgangsmodelle" wirkt allerdings einem bereichsübergreifenden Prozeßgedanken entgegen.

In der ARIS kommt die Abschichtung nach der Nähe zur Technik deutlich zum Ausdruck. Die Unterscheidung von Fachkonzept, DV-Konzept und Implementierung betont die Notwendigkeit einer Abstimmung zwischen IT und den fachlichen Aufgabenerfüllungsprozessen. Die Interpretation als Stufen eines Vorgehensmodells stellt eine Beziehung zwischen den Ebenen her. Die Anforderungen aus der fachlichen Aufgabenerfüllung werden systematisch der Gestaltung des IS zugeführt und durch IT unterstützt. Im Gegensatz zur ganzheitlichen Betrachtung der ISA bleibt bei ARIS die Einbettung des entworfenen IS in den Gesamtzusammenhang des Unternehmens unklar, da der Bezug zur Unternehmensstrategie nur implizit über die Vorgangsketten hergestellt wird.

IM

2.3.5 Zusammenfassung

Es wurden problemorientierte, aufgabenorientierte, ebenenorientierte und architekturorientierte Konzepte des IM vorgestellt. Hierdurch wurden die unterschiedlichen Ausgangspunkte, Perspektiven und Möglichkeiten, IM zu begreifen und anzugehen, deutlich gemacht.

Problem- und Aufgabenlisten erwiesen sich dabei für den Versuch der Definition eines IM-Konzeptes als untauglich, da sie Grundprobleme von Information und IM, beispielsweise die Integration von technikbezogener und betriebs-wirtschaftlicher Sicht, durch einen Verzicht auf Struktur und Konzept einfach umgehen. Auch ist die vorhandene Strukturierung in operative, administrative und strategische Aufgaben nicht unbedingt sinnvoll, da dabei die aus der Planungslehre stammende Unterscheidung in kurz- und langfristige Planung übernommen wird. Die *typischen Zeitverhältnisse* der langen Bindungsfristen im DV-Bereich (Software 5-7 Jahre, Daten über deren Lebensdauer, Datenstrukturen 10 Jahre und länger) werden nicht berücksichtigt.

Damit steht die Forderung nach einem ganzheitlichen Konzept im Raum. Ein vielversprechender Ansatz zur Ganzheitlichkeit fand sich in der Abschichtung des IM in Hinsicht auf die Techniknähe. Die Unterscheidung von Information, IS und Technologie ist unmittelbar einsichtig, jedoch ist es im weiteren fast unmöglich, diese Trennung durchzuhalten, da die Unabhängigkeit der drei Ebenen aufgrund technologischer Bedingungen faktisch derzeit nicht gegeben ist. Dadurch führt das Ebenenkonzept nur zu vermeintlicher begrifflicher Klarheit, denn die Sprache wird differenzierter als es das Objekt erlaubt. Es wird nicht aufgeführt, welche Fragen bei der zu vermutenden Interdependenz dieser unterschiedlichen Ebenen zu beachten wären.

Stärker auf Interdependenzen ausgerichtet sind die *Architekturmodelle* von *Krcmar* (1990b) und *Scheer* (1991). Hier fehlen jedoch aufgrund der Gesamtkonzeptions-darstellung die für das IM relevanten Details, die aufgabenorientierte Konzepte, vor allem das St. Galler ISM, abdecken.

Abschließend ist zu fragen, ob die im Abschnitt 2.2.1 herausgearbeitete *Dualität* der Ressource Information, in der Information als *Modell* und gleichzeitig als *physischer Fluß* verstanden wird, ausreichend berücksichtigt wird. Im Gegensatz zu einer einfachen Problemorientierung und der gängigen zeitlichen Staffelung der Aufgaben berücksichtigt die Orientierung am Objekt im Ebenenmodell diese informationsspezifische Eigenschaft, da auf der Ebene des Informationseinsatzes die inhaltliche Komponente der Information im Vordergrund steht, während auf der Ebene der Infrastrukturen die IT und damit die physischen Möglichkeiten des IM in den Vordergrund rücken.

Zusammenfassend läßt sich feststellen, daß die hier aufgeführten Konzepte des IM Stärken und Schwächen aufweisen. Für die Ziele dieses Buches scheitern jedoch alle an der als wichtig empfundenen Zusammenführung der *Dualität* von Information in einen ganzheitlichen, aber detaillierten Gesamtzusammenhang. Deshalb werden die Ansätze in einen eigenen überführt, der im folgenden Abschnitt vorgestellt wird.

2.4   EIN MODELL DES INFORMATIONSMANAGEMENTS

Unter Berücksichtigung der oben eingeführten Besonderheiten der Ressource Information wird im folgenden ein Modell des IM vorgestellt, das die Ebenendarstellung mit der Aufgabendarstellung verbindet und insbesondere die Eigenschaft von Information als Modell in differenzierter Weise für das Management berücksichtigt. Für diese Zielsetzung ist eine Gliederung nach Objekten sinnvoll. In Anlehnung an *Wollnik* (1988, S.38), *Szyperski/Winand* (1989) und *Krcmar* (1991, S.190) ergibt sich ein aus drei Ebenen bestehendes Referenzmodell des IM, wie es in Abbildung 2-12 dargestellt ist.

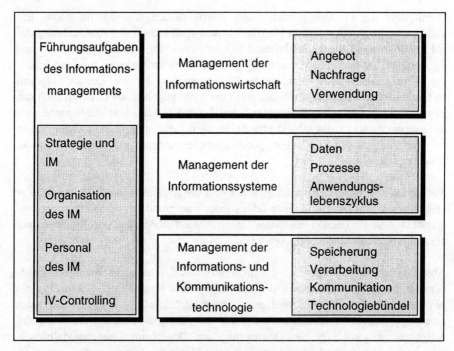

Abbildung 2-12: Ein Modell des Informationsmanagements

Auf der einen Seite stellt sich das IM als eine auf drei Ebenen verteilte **Managementaufgabe** dar, die sich auf die Information selbst auf der obersten Ebene, die

Anwendungen in der Mitte und die Technologie als Basis auf der untersten Ebene bezieht.

- Handlungsobjekt der Ebene **Informationswirtschaft** ist die *Ressource Information*. Es geht um Entscheidungen über den Informationsbedarf und das Informationsangebot, damit um den Informationseinsatz. Der Informationsbedarf und seine Deckung durch das Informationsangebot wird in einem informationswirtschaftlichen Planungszyklus geplant, organisiert und kontrolliert. Das Management erstreckt sich dabei auf alle in einem Unternehmen wesentlichen Verwendungszwecke innerhalb der Bereiche und Teilbereiche. Das Management des Informationseinsatzes obliegt in erster Linie dem Unternehmensmanagement und dem Einsatz betriebswirtschaftlicher Entscheidungsmodelle. Es spezifiziert die Anforderungen an die Ebene der IS, die erfüllt werden müssen, um die Ebene der Informationswirtschaft zu unterstützen und bezieht die Unterstützungsleistungen von dieser Ebene in ihre Planungen mit ein.

- **Informationssysteme** bezeichnen Systeme aufeinander abgestimmter Elemente personeller, organisatorischer und technischer Natur, die der Deckung des Informationsbedarfes dienen. Handlungsobjekt der IS-Ebene sind die *Anwendungen*. Damit sind Kernaufgaben auf dieser Ebene das Management der *Daten* und der *Prozesse*. Diese mittlere Ebene wiederum spezifiziert Anforderungen an und erhält Unterstützungleistungen von der IKT. Das Management der Anwendungsentwicklung hierfür erfolgt ebenfalls auf dieser Ebene.

- Auf der Ebene der **Informations- und Kommunikationstechnologie** stehen die Speicherungstechnologie, die Verarbeitungstechnologie, die Kommunikationstechnologie und die Technologiebündel im Mittelpunkt des Interesses. Das Technologiemanagement im generellen Sinne betrifft die Bereitstellung und die Verwaltung der Technologieinfrastruktur sowie die Planung der technologischen Anpassung eingesetzter Systeme im Unternehmen. Auf dieser untersten Ebene wird die physische Basis für die Anwendungslandschaft auf der mittleren Ebene und die Bereitstellung der Informationsressourcen gelegt.

- Es existieren aber auch Aufgaben, die auf jeder Ebene anfallen oder nicht ausschließlich auf eine Ebene zu beziehen sind. Als generelle Aufgaben des IM gehören sie zur Gruppe der **Führungsaufgaben des Informationsmanagements** und sind in Abbildung 2-12 ebenenübergreifend eingetragen. Handlungsobjekte der alle drei Ebenen betreffenden Führungsaufgaben sind die *Bestimmung der IM-Bedeutung* für das Unternehmen und die Unternehmensstrategie, die *aufbauorganisatorische Gestaltung* des IM, das *Management des IM-Personals* im IM-Bereich und im gesamten Unternehmen sowie das *IV-Controlling* im weiteren Sinne als Steuerung des IM.

Allerdings läßt sich die Gestaltung des IM nicht nur auf die eben beschriebenen Führungsaufgaben dieser Elemente rcduzieren, so daß darüber hinaus **Gestaltungsaufgaben** in allen vier Gruppen betrachtet werden: Einmal auf jeder Ebene, wo die Informationswirtschaft, die IS und die IKT *als solche* zum Handlungsobjekt werden. Sie werden die Diskussion auf jeder Ebene beschließen.

Um der Ebenenvielfalt der Objekte Information und IM gerecht zu werden, schließt der Abschnitt *Führungsaufgaben des IM* mit einer Betrachtung ab, in der die *Gestaltung* des Managements des IM diskutiert wird. Obwohl diese Differenzierung nach Objekten und Abstraktionsebenen zunächst „ohne Ende" erscheint, wird an dieser Stelle eine essentielle Brücke zu den Führungsaufgaben in anderen Bereichen des Unternehmens, insbesondere zur Unternehmensführung, gebaut.

Als Ergebnis dieser Modellierung lassen sich nun die vielen einzelnen Aufgaben identifizieren und zuordnen. Die Differenzierung in drei Schichten und einen vertikalen herausgehobenen Block macht deutlich, daß die vielen Aufgaben des IM notwendigerweise verteilt durchgeführt werden. Wie diese Verteilung aussieht und nach welchen Maßstäben sie erfolgt, gehört zur Führungsaufgabe „Organisation des IM".

3   DIE AUFGABEN DES INFORMATIONSMA-NAGEMENTS

In diesem Kapitel werden die Aufgaben des IM im einzelnen beschrieben. Die Darstellung folgt dem im vorhergehenden Kapitel eingeführten Konzept des IM mit den vier Gruppen *Informationswirtschaft*, *Informationssysteme*, *Informations- und Kommunikationstechnologien* und *Führungsaufgaben* des IM.

3.1   MANAGEMENT DER INFORMATIONSWIRTSCHAFT

3.1.1   Überblick

Das Objekt der informationswirtschaftlichen Ebene des IM ist die Information selbst. Informationen bilden die Grundlage für Entscheidungen und sind damit ein wesentlicher „Produktionsfaktor" im betrieblichen Leistungserstellungsprozeß. In der deutschen betriebswirtschaftlichen Literatur finden sich demnach auch seit längerem Ansätze zur betrieblichen Informationswirtschaft (*Wild* 1970, *Wacker* 1971) und zum IS der Unternehmung im Gegensatz zum Basissystem der Leistungserstellung (*Grochla* 1975). Diese traditionellen Betrachtungen der Informationswirtschaft erfolgten aber ohne den steten Bezug zur IKT, die dem IM zugrundeliegt und einen *Rückkopplungseffekt* zwischen technischen Möglichkeiten und einer ideal gestalteten Informationswirtschaft zur Folge hat.

Als übergeordnetes Ziel der Informationswirtschaft läßt sich die **Herstellung des informationswirtschaftlichen Gleichgewichts im Unternehmen** formulieren (*Link* 1982, S.285). Daraus leiten sich die folgenden *Aufgaben* ab (*Witte* 1972; *Eschenröder* 1985; *Gemünden* 1993, Sp.1725f.):

- Ausgleich von Informationsnachfrage und Informationsangebot.
- Versorgung der Entscheidungsträger mit relevanten Informationen.
- Gewährleistung einer hohen Informationsqualität.
- Dokumentation von Willensbildungs- und Willensdurchsetzungsprozessen.
- Gestaltung der Informationswirtschaft als Querschnittsfunktion des Unternehmens.
- Einsatz von IKT zur Unterstützung der informationswirtschaftlichen Aufgabenerfüllung.
- Zeitliche Optimierung der Informationsflüsse.
- Beachtung des Wirtschaftlichkeitsprinzips.

Das **informationswirtschaftliche Gleichgewicht** zwischen Informationsbedarf und Informationsangebot ist der zentrale Bestandteil informationswirtschaftlicher Überlegungen.

Abbildung 3-1 zeigt, wie sich die verschiedenen Begriffe zueinander verhalten. Die beiden oberen Kreise stellen den objektiven und subjektiven Informationsbedarf dar. Der *objektive Informationsbedarf* ist der für die Aufgabenerfüllung erforderliche Bedarf, während sich der *subjektive Informationsbedarf* aus der Perspektive des handelnden Individuums, d.h. des Entscheidungsträgers, definiert und auch „Bedürfnis" genannt wird. Der *tatsächlich geäußerte* Informationsbedarf, die Informationsnachfrage des Aufgabenträgers, stellt eine Teilmenge des subjektiven Bedarfs dar.

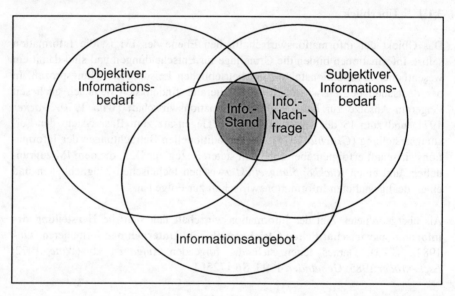

Abbildung 3-1: Die Ermittlung des Informationsstands aus Bedarf, Angebot und Nachfrage
Quelle: *Picot* (1988, S.246)

Aus der Darstellung läßt sich erkennen, daß subjektiver und objektiver Informationsbedarf nicht identisch sind oder es zumindest nicht sein müssen. Noch seltener wird der Fall auftreten, daß das Informationsangebot den Informationsbedarf komplett deckt, weshalb nur die Schnittmenge aus Angebot und Nachfrage den Informationsstand bestimmt.

Ziel der Informationswirtschaft und Gegenstand der folgenden Abschnitte ist es, die Mengen der

Abbildung 3-1 zur Deckungsgleichheit zu bringen. Ausgangspunkt ist die Überlegung, daß heute eher die Flut von Informationen denn deren Knappheit ein Problem darstellt.

Grundlage der Kapiteleinteilung ist ein zeitlicher Prozeß der unternehmerischen Entscheidung, der mit der *Informationsnachfrage* beginnt. Die Gestaltung des *Informationsangebots*, das zur Entscheidung verwendet wird, schließt sich an, wobei einführend die aktuelle Problematik der Informationsflut thematisiert wird. Einem Fallbeispiel zum Berichtswesen als Teilbereich der Informationswirtschaft folgen Überlegungen zur *Informationsnachfrage* und zum *Informationsangebot*, welche dann nach einem Fallbeispiel zur Bereitstellung von Informationen für Geschäftspartner im Abschnitt zur *Informationsverwendung* zusammengeführt werden. Abschließend rückt nach einem weiteren Fallbeispiel, das sich mit einem Data Warehouse beschäftigt, mit dem *Managementprozeß der Informationswirtschaft* der Zeitablauf des informationswirtschaftlichen Lebenszyklus' in den Mittelpunkt der Betrachtungen.

3.1.2 Informationsflut

> *„Die Vielzahl der Bücher ist von großem Übel. Es gibt kein Maß und keine Grenze für dieses Fieber des Schreibens, jeder muß ein Autor sein...." (Martin Luther)*

Je mehr Informationen, desto besser? Lange Zeit war Information ein knappes Gut und mehr Informationen, so war die Erwartung, würde in Unternehmen und Gesellschaft für bessere Entscheidungen sorgen. Doch was ein Segen sein sollte, scheint zum Fluch geworden zu sein. Durch die zunehmende Verbreitung von weltweit vernetzten Informationssystemen in Unternehmen und privaten Haushalten sind die Kosten für die Erstellung und Verbreitung von Informationen vernachlässigbar gering geworden. Immer mehr Menschen klagen jetzt darüber, daß sie der täglichen Flut von Informationen nicht mehr Herr werden. Es ist von Informationsüberflutung, ja sogar von „information and stimulus overload" und „data addiction" die Rede (*Shenk* 1997). Ist Information zur Plage geworden?

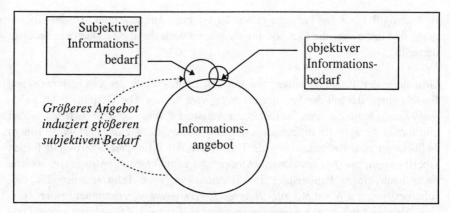

Abbildung 3-2: Informationsflut und Informationsangebot

Die Menge öffentlich verfügbarer Informationen nimmt ständig zu. Das gedruckte Wissen verdoppelt sich alle acht Jahre, täglich kommen weltweit etwa 1000 Bücher auf den Markt. Die Anzahl der wissenschaftlichen Zeitschriften ist von 1991 bis 1995 um 26% auf 147.000 Titel angestiegen. Während 1995 nur ca. 2 Millionen Dokumente im World Wide Web verfügbar waren, gehen Schätzungen davon aus, daß 2002 über 450 Millionen Dokumente bereit stehen (Quelle: Infoseek). Mit der zunehmenden Verbreitung von Intranets ist auch ein starkes Wachstum von unternehmensintern verfügbaren Informationen zu erwarten. Kurz: Wir stehen einem riesigen Berg von Informationen gegenüber.

Selbst wenn man sich diesem Berg nur bei Bedarf nähert, um Informationen zu einer bestimmten Fragestellung zu suchen, ist es schwierig, qualitativ hochwertige und relevante Informationen zu finden. Die Suche führt bei der großen Menge öffentlich zugänglicher Dokumente oft in viele Sackgassen und durch „Informationswüsten". Da der Mensch nur etwa 300 Worte pro Minute lesend verarbeiten kann, macht der Engpaß der menschlichen Informationsverarbeitungskapazität einen solchen Informationsberg nur schwierig bezwingbar. Es ist also eine zentrale Herausforderung für die Informationstechnologie, diesen Informationsberg zugänglicher zu machen. „The real issue for future technology does not appear to be production of information, and certainly not transmission. Almost anybody can add information. The difficult question is how to reduce it" (Eli Noam, zitiert nach *Shenk* 1997, S.29). Die Fortschritte bei der Verarbeitung natürlichsprachlicher Dokumente geben einen gewissen Anlaß zur Hoffnung. Zum einen kann dadurch eine automatische Verschlagwortung von Texten erfolgen. Zum anderen gibt es Versuche, Zusammenhänge und Ähnlichkeiten zwischen Dokumenten zu visualisieren, um so einen schnellen Überblick über große Informationsmengen zu ermöglichen. Abseits technologischer Lösungen wird die Bedeutung von Bibliotheken bei der Auswahl und Katalogisierung der anwachsenden Informationsbestände zunehmen. Neu daran ist, daß sich im verstärkten Maße auch

Organisationen des privaten Sektors solche Kompetenzen aufbauen werden müssen.

Gravierender jedoch als der stetig wachsende Berg von Informationen ist die rapide Zunahme der Menge von Informationen, die kommuniziert werden. Die neuen Informationstechnologien haben es sehr leicht gemacht, selbst größere Informationsmengen anderen Menschen zu übersenden. Nach Aussage verschiedener Studien senden oder empfangen Manager in der USA im Schnitt 150-190 elektronische Nachrichten pro Tag (Stand 1997). Jedes System für persönliche Kommunikation birgt eine gewisse Verpflichtung, daß man sich mit übermittelten Nachrichten und Informationen auch beschäftigt.

Kein Wunder, daß Michael Dertouzos (o.V., 1994), Direktor des MIT Laboratory for Computer Science, davon spricht, daß e-mail ein offener Katheter in das zentrale Nervensystem ist. Zum einen führt die Leichtigkeit des Versendens von Informationen zu einer Zunahme der kommunizierten Informationen. Zum anderen hat sich das Informationsverhalten von Sender und Empfäger noch nicht auf die nun überall verfügbaren Pull-Informationsmöglichkeiten eingestellt. Push-Informationen werden dem Empfänger über ein Kommunikationssystem zugestellt und verpflichten diesen in einem gewissen Maße, sich mit diesen Informationen auseinanderzusetzen. Pull-Angebote bieten nur den Zugang zu einer Sammlung von Informationen, aus denen der Informationsnachfrager gemäß seinen Bedürfnissen auswählen kann. Bisher waren die Möglichkeiten für Pull-Angebote durch die fehlenden allgemein verfügbaren Zugangsmöglichkeiten zu solchen Diensten beschränkt. Daher überwogen bisher Push-Informationsangebote (z.B. in Form von Zeitschriften). Diese Situation hat sich durch die Verbreitung von Internet-Zugängen stark verändert. Das World Wide Web ist ein Standardbeispiel für einen Pull-Informationszugriff, in dem man Informationen bei Bedarf suchen und abrufen kann.

Pull-Angebote können aber nur gelingen, wenn der Zugriff auf die Datenbestände mit vertretbarem Aufwand verbunden ist. Dazu tragen im WWW immer ausgefeiltere Suchmaschinen bei, die die Vielzahl der Dokumente indexieren und diese zunehmend auch manuell oder durch „Document Mining" automatisch klassifizieren und verschlagworten. Allerdings wird schon 1999 nur ca. 60% des Inhalts des WWW indiziert. Möglicherweise bringen auch autonome Agenten für die Informationssuche weitere Fortschritte. Für Push-Angebote wird es erfolgskritisch sein, daß man in Zukunft genauer definieren kann, welche Informationen man erhalten möchte. Dies kann einmal durch Filter geschehen, wie sie auch heute schon in vielen E-Mail-Programmen verfügbar sind, oder durch genaue Auswahl und Abgrenzung der Inhalte von Push-Angeboten, wie z.B. bei Channels.

Um Menschen nicht einer nicht mehr zu bewältigenden Flut von Informationen auszusetzen, ist es daher notwendig, systematischer als bisher technologische und organisatorische Möglichkeiten auszuschöpfen, die Bereitstellung und Verwendung von Information zu gestalten und eine „menschenfreundliche" Nutzungskultur von IKT zu entwickeln. Dies wird eine der zentralen Aufgaben des Informationsmanagements auf der Ebene der Informationswirtschaft werden. Denn wenn es nicht gelingt, intelligenter mit Informationen umzugehen, wird die einzige Lösungsmöglichkeit eine immer weitere Spezialisierung von Aufgaben- und Kompetenzbereichen sein. Eine zunehmende Spezialisierung bringt aber fast zwangsläufig eine geringe Kommunikationsfähigkeit zwischen den Gruppen unterschiedlicher Expertise mit sich. Es bleibt zu hoffen, daß sich die Vision von Manuel Castells (1996) einer Welt von untereinander sprachlosen Netzwerken von Experten nicht realisiert.

3.1.3 Fall: Auswirkungsorientiertes Berichtswesen

Die Einführung von integrierter betriebswirtschaftlicher Standard-Software stellt für ein Unternehmen oft den Anlaß für einen tiefgreifenden Reorganisationsprozeß dar. Die bloße Übernahme von gegebenen Abläufen, für die sich im Laufe der Zeit eine „Duldungsakzeptanz" herausgebildet hat, ist weder sinnvoll noch möglich. Mit der erfolgreichen Einführung eines umfassenden integrierten Standard-Software-Systems ist zwar eine abteilungs- und bereichsübergreifende Datenbasis geschaffen, diese führt aber nicht zwangsläufig zu einer erhöhten Unternehmenstransparenz. Die vorhandenen Informationen müssen durch das Berichtswesen erst nutzergerecht aufbereitet werden. Das Berichtswesen versorgt die betrieblichen Entscheidungsträger mit den notwendigen unternehmensinternen Informationen. Im Sinne eines **auswirkungsorientierten** und nach wirtschaftlichen Gesichtspunkten gestalteten **Berichtswesens** ist bei der Einrichtung auf folgende Punkte zu achten:

- Nutzung des integrierten Funktionsvorrates der Standard-Software.
- Hierarchiegerechte Aufbereitung der Berichtsinformationen.
- Ausrichtung der Berichtsmerkmale und -arten an den funktionsspezifischen Managementregelkreisen.
- Überschneidungsfreiheit der Berichte.
- Ausrichtung an Verbesserungspotentialen (Kostensenkung) im Unternehmen.

Diese Punkte werden im folgenden am Beispiel des **Instandhaltungs-Berichtswesens** näher erläutert. Ausgangspunkt für die Konzeption und Realisierung eines fachbereichsbezogenen Berichtswesens ist die kritische Stärken/Schwächen-Analyse der vorhandenen (manuellen oder DV-gestützten) Berichte. Die Anwender fordern in vielen Fällen die unveränderte Übernahme des Inhalts und des Layouts der gegebenen Berichte des alten Systems. Um eine Festschreibung von strukturellen Schwächen zu vermeiden, ist jedoch eine unkontrollierte Übernahme der Berichte zu vermeiden. Das Ergebnis der Analyse ist eine systematische Beschreibung der vorhandenen Berichte, mit Stellungnahmen zu folgenden Inhalten und einer abschließenden Priorisierung der Berichte nach ihrer Wichtigkeit:

- Bezeichnung
- Ziel/Aussage des Berichtes
- Anwendungsgebiet
- Darstellungsform
- Erstellungsintervall
- Gibt es ähnliche Berichte?
- Bewertung durch die Adressaten (Stärken und Schwächen)
- Eindruck des Analyseteams.

Aus den bewerteten IST-Berichten und den Zusatzanforderungen der Mitarbeiter des Fachbereichs werden die Berichte des SOLL-Konzeptes abgeleitet. Nicht jede spontane Berichtsanforderung der Mitarbeiter kann in das Konzept aufgenommen werden. Den Anwendern ist dabei zu vermitteln, daß in Einzelfällen auch die manuelle ad hoc-Auswertung von Daten aus dem DV-System eine wirtschaftliche Alternative darstellt. Der Detaillierungsgrad der Berichte ist abhängig von der Erfassungstiefe der Daten im betrachteten Prozeß. Deren Festlegung ist eine Frage der Einführung der Standard-Software, wo schon die Berichtsanforderungen berücksichtigt werden müssen.

Die Berichte werden zur Systematisierung zu Berichtsfeldern zusammengefaßt, um abteilungsspezifische Redundanzen im Berichtswesen zu vermeiden. Berichtsfelder können im Bereich der Instandhaltung wie folgt gebildet werden (in Klammern sind konkrete Beispiele für Berichte im Bereich Instandhaltung aufgeführt):

- **Stammdaten** (Anlagenstammdaten, Fahrzeugliste, Anlagenkurzliste etc.).
- **Prozeßanalyse** (Störfälle pro Bauteil/pro Schadenscode, Schadensanalyse pro Anlage etc.).
- **Planung** (Auftragsliste mit Bearbeitungsstatus, Instandhaltungshistorie, Wartungsplan (jährlich/monatlich), Anlagenverfügbarkeit, Werkstättenverfügbarkeit etc.).
- **Kosten** (Kostenstruktur, Anlagenbezogene Instandhaltungskosten, Beschaffungsliste, Leistungseinheiten pro Anlage, Hilfs- und Betriebsstoffverbrauch etc.).
- **Ersatzteillogistik** (Auftragsbezogene Materialverbräuche, Anlagenbezogene Materialverbräuche, Wartungsstücklisten etc.).

Abbildung 3-3 zeigt die Vorgehensweise bei der Ableitung eines Berichtskonzeptes für die Instandhaltung.

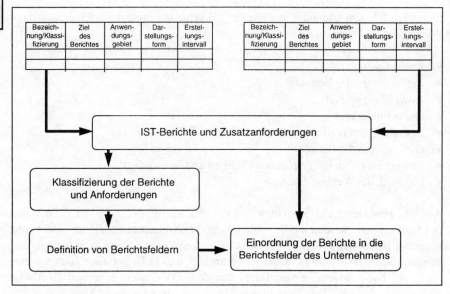

Abbildung 3-3: Ableitung eines bereichsspezifischen Berichtskonzeptes

Die konkrete Realisierung der Berichte ist ein mehrstufiger Prozeß, der von der Instandhaltungsabteilung (Fachabteilung) gemeinsam mit der DV-Abteilung durchgeführt wird. Nach der Ableitung des Berichtskonzeptes durch die Fachabteilung wird zusammen mit der DV-Abteilung ein DV-Konzept entworfen. Dies besteht hauptsächlich in der Formalisierung der Berichtsanforderungen. Sind die Berichte im SOLL-Konzept hinreichend spezifiziert, so wird das DV-Konzept ausschließlich vom DV-Bereich erstellt. Die im Standard-Software-Paket vorgegebenen Standardberichte werden auf Tauglichkeit und Angemessenheit geprüft. Die DV-Abteilung erstellt Programme für die einzelnen, nicht durch Standardberichte abgedeckten Berichte, soweit dies nicht durch den Endbenutzer geschehen kann. Dabei kann im Regelfall auf die im Standard-Software-Paket integrierte Programmiersprache zurückgegriffen werden. Die fertigen Programme werden überprüft und installiert und die Benutzer in die Handhabung eingewiesen. Zusammen mit den übernommenen Standardberichten resultiert daraus ein bereichsspezifisches Berichtswesen.

Auf einzelne Berichte bezogen ist die Betrachtung der Wirtschaftlichkeit von großem Interesse. In der Praxis orientiert sich die Wirtschaftlichkeit eines auswirkungsorientierten Berichtswesens auf der Leistungsseite an dem tatsächlich beeinflußbaren Kostenvolumen bzw. an seiner Wirksamkeit für Verbesserungen der Kostenstruktur eines Bereiches. Auf der Kostenseite fallen neben den einmaligen Kosten der Programmierung, wiederkehrende, variable Kosten der Berichtspflege und der Berichtsanalyse an. Insbesondere sind die durch die Analyse des Berichts durch den Berichtsadressaten entstehenden Zeitkosten zu berücksichtigen. Das pro

Zeiteinheit durch einen Bericht zu beeinflussende Kostenpotential darf die variablen Kosten des Berichtes nicht überschreiten. Eine allzu starre Orientierung nur an quantifizierbaren Kostengrößen kann allerdings zu Fehlallokationen im Berichtswesen führen. So sind neben „harten" Kostengrößen, auch weniger leicht erfaßbare „weiche" Verbesserungspotentiale als Orientierungsgrößen zu verwenden. Dies erschwert natürlich aufgrund der Schwierigkeiten bei der Quantifizierung die berichtsbezogene Wirtschaftlichkeitsbetrachtung erheblich.

Die Lenkung der gesamten, für das Berichtswesen verfügbaren Ressourcen kann mittels eines Portfolios mit den Dimensionen „strategische Bedeutung" und „Kostenbeeinflussungspotential" geschehen. Vorschläge für konkrete Berichte für Unternehmensbereiche werden in diesem Portfolio bewertet. Damit können die Unternehmensbereiche ausgewählt werden, deren Transparenz und damit die Unterstützung durch computerunterstützte Berichte, für das Unternehmen im Sinne des auswirkungsorientierten Berichtswesens den größten Nutzen bieten.

Quelle:
Voigt, A. J.: Nutzeneffekte durch den Einsatz von Standard-Software: Konzeption eines modular aufgebauten Berichtswesens und Realisierung an Unternehmensbeispielen. Bericht des Zentrums für Logistik und Unternehmensplanung, Fraunhofer-Gesellschaft, Berlin 1994.

3.1.4 Management der Informationsnachfrage

Stellt man sich den Informationswirtschafts-Prozeß idealtypisch mit den drei Stufen Informationsnachfrage, Informationsangebot und Informationsverwendung vor, so steht die Informationsnachfrage ganz am Anfang und beeinflußt die Gestaltung des Angebots, welches dann zur Informationsverwendung genutzt wird.

Basis der Informationsnachfrage ist der Informationsbedarf. Unter **Informationsbedarf** wird im allgemeinen die Art, Menge und Beschaffenheit von Informationen verstanden, die ein Individuum oder eine Gruppe zur Erfüllung einer Aufgabe benötigt (*Picot* 1988, S.236). Bereits weiter oben wurde auf den Unterschied zwischen objektivem Informationsbedarf, der sich aus Sicht der Aufgabe bestimmen läßt, und dem subjektiven Informationsbedarf aus der Perspektive des Aufgabenträgers hingewiesen. Obwohl subjektiver und objektiver Informationsbedarf identisch sein können und dies in einigen Fällen auch sind, führen beispielsweise die mangelnde Strukturiertheit der Aufgabe selbst oder persönliche Gründe zu einem Auseinanderklaffen der beiden Bedarfskategorien.

Die dann tatsächlich geäußerte **Informationsnachfrage** stellt nur eine Teilmenge des subjektiven Informationsbedarfs dar. Sie ist neben dem objektiven Bedarf Ausgangspunkt der Planung des Informationsangebots, das im nächsten Abschnitt näher besprochen wird. In diesem Abschnitt ist eher die Frage zu erläutern, wie denn über die bisher geäußerte Informationsnachfrage hinaus der Informationsbedarf so bestimmt werden kann, daß Bedarf und Nachfrage übereinstimmen.

Die Verfahren zur Ermittlung des Informationsbedarfs lassen sich analog der Einteilung des Informationsbedarfs in „subjektive", „objektive" und „gemischte" Verfahren einteilen. Tabelle 3-1 gibt einen Überblick.

Verfahren zur Ermittlung des Informationsbedarfs		
Subjektive Verfahren	**Objektive Verfahren**	**Gemischte Verfahren**
Ableitung aus einer subjektiven Interpretation der Aufgabe	Ableitung aus einer intersubjektiv validierten Interpretation der Aufgabe	Vorgabe theoretischer Raster, die subjektiv interpretiert werden
• Offene Befragung • Wunschkataloge • Befragung der Mitarbeiter im Tätigkeitsumfeld	• Normative Analyse • Strategieanalyse • Prozeßanalyse • Entscheidungsanalyse • Input-Prozeß-Output-Analyse • Sozio-technische Analyse	• Strukturierte Befragung • Methode der kritischen Erfolgsfaktoren • Weiterentwicklung aus dem Kontext (Evolution) • Entwicklung aus dem Bestehenden (Istsituation bzw. Tätigkeitsanalysen)

Tabelle 3-1: Verfahren zur Ermittlung des Informationsbedarfs
Quelle: *Schneider* (1990, S.237)

Neben verschiedenen anderen Verfahren, z.B. Wunschkatalogen, Input-Output-Analysen und direkten offenen Befragungen (*Schneider* 1990, S.232-237), hat sich für die Ermittlung des Informationsbedarfs von Führungskräften die **„Methode der kritischen Erfolgsfaktoren (KEF)"** nach *Rockart* (1979) Bedeutung verschafft. In zwei bis drei Interviewrunden werden mit Managern ihre Ziele und die damit zusammenhängenden KEF ermittelt und durch die wiederholte Diskussion verfestigt und verfeinert. Dem betreuenden Analytikerteam obliegt es, das Ziel der Informationsbedarfsermittlung durch Strukturierung und Moderation zu verfolgen, bis als Endergebnis die Meßkriterien für KEF und die zur Messung notwendigen Informationen präzisiert feststehen.

Abbildung 3-4 stellt beispielhaft die den Erfolgsfaktoren „Qualität", „Liefertreue", „Flexibilität" und „Know-How-Vorsprung" zugrundeliegenden Einflußfaktoren dar, auf die sich die befragten Führungskräfte genau wie auf die KEF selbst in der Interviewreihe geeinigt haben könnten.

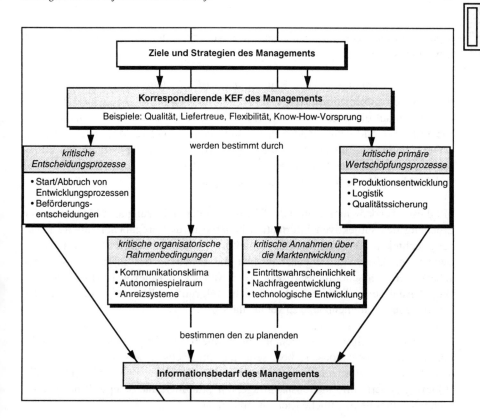

Abbildung 3-4: Bestimmung des Informationsbedarfs anhand kritischer Erfolgsfaktoren
Quelle: *Picot* (1988, S.247)

So läßt sich der Erfolgsfaktor „Qualität" leicht in der Produktionsentwicklung und der Qualitätssicherung innerhalb des betrieblichen Wertschöpfungsprozesses festmachen. Darüber hinaus sind unternehmensspezifische Entscheidungsprozesse, z.B. über den Start eines Entwicklungsprozesses oder die Beförderung von Produktionsmitarbeitern, für den Erfolgsfaktor „Qualität" relevant. Auch das Klima innerhalb des Unternehmens und die Gestaltung von Anreizsystemen, sogenannte Rahmenbedingungen innerhalb der Organisation, beeinflussen indirekt die Qualität, so daß Informationen über diese Rahmenbedingungen, genauso wie Rahmenbedingungen des Marktes, für die Führungskräfte und ihre Entscheidungen wesentlich sein können.

Bei der Ermittlung der für die KEF wesentlichen Kriterien und dem daraus resultierenden Informationsbedarf wird der Manager veranlaßt, sich auf wichtige und sorgsam überprüfte Kriterien zu beschränken. Dennoch wird der Informationsbedarf nicht um die vorhandenen oder leicht erfaßbaren Informationen herum aufgebaut, was *Rockart* (1979) als Vorteil der KEF-Methode herausstellt. Die Wiederholung des Verfahrens und die Abstimmung zwischen Managern führt die *subjek-*

tiven und *objektiven* Informationsbedarfe weitergehender zusammen als andere Ermittlungsmethoden.

Während sich damit eine klare Eignung der KEF-Methode für die Ermittlung des strategischen Informationsbedarfs abzeichnet, darf sich das IM in ihrer Nutzung nicht allein auf diese Ebene der Informationswirtschaft beschränken. Die Vorteile der KEF-Methode gelten jedoch prinzipiell auch für andere Managementebenen, wobei sich der Einfluß anderer Wertschöpfungsprozesse und außerhalb des Unternehmens angesiedelter Rahmenbedingungen tendenziell mit der Hierarchieebene und der Unstrukturiertheit der Aufgabe verringert.

Mit dieser Tendenz nimmt auch die Wichtigkeit der Befragung als Möglichkeit der Erhebung des subjektiven Informationsbedarfs ab und aufgabenorientierte Erhebungstechniken zur Ermittlung des objektiven Informationsbedarfs gewinnen an Bedeutung. Als wichtiger Punkt ist hier die Erhebung des Informationsbedarfs anhand der Wertschöpfungsprozesse zu erwähnen (beispielsweise Input-Prozeß-Output-Analyse in Tabelle 3-1), um nicht aufgrund isoliert aufgabenorientierter Erhebungen Zusammenhänge zu vernachlässigen.

Die Nachfrage selbst kann jedenfalls nicht allein Ausgangspunkt für die Bereitstellung des Informationsangebots sein, das im nächsten Abschnitt abgehandelt wird. Denn das Informationsangebot und die Art der Bereitstellung beeinflußt die effektiv geäußerte Informationsnachfrage, d.h. stimuliert und dämpft, kann sie aber auch in bestimmte inhaltliche Richtungen lenken.

3.1.5   Management des Informationsangebots

„Ein halbes Jahrtausend nach Gutenberg ist nicht der Mangel, sondern der Überfluß an Informationen unser größtes Problem" (*Dorn* 1994, S.13f.). Innerhalb der Informationswirtschaft sieht sich das IM vor die Aufgabe gestellt, Informationen zielorientiert zur Verfügung zu stellen. Im Mittelpunkt der nachfrageorientierten Gestaltung des Informationsangebots steht die Frage, wie der Informationsnutzer die benötigte Information in qualitativer, quantitativer, zeitlicher und räumlicher Hinsicht erhält (*Picot* 1988, S.239).

Auf dem Weg zur Informationsgesellschaft läßt sich eine bedarfsorientierte, d.h. nutzerorientierte Angebotsgestaltung mit den zwei Schlagworten *„Information at your fingertips"* und *„Information Overload"* charakterisieren. Während der leichte und flexible Zugang zu Informationen durch den Mitarbeiter im Unternehmen einen wesentlichen Baustein einer effizienten Informationswirtschaft darstellt, kann zuviel des Guten mehr schaden denn Nutzen stiften.

Damit sind zwischen dem Suchen, Aufnehmen, Sammeln und Speichern von Informationen als Aufgaben des Angebotsmanagements und dem Weiterleiten an die

Informationsnutzer weitere Aufgaben erforderlich, die terminologisch als Übergang von der Informationsressource zum Informationsprodukt bzw. Informationsdienst abgegrenzt werden (*Picot* 1988, S.245f.; *Levitan* 1982). Darunter ist die Verifizierung, Aktualisierung und Klassifizierung genauso zu zählen wie die Vorselektion nach relevanten Kriterien.

Eine wesentliche Aufgabe des Angebotsmanagements ist die Auswahl der **Informationsquellen**, die sowohl innerhalb des Unternehmens liegen als auch außerhalb angesiedelt sein können. Wie in Abbildung 3-5 dargestellt ist, kann sowohl für die Informationsnachfrager als auch für das Informationsangebot zwischen intern und extern differenziert werden, woraus sich unterschiedliche Konstellationen für die Zusammenführung von Nachfrage und Angebot ergeben.

	Internes Informationsangebot	Externes Informationsangebot
Interne Informationsnachfrager	Betriebliche Informationssysteme	Fachinformationen
Externe Informationsnachfrager	Publikationen Public Relations	nicht relevant

Abbildung 3-5: Informationsnachfrager und Informationsangebot

Während das Angebot externer Quellen für externe Nachfrager für die unternehmerische Informationswirtschaft nicht relevant ist, trifft es in Form von *Fachinformationen* sehr wohl auf unternehmensinterne Nachfrage. Andersherum wird das Angebot interner Informationen von externen Institutionen wie Fachpresse, Informationsdiensten, Kapitalanlegern und Unternehmen aus der Branche nachgefragt, was beispielsweise *Publikationen* erzeugt und allgemein in die Gestaltung der *Public Relations* des Unternehmens mündet. Das Hauptaugenmerk einer unternehmerischen Informationswirtschaft liegt jedoch auf der Zusammenführung interner Nachfrager mit dem internen Informationsangebot über die *betrieblichen Informationssysteme*.

Zur Ausweitung des zur Verfügung stehenden Informationsvolumens als Basis unternehmerischer Entscheidungen hat im letzten Jahrzehnt die Proliferation zahlreicher *Institutionen der Informationsvermittlung* beigetragen. Einen Überblick über diese Institutionen gibt Abbildung 3-6.

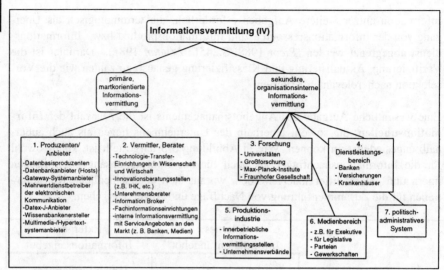

Abbildung 3-6: Institutionen der Informationsvermittlung
Quelle: *Kuhlen* (1995, S.336-337)

Im *Informationsmarkt* lassen sich primäre Informationsvermittler, die direkt am Markt agieren, von sekundären Informationsvermittlern, die organisationsintern Informationen verwalten, unterscheiden, wobei die Unterschiede zunehmend verwischen (*Kuhlen 1995*, S.336). Zu den *primären Informationsvermittlern* gehören die *Produzenten* von Information, d.h. Datenbankanbieter und Mehrwertdienstebetreiber in unterschiedlichen Medien von Datex-J über Internet bis multimediale Datenspeicher, sowie *Informationsberater*, die vor allem in der Form des „Information Broker" die Vermittlung spezieller, aus unterschiedlichen Quellen stammender, gesammelter, verifizierter und klassifizierter Information als Geschäftszweck definieren. Demgegenüber betreiben auch andere Institutionen Informationsvermittlung, wenn auch eher nach innen orientiert und nicht als Kernaufgabe. Die *sekundären Informationsvermittler* finden sich in den Forschungsbereichen von Universitäten und Forschungsinstituten, dem „klassischen" Dienstleistungsbereich mit Banken, Versicherungen und Krankenhäusern, den Unternehmen des produzierenden Sektors, den Medienunternehmen und der öffentlichen Verwaltung.

Neben der Frage der Lokalisierung stellt sich das Problem des *Informationsflusses* und der *Informationskanäle*. Für diesen Bereich hat sich der Begriff der „**Informationslogistik**" eingebürgert. Nach *Szyperski* (1990) läßt sich die Informationslogistik gleichwertig neben die Realgüterlogistik, die Materialbewegungen umfaßt, und die Finanzlogistik mit ihren Geldwertströmen stellen. Als logistisches Prinzip für Informationen formuliert *Augustin* (1990),

die richtige Information,	vom Empfänger verstanden und benötigt
zum richtigen Zeitpunkt,	für die Entscheidungsfällung ausreichend
in der richtigen Menge,	so viel wie nötig, so wenig wie möglich
am richtigen Ort,	beim Empfänger verfügbar
in der erforderlichen Qualität	ausreichend detailliert und wahr, unmittelbar verwendbar

vorzuhalten.

Als neuere Entwicklung im Bereich der Integrationsstrategien für Managementinformationen taucht das Konzept des *„Data Warehouse"* auf, das von vielen Autoren mit „Daten-Warenhaus" übersetzt wird und so das Bild eines Selbstbedienungsladens für das Gut „Information" suggeriert. Unter einem „Data Warehouse" versteht man eine analytische Nur-Lese-Datenbank, die als Grundlage eines Entscheidungssystems genutzt wird (*Poe/Reeves* 1997). In dieser Datenbank werden Daten für statistische Auswertungen und Analysen gespeichert und bei Bedarf aktualisiert. Die Data Warehousedaten werden von den Daten für die operationalen Anwendungen einer Organisation getrennt gesammelt und getrennt gehalten. Ein Warehouse ist im allgemeinen themenbezogen, d.h. auf Auswertungen mit einer vorgegebenen thematischen Ausrichtung hin ausgelegt. Die Warehousedaten sind insbesondere für die Anwendungen des On-Line Analytical Processing (OLAP), der Visualisierung und des Data Mining verwendbar (*Vossen* 1999).

Bei der Informationslogistik werden die Optimierung der *Informationsverfügbarkeit* und der *Informationsdurchlaufzeiten* in den Vordergrund gestellt, die sich im Produktionsbereich und der Materiallogistik durch das *Just-in-Time*-Prinzip manifestieren. Damit für die Informationslogistik das für den Transport von Gütern entwickelte Instrumentarium übernommen werden kann, sollte sich das Logistikobjekt, die Ressource Information, wie andere materielle Güter verhalten. Im vorhergehenden Kapitel wurde auf die *Dualität von Information*, die physische und informatorische Komponenten miteinander verbindet, hingewiesen. Die physikalische Gebundenheit von Information verdeutlicht, daß der Transport von Informationen genauso von logistischen Überlegungen geleitet sein kann, wie der Transport realer Güter. Dies gilt jedoch nur für den Informationstransport und die Sicherstellung der Informationsverfügbarkeit, während die *Sinnkomponente* von Informationen nicht Gegenstand informationslogistischer Überlegungen sein kann (*Krcmar* 1992).

Damit wird deutlich, daß die Informationslogistik überwiegend Strukturie-
rungsaspekte für die Informationsflußgestaltung beinhaltet. Stukturierbare Entscheidungsprozesse betreffen jedoch nur einen Teilbereich der Informationswirtschaft. Sie
muß auch das Angebot von schwer strukturierbaren Informationen, beispielsweise für
Führungsentscheidungen, mitgestalten. Dennoch erleichtert die Informationslogistik
insgesamt die Gestaltung eines Informationsflußkonzeptes innerhalb des Unternehmens unter Einbeziehung externer Informationen und Informationsquellen und liefert
damit einen wesentlichen Beitrag für das Management des Informationsangebots.

3.1.6   Fall: Microsoft Corp. - Informationsversorgung der Geschäfts-
partner

Die Microsoft Corp. ist das größte unabhängige Software-Unternehmen der Welt
mit Firmenhauptsitz in Redmond (USA). Mit weltweit ca. 30.200 Mitarbeitern
erwirtschaftete das Unternehmen 1998 einen Umsatz von rund 14,48 Mrd. US
Dollar bei einem Gewinn von 4,49 Mrd. US Dollar. Die Entwicklung und Produktion der Software findet vorwiegend in den USA, Irland und Puerto Rico statt,
wobei Microsoft 1998 in 60 Ländern über eine Niederlassung verfügte, deren
Hauptaufgaben die Produktvermarktung, die Unterstützung (Support) von Kun-
denanfragen/-problemen und die Bereitstellung von Beratungsleistungen
(Consulting Services) im jeweiligen Land sind.

Die Produktpalette der Microsoft Corp. umfaßte 1998 etwa 180 verschiedene
Produkte aus den Bereichen Betriebssysteme und System-Software, Desktop Anwendungen, Programmiersprachen und Entwicklungswerkzeugen, Unterhaltungs-
Software und Hardware. Da die einzelnen Produkte (z.B. MS-DOS, MS Windows)
in bis zu 20 verschiedenen Sprachen ausgeliefert werden, ist die Gesamtprodukt-
palette noch erheblich umfangreicher.

Die Firma Microsoft hat im Jahr 1994 aus Gründen der verbesserten Kundenorientierung, der erhöhten Kundenbindung, der Informationsintensität der Produkte
und des immer kürzer werdenden Produktlebenszyklus sowie der verstärkten Neu-
entwicklung von Produkten im Bereich System-Software eine Neuausrichtung im
Vertrieb/Marketing durch folgende Maßnahmen bzw. Festlegungen vollzogen:

1. **Schlanke Länderniederlassungen**
   Die Ländervertriebsgesellschaften sind so umstrukturiert worden, daß die Mitarbeiterzahl trotz steigendem Umsatz gleichbleibend bzw. leicht reduziert werden konnte. Mit schlanken Länderorganisationen (in Deutschland ca. 800 Mitarbeiter in 1998) sollen sich Kurskorrekturen in der Unternehmensausrichtung
   schneller vollziehen und umsetzen lassen. Bei der Reorganisation wurden Teilbereiche wie der Endkunden-Schulungsbereich und Teile der herkömmlichen
   kostenlosen Produktunterstützung (Support) abgeschafft bzw. ausgegliedert.

2. **Aufbau eines flächendeckenden Netzes von autorisierten Geschäftspartnern**

   Aufgrund der stetigen Produktpalettenerweiterung sowie des steigenden Bedarfs an Ausbildung, Beratung und Betreuung der Kunden sah sich Microsoft nicht mehr in der Lage, allein aus eigener Kraft diese Leistungen für die Kunden flexibel, zielgruppengerecht, überregional und schnell erbringen zu können. Daher wurden verschiedene Programme initiiert, durch die möglichst flächendeckend Trainings- und Ausbildungsfirmen (Authorized Training Centers) und Lösungsanbieter (Solution Provider) in die Microsoft-Geschäftswelt eingebunden wurden. Die Trainings- und Lösungsanbieter haben das Ziel, möglichst kundenspezifisch innerhalb ihrer Region den Käufern von Microsoft-Produkten unterstützend zur Seite zu stehen, um dabei eine kostengünstige und schnelle Kundenbetreuung durchführen zu können. Bis 1999 trugen weltweit 16.000 Firmen die Bezeichnung „Microsoft Solution Provider" (davon 8.500 in Nordamerika, 7.000 in Europa, im mittleren Osten und Indien).

3. **Aufbau eines Ausbildungsprogramms**

   Zu allen Microsoft-Produkten aus den Bereichen Betriebssysteme/System-Software, Desktop Anwendungen und Programmiersprachen-/Entwicklungswerkzeuge wurden von Microsoft umfangreiche Schulungsmaterialien entwickelt. Diese sind Grundlage für computergestützte Prüfungen, in denen Detailwissen zu den Produkten nachgewiesen werden soll. Die Tests können in dafür eingerichteten Testzentren von jedem Interessierten abgelegt werden, wenngleich die Zielgruppe dieser Tests hauptsächlich bei Mitarbeitern der Microsoft Geschäftspartner (Solution Provider, Authorized Training Center), Angestellten von DV-Abteilungen im Bereich der firmeninternen Produktunterstützung und als DV-Weiterbildungsmaßnahme zu sehen ist. Zusätzlich bietet Microsoft auch die Möglichkeit, ein Ausbildungsprogramm zum zertifizierten Trainer zu absolvieren.

Während Microsoft vor der Reorganisation (Abbildung 3-7) außer im Produktverkauf immer direkt mit dem Kunden kommuniziert hat, sind nach der Reorganisation hauptsächlich autorisierte Fachhändler, Lösungsanbieter und Trainings-Center die Ansprechpartner für Microsoft-Kunden. Durch die Autorisierung und Ausbildung der Lösungsanbieter und Trainings-Center durch Microsoft findet die Qualitätssicherung gegenüber dem Endkunden statt. Der Einsatz von Lösungsanbietern und Trainings-Centern als Multiplikatoren soll zudem gegenüber den Endkunden gewährleisten, daß er das für ihn geeignete Leistungsangebot in der Ausbildung und der Lösungserstellung vor Ort bekommt.

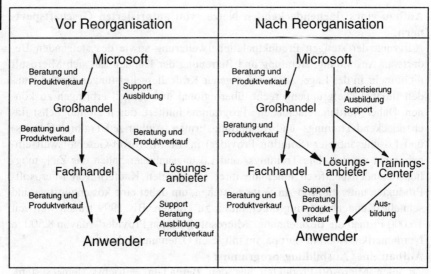

Abbildung 3-7: Reorganisation der Informationswege bei Microsoft

Diese Maßnahmen der Firma Microsoft sind keinesfalls als revolutionär zu betrachten, da bereits andere DV-Firmen wie etwa die Microsoft Konkurrenten Novell oder Lotus ähnliche Wege beschritten hatten. Vielmehr erscheint der Zeitpunkt bemerkenswert, zu dem diese Maßnahmen durchgeführt wurden, da die Firma unangefochten an der Branchen-Spitze stand. Die Firma Computer Associates als damals zweitgrößter Hersteller hatte 1994 gerade die Hälfte (2,45 Mrd. US $) des Microsoftumsatzes und etwas mehr als ein Viertel (377 Mio. US $) des Microsoftgewinns erreicht.

Unter dem Aspekt Kundennähe, der als einer der Ausgangspunkte der oben beschriebenen Neuausrichtung der Firma Microsoft genannt wurde, stellt sich die Frage: Wie kann Kundennähe durch die Einflechtung einer weiteren Hierarchiestufe zwischen Kunde und Hersteller erreicht werden? Ohne weitere Analyse würde der externe Betrachter zunächst vermuten, daß Microsoft mit diesem Maßnahmenkatalog das Gegenteil von Kundennähe bzw. Kundenbindung erreichen wird, da der Weg von der direkten Kommunikation zwischen Kunde und Lieferant aufgebrochen wurde, was als Argument vom Direktvertrieb angeführt wird.

Anworten auf diese Frage liefern der Multiplikatoreffekt, die Schaffung von Wissensträgern und ein besonders ausgeprägter Informationsfluß zwischen Microsoft und den Geschäftspartnern, Microsoft und den Endkunden sowie den Geschäftspartnern und den Endkunden. Dabei muß sowohl den Geschäftspartnern als auch den Endkunden ein umfassender und schneller Zugriff auf Produktinformationen, Produktinnovationen und Informationen über die strategischen Stoßrichtungen von Microsoft ermöglicht werden. Nachfolgend soll insbesondere dargestellt werden, mit welchen Methoden und Mitteln Microsoft den Informationsfluß zwischen sich und seinen Kunden bzw. Geschäftspartnern gewährleistet.

Die von Microsoft bereitgestellten Informationsquellen für die Geschäftspartner und Kunden lassen sich nach Zugänglichkeit, Erscheinungshäufigkeit, Kosten und Medium unterteilen:

- **Zugänglichkeit**: Es gibt allgemeinzugängliche und exklusive Informationsquellen. Exklusiv sind solche, die nur für bestimmte Personen (z.B. Microsoft-Produktspezialisten) oder autorisierte Firmen (z.B. Solution Provider) bestimmt sind.
- **Erscheinungshäufigkeit**: Einige Informationsquellen werden einmalig bzw. unregelmäßig, andere dagegen regelmäßig aufgelegt.
- **Kosten**: Es ist zu unterscheiden zwischen kostenlosen und kostenpflichtigen Informationsquellen.
- **Medien**: Als Übertragungsmedium verwendet Microsoft bedrucktes Papier, Disketten, CD-ROM, ONLINE-Dienste, Internet, insbesondere World Wide Web, aber auch Live-Präsentationen.

Nachfolgend wird eine Beschreibung der *allgemeinen* und *exklusiven Informationsquellen*, die Microsoft seinen Kunden bzw. Geschäftspartnern bietet, vorgenommen, wobei nicht das Ziel einer vollständigen Aufzählung, sondern vielmehr ein überblickartiger Einblick mit den grundlegenden Zielsetzungen - klassifiziert nach Zugänglichkeit und Erscheinungshäufigkeit - im Vordergrund steht.

Zu den **allgemeinen Informationsquellen** zählen *unregelmäßige* und *regelmäßige* Informationsquellen. Die Firma Microsoft ist in allen Ländervertretungen telefonisch erreichbar, d.h. ausgehend von einer Telefonzentrale werden Anrufer zu den Mitarbeitern weiterverbunden oder zu einer entsprechenden Informationsstelle durchgestellt (**unregelmäßige Informationsquelle**). Allgemeine telefonische Auskunft wird zu den Themen Geschäftspartner, Bezugsquellen von Produkten und Neuerscheinungen gegeben.

Die Firma Microsoft präsentiert sich zudem auf allen bedeutenden nationalen und internationalen Fachmessen. Ziel ist, neben der Präsenz als Hersteller und Vorstellung des Unternehmens, die Kontaktaufnahme zu den Geschäftspartnern, aber auch zu den interessierten Endkunden. Seit 1993 werden verstärkt regionale Veranstaltungen und Seminare (sogenannte Roadshows) mit geladenen Gästen durchgeführt, bei denen die Zielgruppen Entscheider und DV-Verantwortliche sind. Die Teilnahme ist kostenlos, wobei jeweils ein halbtägiger Themenschwerpunkt wie z.B. Office-Anwendungen, Betriebssysteme oder Netzwerkprodukte gesetzt wird. Im Laufe von 3 bis 4 Werktagen werden dabei an einem Ort nacheinander die gesamten für den geschäftlichen Einsatz relevanten Produkte vorgestellt.

Microsoft ist im Verbund mit den firmeneigenen Verlagen Microsoft Press und Redmond Verlag Herausgeber von Büchern zu Produkten und Schulungsunterlagen der kompletten „Microsoft-Welt". Darüber hinaus verfügt Microsoft über einen World-Wide-Web-Server bzw. einen FTP-Server, über den beispielsweise Produktinformationen, Produktlisten und andere allgemeine Informationen aus dem Internet abgerufen werden können. Microsoft hat außerdem einige Informations–tionsforen, insbesondere Newsgroups zu unterschiedlichsten Themen rund um die Microsoft-Produkte, bei dem Online-Anbieter CompuServe eingerichtet.

Alle Mitarbeiter der Firma Microsoft sind über E-Mail im Internet (<mail-name>@microsoft.com) erreichbar. Ebenso wie die Telefondurchwahlen der Microsoft-Mitarbeiter nicht generell an Kunden und Geschäftspartner weitergegeben werden, sind auch keine E-Mail-Namenslisten der Mitarbeiter verfügbar. Bei der konkreten Zusammenarbeit zwischen Microsoft-Mitarbeitern und Geschäftspartnern wird jedoch zunehmend bilateral die E-Mail-Kommunikation genutzt, da sie für beide Seiten den Koordinationsaufwand reduziert.

Bei den **regelmäßigen Informationsquellen** handelt es sich neben monatlich erscheinenden Rundbriefen mit aktuellen Vertriebs-, Ausbildungs- und Produktinformationen an die Geschäftspartner vorwiegend um technische Informationsquellen. Dazu zählen solche, die insbesondere bei technischen Fragen und Problemen eingesetzt werden sollen und von Geschäftspartnern und Kunden bei der Lösung von Problemen und komplexen Fragestellungen nutzbringend eingesetzt werden können. Microsoft verlegt drei Zeitschriften, die die Bezeichnung „Microsoft System Journal", „Microsoft Office Journal" und „Microsoft NT Journal" tragen. Die Zeitschriften erscheinen alle zwei Monate und enthalten die Themen Produktneu- und -weiterentwicklungen, Grundsatztechnologien sowie Anwendungsprobleme. Zu den technischen Informationsquellen zählen außerdem noch die monatlich erscheinende TechNet (Technical Information Network) und das quartalsweise erscheinende Developer Network. Die beiden Produkte werden auf CD-ROM ausgeliefert und sind im Rahmen eines Jahresabonnements erhältlich:

- Die TechNet ist eine Sammlung von technischen Informationen, angefangen von Produktbeschreibungen, technischen Detailabhandlungen (White Papers) von Produkten und Microsoft Technologien, Produktfehlerbeschreibungen und Problemlösungen bis hin zu Software-Updates und Treiberbibliotheken. Um einen möglichst einfachen Zugriffs- und Suchmechanismus zu gewährleisten, sind die Informationen über einen Hypertext-Editor mit entsprechenden Suchfunktionen abrufbar.
- Das Developer Network ist eine Sammlung von CD-ROMS, auf denen sich jeweils die aktuellsten Versionen der von Microsoft ausgelieferten Betriebssysteme (MS-DOS, MS Windows 98, Windows 95 und Windows NT) sowie die Software-Entwicklungsbibliotheken befinden. Dabei unterscheidet Microsoft

die drei verschiedene Typen „Betriebssystem", „Office/Backoffice" sowie „Engineering". Das Developer Network ist insbesondere für Software-Entwickler und Firmen interessant, die möglichst schnellen Zugriff auf neueste Produktversionen der System-Software und Entwicklungsbibliotheken benötigen.

Zu den **exklusiven Informationsquellen** für die Geschäftspartner gehören die monatlich erscheinende „Sales Central"-CD-ROM (für Solution Provider) und die „Education and Certification Roadmap"-CD-ROM (für Trainings-Center, zertifizierte Trainer und Produktspezialisten) sowie das jeden zweiten Monat erscheinende „Beta Evaluation Program".

Die „Sales Central"-CD-ROM besteht aus einer Sammlung von Werkzeugen zur Unterstützung von Vertriebs- und Marketingaktivitäten der Lösungsanbieter: Ein Werkzeug zur Erstellung von Präsentationen erlaubt die Zusammenstellung von neuen individuellen Präsentationen für die eigenen Zwecke aus mitgelieferten Bildschirmpräsentationen, Produktinformationen, Produktspezifikationen, Produktfallstudien und Demo-Skripten. Ein weiteres Werkzeug unterstützt Lösungsanbieter bei der Erstellung eines Geschäftsplanes und gibt dabei Hinweise für die Ausrichtung der individuellen Geschäftsausgestaltung. Ein drittes Werkzeug enthält Informationen über Produkte, deren genaue Produktbezeichnung mit Teilenummern sowie Produkt- und Firmendaten von allen „Solution Providern".

Die „Education and Certification Roadmap"-CD-ROM gibt Informationen darüber, welche Trainingsmaterialien für welche Seminare von Microsoft angeboten werden, welche Voraussetzungen für die Durchführung der Seminare notwendig sind und welche Abläufe bei der Seminarausgestaltung zu berücksichtigen sind. Microsoft entwickelt und verkauft Seminarunterlagen an die autorisierten Trainings-Center, führt selbst jedoch außer der Ausbildung der zertifizierten Trainer keine Endkunden-Trainings durch.

Damit sich größere Kunden und Microsoft Systemspezialisten auf die Merkmale und Einsatzmöglichkeiten von Microsoft Neuprodukten bzw. Weiterentwicklungen einstellen können, läuft seit 1995 das „Microsoft Beta Evaluation Program". Auf CD-ROM werden dabei alle noch in der Entwicklung befindlichen Produkte ausgeliefert, die sich in der Beta-Phase, d.h. in der Regel zwischen drei und sechs Monaten vor der offiziellen Markteinführung befinden. Dies ermöglicht mittlerweile jedermann -gegen Entgelt- rechtzeitig Vorüberlegungen zu Einführungsstrategien bzw. Anwendungsmöglichkeiten von Neuprodukten und neuen Technologien anzustellen, aber auch Microsoft eine rechtzeitige Rückmeldung zu Programmfehlern zu geben. Das Beta Evaluation Program wird an entsprechende Personen bzw. Organisationen kostenlos abgegeben.

Zu den **neueren Entwicklungen bei der Informationsversorgung** der Kunden und der Geschäftspartner geht Microsoft zunehmend dazu über, alle oben genannten Informationsquellen über das firmeneigene Netzwerk Microsoft Network (MSN) im Internet abrufbar zu machen. Microsoft nutzt dabei natürlich das Netz auch für seine eigenen Zwecke, um die Solution Provider und Trainings-Center online mit neuesten Informationen zu versorgen. Dies bringt gleichzeitig einen hohen Kostenvorteil für Microsoft, da sich die Geschäftspartner auf das Netz per Datenfernübertragung aufschalten und selbst für das selektive Abgreifen von Informationen aufkommen müssen.

In Anbetracht der Vielfalt der eingesetzten Medien stellt sich heute sowohl für den Microsoft Geschäftspartner als auch für den Kunden die Frage, von welchem Medium man denn genau die Informationen bekommt, die man gerade braucht. Die Kenntnis der verschiedenen Medien, deren Zielsetzung und Informationstiefe scheint ein größeres Problem zu sein als die konkrete Suche nach Detailinformationen auf dem Medium selbst. Bei sachgemäßer Anwendung der Microsoft Informationsquellen ist davon auszugehen, daß eine sehr hohe Transparenz bezüglich der Produktinformationen vorliegt. Abgesehen von strategischen bzw. firmeninternen Informationen besteht aufgrund der Medien ein sehr geringer informatorischer Zeitlag zwischen einem Microsoft Mitarbeiter und einem Geschäftspartner bzw. Endkunden. Bei konsequenter Ausnutzung der von Microsoft selbst zur Verfügung gestellten Informationsquellen wird das Informationslag zwischen Unternehmen und Kunde zukünftig noch weiter reduziert werden können.

Quelle:
Microsoft (Hrsg.): Informationsdienste Microsoft TechNet und Microsoft Sales Central, 1995.

3.1.7 Management der Verwendung

Im idealtypischen Verlauf des Informationskreislaufs entsteht aus der Nachfrage nach Informationen ein Angebot, welches dann verwendet wird. Die Nichtdeckung der Kreise in
Abbildung 3-1 verdeutlicht, daß der zur optimalen Verwendung erforderliche Informationsstand nicht in allen Fällen erreicht wird. Nun ist einerseits nicht klar, wie weit die Mengen auseinanderklaffen bzw. wie die Divergenz zu messen ist, um empirische Untersuchungen zur Informationsverwendung zu ermöglichen.

Auf der anderen Seite ist die optimale Verwendung von Information zur Entscheidung nicht unbedingt an die totale Deckung der Informationsnachfrage gebunden. Es kann im Gegenteil sogar von Vorteil sein, einen geringeren Informationsstand anzustreben, wie das folgende Beispiel zeigt:

„Es gibt wohl in bestimmten Fällen eine 'positive Rückkopplung' zwischen dem Ausmaß an Information über eine Sache und
der Unsicherheit. Wenn man über eine Sache überhaupt nichts
weiß, kann man sich ein einfaches Bild ... machen und damit
operieren. Sobald man aber ein wenig Information gesammelt
hat, gerät man in Gefahr. Man merkt, was man alles noch nicht
weiß, bekommt das starke Bedürfnis nach noch mehr Wissen,
sammelt weitere Informationen, merkt noch mehr, daß man eigentlich fast überhaupt nichts weiß. ... Je mehr man weiß, desto
mehr weiß man auch, was man nicht weiß. Es ist wohl nicht von
ungefähr, daß sich unter den Politikern so wenig Wissenschaftler
befinden. Und es ist wohl auch nicht von ungefähr, daß in Organisationen ... eine Tendenz besteht, die 'Informationssammlung'
von der 'Entscheidung' institutionell zu trennen. Eine solche
Trennung mag den Sinn haben, den eigentlichen 'Entscheider'
mit einem nur groben Bild der Informationslage zu versehen"
(*Dörner* 1989, S.145).

Die Fähigkeit, Entscheidungen zu treffen, hängt demnach nicht nur von der Höhe
und Qualität des Informationsangebots ab. Führt die Informationsflut zu Unsicherheit und weiter wachsender Informationsnachfrage, kann ein Teufelskreis der Ent-
scheidungshemmung durch ein umfassendes Informationsangebot initiiert werden
und das Ziel der Informationswirtschaft in Frage stellen.

In dieser Hinsicht kann aufgrund des Entscheidungstyps dahingehend differenziert
werden, daß administrative Aufgaben durch die Deckung der Informationsnachfrage in ihrer Qualität sicher steigen und die Einbeziehung von mehr Information sich
positiv auswirkt. Führungsentscheidungen werden jedoch zumeist auf der Basis
unsicherer und unscharfer Informationen getroffen, deren größeres Angebot die
Entscheidungsfähigkeit von Managern nur bedingt erhöht. Die Planung der Ressource Information im Betrieb, die als Prozeß im übernächsten Abschnitt noch
einmal diskutiert wird, sollte diese Überlegungen zur Phase der Informationsverwendung mitbeachten.

3.1.8 Fall: Ein Datawarehouse-Konzept: Basis erfolgreicher Manage-
mentunterstützung bei der Bayer AG

Der Bayer-Konzern ist ein diversifiziertes, internationales Unternehmen der che-
misch-pharmazeutischen Industrie, das mit rund 145.100 Beschäftigten in fast
allen Ländern der Welt vertreten ist. Es gehört mit einem Jahresumsatz von 54,9
Milliarden DM und einem operativen Ergebnis von 6,15 Milliarden DM (1998) zu
den führenden Chemieunternehmen der Welt. Bayer bietet ca. 10000 verschiedene
Produkte und Leistungen aus einem Sortiment an, daß von den Bereichen Gesund-

heit und Ernährung über Kunststoffe bis zu Spezial-produkten in der Chemie reicht.

Bei Bayer reifte Mitte der 80er Jahre der Wunsch nach einem unternehmensweiten Konzept für ein DV-gestütztes Managementinformationssystem (MIS). Von seinem Arbeitsplatz aus sollte der Manager mit dem System gezielt auf Informationen zugreifen, sowie mit anderen Teilnehmern kommunizieren und Daten austauschen können. Es war geplant, das Spektrum der angebotenen Informationen von Daten aus dem operativen Geschäft über Personaldaten der Bayer AG bis hin zu aktuellen Markt- und Wettbewerbsbedingungen reichen zu lassen. Der spätere Benutzer, egal ob Manager oder Sachbearbeiter, sollte ohne Vorkenntnisse das System benutzen können und es ihm erlauben, sich zu seinen gesuchten Daten intuitiv vorzuarbeiten.

1989 ging Bayer nach einem gescheiterten Versuch in den Jahren 1987/1988 das Thema grundsätzlicher an, indem man sich bei der Entwicklung des Konzeptes nicht von den technischen Möglichkeiten sondern von den Anforderungen der späteren Nutzer leiten ließ. Trotz der unterschiedlichen Anforderungen verschiedener Nutzerkreise konnte es nicht das Ziel sein, jedem Benutzer sein „eigenes" Informationssystem aufzubauen sondern die Anforderungen der Benutzer durch das Bereitstellen unterschiedlicher Sichten auf die gleichen Daten in einem System zu erfüllen. Das von Bayer hierfür konzipierte System bekam den Namen „ISOM" (Informations-System für das Obere Management) und es war geplant, die hier zum Einsatz kommende Technik in weiteren Unternehmensbereichen und Hierarchieebenen zu nutzen.

Bei der Frage, welche Daten dem Benutzer eines solchen Systems zur Verfügung gestellt werden sollten, ging man von einem „Manager"-Arbeitsplatz aus. Da dieser aber durchaus ein großes Interesse daran haben könnte, nicht nur Zugriff auf hochverdichtete Informationen in Form von Kennzahlen zu erhalten (wie sie bei MIS angeboten werden) sondern auch die Möglichkeit nutzen möchte, operative Daten (so etwa Daten aus Programmen, die den verwaltungstechnischen Ablauf im Unternehmen unterstützen, wie z.B. klassische Personalsysteme oder Logistikprogramme) aktuell zu recherchieren, besteht eine große Herausforderung in der Anbindung einer Vielzahl von unterschiedlichen, bereits im Unternehmen etablierten Systemen und Datenquellen. Mit der Einführung betriebswirtschaftlicher Standardsoftware, bei Bayer der Einführung von SAP, relativierte sich dieses Problem zunehmend, da die Einführung einzelner SAP-Module, bspw. im Bereich Personal oder Logistik, die Möglichkeit bot, über eine einheitliche Schnittstelle mit dem SAP-System zu kommunizieren und die entsprechenden Personal- bzw. Logistikdaten aus dem operativen System für den Zugriff im MIS zu extrahieren.

Im Projekt wich Bayer von der klassischen Vorgehensweise des Erstellens eines Lasten- bzw. eines Pflichtenheftes sowie der Erstellung eines Datenmodells ab.

Stattdessen bediente man sich zur Diskussion mit den späteren Nutzern des Systems der Begriffe „Dimensions-Hierarchie-Definition", „Analyse der Datenbrauchbarkeit" und „Analyse der Datenverfügbarkeit". Liessen sich die im geplanten System abrufbaren Daten in Dimensionen und Hierarchien zuordnen, so konnte man einen mehrdimensionalen „Datenwürfel" aufbauen, anhand dessen man mit den späteren Nutzern über mögliche, ableitbare Kennzahlen, darstellbare Grafiken etc. diskutieren konnte und der als Grundlage der Entwicklung diente. Neben diesem „Datenwürfel" bedurfte es einer Analyse der Brauchbarkeit der potentiellen Daten. Da für die Analyse der verschiedenen Datenbestände im Projekt kein Standardvorgehen bzgl. der Güte entwickelt werden konnte, bediente man sich Einzelproben, um herauszufinden, ob entsprechende Datenbestände „brauchbar" schienen, d.h. den Informationsbedarf der geplanten Zielgruppen befriedigen konnten. Neben der Güte der Daten musste zusätzlich auch die Verfügbarkeit des entsprechenden Datenbestandes gewährleistet sein. Dabei wurde großer Wert auf eine DV-gestützte Verfügbarkeit (im Gegensatz zu einer manuellen Eingabe) der Informationen gelegt. In diesem Prozeß war es den Projektverantwortlichen wichtig, diejenigen Personen, die die zugrundeliegenden Informationsquellen betreuten, auf die große Bedeutung der zeitnahen und qualitativ hochwertigen Bereitstellung der Daten hinzuweisen und mit diesen „Bereitstellungsverantwortlichen" einen „Daten-Liefervertrag" abzuschließen. In diesem konnten dann Qualität, Art, Umfang und Termine bzgl. der Datenbereitstellung festgehalten werden.

Bei der Ermittlung des Informations- und Kommunikationsbedarfs bediente man sich eines pragmatischen Vorgehens. So bediente man sich einer Analyse der papiergestützten Informationsversorgung der Zielgruppe und der möglichen Übertragbarkeit auf elektronische Medien. Dafür befragte man in erster Linie die Sekretariate und Assistenten der zu unterstützenden Manager. Auch erwies es sich als sinnvoll, diejenigen Mitarbeiter zu befragen, die für die Informationsaufbereitung und -verteilung im Unternehmen zuständig sind. Jahrelange Erfahrungen bzgl. der Nutzerwünsche können bei dieser Gruppe effizient ermittelt werden. Im Rahmen des Projekts entschied man sich bewußt dagegen, die zukünftigen Endanwender des Systems zu befragen. Als Gründe werden schnell wechselnde Fokussierung auf verschiedene Fragestellungen, nicht zu erfüllende Informationswünsche des Managements und der Aufbau einer zu hohen Erwatunghaltung angeführt.

Bei der Auswahl der im System anzubietenden Themenkreise ließ man sich nicht von der vorgegebenen Struktur eines vorhandenen Systems leiten sondern versuchte, hier möglichst die Interessenlage der Nutzer und damit eine unternehmensindividuelle Struktur zu schaffen. Die Themen innerhalb von ISOM sind kleine, in sich abgeschlossene Sachgebiete, die zu Themenbereichen gruppiert werden. Dabei wurden Inhaltsverantwortliche für die redaktionelle Verantwortung der Themenbereiche bestimmt. Themenbereiche von ISOM sind die Bereiche Strategie (Portfolios, Investitionen, Forschung), Markt/Börse (Wettbewerber, Preise für

Rohstoffe, Börseninformationen, Marktinformationssysteme), Geschäft (Controlling-Daten: Umsatz, Ergebnis, Cashflow Return on Investment etc.), Organisation (Organisationspläne, Telefonbuch, Unfallzahlen etc.), Personal (Qualifikationsprofile, Altersstrukturen, Personalaufwand etc.) und Beschlüsse (Protokolle, Sitzungsunterlagen etc.). Neben den genannten Bereichen bietet ISOM, im Sinne einer „virtuellen Unternehmenszeitungen", zusätzlich aktuelle Nachrichten und Termine. Kommunikationsunterstützung durch den Zugriff auf email, fax etc. und die Möglichkeit, persönliche Informationen mit Hilfe des Systems organisieren zu können, ergänzen das Angebot von ISOM.

Bei einem geplanten, unternehmensweiten Informationssystem wie ISOM stellte sich für die Verantwortlichen die Frage nach einer geeigneten Ausbreitungsstrategie. Ziele dabei waren, den Nutzern die Relevanz des Systems vor Augen zu führen und Akzeptanz für das System zu schaffen. Aus Sicht der Projektleitung war es mitentscheidend für den Erfolg des Systems, daß der Vorstand die ersten Teilnehmer stellte. Die Einbindung der Vorstandssekretariate in den Einführungs- und Schulungsprozess sorgte für eine positive Grundeinstellung und lieferte über diesen Kanal effiziente Rückmeldung. Eine anschließende Ausbreitung des Systems erfolgte dann stufenweise über die Hierarchien von oben nach unten, wobei die Mitarbeiter der jeweiligen Manager zumindest teilweise Zugriff auf die Daten erhielten. Anschließend stellte man, mit entsprechenden Zugriffsbeschränkungen, allen Bereichen das System zur Verfügung. Beim Aufbau und der Ausbreitung von ISOM mußte die Projektleitung stets die teilweise konfligierenden Anforderungen von drei Gruppen, nämlich der Gruppe der Anwender, der Gruppe der Entwickler und der Gruppe der Informationsmanager, beachten (siehe Tabelle 3-2)

Anforderungen aus Anwendersicht	Anforderungen aus Entwicklersicht	Anforderungen aus Sicht des Informationsmanagers
• Einfachheit der Bedienung • hohe Übersichtlichkeit • Verfügbarkeit von Analysemethoden • Möglichkeiten zur grafischen Darstellung • Nutzung vorhandener Anwendungen • kurze Antwortzeiten • Schutz privater Daten	• leistungsfähige Entwicklerwerkzeuge • möglichst viele Generatorfunken • einfache Anpassung der Datenstruktur • geringer Aufwand bei Maskenänderungen • einfache Verwaltung der MIS-Daten • einfache Integration in die bestehende Infrastruktur	• Einhaltung der Standards • Unterstützung der Architekturstrategie • flexible Ausbaumöglichkeiten • Serviceleistung des Anbieters • flächendeckender Support

Tabelle 3-2: Anforderungen aus Sicht des Anwenders, Entwicklers und Informationsmanagers
Quelle: nach *Kaiser* (1998a, S.127f.)

Für die Förderung der Akzeptanz des Systems im Konzern war das interne Marketing ein entscheidender Faktor. Neben einem „Markennamen" für das System (ISOM) erwies sich ein entsprechendes Logo für die Anwendung als hilfreich. Es war so möglich, schnell auf das System über den Namen zu referenzieren und mit dem Namen bzw. dem Logo positive Eigenschaften zu verbinden. Neben Namen und Logo hatte ein entsprechend großzügig verteiltes Handbuch die größte Werbewirkung. Daneben lag ein frei zugänglicher Katalog über die Themenangebote im ISOM allen Mitarbeitern in Kurzfassung vor und eine Hotline war für die Probleme der Anwender geschaltet.

Für den Betrieb von ISOM bedurfte es mehrerer Verantwortlicher, die verschiedene Rollen inne haben. Das Projekt wurde von den Verantwortlichen mit der Herausgabe einer Zeitung verglichen, wobei ein verantwortlicher „Betriebsleiter" die Rolle des Chefredakteurs bekommen musste. Die Anwender von ISOM sollten sich die Informationen aus dem System nicht einfach unstrukturiert „abholen" sondern werden vom System selbst (und damit vom verantwortlichen Redakteur) in klar vordefinierten Bahnen zu den Informationen „geleitet". Aus Sicht der Projektleitung wird auch hier eher der Begriff des „Business Information Shop" der Situation gerecht als der Begriff des „Data Warehouse". So ist aus dieser Sicht das Data Warehouse lediglich eine Lagerstelle des Business Information Shops. Zum Business Information Shop zählen die Betreiber alle Komponenten von der Rohdatenerfassung bis zur Bereitstellung der Anwendungsmodule. Neben der Rolle des „Chefedakteurs" hat man im Projekt zusätzlich die Rollen des Inhaltsverantwortlichen und des Bereitstellungsverantwortlichen definiert. Wie bei einem Produktionsbetrieb schließt der Shop hier Verträge mit seinen „Rohstoff"-Lieferanten. Diese Personen sind inhaltsverantwortlich für bestimmte Themenbereiche, bekleiden meist eine höhere Hierarchiestufe und stehen innerhalb ihres Themengebietes für weitere Fragen zur Verfügung. Sie bestimmen auch einen „Bereitstellungsverantwortlichen", der dafür sorgt, daß die Daten seines Themengebietes zu einem festgelegten Termin vollständig und geprüft den Betreibern des Informationssystems zur Verfügung gestellt werden.

Die wichtigsten Erfahrungen bei dem seit drei Jahre im Produktionsbetrieb laufenden ISOM-System fassen die Verantwortlichen unter den folgenden Punkten zusmmen:

- Benutzeroberfläche
- Geschwindigkeit
- Informationsangebot
- Aktualität
- Stabilität

Eines der wichtigsten Kriterien war den Projektverantwortlichen über die gesamte Phase des Projekts die einfache Bedienbarkeit des Systems mit Hilfe einer intuitiven Benutzeroberfläche. Dieses wurde von den Nutzern sehr positiv bewertet; so ist eine einfache Navigation durch das System ohne Anleitung problemlos möglich.

Die Bedeutung der Abfragegeschwindigkeit wurde von den Verantwortlichen klar unterschätzt. Antwortzeiten von 3 bis 5 Sekunden, in Ausnahmefällen von 10 Sekunden, müssen garantiert werden können. Das Informationsangebot lag bei Einführung des Systems deutlich auf Daten, die sich auf das laufende Geschäft bezogen (siehe Abbildung 3-8). Bis zum Jahre 1999 wurde an einem Ausgleich des Informationsspektrums gearbeitet, wobei sich zeigte, daß der Aufbau strategischer, ISOM-fähiger Informationen sich als aufwendiger erwies als erwartet.

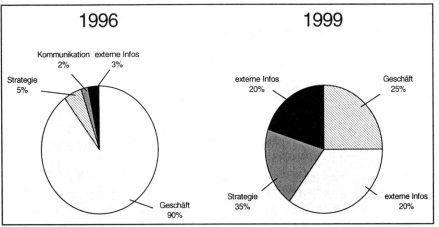

Abbildung 3-8: Struktur der Information im ISOM
Quelle: *Kaiser in Muksch/Behme* (1998b, S.549)

Insbesondere Komponenten mit hoher Aktualität, wie Nachrichten, Börsen- und Devisenkurse, die sich großer Beliebtheit im System erfreuen, werden auf der Startseite der Anwendung angezeigt und erhöhen deutlich die Attraktivität von ISOM.

Die Stabilität der Anwendung stellte einen weiteren entscheidenden Erfolgsfaktor dar. Netzschwankungen und kurzzeitige Zugriffsprobleme dürfen für den Anwender nicht zu unverständlichen Fehlermeldungen oder zum Absturz des Systems führen.

Die wesentlichen Erfahrungen, die beim Aufbau und Betrieb von ISOM gesammelt wurden, werden von den Verantwortlichen folgendermaßen zusammengefasst:

- Grundprinzip: Der Bedienungskomfort ist als wichtigstes Kriterium anzusehen
- Änderungswünsche müssen kurzfristig umsetzbar sein
- Internes Marketing ist ein wichtiger Erfolgsfaktor
- Ein modulares Konzept empfiehlt sich technisch und organisatorisch. Bestehende Informationsstrukturen können so bestehen bleiben
- Sponsoring: zwei gegenüber dem Gesamtvorstand verantwortliche Vorstandsmitglieder sollten den Aufbau des MIS begleiten.
- „Befragungen" der Anwender sollten entfallen. Statt dessen empfehlen sich intensive Diskussionen mit Controllern, Assistenten usw., die die künftigen Betreiber unternehmensweiter MIS-Module sind.
- MIS ist in die DV-technische Infrastruktur des Unternehmens einzubinden
- Mittelfristig ist eine Datenversorgung über die bereits betriebswirtschaftlich aufbereiteten Berichte des ERP (etwa: SAP Executive Information System) anzustreben.

Langfristig wird sich in den Augen der Verantwortlichen das Bild einer MIS-Anwendung der virtuellen Unternehmenszeitung nähern, die wichtige Information auf der Startseite präsentiert. Da das Aufbereiten von Daten aus den Basissystemen der zahlreichen Bayer-Konzernfirmen zu strukturierten und ggf. kommentierten Konzern-Informationen sehr aufwendig ist und einer ständigen Effizienzkontrolle unterliegen muß, werden die ISOM-Anwender irgendwann die Informationen, die sie Online abrufen, bezahlen müssen. Nur so läßt sich dann ermitteln, welchen Wert die „Informationsprodukte" im Business Information Shop für die Anwender haben.

Quelle:
Kaiser, B.: Das Data Warehouse-Konzept. Basis erfolgreicher Managementunterstützung bei BAYER. In: Muksch, H., Behme, W. (Hrsg.): Das Data Warehouse-Konzept: Architektur - Datenmodelle - Anwendungen. 3., überarb. Auflage, Gabler, Wiesbaden 1998a.
Kaiser, B.: Unternehmensinformationen mit SAP-EIS. Aufbau eines Data Warehouse und einer inSight-Anwendung, 2., verbesserte Auflage, Vieweg, Braunschweig/Wiesbaden 1998b.

3.1.9 Managementprozeß der Informationswirtschaft

Das Management der Informationswirtschaft kann anhand eines **Lebenszyklusmodells** verdeutlicht werden, das, wie in Abbildung 3-9 dargestellt, die aufeinander folgenden Phasen Informationsbedarf, -nachfrage und -verwendung als sich wiederholenden *Prozeß* begreift. Der Lebenszyklus der Ressource Information wird durch den vorhandenen Informationsbedarf angestoßen. Die **Planung des Informationsbedarfs** stellt den ersten Schritt des informationswirtschaftlichen Planungszyklus' dar und ist zusammen mit der **Informationsnachfrage** Ausgangspunkt der **Planung des Informationsangebots** im weiteren Verlauf des Lebenszyklus'.

Auf detaillierterer Ebene läßt sich der **Managementprozeß der Informationswirtschaft**, der sich auch als das *Management der Informationsproduktion* auffassen läßt, in Managementphasen aufspalten. Die Managementphasen umfassen das

(1) Management der Informationsquellen,
(2) Management der Informationsressourcen,
(3) Management des Informationsangebots,
(4) Management der Informationsnachfrage und
(5) Management der Infrastrukturen der Informationsverarbeitung und Kommunikation (*Levitan* 1982; *Picot* 1988; *Krcmar* 1996).

Die inhaltlichen Zusammenhänge dieser Aspekte des Managements der Informationsproduktion werden in einem Lebenszyklusmodell verdeutlicht (Abbildung 3-10). Zuerst werden die Details zu den Managementphasen (1) bis (5) erläutert und anschließend die Dynamik der Pfeile ① bis ③. Bei Bedarf werden die in Abschnitt 3.1.4 zum Management der Informationsnachfrage und Abschnitt 3.1.5 zum Management des Informationsangebots gemachten Aussagen ergänzt.

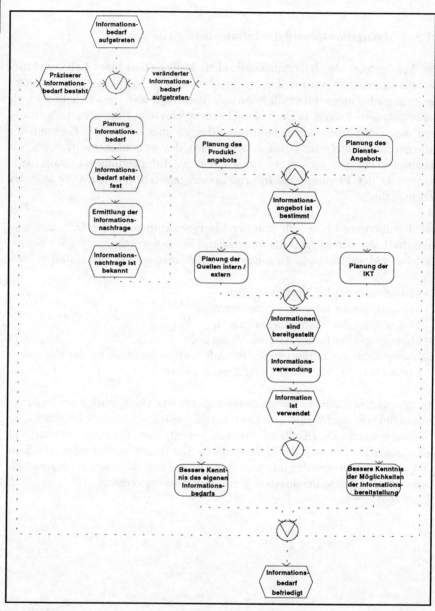

Abbildung 3-9: Managementprozeß der Informationswirtschaft[3]
Quelle: In Anlehnung an *Picot* (1988, S.248-249)

---

3   Die Darstellung als Ereignisgesteuerte Prozeßkette (EPK) wird im Abschnitt 3.2.3.2
     erklärt.

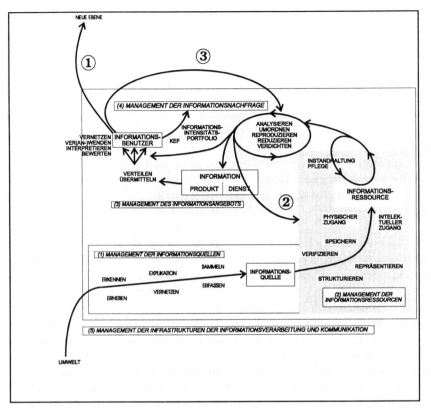

Abbildung 3-10: Lebenszyklusmodell der Informationswirtschaft[4]
Quelle: In Anlehnung an *Rehäuser/Krcmar* (1996, S.20)

(1) Management der Informationsquellen: Am Anfang des Zyklus steht das *Erkennen* und *Erheben* von Informationen, die noch keinen Eingang in die Informationsressourcen gefunden haben. Dieses kann mittels einer Neubewertung vorhandener Informationen oder der Schaffung neuer Informationen erfolgen. Nach dem Erkennen und Erheben folgt das *Sammeln* und *Erfassen* der Informationen. Die Sammlung und Erfassung sollte entstehungsnah dezentral erfolgen, um Aktualität zu gewährleisten. Danach liegt eine Informationsquelle vor. Innerhalb der *Planung* der Quellen kommt der Spezifikation unternehmens*interner* und unternehmens*externer* Informationsquellen ein hoher Stellenwert zu.

(2) Management der Informationsressourcen: Mehrfach verwendbare Informationsquellen sind Informationsressourcen. Die Überführung geschieht, indem die Informationsquelle zunächst *verifiziert* wird und anschließend die Informationen

---

4   Das Lebenszyklusmodell ist ein auf die Informationswirtschaft angepaßtes Lebenszyklusmodell des Managements der Ressource Wissen von *Rehäuser/Krcmar* (1996).

auf (vorwiegend elektronischen) Informationsträgern *gespeichert* werden. Spätestens dann sind organisatorische, ökonomische, Datensicherheits- und Datenschutz-Gesichtspunkte zu berücksichtigen. Zusätzlich muß ein *physischer* und *intellektueller Zugang* zu den gespeicherten Informationen geschaffen werden. Der physische Zugang wird idealerweise durch eine Vernetzung der Informationsträger untereinander und durch eine Einbindung der Nutzer in das Netzwerk der Informationsträger realisiert. Eine Unterstützung für den intellektuellen Zugang kann durch Deskriptorensysteme, Auswahl- und Navigationshilfen geschaffen werden. Schließlich sind die Informationen zu *pflegen* (Verändern, Löschen) und die Informationsträger sind *instandzuhalten.* Das Management der Informationsressourcen muß für die Darstellung und Speicherung der Informationen, die Bereitstellung geeigneter Informationsträger und Zugriffsmöglichkeiten sowie deren Pflege und Instandhaltung sorgen.

(3) Management des Informationsangebots: Die benötigten Informationen sind anforderungsgerecht bereitzustellen. Zum einen können solche Informationsressourcen eigens aufzubauen sein. Andererseits können Informationsressourcen als unternehmensweit zur Verfügung stehende Daten-, Methoden- und Modellbanken sowie Information (Data) Warehouses nicht auf bestimmte Bereiche und Teilbereiche zugeschnitten und deshalb universeller verwendbar sein. Umfangreiche, weitgehend unverdichtete Daten und Informationen führen zu einer Informationsüberflutung und überfordern die Analysefähigkeiten der Informationsbenutzer. Verfahren wie die Datenmustererkennung (Data Mining) können Daten und Informationen automatisch klassifizieren und analysieren (*Bissantz/Hagedorn* 1993).

Informationsressourcen sind entweder passiv oder aktiv. Erstere werden nur auf Initiative und Betreiben eines Informationsbenutzers verwendet. Aktiv bedeutet, daß die Inhalte der Informationsressourcen in Informationsprodukte und -dienste überführt werden, die an die Informationsbenutzer distribuiert werden. Die Informationen werden bei der Weitergabe aufbereitet und erfahren dadurch eine Wertsteigerung durch Analysieren, Umordnen, Reproduzieren, Reduzieren, Verdichten usw.; anschließend sind sie an die Informationsbenutzer zu verteilen. Insbesondere ist auf die Einhaltung der informa–tionslogistischen Prinzipien zu achten, da sich hier die unmittelbare Schnittstelle zu den Informationsbenutzern befindet.

(4) Management der Informationsnachfrage: Der Informationsbenutzer *interpretiert* die von ihm gewünschten Informationen und die ihm zugegangenen Informationsprodukte und -dienste entsprechend dem von ihm verfolgten Zweck aus seiner Sichtweise und bringt sie zur *Verwendung/Anwendung.* Dabei entstehen neue Informationen, da der Informationsbenutzer die ihm vom Informationsangebot bereitgestellten Informationen interpretiert, bewertet und in seine bereits vorhandenen Informationsstrukturen einbindet. Ergebnis dieser Bewertung ist, daß der

Informationsbedarf durch das Informationsangebot befriedigt wurde oder nicht. Entsprechend muß das Informationsangebot ausgeweitet oder verändert werden.

(5) Management der Infrastrukturen der Informationsverarbeitung und Kommunikation: Aufgrund der Dualität ist Information immer an einen physischen Träger gebunden. Daher hat die Infrastruktur der Informationsverarbeitung und Kommunikation eine wesentliche Bedeutung für die Informationsproduktion, denn es genügt nicht, sich allein mit dem informatorischen Aspekt zu befassen, vielmehr muß die personelle und technologische Infrastruktur beachtet werden. Die Infrastruktur beinhaltet Telekommunikationsanlagen, eine unternehmensweite Vernetzung der elektronischen Informationsträger und deren Nutzer sowie Übertragungskapazitäten, die Video, Sprache, Graphik, Text und Daten gleichzeitig übertragen, damit ein *ungehinderter Zugang* zu Informationsressourcen gewährleistet werden kann. Ziel ist es, die Infrastruktur *bereitzustellen, auszubauen, instandzuhalten und den aktuellen Entwicklungen anzupassen.*

Führt die Erhebung der Informationsnachfrage zur Feststellung einer Lücke im Informationsangebot, wird ein *neuer Zyklus initiiert*, der qualitativ neue Informationen schafft und die Deckung des Informationsbedarfs zum Ziel hat. Diese Initiierung ist mit ① in Abbildung 3-10 gekennzeichnet. Ein neuer Zyklus kann aber auch bei der Verwendung/Anwendung des Informationsangebots eingeleitet werden. Die dabei neu entstandenen Informationen werden dann als Informationsquelle erfaßt. Jeder neu eingeleitete Zyklusprozeß bewegt sich auf einer höheren Informationsebene, wenn die Informationsressourcen mit neuen Informationen angereichert werden und kein Vergessen vorliegt. Hat die Prüfung der Informationsressourcen ergeben, daß die Informationsnachfrage mit den vorhandenen Ressourcen voraussichtlich gedeckt werden kann, sind die Informationen von den Informationsressourcen solange abzurufen und aufzubereiten, bis sich die Lücke zwischen Informationsangebot und Informationsnachfrage auf eine akzeptable Größenordnung reduziert hat, wobei vermutet werden kann, daß eine vollständige Deckung selten zustande kommt. Dieser Ablauf wird durch die internen Zyklen ② und ③ verkörpert.

Grundlage des Lebenszyklus-Neuaufwurfs kann die *Bewertung* der aufgrund der erhobenen Nachfrage bereitgestellten Informationen für die Qualität des Entscheidungsprozesses sein. Grob vereinfacht läßt sich der Informationswert bestimmen, indem folgende Alternativen miteinander verglichen werden (*Bamberg/Coenenberg/Kleine-Doepke* 1976, S.31ff.):

• Die Sachentscheidung ohne (zusätzliche) Informationsbeschaffung, d.h. das „Entscheidungsfeld vor Information" und
• die Sachentscheidung nach Beschaffung (zusätzlicher) Information, d.h. das „Entscheidungsfeld nach Information".

Durch die Beschaffung von Informationen können zusätzliche Handlungsalternativen gefunden bzw. bislang angedachte Alternativen ausgeschlossen werden. Nach dem Opportunitätskostenprinzip ergibt sich der Informationswert aus der Differenz zwischen dem Wert der optimalen Alternative nach Information und dem Wert der vor der Informationsbeschaffung optimalen Alternative. Die Opportunitätskosten geben an, welche Nutzeneinbußen vermieden werden konnten, indem mit der Informationsbeschaffung eine bessere Alternative gewählt werden konnte als ohne Informationsbeschaffung (*Schindel* 1979, S.47).

Die Quantifizierungsproblematik derartiger Rechnungen ist augenfällig, so daß auch ex post der Beitrag der neu beschafften Information zur Entscheidungsqualitätsverbesserung nur schwer zu bestimmen ist. Der Vergleich des Informationswertes mit dem zur Beschaffung eingesetzten Aufwand führt des weiteren nicht zu einer korrekten Kosten-Nutzen-Rechnung, weil der durchlaufene Lebenszyklus einer zukünftigen Verwendung der beschafften Informationen in weiteren Entscheidungen zugute kommt. Die Unterstützung einer effektiven Informationswirtschaft durch den Einsatz von IKT bringt außerdem die Komponente der Technologiedynamik ins Spiel, so daß der Lebenszyklus der Ressource Information immer kostengünstiger durchlaufen werden kann.

Mehr Bedeutung als der Aufwandsbetrachtung kommt in der Frage des Managementprozesses Informationswirtschaft der Unternehmenskultur zu, die sich auch in einer „Informationskultur" widerspiegelt. Damit läßt sich für die Informationswirtschaft des Unternehmens trotz der Technikorientierung der Informationsträgergestaltung eine große Nähe zum allgemeinen Management und der Unternehmensführung konstatieren.

3.2 MANAGEMENT DER INFORMATIONSSYSTEME

3.2.1 Überblick

Dieser Teil befaßt sich mit dem **Management von Informationssystemen**, die sich in einer Ebenenbetrachtung zwischen der Information, die im vorhergehenden Abschnitt Management der Informationswirtschaft behandelt wurde, und der IKT befindet. Im folgenden werden auf der bereits dargestellten Abgrenzung **IS** als *Mensch-Maschine-Systeme* betrachtet, wie sie in Abbildung 3-11 im oberen Teil zu sehen sind.

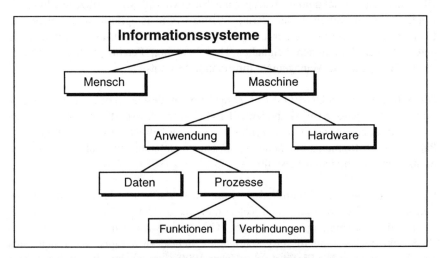

Abbildung 3-11: Informationssysteme als Mensch-Maschine-Systeme

In einer näheren Betrachtung werden „Maschinen" als *Anwendungen* begriffen, die auf einer wie auch immer gearteten *Hardware* arbeiten. Anwendungen wiederum nutzen *Daten* für interne *Prozesse*, die schließlich in Funktionen und Verbindungen zwischen den Funktionen aufgespalten werden können. Folgerichtig behandelt dieses Kapitel über IS, nach einem Fallbeispiel des „Lebens" eines IS, Grundlagen der Prozesse und des Prozeßmanagements, die dann ebenfalls an einem Fallbeispiel näher erläutert werden, bevor Daten und Datenmanagement in den Mittelpunkt rücken. Dann verschiebt sich der Fokus hin zu dem Lebenszyklus der Anwendungen: Zuerst wird der Anwendungslebenszyklus von der Idee über die Entwicklung bis zur Nutzung und Abschaffung und/oder Ersatz herausgegriffen. Anschließend rückt die Gesamtheit der Anwendungen in den Mittelpunkt des Interesses, die man mit Techniken wie der *Anwendungsplanung*, dem *IS-Portfolio* und dem *Multi-Projekt-Management* in ihrer Komplexität zu managen versucht. In einer rückblickenden Betrachtung wird dann zum Abschluß des Kapitels versucht,

einen Prozeß des Managements der IS zu identifizieren und seine Gestaltung auf-
zuzeigen.

3.2.2   Fall: Anwendungsorientierter Lebenszyklus

In den frühen 80er Jahren erkannte die Leitung der strategischen IS-Planung der
britischen Armee, daß die einzelnen Einheiten eine Schlüsselrolle in der elektronischen Aufbereitung von Daten für höhere Leitungsebenen einnehmen. Diese Bedeutung der erfassenden Einheiten wurde zuvor vernachlässigt. Daher wurde das
Projekt UNICOM (UNIt COMputer) begründet, welches darauf abzielt, nahezu
alle manuellen Berichte zu automatisieren und die Verwaltung der Armee-
Einheiten zu standardisieren. Das Projekt begann 1988 und läuft im September
1997 aus. Das Projektbudget betrug zunächst etwa 150 Mio. britische Pfund. Es
handelt sich zu weiten Teilen darum, erstmals eine integrierte und einheitliche
Planung und Einführung eines computergestützten Einheiten-IS zu erhalten. Zu
unterstützende Funktionen beinhalten Unit Planning, Personnel, Stores, Equip-
ment, Catering sowie Management Information Systems.

Die Betrachtung von UNICOM ist hier deshalb von besonderem Interesse, weil im
Zuge des Projektes zwei Methoden (PRINCE sowie SSADM) verwandt wurden,
die darauf abzielen, den Lebenszyklus eines IS zu betrachten und dabei einzelne
Phasen in Abstimmung mit anderen Phasen zu unterstützen. Daher werden zunächst diese Methoden vorgestellt.

PRINCE (PRojects IN Controlled Environments) wurde von der britischen Regie-
rungsbehörde für Computer- und Telekommunikationstechnologie (Central Computer and Telecommunications Agency, CCTA) entwickelt und für den öffentlichen Sektor als Standard ausgeschrieben. Nichtsdestoweniger verbreitete sich
diese Methode seit der Einführung im Jahre 1990 nicht nur im öffentlichen Sektor
recht stark, sondern wird zunehmend auch im privaten Bereich, beispielsweise von
Siemens Nixdorf UK unternehmensweit (*o.V.* 1995, S.24) genutzt. PRINCE ist
eine Projektmanagement-Methode, die vor allem für IS-Projekte entwickelt wurde.
PRINCE besteht aus den drei Komponenten Organisation, Planung und Projekt-
Controlling, die für jede Projektphase bestimmte Ausgestaltungen erfahren. Hierbei sind explizit Anwendungssystemerstellungen in den Phasen der Machbarkeitsstudie bis zur Außerdienststellungsphase berücksichtigt (*CCTA* 1993, S.15), die
Phasen können aber je nach Projektart gewählt werden.

Speziell auf die Analyse und Designphasen von Software-Projekten ist SSADM
(Structured Systems Analysis and Design Methodology) zugeschnitten, eine weitere CCTA-Methode, die 1980 entwickelt wurde und in Großbritannien einen de
facto Standard darstellt (*Newman* 1994, S.6). SSADM ist grundsätzlich für das
Wasserfall Modell (*Boehm* 1986) ausgelegt, kann aber auch mit anderen, bei-

spielsweise inkrementellen oder evolutionären Modellen zusammen angewandt werden (*CCTA* 1994a, S.25).

In UNICOM werden PRINCE und SSADM gemeinsam verwandt, wobei SSADM Techniken für die Phasen Datenmodellierung und das Software-Design bereitstellt (*CCTA* 1994b). Im folgenden werden die wesentlichen Meilensteine in den verschiedenen Projektphasen zusammengefaßt:

- **Initiierung:** Noch vor dem eigentlichen Projektstart von UNICOM wurde ein „Unit Computer" Konzept von der Armeeführung verabschiedet. Die Projektinitiierungsphase begann 1988 mit einer Informationsbedarfsstudie (Total Unit Information Needs). Daran schloß sich die Phase der Machbarkeitsstudie, die 1989 beendet wurde, an. Eine Gesamtstudie (1990) bestätigte die Ergebnisse. Eine finanzielle Validierung eröffnete den Weg zur nächsten Projektphase in 3/1991 (Validation Review Study).
- **Spezifikation:** Erster Meilenstein war die Analyse der wünschenswerten Anforderungen sowie Mindestanforderungen. Anschließend wurde die Auswahl des Konsortiums und die Vergabe der Verträge vorgenommen. Die weiteren Arbeiten betrafen die eigentliche System- und Datenanalyse nach SSADM zur Erstellung und Durchführung von Datenflußdiagrammen, Normalisierungen, Entity Life Histories und Logical Dialogue Grouping of Elements unter Verwendung des SSADM Upper CASE-Tools „SSADM Engineer".
- **Design:** Das logische und physische Systemdesign wurde für die einzelnen funktionalen Module unter hauptsächlicher Verwendung von ORACLE CASE vorgenommen. Eine erste Pilotstudie mit einem ersten Software-Release (UNICOM Software Master 1) erfolgte in 11/1993. Die Genehmigung durch die behördliche Finanzaufsicht gab die Entwicklung der Systeme in 3/1994 frei.
- **Entwicklung:** Die Auftragserfüllung der Konsortiumspartner und eine Demonstration des Systems bei den Benutzern durch erste Pilotinstallationen in 12/1994 beendete die erste teilweise Programmierung der erfolgsrelevantesten Module. Weiterer Meilenstein: Einreichung des Pilotstudienberichts beim britischen Verteidigungsministerium als Geldgeber.
- **Installation:** Von 1/1995 bis 3/1996 wurden bei etwa 400 Armee-Einheiten Generalinstallationen vorgenommen. Die Einführung der Softwaresysteme erfolgt in mehreren Arbeitsabschnitten[5], siehe Tranche 1 und Tranche 2 in Abbildung 3-12.
- **Produktion:** Geplant ist die Übergabe der letzten Software-Versionen im Zeitraum 3/96-1/97.
- **Wartung und Anpassung:** Einen Meilenstein auf der höchsten Planungsebene des Projekts bildet die begrenzte, anforderungsgesteuerte Erweiterung und Anpassung der Funktionalität bis 1/97.

---

5   Französisch „tranche".

- **Ablösung:** Daten zur Ablösung von UNICOM sind bisher nicht Gegenstand einer Planung.

	Year	94	1995	1996	1997
Entwicklung	1) PILOT ROLLOUT PHASE				
	2) PRODUCE PILOT ROLLOUT REPORT				
	3) USM 4 BUILD AND INTEGRATION				
	4) PILOT END STAGE ASSESSMENT				
	5) USM 4 PLATFORM SYSTEM TEST				
	6) MID STAGE ASSESSMENT TRANCHE 1				
Installation	7) MIGRATION USM 3 TO USM 4				
	8) INSTALLATION USM 4 AT PARALLEL SITES				
	9) LIVE RUNNING AT PARALLEL SITES				
	10) REPRODUCTION & DISTRIBUTION OF USM 4				
	11) INSTRUCTOR PREPARATION				
Produktion	12) ACCEPTANCE TESTING USM 4				
	13) USM 4 ACCEPTED				
	14) QUALITY AUDIT				
	15) TRANCHE 2 END STAGE ASSESSMENT				
Wartung	16) PROJECT CLOSURE REPORT				
	17) MAINTAIN CURRENT USM, TRAINING				

Project High Level Plan

— Critical – – Planned ■ Milestone

Abbildung 3-12: Projektablauf UNICOM
Quelle: *Projektunterlagen UNICOM, British Army* (USM = UNICOM Software Master)

PRINCE umfaßt in UNICOM die folgenden Bausteine:
- Die **UNICOM-Projekt-Organisation** besteht gemäß PRINCE aus drei Hauptbestandteilen: Projektleitungsgremium, Projektteams sowie Phasenmanager.
- Das **PRINCE-Projekt-Planungskonzept** sieht Projektressourcenpläne, Phasenressourcenpläne und Alternativpläne vor, wobei es in UNICOM bisher zu zwei formellen Projektplanänderungen aufgrund zu hoher Abweichungen gekommen ist.
- Das **UNICOM-Projekt-Controlling** wird auf zwei Ebenen, der Leitungsebene und der Managementebene, durch mindestens je drei Instrumente durch PRINCE vorgeschrieben: Auf der Leitungsebene sind neben bestimmten Projektinitiierungs- und -abschlußdokumenten einzelne Phasenzwischenberichte sowie Phasenendbewertungen zwingend. Auf der Managementebene bedient sich das UNICOM-Projekt-Controlling der Instrumente periodischer Projektfortschritts-

sitzungen, des Qualitätsmanagements und des Konfigurationsmanagements, für das eigens ein „Konfigurationsbibliothekar" vorgesehen ist.

Strukturierte Interviews mit Projekt- und Phasenmanagern ergaben, daß PRINCE wie auch SSADM als sehr wichtig für das Management späterer Lebenszyklusphasen angesehen wurde. Besonderem Wert wurde PRINCE für die Zieleinhaltung in allen Phasen, Planänderungen in folgenden Phasen und für das Ressourcenmanagement beigemessen.

Dennoch ist festzuhalten, daß auch PRINCE in Zusammenhang mit SSADM keine lebenszyklusübergreifende Betrachtung des Anwendungssystems per se gewährleistet, sondern diese lediglich bei korrekter Anwendung ermöglichen kann. PRINCE fördert eine von vielen möglichen allgemeinen Projektmanagement-Methoden, u.a. eine lebenszyklusorientierte Behandlung von IS-Projekten, ist aber nicht konzipiert für eine Unterstützung des gesamten Lebenszyklus' eines Anwendungssystems. Der vollständige Lebenszyklus eines Anwendungssystems beginnt mit dem Software-Lebenszyklus (hier unterstützt durch PRINCE), setzt sich aber mit den typischen weiteren Marktphasen „Sättigung", „Reife" und „Rückgang" fort und endet mit einem Nachsorgezyklus, der die Ablösungs- und Entsorgungsphasen beinhaltet. Da auch in diesen nachgelagerten Phasen Kosten und Nutzen des Anwendungssystems anfallen und gegenüberzustellen wären, sollten für ein übergreifendes Management noch geeignete Instrumente entwickelt und einem Management der IS zur Verfügung gestellt werden.

Quellen:
Boehm, B.W.: Wirtschaftliche Software-Produktion, Wiesbaden 1986.
CCTA: PRINCE - An Outline. CCTA, The Government Centre for Information Systems, HMSO, London 1993.
CCTA: Customising SSADM. CCTA, The Government Centre for Information Systems, HMSO, London 1994a.
CCTA: Using SSADM with Prince. CCTA, The Government Centre for Information Systems, HMSO, London 1994b.
Interviews beim Ministry of Defense, Headquarter Army, Directorate of Information Systems (A) in Winchester, GB, 1995, 1996.
Newman, P.: Structured Systems Analysis and Design Methodology. In: SSADM Directory of Services 1994. Hrsg.: The International SSADM Users Group Ltd., Knockholt 1994.
o.V.: PRINCE - Setting Standards Across Industry. In: Project Manager Today, February 1995, S. 24-25.

3.2.3   Management der Prozesse

Die Diskussion um die planmäßige Gestaltung oder Reorganisation betrieblicher Abläufe (*Business Process Reengineering*) zeigt, daß viele Unternehmen in der

Optimierung der Prozesse einen wichtigen Ansatzpunkt zur Effizienzsteigerung ihrer Organisation sehen. Häufig werden diese Prozesse durch Software unterstützt, weshalb das Management der Prozesse aus der Sicht des IM eine wichtige Rolle spielt. In diesem Kapitel werden Grundlagen gelegt, Methoden zur Prozeßmodellierung vorgestellt, die Verwendung sogenannter Referenzmodelle diskutiert und Kriterien zur Prozeßbeurteilung dargestellt.

3.2.3.1 Grundlagen der Prozeßorientierung

Die Gestaltung betrieblicher IS beschäftigt sich mit allen Daten, die von der Software einer Anwendung benötigt oder erstellt werden, und mit den Funktionen, die die Software einer Anwendung zur Unterstützung des Anwenders bereitstellt. Eine Konzentration auf Einzelfunktionen birgt die Gefahr, daß Funktionen nicht mehr in ihrem Kontext gesehen werden. Erst durch die geeignete Verknüpfung der Funktionen einer Anwendungs-Software werden komplexe betriebswirtschaftliche Aufgaben unterstützt. Eine *Folge von logischen Einzelfunktionen*, zwischen denen *Verbindungen* bestehen, wird als **Prozeß** bezeichnet. Unter **Prozeßmanagement** wird deshalb in diesem Zusammenhang die Gestaltung, Ausführung und Beurteilung von Funktionsfolgen, nämlich Prozessen, verstanden.

Prozesse transformieren Inputfaktoren durch die Ausführung verschiedener Funktionen zu einem Outputfaktor. Deshalb kann allgemein von einem Transformationsprozeß gesprochen werden, der entweder Materie bearbeitet (*materielle Prozesse*) und/oder Informationen verarbeitet (*informatorische Prozesse*). Das Management der Prozesse in Anwendungssystemen beschäftigt sich mit **informatorischen Prozessen**, weshalb auf die weitere Betrachtung materieller Prozesse verzichtet wird. Abbildung 3-13 zeigt den schematischen Aufbau eines Prozesses. Zum Zeitpunkt t_0 wird der Prozeß durch einen Trigger angestoßen und beginnt mit der Ausführung der Funktion F_1. Trigger sind Startereignisse, die durch Anwender des IS, durch Funktionen der Software oder durch externe Ereignisse begründet sind. Nach Ende der Ausführung einer Funktion wird die darauf folgende Funktion angestoßen, bis das Prozeßende in t_1 erreicht ist.

Das Ergebnis des Prozesses ist ein Output, der in informatorischen Prozessen als „**Informationsprodukt**" bezeichnet werden kann: Dabei handelt es sich meist um Daten. Der in Abbildung 3-13 dargestellte Prozeßablauf zeigt eine sequentielle Folge von Funktionen, die um Verzweigungen erweitert werden kann, um komplexere Prozeßabläufe darzustellen.

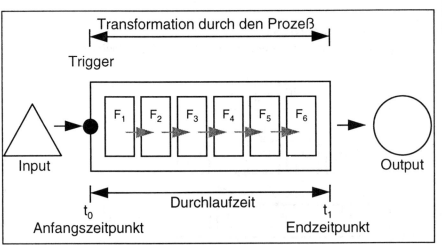

Abbildung 3-13: Schematische Darstellung eines Prozesses
Quelle: In Anlehnung an *Schwarzer* (1994, S.12)

Die Durchlaufzeit eines Prozesses ist als Differenz zwischen einem Anfangszeit-punkt t_0 und dem Endzeitpunkt t_1 definiert. Durch die Ausführung der Funktionen werden Kosten verursacht, die als Summe zur **Bewertung eines Prozesses** heran-gezogen werden können. Neben den *Kosten* eines Prozesses eignen sich die *Durchlaufzeit* und die *Qualität* des Transformationsprozesses zur Bewertung des Prozesses.

Die Prozeßauflösung (synonym Prozeßzerlegung oder Prozeßdekomposition) erlaubt die Gliederung eines Prozesses nach verschiedenen Kriterien. Die *vertikale Prozeßauflösung* führt zur Identifikation übergeordneter und untergeordneter Pro-zeßelemente (*Prozeßhierarchisierung*). In Abbildung 3-14 wird der Prozeß P_3 dem Prozeß P_0 untergeordnet; P_3 selbst zerfällt in die atomaren Funktionen F_1 bis F_3. Mit Hilfe der *vertikalen Prozeßauflösung* können Prozesse auf verschiedenen *Aggregationsgraden* untersucht werden. Auf einem hohen Aggregationsgrad wird der Untersuchungsgegenstand häufig als *Geschäftsprozeß* bezeichnet. Die *hori-zontale Prozeßauflösung* zielt auf die inhaltliche Trennung von Prozessen auf der gleichen Abstraktionsebene. Durch die Prozeßausgrenzung werden Funktionen zu Funktionsfolgen, also Prozessen, zusammengefaßt und Prozesse durch fehlende Verbindungen zwischen Funktionen voneinander getrennt.

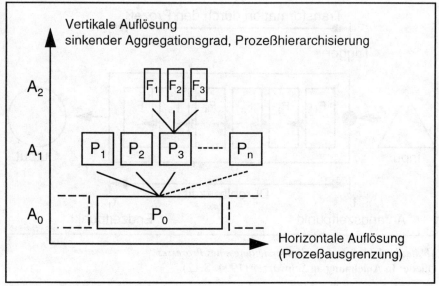

Abbildung 3-14: Prozeßauflösung
Quelle: In Anlehnung an *Milling* (1981, S.105)

Als Ergebnis der Prozeßauflösung entstehen die Mengen aller Prozeßelemente, der Über-/Unterordnungsbeziehungen sowie die Vorgänger-/ Nachfolgerbeziehungen zwischen den Elementen. Zur Veranschaulichung der Prozeßauflösung wie in Abbildung 3-14 dargestellt, dienen die Beispiele der Abbildung 3-16. Der Prozeß der *Wareneingangsbearbeitung* sei z.B. P_n (Aggregationsgrad A_1) und ist dem übergeordneten Prozeß P_0 (Aggregationsgrad A_0) der *Beschaffungslogistik* zugeordnet. Die Funktionen F_1 bis F_n (Aggregationsgrad A_2, z.B. Ware prüfen) des Prozesses Wareneingangsbearbeitung sind der ereignisgesteuerten Prozeßkette zu entnehmen, deren Notation im nächsten Abschnitt erläutert wird. Der Prozeß der Wareneingangsbearbeitung hat eine Schnittstelle zum Prozeß der *Fertigungsdurchführung*, der im übergeordneten Prozeß P_0 der *Produktionslogistik* z.B. den Prozeß P_1 repräsentiert. Auf einer noch weiter aggregierten Stufe als A_0 können die Prozesse der Beschaffungs- und Produktionslogistik zu den *Logistikprozessen* zusammengefaßt werden.

3.2.3.2 *Prozeßmodellierung mit ereignisgesteuerten Prozeßketten*

Zur Abbildung von Prozessen oder Abläufen stehen eine Vielzahl von Methoden bereit. Viele dieser Methoden haben ihren Ursprung in der Informatik (Petri-Netze, Datenflußdiagramme, Ablaufdiagramme, u.a.), weshalb sie nur bedingt zur umfassenden Abbildung betrieblicher Prozesse geeignet sind (*Krcmar/Schwarzer* 1994). Speziell zur Modellierung betrieblicher Abläufe haben sich

„Vorgangskettendiagramme" und *„ereignisgesteuerte Prozeßketten"* durchgesetzt; letztere seien an dieser Stelle beispielhaft dargestellt.

Ereignisgesteuerte Prozeßketten (EPKs) stellen die zeitlich-logischen Abhängigkeiten von *Funktionen* dar (*Scheer* 1994). Dazu werden Funktionen in der Reihenfolge ihrer Ausführung modelliert. Der Mechanismus, der eine Funktion auslöst, wird als *Ereignis* bezeichnet. Ein Ereignis wird als das Eingetretensein eines Zustandes definiert, der eine bestimmte Folge bewirkt. Die Folge ist die Ausführung einer Funktion, die wiederum einen neuen Zustand erzeugt. Dies bedeutet, daß ein Startereignis eine Funktion auslöst, die den Ausgangszustand in einen Zielzustand transformiert. Nachdem der Zielzustand eingetreten ist, liegt wieder ein Ereignis vor, welches erneut eine Funktion auslösen kann.

Die Modellierung mit EPKs verbindet, ausgehend von einem Startereignis und endend mit einem Endereignis, Funktionen mit Ereignissen, wobei sich diese Modellierungselemente abwechseln. In der grafischen Repräsentation werden Ereignisse als Sechseck und Funktionen als Rechteck mit abgerundeten Ecken dargestellt, die durch eine gestrichelte Linie (Kontrollfluß) miteinander verbunden sind. Der Kontrollfluß kann durch logische Operatoren wie *„und"*, *„oder"* und *„exklusives oder"* gesplittet und wieder zusammengeführt werden, was die Modellierung paralleler Abläufe und Verzweigungen erlaubt. Abbildung 3-15 erklärt die Modellierungselemente einer EPK und Abbildung 3-16 zeigt zwei Beispiele für sogenannte erweiterte EPKs für die Wareneingangsbearbeitung und die Fertigungsdurchführung.

Erweiterte EPKs stellen zusätzliche Prozeßelemente bereit, die für die Modellierung betrieblicher Abläufe wesentlich sind. Die Wareneingangsbearbeitung enthält die Funktion „Ware prüfen", in die „Bestelldaten" und „Lieferscheindaten" eingehen. Während der Ausführung der Funktion entsteht ein Prüfergebnis, das als Datum festgehalten wird. Die Modellierung von Daten-Input und -Output einer Funktion gehört ebenso zu den Erweiterungen der EPK wie die Zuordnung von organisatorischen Einheiten zu einer Funktion. Dazu ist die Funktion „Ware prüfen" mit der Wareneingangsstelle über eine Kante verbunden, die folgende Bedeutungen haben kann: führt aus, ist zuständig, überwacht u.ä.. Organisatorische Einheiten werden als Oval dargestellt und schaffen eine Verbindung zur Organisation eines Unternehmens. Schließlich kann mit sogenannten Prozeßwegweisern auf einen vor- oder nachgelagerten Prozeß verwiesen werden. Im Beispiel schließt sich an das Ereignis „Ware ist freigegeben" der Prozeß „Fertigungsdurchführung" an, welcher ebenfalls in Abbildung 3-16 gezeigt ist.

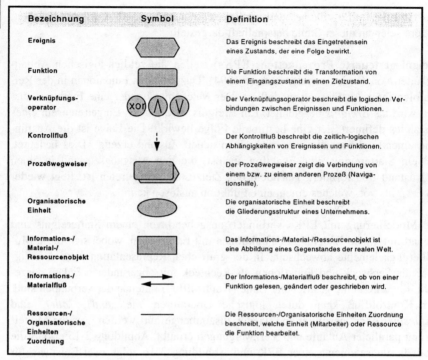

Abbildung 3-15: Modellierungselemente einer ereignisgesteuerten Prozeßkette
Quelle: *Keller/Meinhardt (1994, S.12)*

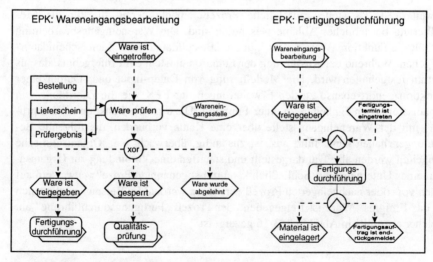

Abbildung 3-16: Beispiele ereignisgesteuerter Prozeßketten
Quelle: *Keller/Meinhardt (1994, S.11)*

Die EPK-Methode ist in das ARIS-Konzept als Methode zur fachlichen Prozeß-modellierungeingebettet. Durch die Erweiterung der EPK werden die spezifischen Anforderungen an die Modellierung betrieblicher IS abgedeckt: Der Kontrollfluß erlaubt die Abbildung des zeitlich-logischen Zusammenhangs der Funktionen, die relevanten Daten schaffen eine Verbindung zum Unternehmensdatenmodell, die organisatorischen Einheiten integrieren den Kontext der Aufbauorganisation und schließlich erlauben die Prozeßwegweiser die Beschränkung der Prozeßsicht auf den relevanten Abschnitt eines komplexen und umfangreichen betrieblichen Prozesses. In Verbindung mit Software-Werkzeugen kann die Prozeßbewertung unterstützt werden, indem Funktionen mit Bearbeitungszeiten und Kostensätzen und Kontrollflüsse mit Übertragungszeiten belegt werden. Dadurch ist eine rechnergestützte Analyse und Simulation des modellierten Prozesses möglich.

3.2.3.3 Gestaltungsalternativen bei der Prozeßmodellierung

Gestaltungsalternativen bei der Modellierung von Prozessen beziehen sich in erster Linie auf die Gestaltung des Ablaufs einer Funktionsfolge (*Gaitanides* 1983). Grundsätzlich können vier Gestaltungsvarianten unterschieden werden:

- **Sequentielle Reihung:** Bei der Reihung von Funktionen wird zu einer Zeit stets nur eine Funktion ausgeführt. Eine Folgefunktion darf erst dann begonnen werden, wenn die Vorgängerfunktion beendet ist. Sequentielle Reihungen finden dann Anwendung, wenn in eine Funktion F_2 als Input eine Vorleistung eingeht, die erst durch eine zeitlich vorgelagerte Funktion F_1 entsteht. Der Start von F_2 ist somit abhängig von der erfolgreichen, d.h. korrekten Ausführung von F_1.
- **Parallelisierung:** Die Parallelisierung von Funktionen ist dann *möglich*, wenn Funktionen unabhängig voneinander ausgeführt werden können. Eine gleichzeitige Ausführung d.h. Parallelisierung ist dann *notwendig*, wenn zwei oder mehr Zustände, die von verschiedenen Funktionen erzeugt werden, gleichzeitig eintreten sollen. Im Rahmen der Prozeßoptimierung wird die Parallelisierung eingesetzt, um die Durchlaufzeit eines Prozesses zu reduzieren.
- **Verzweigung:** Die Verzweigung eines Prozesses ist dann notwendig, wenn alternativ unterschiedliche Prozeßabläufe beschritten werden sollen. Welcher Prozeßablauf ausgeführt wird, ist abhängig vom Eintreten einer bestimmten Bedingung.
- **Wiederholungen:** Wiederholungen werden eingesetzt, wenn eine Funktion oder eine Funktionsfolge mehrfach auszuführen ist. Dazu muß der Start- und Endpunkt einer Wiederholstrecke markiert werden. Zusätzlich ist festzulegen, unter welcher Bedingung die Wiederholung erfolgen soll bzw. wann auf eine weitere Wiederholung der Funktionsfolge verzichtet werden kann.

Ein wesentliches Ziel bei der Neugestaltung von Prozessen ist die Verkürzung der Durchlaufzeit. In der Abbildung 3-17 werden dazu sechs Lösungsansätze darge-

84   *Die Aufgaben des Informationsmanagements*

stellt und anhand von Beispielen erläutert. Von den oben vorgestellten Gestaltung-
selementen finden sich die *Sequenz, Parallelisierung* und *Verzweigung* in den
Lösungsansätzen wieder. Die Wiederholung wird in der Darstellung nicht erwähnt,
da in den Lösungsansätzen keine Zyklen dargestellt sind.

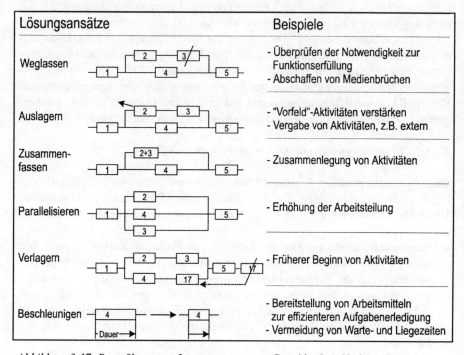

Abbildung 3-17: Prozeßbezogene Lösungsansätze zur Durchlaufzeit-Verkürzung
Quelle: *Bleicher* (1991, S.196)

Neben der Gestaltung des Prozeßablaufs kann das Prozeßmodell je nach Modellie-
rungszweck um unterschiedliche Informationen ergänzt werden. Häufig werden
Prozeßmodellen Informationen über die Verantwortlichkeit der Prozeßausführung
(Process Owner), die verwendeten IS, die benötigten Ressourcen und zusätzliche
Indikatoren zur quantitativen Beurteilung eines Prozesses (Durchlaufzeiten, Ko-
stensätze) hinzugefügt.

3.2.3.4 *Verwendung von Referenzprozessen zur Prozeßmodellierung*

Die initiale Erstellung von Prozeßmodellen für ein Unternehmen oder Teilbereiche
eines Unternehmen erfordert viel Zeit und Know-how. Besonders beim Start eines
Modellierungsprojektes ist es aufwendig, die zu betrachtenden Prozesse zu definieren und voneinander abzugrenzen. Hier kann die Verwendung von Referenzmodellen helfen. Ein **Referenzmodell** ist ein für eine Branche oder einen ganzen
Wirtschaftszweig erstelltes Modell, welches allgemeingültigen Charakter haben

soll. Es dient als Ausgangslösung zur Entwicklung unternehmensspezifischer Modelle (*Becker/Schütte* 1996). Bei einem Referenzmodell handelt es sich immer um ein Modell, das für die Modellierung anderer Modelle die Grundlage bilden kann (*Hars* 1994). Referenzmodelle erlauben es einem Unternehmen, in einem bestimmten situativen Umfeld auf diese Prozesse Bezug zu nehmen, d.h. sie mit Anpassungen zu übernehmen. Eine andere gängige Bezeichnung für Referenzmodelle, die im Umfeld der Standardsoftware SAP R/3 geprägt wurde, ist *Business Blueprint* (*Curran/Keller* 1999). Eine kostenmäßige Bewertung des Ressourceneinsatzes macht schnell deutlich, daß die vollständige Eigenerstellung der Prozeßmodelle gegenüber dem Kauf und der Anpassungvon Referenzmodellen unattraktiv erscheint. Argumente für die Verwendung von Referenzmodellen (Blueprints) werden bei *Curran/Keller* (1999, S.63) angegeben:

1. Die Modellierung von Prozessen ist nicht einfach.
2. Ein von Kennern des Geschäfts erstellter Blueprint enthält ihre Erfahrung, ihr Wissen, ihre Kreativität und Gründlichkeit.
3. Nur wenige Betriebe können sich einen von Grund auf eigenständigen Ansatz leisten.
4. Die Optimierung von Geschäftsprozessen ist entscheidend für die Reaktionszeit.
5. Betriebe verringern damit das Risiko, ein für ihr Geschäftsprozeßmodell nicht geeignetes Softwareprodukt zu finden.
6. Blueprints dienen den am Prozeßdesign beteiligten Teams als gemeinsamer Ausgangspunkt und gemeinsame Sprache.

Ein Referenzmodell enthält in der Regel verschiedene Sichten auf einen Geschäftsprozeß. Innerhalb dieser Sichten können verschiedene Modellierungstechniken verwendet werden. Abbildung 3-18 stellt die Modellierungstechniken des SAP R/3 Referenzmodells dar:

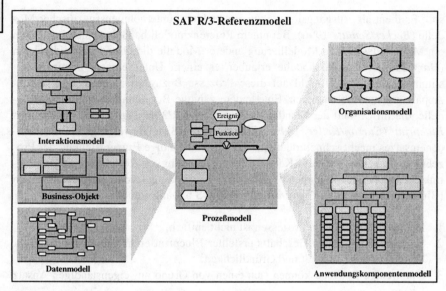

Abbildung 3-18: Die Bestandteile des R/3 Referenzmodells
Quelle: *Curran/Keller* (1999, S.87)

Das Interaktionsmodell zeigt die wichtigsten Organisationseinheiten, die am Informationsaustausch für geschäftliche Vorgänge beteiligt sind. Das Datenmodell
zeigt, welche Informationen Unternehmen benötigen, und welche Möglichkeiten
der Informationsverarbeitung durch R/3 unterstützt werden. Das Organisationsmo-
dell veranschaulicht den Aufbau des Unternehmens und die Wechselwirkungen
zwischen den Unternehmenseinheiten. Schließlich gibt das Anwendungskompo-
nentenmodell dem Anwender einen Überblick über die im System R/3 verfügbaren
Hauptfunktionen. Das R/3-Referenzprozeßmodell veranschaulicht, wie die verschiedenen Modelle zusammenhängen und die wichtigsten Informationen im Rahmen des Business Engineerings (*Curran/Keller 1999*).

Referenzmodelle liegen für unterschiedliche situative Kontexte vor: Unter Betrachtung der Fertigungstechnologie wurden Referenzmodelle für Einzelfertiger,
Serienfertiger oder für die Prozeßindustrie entwickelt, wobei sich die unterschiedlichen Merkmale der Fertigungstechnologie in den Prozeßabläufen und den auszu-
führenden Funktionen widerspiegeln. Daneben sind Referenzmodelle für unterschiedliche Branchen erhältlich, die deren Eigenschaften besonders berücksichtigen. Beispielsweise enthalten Referenzmodelle für die Elektroindustrie Funktionen
und Daten, um variable Edelmetallpreise zu berücksichtigen; die pharmazeutische
Industrie verwendet Funktionen zur Verwaltung unterschiedlicher Chargen eigener
Produkte und Rohstoffe. Zur Berücksichtigung unterschiedlicher Organisationsformen befinden sich Referenzmodelle in der Entwicklung, die Prozesse zur Steue-

rung von Vertriebs- oder Projektorganisationen sowie zur Koordination von Netzwerkorganisationen oder global verteilten Teams vorschlagen.

Eine besondere Rolle für das IM spielt die zunehmende Bereitstellung von Referenzmodellen durch Software-Hersteller (*Rosemann/Rotthowe* 1995). Solche Referenzmodelle sind vor dem Hintergrund des Einsatzes einer bestimmten (Standard-)Software zu sehen. Solche Referenzmodelle erfüllen zunächst eine Dokumentationsfunktion für den Interessenten oder Kunden. Vor dem Kauf kann er prüfen, ob die betrachtete Software seine Anforderungen hinsichtlich der Funktionalität und der Abläufe erfüllt; nach dem Kauf dient das Referenzmodell zur Schulung der Mitarbeiter und der Dokumentation der betrieblichen Abläufe, die durch die Software unterstützt wird.

Das IM eines Unternehmens muß entscheiden, wie solche Software-spezifischen Referenzmodelle bei der Einführung von Standard-Software verwendet werden sollen. Unter der Annahme, daß die Einführung komplexer kaufmännischer Standard-Software häufig von Reorganisationsmaßnahmen der betrieblichen Organisation begleitet wird, können zwei wesentliche Alternativen unterschieden werden. Eine Möglichkeit besteht darin, für die Spezifikation des zukünftigen System nur auf Funktionalitäten des Referenzmodell zurückzugreifen. Dies setzt voraus, daß das Referenzmodell so umfangreich ist, daß es auch spezialisierte Funktionalitäten des Unternehmens abdeckt. Ist dies nicht der Fall, verzichtet das Unternehmen auf die Unterstützung individueller Abläufe (z.B. in der Vertriebsorganisation) und ersetzt sie durch meist einfachere Standardabläufe. Die andere Möglichkeit besteht darin, daß das Unternehmen eigene Prozeßmodelle entwickeln und diese mit dem Referenzmodell der Software vergleichen. Aus dem Modellvergleich ergibt sich der Anpassungsbedarf der Software, wenn das eigene Modell realisiert werden soll. Aufgrund hoher Kosten der Software-Änderung und einer i.d.R. geringen Bereitschaft von Software-Herstellern zur Änderung ihrer Standardabläufe, wird ein Unternehmen auf die Änderung von nicht wettbewerbsrelevanten Prozessen verzichten und für wichtig erachtete Prozesse individuelle Anpassungen der Standard-Software durchführen lassen.

3.2.3.5 Prozeßbeurteilung

Maßnahmen des **Prozeßmanagements** erfolgen nicht wahllos, sondern orientieren sich an unterschiedlichen Zielvorstellungen (*Gaitanides et al.* 1994). Ein häufig genanntes Oberziel ist die *Kundenzufriedenheit*, die durch das Ergebnis eines Prozesses ausgelöst wird. Je nach Organisationsform sind neben den internen Kunden (Profit-Center Organisationen) auch externe Kunden relevant. Wird die Kundenzufriedenheit als Erfüllungsgrad der Kundenwünsche, die sich auf ein fehlerfreies, kostengünstiges und rechtzeitig bereitgestelltes Prozeßprodukt beziehen, aufgefaßt, können drei wesentliche *Beurteilungskriterien* zur Bewertung von Prozessen identifiziert werden:

- **Qualität:** Wird der Prozeß hinsichtlich seiner Qualität beurteilt, dann ist zu messen, inwieweit das Prozeßergebnis einer bestimmten Zielvorstellung entspricht. Zur Sicherung der Qualität des Prozeßergebnisses können zusätzliche Funktionen der *Qualitätssicherung* in den Prozeßablauf integriert werden.
- **Zeit:** Die Beurteilung der Zeit eines Prozesses bezieht sich in der Regel auf die *Durchlaufzeit* des Prozesses vom Start- bis zum Endzeitpunkt. Sie entsteht als Summe aus den Einzelzeiten Bearbeitungs-, Kontroll-, Transport-, Rüst- und Liegezeit, die für die unterschiedlichen Prozeßelemente ermittelt werden müssen. Zur Beurteilung der Zeiten werden häufig nicht nur Durchschnittswerte, sondern auch Bandbreiten der zeitlichen Schwankungen durch die Erfassung von minimalen bzw. maximalen Zeiten berücksichtigt.
- **Kosten:** Zur Beurteilung der Kosten ist es notwendig, die Einzelkosten für die Ausführung der einzelnen Prozeßelemente zu ermitteln. Dazu zählen neben den Bearbeitungskosten (z.B. für Verbrauchsmaterialien oder die Bereitstellung von Rechnerleistung) auch Transport und Kommunikationskosten. Einige jüngere Arbeiten beschäftigen sich mit der Integration von Prozeßkostenrechnung und Workflow Management Systemen, die eine kostenrechnerische Beurteilung von Prozessen erleichtern könnte (*Weiß/Zerbe* 1995).

Je nach Zielsetzung des Prozesses sind diese Beurteilungskriterien unterschiedlich zu gewichten: Strebt ein Unternehmen eine möglichst schnelle Befriedigung von Kundenbedürfnissen an, ist eher mit einer **Prozeßoptimierung** im Sinne einer *Durchlaufzeitminimierung* zu rechnen; für interne Prozesse, die keinen direkten Bezug zu externen Marktpartnern haben (Back-Office Prozesse), stellen *Effizienzgesichtspunkte* eine zentrale Herausforderung für das Prozeßmanagement dar. Aus den Beurteilungskriterien Qualität, Zeit und Kosten lassen sich viele Prozeßkennzahlen ableiten. Eine Systematik für **Prozeßkennzahlen** schlägt Rehäuser (1999) vor.

Aufgrund der Unterschiedlichkeit der qualitativen und quantitativen Prozeßkennzahlen in Bedeutung und Dimension ist eine rechentechnische Verknüpfung der Prozeßkennzahlen zu einem integrierten Prozeßkennzahlensystem nicht sinnvoll. Die Interdependenzen können jedoch entsprechend eines Balanced Scorecard Prozeßkennzahlensystems veranschaulicht werden. Von *Kaplan/Norton* (1992, 1993, 1996) wurde ein für die Prozeßbewertung verwendbares Maßsystem, das die verschiedenen für das Management wichtigen Maßgrößen vereint, vorgestellt. Dieses Maßsystem, genannt „**Balanced Scorecard**", gibt einen kurzen, aber umfassenden Überblick über die Geschehnisse und vereint sowohl Maßgrößen zur Bewertung der vergangenen als auch der zukünftigen Tätigkeit. Das Maßsystem betrachtet Ziele, kritische Erfolgsfaktoren, dazugehörige Maßgrößen, Zielgrößen und deren Wechselwirkungen und verdeutlicht so auftretende Zielkonflikte. Die in Abbildung 3-19 dargestellte generische Balanced Scorecard bezieht sich auf allgemeine Kritische Erfolgsfaktoren (KEF) des Prozeßmanagements und damit auf allgemeine Prozeßkennzahlen.

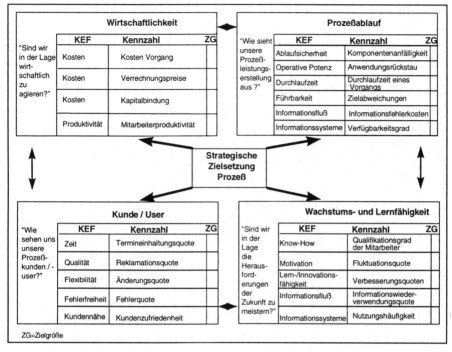

Abbildung 3-19: Generische Balanced Scorecard des Prozeßmanagements
Quelle: *Rehäuser* (1999, 192)

3.2.4 Fall: Prozeßorientierte Einführung der Standard-Software SAP R/3 bei der Daimler Benz AG

Die Daimler Benz AG ist die Muttergesellschaft eines Technologiekonzernes, die 1994 die Einzelgesellschaften Mercedes-Benz AG, Deutsche Aerospace AG, AEG AG sowie DEBIS AG hält. Ihrem Selbstverständnis nach, versteht sich die Daimler Benz AG als Management-Holding, die über die Steuerung der Finanzströme hinaus weitere Funktionen zentralisiert für den Konzern wahrnimmt: Dazu gehören neben den Forschungsaktivitäten, die über verschiedene Standorte verteilt arbeiten, auch die Strategieentwicklung oder die Konzernrechnungslegung. Neben diesen Funktionen fallen zusätzliche holdinginterne Aufgaben in den Bereichen Materialwirtschaft, internes und externes Rechnungswesen sowie Personalwirtschaft an. Zur DV-technischen Unterstützung dieser Aufgaben existierten eine Vielzahl von IS, die nur unzureichend integriert waren. Aus DV-technischer Sicht waren vor allem die redundante Datenhaltung in unterschiedlichen Verantwortungsbereichen sowie die lose Koppelung der Einzelsysteme durch viele Schnittstellen zu kritisie-

ren, was die Übersichtlichkeit und Transparenz der Systemlandschaft beeinträch-
tigte. Daneben wurde in internen Berichten ein stark abteilungsbezogenes Denken
kritisiert, das insbesondere an Abteilungsgrenzen durch Medienbrüche zu zeitlichen und kostenmäßigen Ineffizienzen führte. Zur Beseitigung dieser Mängel
beschloß die Daimler Benz AG die Einführung der Standard-Software SAP R/3[6],
um einerseits die Datenbestände zu integrieren und andererseits die Geschäftsprozesse der Konzernholding zu reorganisieren und durchgängig mit DV zu unterstützen.

Die Einführung der Software wurde mit einer Projektorganisation unterstützt,
wobei das Gesamtprojekt in einzelne Teilprojekte zerlegt wurde, die sich primär
mit den bereichsbezogenen Prozessen beschäftigten und für bereichsübergreifende
Prozesse zusammen mit den betroffenen Nachbarbereichen die Prozeßdefinition
entwickelten. Der Projektablauf gliederte sich in vier Grobphasen:

- **Projekt Kick-Off:** Der Kick-Off markierte den Start des Einführungsprojek-
  tes. In der ersten Sitzung wurde den Mitarbeitern der Start des Projektes offiziell verkündet und eine Einteilung in die einzelnen Teilprojektgruppen vorgenommen. Zu den wesentlichen Punkten der Sitzungsarbeit gehörten:
  - Die Problemsammlung, in der aus der Sicht der Mitarbeiter die akuten Pro-
    bleme der Organisation festgestellt wurden;
  - das Kennenlernen der prozeßorientierten Vorgehensweise zur Einführung
    von SAP R/3, wodurch sichergestellt wurde, daß die Mitarbeiter die richti-
    gen Prozesse „sehen" und mit Hilfe von EPKs beschreiben konnten;
  - die Zielbestimmung für das Projekt, bei der gemeinsam getragene Zielvor-
    stellungen über das Projektergebnis und die zu realisierenden Nutzenpo-
    tentiale entwickelt wurden;
  - die Identifikation der KEF, die im weiteren Projektablauf mit besonderer
    Aufmerksamkeit verfolgt wurden und
  - der Abgleich von Problemen, Zielen und KEF, aus dem erste Maßnahmen
    für den weiteren Projektablauf abgeleitet wurden.

Als wesentlich für den Projekterfolg erschien die frühe Vermittlung des prozeßorientierten Denkens, was dazu führte, daß die Projektmitarbeiter in der
Lage waren, das Geschehen in ihrer Organisation als eine Sammlung von Prozessen zu sehen. Dies war notwendig, um bestehende Abläufe hinsichtlich ihrer
Mängel zu untersuchen und Verbesserungspotentiale zu erkennen. Ferner wurde die gemeinsame Definition der Projektziele durch CATeam-unterstützte Sitzungsarbeit (*Krcmar* 1992) vorgenommen, was in der späteren Projektarbeit

---

6   R/3 ist ein betriebswirtschaftliches Standard-Software-Paket der SAP AG (Systeme,
     Anwendungen, Produkte in der Datenverarbeitung), Walldorf, für die Client/Server-
     Technologie.

die Abstimmung zwischen den Mitarbeitern, aber auch ihr Engagement im Projekt positiv beeinflußte.

- **Prozeßausgrenzung:** Die Prozeßausgrenzung beschäftigte sich mit der Identifikation der Hauptprozesse. Dazu wurde in mehreren CATeam-unterstützten Gruppensitzungen ein Konsens innerhalb der Projektgruppe hergestellt. Als übergeordnete Hauptprozesse wurden Managementprozesse des Konzerns, Marktprozesse der Holding, Veränderungsprozesse der Holding sowie Prozesse der Holding zur Ressourcenbereitstellung identifiziert. Eine spezielle Betrachtung der unterstützenden Prozesse führte zu folgenden Hauptprozessen:
  - Finanzgeschäftsprozesse,
  - Rechnungswesenprozesse,
  - Materialwirtschaftsprozesse und
  - Personalwirtschaftsprozesse.

  Prozesse des Konzernberichtswesens, diverser Dienstleistungen sowie der Forschung wurden im Rahmen des Projektes ausgeklammert. Ziel dieser Projektphase war es, eine scharfe Abgrenzung zwischen den Prozessen zu finden und erste Anhaltspunkte über die notwendige Funktionalität zu sammeln. Zur Suche untergeordneter Prozesse wurden Formulare verwendet, die einen Prozeßkandidaten durch das entstehende Informationsprodukt und durch eingehende und erzeugte Daten charakterisieren. Prozesse, die kein erkennbares Informationsprodukt (z.B. Bestellung, Zahlungsanweisung etc.) erzeugen, wurden nicht in die Prozeßübersichten aufgenommen und nicht weiter behandelt.

- **Prozeßmodellierung:** Die Phase der Prozeßgestaltung richtete sich auf die Entwicklung eines detaillierten Soll-Prozeßmodells[7], wobei insbesondere die organisatorische Dimension der Reorganisation von Geschäftsprozessen im Mittelpunkt stand. Hier wurden z.B. neue Wege bei der Reisekostenabrechnung bzw. der Freigabe von Bestellanforderungen beschritten, indem bestehende organisatorische Regeln radikal vereinfacht wurden. Die Entwicklung der Soll-Prozeßmodelle wurde mit dem ARIS-Toolset[8] durchgeführt, wobei zunächst auf den Einsatz des SAP R/3 Referenzmodells verzichtet wurde, damit eine Zielvorstellung ohne eine Beeinflussung durch das Referenzmodell entstehen konnte. Als ein KEF stellte sich die Schaffung eines gemeinsam getragenen Begriffsverständnisses heraus: Weil sichergestellt wurde, daß alle Beteiligten das gleiche Vokabular verwendeten, konnte die reibungslose Zusammenarbeit zwischen den Teilprojektgruppen funktionieren.

---

[7] Die Ist-Analyse der Prozesse wurde als separates Projekt durchgeführt.
[8] ARIS-Toolset® ist ein Modellierungstool der IDS Prof. Scheer AG, Saarbrücken.

- **Software-Einstellung:** Die Prozeßumsetzung in SAP R/3 erfolgte mit Hilfe des SAP R/3 Referenzmodells. Dazu wurden zunächst die relevanten Prozesse des Referenzmodells identifiziert, die für die Implementierung der organisatorischen Soll-Prozesse notwendig erschienen. Anschließend wurden die SAP-Referenzprozesse um diejenigen Varianten und alternativen Prozeßwege bereinigt, die für die Geschäftsprozesse der Daimler Benz AG nicht benötigt wurden. Dadurch entstand ein unternehmensspezifisches Prozeßmodell auf der detaillierten Ebene einzelner SAP R/3-Funktionen, das bei der organisatorischen Einführung der neuen Geschäftsprozesse zur Dokumentation und Schulung verwendet werden konnte. Gleichzeitig diente dieses Modell als Grundlage für die Einstellungen der SAP R/3-Software, die von einem externen Berater-Team durchgeführt wurde.

Am Beispiel der Materialwirtschaft sei die Entwicklung der Prozeßmodelle während des Projektes aufgezeigt. Die Prozeßausgrenzung identifizierte den Prozeß der Materialbeschaffung als einen wichtigen Prozeß, in dem ein großes Verbesserungspotential gesehen wurde: Durch unzureichend aufeinander abgestimmte Einzelaktivitäten der Mitarbeiter und Schnittstellen zu den Fachbereichen, insbesondere zum Rechnungswesen, wurden die bestehenden Abläufe als ineffizient und verbesserungswürdig eingestuft. Deshalb wurde ein organisatorisches Soll-Prozeßmodell entwickelt, das einen möglichst einfachen und transparenten Ablauf der Materialbeschaffung sicherstellen sollte. Abbildung 3-20 zeigt, wie sich die Prozeßgestaltung über mehrere Bereiche entwickelte; eine modulweise Einführung der Software kam durch entstehende Schnittstellenprobleme und durch die erneute Zementierung von Abteilungsgrenzen nicht in Frage.

Die Aufgabe der Rechnungsprüfung wird von Mitarbeitern beider Bereiche durchgeführt, wobei die Materialwirtschaft die inhaltliche Prüfung der Rechnung übernimmt und anschließend Mitarbeiter des Rechnungswesens die finanztechnische Prüfung übernehmen sollen. Die Soll-Prozesse wurden mit Hilfe des ARIS-Toolset und der Methode der erweiterten EPKs erstellt. Dies erschien sinnvoll, weil der Modellierungsaufwand durch die relativ hohe Abstraktionsebene der organisatorischen Sicht als vertretbar angesehen wurde. Anhand dieses organisatorischen Soll-Konzeptes konnten die notwendigen Prozesse aus dem SAP R/3 Referenzmodell identifiziert werden, die während der Prozeßumsetzung genau aufeinander abgestimmt wurden. Dabei standen nur noch bedingt organisatorische Fragen im Mittelpunkt, vielmehr war die genaue Funktionalität der einzelnen SAP R/3 Programme zu untersuchen und im sogenannten „Customizing"[9] aufeinander abzustimmen. In dieser Projektphase wurden die SAP R/3 Referenzmodelle mit Hilfe

---

9   Unter Customizing wird die Anpassung von Standard-Software an organisatorische Gegebenheiten verstanden. Es umfaßt die Festlegung der relevanten Prozesse und deren Gestaltung sowie die Festlegung der Parameter für die Software-Funktionalität.

des ARIS-Toolset so geändert, daß schließlich nur die für die Daimler Benz AG relevanten Prozesse übrig blieben.

Der Einsatz des Werkzeuges ARIS-Toolset wurde von den Projektmitarbeitern nach anfänglichem Zögern als positiv bewertet. Insbesondere die Modellierung nach der Methode der EPK wurde wegen der leichten Erlernbarkeit und der Möglichkeit, komplexe Zusammenhänge übersichtlich darzustellen, geschätzt. Als verbesserungswürdig empfanden die Mitarbeiter die fehlenden Möglichkeiten zur Gruppenarbeit mit dem ARIS-Toolset: Zur Abstimmung zwischen den Teilprojekten mußten die erstellten Prozeßmodelle umständlich auf die einzelnen Arbeitsplätze der Projektmitarbeiter kopiert werden, was zu temporär inkonsistenten Gesamtprozeßmodellen führte.

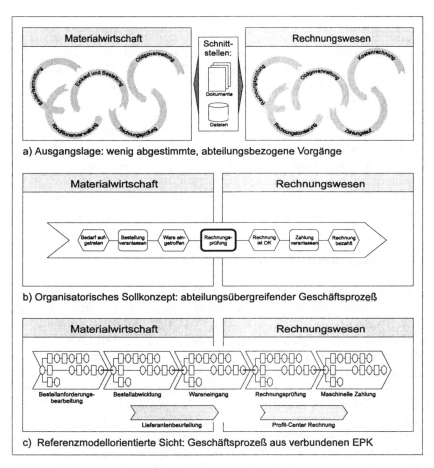

Abbildung 3-20: Geschäftsprozeß der Materialwirtschaft

Auch der Einsatz der Referenzmodelle des Software-Herstellers war für die pro-zeßorientierte Einführung geeignet: Einerseits konnte so auf die eigene Nachdo-kumentation der Software-Funktionalität verzichtet werden, andererseits entstand durch die EPK-Modelle eine einheitliche „Sprache", was die Kommunikation im Projekt deutlich vereinfachte. Weil bereits vor der Verwendung der Referenz-modelle das organisatorische Soll-Konzept mit EPKs modelliert worden war und sich die selbsterstellten Modelle auf einer anderen Abstraktionsebene befanden, wurde einerseits die Akzeptanz der SAP R/3 Referenzmodelle erhöht und anderer-seits der Eindruck vermieden, die eigenen Modelle würden durch das Referenz-modell obsolet werden. Der Werkzeugeinsatz, die eigenen groben Prozeßmodelle zur Ablauforganisation und die detaillierten, Software-spezifischen Referenzpro-zeßmodelle haben sich bei der prozeßorientierten Einführung von Standard-Software bewährt.

Quellen:
Haufler, H.: Prozeßorientierung und Teambuilding im Rahmen der SAP R/3-Einführung bei der Daimler Benz AG. In: FIM-Meeting '95. Hrsg.: Krcmar, H. Forschungsstelle für Informationsmanagement, Universität Hohenheim, 05. Oktober 1995, o.S.

Krcmar, H.: Computerunterstützung für Gruppenarbeit - Zum Stand der Computer Supported Cooperative Work Forschung. In: Wirtschaftsinformatik 34 (August 1992) 4, S. 425-437.

Lewe, H.: Computer Aided Team und Produktivität - Einsatzmöglichkeiten und Erfolgspotentiale. Wiesbaden 1995.

Schwarzer, B.; Krcmar, H.: CATeam zur Unterstützung der prozeßorientierten Standardsoftware-Einführung. In: Management&Computer, Jahrg. 3 (1995) Nr. 4, S. 291-299.

3.2.5   Management der Daten

Das **Datenmanagement (DM)** betrifft alle betrieblichen und technischen Funk-tionen der *Datenmodellierung*, der *Datenadministration*, der *Datentechnik* und des *datenbezogenen Benutzerservices*. Ziel des DM ist die optimale Nutzung der Da-ten im Unternehmen, worunter die *Richtigkeit, Konsistenz, Aktualität, Aufgaben-und Zusammenhangsbezogenheit* der Daten, also die Verbesserung der *Informa-tionsqualität*, aber auch eine *produktive Anwendungssystementwicklung* durch den Einsatz von Datenbanken und geeigneten Modellierungstechniken fallen (*Meier* 1994, S.456; *Biethan/Rohrig* 1990, S.740f.). Zentrale Aufgabenstellung des DM ist die Definition einer DM-Strategie, d.h. die Festlegung, welche Daten für welche Systeme und Aufgaben zur Verfügung zu stellen sind, die Festlegung der organi-satorischen Verantwortung für Pflege und Erfassung der Daten sowie die Bereit-stellung der Daten in exakt definierter und untereinander abgestimmter Form.

Konkret werden die Aufgaben der Formulierung und Pflege des *unternehmensweiten Datenmodells*, die Unterstützung der Anwendungsentwicklung durch *Datenmodellierung*, die *Datenadministration*, die *Datentechnik, die Datensicherheit* und die *Datennutzung* weiter ausgeführt.

Der Aufbau eines **unternehmensweiten Datenmodells**, das eine ganzheitliche Darstellung der Datenobjekte aller Bereiche des Unternehmens ist, erfordert ein systematisch-konstruktives Vorgehen und geht meist mit einer neuen Ausgestaltung der gesamten IV einher. Die Entscheidungen, die die IKT betreffen, sollten vorrangig aus dem Blickwinkel der Daten unter Berücksichtigung der folgenden Entscheidungsparameter betrachtet werden (*Becker* 1993, S.30ff.). Im Bereich der *Hardware-Architektur* wurde die zentralisierte Architektur, durch Client-Server-Architekturen (CSA) weitgehend abgelöst. Bei der *Auswahl des Betriebssystems* ist der Wandel von proprietären hin zu offenen Betriebssystemen zu berücksichtigen. Zwar hat sich mittlerweile in bezug auf das *Datenbankmodell* das relationale Datenmodell in den Unternehmen durchsetzen können, jedoch zeigen insbesondere objektorientierte, objektrelationale und Non-Standard-Datenbanken zukünftige Entwicklungsperspektiven auf. Die Auswahl der geeigneten Datenbank hängt u.a. von dem zugrundeliegenden Datenbankmodell und weiteren Entscheidungsparametern, wie z.b. Marktpräsenz, Preis, Integrationsmöglichkeiten mit anderen Systemen, Performance und Einhaltung von Normen ab. Die Möglichkeiten der *Datenverteilung* ergeben sich aus der Kombination der ausgewählten Hardware-Architektur und dem Datenbanksystem.

Ziel der **Datenmodellierung** ist die formale Beschreibung der Unternehmensdaten in einem sogenannten Datenmodell. Bei der Auswahl des formalen Beschreibungsverfahrens für das Datenmodell sollte darauf geachtet werden, daß dieses Verfahren der Modellierungstechnik angemessen ist. So wird das *Entity-Relationship-Modell (ERM)* in erster Linie zur Darstellung des relationalen Datenmodells verwendet, während sich beispielsweise die *Unified Modelling Language (UML)* vornehmlich zur objektorientierten Modellierung eignet. Aufgrund seiner benutzerfreundlichen graphischen Darstellungsweise und seiner klaren Definition wird das ERM als das gegenwärtig geeignetste Beschreibungsverfahren für Datenstrukturen zur Erstellung eines Datenmodells für relationale Datenbanksysteme angesehen. Im Rahmen der Modellierung ist beispielsweise zu diskutieren, ob die Daten unter Berücksichtigung aller Normalisierungsregeln gespeichert werden sollen, wie unscharfe und aggregierte Daten zu modellieren sind und wie die Modellierung der Zeit durchgeführt werden soll.

Um Lücken und redundante Bausteine in der Informationsstruktur eines Unternehmens erkennen zu können, werden Integrationsmodelle angewandt. Abhängig davon, ob die Daten- oder Funktionsintegration Betrachtungsgegenstand ist, werden *Unternehmensdaten- und Unternehmensfunktionsmodelle* unterschieden. Oftmals wird von der vereinfachten Begriffsformel "*Unternehmensmodell = Un-*

ternehmensdatenmodell + Unternehmensfunktionsmodell" ausgegangen (*Mertens et al.* 1995, S.165). Durch das Unternehmensdatenmodell sollen die Zusammenhänge zwischen den fachlichen Aufgaben in einem Unternehmen und den dafür erforderlichen Daten verdeutlicht werden. Gleichzeitig werden für verschiedene Aufgaben gemeinsam zu verwendende Daten identifiziert und die Voraussetzungen für eine datenorientierte Integration verschiedener Systemkomponenten geschaffen. Der Verwendungskontext der im Unternehmensdatenmodell spezifizierten Daten wird im Unternehmensfunktionsmodell beschrieben (*Mertens et al.* 1995).

Je nach Verwendungsebene und Aggregation werden Daten- und Funktionsmodelle der Ebenen A, B und C sowie der DV-technischen Ebene unterschieden (Abbildung 3-21). Ebene A enthält weniger - dafür jedoch abstraktere - Entitäten als Ebene B, auf der konkrete, betriebsspezifische Entitäten definiert werden. Auf Ebene C werden den Entitäten von Ebene B noch Informationen für einzelne Anwendungen hinzugefügt. Unternehmensdaten- und -funktionsmodell sind Modelle der Ebene A.

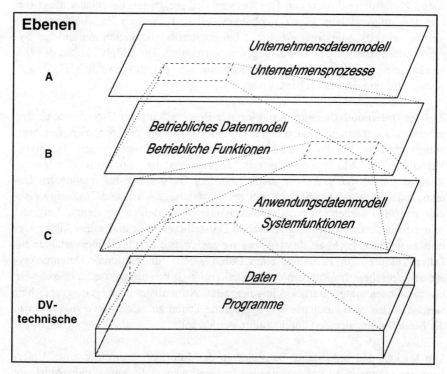

Abbildung 3-21: ABC-Klassifizierung der Daten- und Funktionsmodelle

Inwieweit die Datenmodellierung bereits erfolgreich in die deutschen Unternehmen Einzug gehalten hat, wurde in einer von der *R&O Software Technik GmbH* durchgeführten Studie untersucht (*Zandt* 1993). Die Ergebnisse der Studie beweisen, daß die Datenmodellierung als wichtiger betriebswirtschaftlicher Faktor erkannt wurde und sich als Methode bewährt und durchgesetzt hat. Die befragten Unternehmen sahen durch die Datenmodellierung eine Verminderung der Datenredundanz, eine höhere Transparenz und eine generell verbesserte Dokumentation gegeben. Dadurch konnten eine höhere Produktivität, eine starke Verbesserung der Kommunikation im Unternehmen sowie die Förderung von ganzheitlichem Denken und Vorgehen auf unternehmensweiter Ebene erzielt werden.

Ziel der **Datenadministration** ist die Verwaltung von Daten und Funktionen anhand von Standardisierungsrichtlinien und internationalen Normen. Zur unternehmensweit abgestimmten, einheitlichen und konsistenten Verwendung von Datenobjekten werden sogenannte *Data-Dictionary-Systeme* eingesetzt, die aus einem Data Dictionary (Datenkatalog) und einem Software-System bestehen. Datenkataloge können als Referenzlisten verstanden werden, die Einträge (Metadaten) über in Datenbanken enthaltene Daten, Einträge über die Anwendungsprogramme und Datenzugriffe, Einträge über die Umgebung der Anwendungsprogramme und Einträge, die zur Lokalisierung der Daten dienen, enthalten (*Heinrich* 1992, S.394ff.).

Datenkatalog-Systeme können nach folgenden Merkmalen systematisiert werden (*Heinrich* 1992, S.401):

- Ein Data-Dictionary-System wird als *passiv* bezeichnet, wenn es ausschließlich zur Benutzerinformation über Datenstrukturen und Verwendungsverweise dient. Es wird als *aktiv* bezeichnet, wenn darüber hinaus noch Dateien, Datenbanken, Reports oder Anwendungsprogramme generiert werden.
- Ein Data-Dictionary-System wird als *abhängig* bezeichnet, wenn die Verwaltungsfunktionen von einem bestimmten Datenverwaltungssystem übernommen werden. Es ist hingegen *unabhängig*, wenn es über eine eigene Management-Software und über Schnittstellen zu anderen Datenbanksystemen verfügt.
- Ein Data-Dictionary-System wird als *primär* bezeichnet, wenn es explizit auf Datenkatalog-Systemfunktionen ausgerichtet ist. Sind diese Funktionen nur Teil eines anderen Software-Systems, nennt man das Data-Dictionary-System *sekundär*.

Repository-Systeme sind Weiterentwicklungen von Data-Dictionary-Systemen, die zusätzlich methodische Informationen enthalten.

Ziel der **Datentechnik** ist die Installation und Sicherstellung von Datenbanken sowie das Durchführen von Datenbankrestaurierungen im Fehlerfall. Zu den Werkzeugen der Datentechnik zählen insbesondere *Datenbankverwaltungssysteme*. Ein Datenbankverwaltungssystem ist die Software eines Datenbanksystems, die alle Zugriffe für den Benutzer auf eine Datenbank ausführt. Im einzelnen hat das Datenbankverwaltungssystem für die Synchronisation der Benutzeraktivitäten, für die Datenspeicherung, das Anlegen von Zugriffspfaden, den Datenzugriff, die Datenauswertung, die Gewährleistung der Datenbankintegrität, das Prüfen von Zugangsberechtigungen und das Protokollieren ein- und ausgehender Informationen Sorge zu tragen. Die Arbeitsweise des Datenbankverwaltungssystems kann sehr unterschiedlich sein, da viele Realisierungsmöglichkeiten denkbar sind (*Schlageter/Stucky* 1983, S.37f.).

Zur optimalen Erfüllung dieser Aufgaben besteht das Datenbankverwaltungssystem aus verschiedenen Teilsystemen. Das Teilsystem *Steuerdatenbearbeitung* verwaltet die Strukturdefinition der Daten und ist für die Leistungssteuerung zuständig. Zu den *Datenbank-Administrationshilfen* zählen vor allem Werkzeuge für den Schemaentwurf sowie die Massendatenhaltung. Unter die *Endbenutzerbedienung* fallen die Sprachprozessoren, die Editoren und das Berichtswesen. Der *Kern-Datenbasisverwalter* führt den eigentlichen Zugriff auf die Datenbasis durch und ist für die meisten Aspekte der Datenmanipulation, der Organisation des Mehrbenutzerbetriebes, der Unverletzlichkeit der Datenbasis und der Leistungssteuerung verantwortlich.

Neben der Betriebssicherheit, die vor allem durch Hardwarefehler, durch Bedienfehler und durch fehlerhafte Software beeinträchtigt wird, ist besonders die Datensicherheit die Grundlage für einen stabilen und auf Dauer ausgerichteten Betrieb des Datenbanksystems. Datensicherheit ist das Ziel aller technischen und organisatorischen Maßnahmen gegen den Verlust oder die Verfälschung von Daten. Da reale Systeme nicht absolut zuverlässig sind, versucht man durch Datenredundanz, organisatorische und gebäude- bzw. gerätetechnische Maßnahmen die Wahrscheinlichkeit von Datenverlusten oder Verfälschungen zu reduzieren. Datenredundanz kann permanent oder zu bestimmten Zeiten hergestellt werden. So wird permanente Redundanz beispielsweise durch die spiegelbildliche Speicherung der Daten auf zwei unabhängigen Datenträgern erzeugt während die regelmäßige Datensicherung auf Bändern die Redundanz zu einem bestimmten Zeitpunkt gewährleistet (*Pohl; Weck* 1993).

Ziel der **Datennutzung** ist das Bereitstellen von *Auswertungs- und Reportfunktionen* unter Berücksichtigung des Datenschutzes. Die Bereitstellung dieser Funktionen wird durch eine Datenbanksprache unterstützt. Eine Datenbanksprache besteht aus einzelnen Anweisungen. Datenbanksprachen lassen sich einteilen in *Datenbankbeschreibungssprachen* zur exakten Beschreibung aller Datenbankobjekte, in *Datenbankabfragesprachen* zur Extrahierung von Objekten und in *Datenbankmanipulierungssprachen* zur Veränderung der Objekte.

Um den zunehmenden Bedürfnissen nach Flexibilität und Handhabbarkeit komplexer Datenobjekte gerecht zu werden, zeichnet sich in jüngster Zeit ein Trend hin zu *verteilten Datenbanksystemen* und *objektorientierten Datenbanksystemen* ab.

Eine **verteilte Datenbank** ist eine Menge kooperierender Datenbank-Systeme, die der Benutzer als eine logische Datenbank sieht, obwohl sie physisch auf mehrere Speicherorte verteilt ist. Die Verteilung kann lokal an einem Standort über mehrere Rechner erfolgen und verwendet dann lokale Netzwerke zwischen Nutzer und Datenbeständen bzw. Datenbestand und Datenbestand. Alternativ kann die Verteilung regional zwischen verschiedenen Standorten erfolgen und Datenfernübertragungsnetze nutzen. Die wesentlichen Prinzipien beim Aufbau und der Verwaltung von verteilten Datenbanksystemen sind in der Datenfragmentierung, der Datenverteilung und der Datenlokalisierung zu sehen. Die *Datenfragmentierung* behandelt die Frage, was Gegenstand der Verteilung ist. Die *Datenverteilung* behandelt Fragen der Verteilung der physischen Ausprägungen gebildeter Fragmente. Unter der Bezeichnung *Datenlokalisierung* werden die Vorgehensweisen diskutiert, nach denen die Informationen über den Abspeicherungsort von Daten verwaltet werden können. Die Vorteile verteilter Datenbanken sind in der lokalen Autonomie, der Zuverlässigkeit und Verfügbarkeit, einer höheren Leistungsfähigkeit, Flexibilität und Erweiterbarkeit zu sehen (*Fischer* 1993, S.273ff.).

Objektorientierte Datenbanksysteme sind noch relativ neu auf dem Markt. Derzeit gibt es nur wenige Systeme, die sowohl strukturell als auch funktional objektorientiert sind. Die Bedeutung objektorientierter Datenbanken in der Praxis ist noch gering, was im wesentlichen auf den Paradigmenwechsel zwischen relationalen und objektorientierten Datenbankverwaltungssystemen, mangelnder Produktreife, die eingeschränkte Zahl der unterstützten Plattformen, eine geringe Verbreitung im kommerziellen Bereich und fehlender Standardisierung zurückzuführen ist. Objektorientierte Datenbanksysteme wurden entwickelt, um komplex geformte Objekte ohne Verluste von Informationen in speziellen internen Formaten zu speichern. Die kommerziellen Systeme sind meist als Client-Server-Systeme oder Workstation-Server-Systeme konzipiert (*Heuer* 1997).

Objektrelationale Datenbanksysteme versuchen, die Vorzüge der relationalen und der objektorientierten Datenbanksysteme miteinander zu vereinen. Der Schlüssel zur Verbindung der beiden Konzepte liegt in der Definition der Domänen im relationalen Datenmodell. Bislang beschränkt SQL-92 die Datentypen auf:

- Integer
- Gleitpunktzahl
- Zeichenketten
- Tag-Zeit, Zeitintervall
- Numerisch und dezimal.

Darüber hinaus wird ein Satz von Operatoren und Funktionen spezifiziert, die jeden Datentyp zur Verfügung stehen (*Stonebraker/Moore* 1999). Diese Beschränkungen sind jedoch nicht zwingend, da das Konzept des relationalen Datenmodells durchaus für andere Basisdatentypen und auch komplexe Typen, wie Verbunde, Mengen, und die dazugehörigen Operatoren und Funktionen tragfähig ist. Domänen können prinzipiell eine beliebige Komplexität aufweisen und somit auch jede Art von abstraktem Datentyp oder Objekt darstellen. Sie übernehmen damit die Rolle, die typischerweise Klassen im objektorientierten Modell haben (vgl. *Date* 1995). Weitere Charakteristika von objektrelationalen Datenbanken sind getrennte Klassen- und Typhierarchien, Methoden, Vererbung, Overriding (Overloading, Polymorphismus) und Einkapselung (vgl. *Heuer* 1997). Desweiteren bleiben jedoch die Vorzüge des relationalen Datenmodells, wie beispielsweise ad-hoc queries, Integritätsbedingungen, Abgeschlossenheit, Symmetrie, views etc. weiterhin erhalten.

3.2.6 Fall: Datenmanagement in einer schweizerischen Großbank

Von 1986 bis 1992 wurde das gesamte DM einer schweizerischen Großbank neu aufgebaut. Dazu wurde ein eigenständiger Fachbereich „Datenmanagement" eingerichtet, der den Wechsel in die relationale Datenbanktechnologie und die Anpassung der vorhandenen Datenstrukturen bewerkstelligen sollte. Alte, bisher verteilt durchgeführte Aufgaben, wie beispielsweise die Pflege des Data-Dictionary-Systems sowie des bankweiten Extrakt- und Auswertungssystems, wurden in diese Fachabteilung integriert. Zusätzlich wurde eine Anwendungsentwicklungsgruppe eingegliedert, die auch für die Pflege der zentralen Datenbanken verantwortlich war.

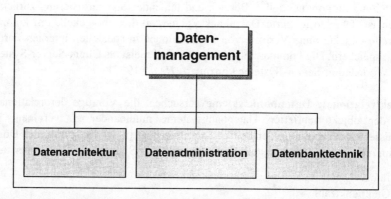

Abbildung 3-22: Organigramm des Datenmanagements

Abbildung 3-22 zeigt das Organigramm des gesamten Fachbereiches, der etwa 50 Mitarbeiter von insgesamt 1.000, die im Informatikbereich beschäftigt sind, umfaßt. Das Spektrum reicht von Datenarchitekten, Datenadministratoren über Organisatoren, Analytiker, Programmierer bis hin zu Bankfachleuten. Eine eigene

Stabsabteilung ermittelt die Bedürfnisse der Bank hinsichtlich der individuellen Datenverarbeitung (IDV). Sie koordiniert auch den Benutzerdienst, der dezentral in einzelnen Entwicklungsabteilungen sitzt.

Diese heterogene Struktur soll sicherstellen, daß die eher theoretisch ausgerichteten DV-Fachleute sich nicht im Laufe der Zeit von den realen Problemen entfernen. Dabei spielt die Beziehung zu den dezentralen Entwicklungsabteilungen eine wichtige Rolle. Zum einen überwachen diese die Aktivitäten im DM, insbesondere bei der Entwicklung von Richtlinien und internationalen Normen. Auf der anderen Seite werden für einzelne Projekte Spezialisten aus den Entwicklungsabteilungen im Fachbereich DM und umgekehrt eingesetzt.

Der Bereich innerhalb der Datenarchitektur umfaßt sowohl theoretische Aufgaben, wie zum Beispiel Methodiken zum Entwurf von unternehmensweiten Datenbanken, als auch die Pflege spezieller Datenbanken sowie Querschnittsprojekte. Die Planung für das unternehmensweite Datenmodell sowie die Verantwortung für die Stammdatenbanken wurde auch deshalb in die Fachabteilung DM verlagert, um sicherzustellen, daß keine der Banksparten, die über eigene Entwicklungsabteilungen verfügen, bei der Datenarchitektur bevorzugt oder benachteiligt werden.

Die Datenadministration beinhaltet die Verwaltung des Data-Dictionary-Systems sowie die klassische Datenadministration. Das zentrale Data-Dictionary enthält mit Ausnahme einiger Tochtergesellschaften sämtliche nationalen und internationalen Datenelemente. Die Wartung dieser über 14.000 Elemente wurde fachgebietsbezogen gelöst. Weitere Aufgaben befassen sich mit Standardisierungen von Daten und der Entwicklung von Auswertungswerkzeugen und Reportgeneratoren.

Der Bereich Datenbanktechnik umfaßt die Planung und Durchführung der technischen Infrastruktur. Neben der Auseinandersetzung mit Client-Server-Architekturen gehört dazu auch die Eingliederung neuer Datenbanktechnologien, etwa verteilte, wissensbasierte und objektorientierte Datenbankmanagementsysteme. Die Software-Entwicklungen der eigenen Abteilungen werden über Drittfirmen vermarktet, um damit weitere Anwendungsforschung finanzieren zu können. Beispielsweise wurde eine spezielle Spiegelungs-Software[10] für hierarchische und relationale Datenbanken entwickelt, die inzwischen weltweit vertrieben wird.

Das DM muß, will es dauerhaft erfolgreich arbeiten, sich als Dienstleister für die Fachbereiche verstehen und als solcher organisieren. Ein wichtiger Bereich ist dabei die Einbeziehung neuer Technologien. Neben der Zusammenarbeit mit unternehmenseigenen Forschungsabteilungen kann dies auch über Kontakte zu Hoch-

---

10 Durch Spiegelung wird erreicht, daß Datenbestände physisch beispielsweise auf zwei verschiedenen Speicherplatten aus Sicherheitsgründen simultan 1:1 abgespeichert werden.

schulen, Forschungseinrichtungen und europäische Forschungsprogramme erfolgen. Diese Ausrichtung des DM ermöglicht es, Bestandteil der Unternehmensstrategie zu werden und neue Geschäftsbereiche, etwa als Information Broker, mitzugestalten.

Quelle:
Meier, A.: Ziele und Aufgaben im Datenmanagement aus der Sicht des Praktikers. In: Wirtschaftsinformatik, Jahrg. 36 (1994) Nr. 5, S. 455-464.

3.2.7   Management des Anwendungslebenszyklus

Das Management der Anwendungsentwicklung ähnelt in vieler Hinsicht dem Management anderer Ingenieurleistungen, z.B. bei der Entwicklung neuer Produkte oder bei der Konstruktion von Bauwerken. Der Fehlschlag mancher großer DV-Projekte ist unter anderem darauf zurückzuführen, daß die Anwendungsentwicklung nicht wie andere Ingenieurprojekte professionell gemanagt wurde, sondern unreflektiert die Erfahrungen aus der Entwicklung kleiner Anwendungen auf die Durchführung von größeren Entwicklungsprojekten übertragen wurden. Das Management der Anwendungsentwicklung wird aber auch durch drei Unterschiede zu anderen Ingenieurprojekten erschwert:

1. **Das Produkt "Software" ist immateriell:** Die Entwicklung eines Flugzeugs ist am konkreten Baufortschritt nachvollziehbar und greifbar; der Manager von Software kann sich lange Zeit nur auf Dokumentationen verlassen, um den Projektfortschritt zu beurteilen.

2. **Es existiert noch kein klares Verständnis des Anwendungsentwicklungsprozesses:** Andere Ingenieurdisziplinen haben eine viel ältere Tradition, in der sich bewährte Verfahren der Entwicklung herausgebildet und stabilisiert haben. Die Entwicklung von Anwendungssystemen hingegen ist erst 30 Jahre alt und in dieser Zeit haben sich die Grundlagen des Fachs mehrfach geändert.

3. **Große Anwendungsprojekte sind häufig einmalig:** Sie unterscheiden sich stark von anderen Projekten auch aufgrund der verwendeten IKT. Historische Erfahrungen mit "alten" Techniken haben daher nur einen begrenzten Wert.

Deshalb werden gerade innovative und strategisch wichtige Anwendungen häufig zu spät fertig, werden zu teuer und erfüllen die in sie gesetzten Erwartungen kaum oder nicht. Die Anwendungsentwicklung ist stark von der Organisation abhängig, in der sie durchgeführt wird. Typischerweise umfaßt sie aber das Schreiben von Anträgen und Berichten, die Projektplanung, die Kostenschätzung, die Projektüberwachung, das Konfigurationsmanagement und das Management der Dokumentation.

Der Lebenszyklus von IS-Anwendungen ist die zeitliche Entwicklung von der ursprünglichen *Idee* und der *Entscheidung*, eine Anwendung zu kreieren, über die *Entwicklung* und *Einführung* des neu entwickelten Systems bis hin zur *Wartung* und einer etwaigen *Weiterentwicklung* der existierenden und genutzten Anwendung bis zur abschließenden *Abschaffung*[11]. Diese Phasen werden im folgenden Abschnitt für eine einzelne Anwendung beschrieben. Da Anwendungsplanung und -entwicklung meist als *Projekt* organisiert werden, schließt sich eine Darstellung des Projektmanagements der Anwendungsentwicklung an.

Dann erfolgt in der Darstellung des Anwendungslebenszyklus ein Wechsel von der Einzelsicht zur Gesamtsicht, indem die Mikro-Ebene der Einzelanwendung verlassen und die Gesamtheit aller Anwendungen im Unternehmen betrachtet wird. Für das Management auf der Makro-Ebene wurden verschiedene Methoden entwickelt, von denen die *BSP-Methode* (Business Systems Planning) und der *Portfolio-Ansatz* herausgegriffen werden. Diesen prinzipiell statisch ausgerichteten Verfahren wird abschließend die Forderung nach *Dynamisierung* im Sinne des Anwendungslebenszyklus' gegenübergestellt.

Ein weiterer Abschnitt befaßt sich mit der Frage, inwieweit Anwendungen selbst entwickelt oder *Standard-Software* verwendet werden sollte. Der Abschnitt zum Anwendungslebenszyklus endet mit einem *Fallbeispiel* zur Anwendungsgesamtbetrachtung mit Hilfe der Portfolio-Methode bei der Mercedes-Benz AG.

3.2.7.1 Der Lebenszyklus einer Anwendung

3.2.7.1.1 Idee und Ideenverwirklichung: die Software-Entwicklung

Nach der Konkretisierung von Anwendungsideen muß die Entscheidung Pro oder Kontra Verwirklichung vorbereitet und getroffen werden. In vielen Organisationen wird zu Beginn einer **Anwendungsentwicklung** ein *Antrag* für das Management (im eigenen Unternehmen oder bei Kunden) geschrieben, der dieses von der Notwendigkeit und dem Nutzen der Entwicklung überzeugen soll. In diesem Antrag wird das Projekt kurz skizziert sowie eine grobe Abschätzung des finanziellen und des zeitlichen Aufwandes gegeben.

Nach der Entscheidung zur Verwirklichung wird der weitere Verlauf der Realisierung *geplant*. Der Erfolg einer Anwendungsentwicklung hängt u.a. davon ab, wie gut die einzelnen Schritte des Projektes vorgeplant werden, wie gut Probleme vorausgesehen und mögliche Lösungen vorbereitet werden. Ein Anwendungspro-

---

11   In Anlehnung an das Konzept des Produktlebenszyklus' unterscheidet *Heinrich* (1999, S.235-237) im Anwendungssystemlebenszyklus der Systemnutzung, der bei ihm erst nach Systemfertigstellung beginnt, die Phasen Systemeinführung, Wachstum, Sättigung und Reife mit steigender, dann stagnierender und schließlich abnehmender Systemnutzung.

jekt wird nicht nur einmal zu Beginn geplant, sondern seine Projektplanung ist ein laufender, die Entwicklung begleitender Prozeß. Zu Beginn werden die Meilensteine und die Ergebnisse definiert und ein grober Zeitplan entworfen. Weitere Pläne betreffen das Testen, das Training des Personals und die Wartung. Mit zunehmendem Projektfortschritt werden diese verfeinert und, wo notwendig, geändert oder erweitert.

Zu Beginn des Anwendungsprojektes sind **Meilensteine** zu vereinbaren. Diese Meilensteine haben zwei Aufgaben: Für den Anwendungsentwickler bedeutet das Erreichen eines Meilensteins den Abschluß einer Phase im Anwendungsentwicklungsprozeß, z.B. der Analyse oder des Designs. Für das Management dient ein Meilenstein der Kontrolle des Projektfortschrittes, der Kostenkontrolle, der Überprüfung der Sinnhaftigkeit des Projektes und der Risikoabschätzung. Weiterhin sind zu Beginn des Projektes die **Ziele und Kriterien zur Zielerreichung** festzulegen. Mögliche Kriterien sind Zuverlässigkeit, Einhaltung des Zeitrahmens, Kosten, Effizienz, Portabilität und Wiederbenutzbarkeit. Verschiedene Optionen zur Durchführung des Projektes sind anhand dieser Kriterien zu bewerten und einander gegenüberzustellen, und zwar sowohl zu Projektbeginn als auch im Laufe des Projektes.

Im weiteren Verlauf der Anwendungsentwicklung durchläuft das Projekt einen sogenannten **Software-Zyklus** mit mehreren Stadien. Es werden überwiegend lineare *Phasenmodelle* verwendet, die auch Wasserfallmodell genannt werden und von der ersten Idee bis zur Implementierung reichen. *Seibt* stellt in Tabelle 3-3 einige Phasenmodelle gegenüber.

Endres	Denert / Hesse	Boehm	Balzert	End, Gotthardt, Winkelmann
Definition		-	Planung	Projektvorschlag
	Definition	System-Requirements	Definition	Planung I
		Software-Requirements		Planung II
Entwurf	System-Entwurf	Product Design	Entwurf	
	Komponenten Entwurf	Detailed Design		
Implementierung	Modul-Implementierung	Code & Unit test	Implementierung	Realisierung I
Testen	Subsystem-Integration	Integration & Test		
	System-Integration			
Installation	Installation		Abnahme & Einführung	Realisierung II
Betrieb & Wartung	Betrieb & Wartung	Operations & Maintenance	Pflege & Wartung	Einsatz

Tabelle 3-3: Phasenkonzepte im Vergleich
Quelle: *Seibt* (1990, S.327)

Das Grundprinzip eines **Phasenkonzeptes** ist immer gleich: Nach der Definition der System-Anforderungen wird ein vorläufiges Konzept aufgestellt, das dann hinsichtlich der Anforderungen überprüft, entsprechend modifiziert und verfeinert wird. Nachdem der Entwurf erstellt bzw. das Design abgeschlossen ist, kann die Implementierung beginnen, die zuerst vorläufig ist und eine Phase des Testens zur Folge hat. Treten bei der gefundenen Lösung keine weiteren Fehler auf, so kann diese endgültig installiert werden. Die Inbetriebnahme und Wartung des Systems bildet in allen Konzepten die letzte Phase.

In der Praxis werden **Vorgehensmodelle** auf der Basis von Phasenkonzepten definiert. Grundprinzip ist dabei die Abgrenzung der Phasen von einander, durch die

anfangs definierten Meilensteine oder andere wohldefinierte Entscheidungs- bzw.
Genehmigungspunkte. Die Phasen folgen sequentiell aufeinander, wobei in jeder
Phase eine bestimmte Menge von Aktivitäten durchzuführen ist, die ihrerseits
jedoch innerhalb einer Phase auch parallel bearbeitet werden können. Rücksprünge
in vorangegangene Phasen sind zulässig, wenn festgestellt wird, daß gesteckte
Ziele sonst nicht erreicht werden können (*Seibt* 1997, S. 432).

Durch die Integration qualitätssichernder Maßnahmen wurde das Wasserfallmodell
zum sog. **V-Modell** weiterentwickelt (vgl. Abbildung 3-23). Verifikation und
Validierung sind hier bereits Teil des Modells. Die Verifikation überprüft dabei
die Korrektheit des Systems (= Übereinstimmung mit der Spezifikation) des Systems, während die Validierung die Angemessenheit des Systems an die Problem-
stellung sicherstellen soll. Hierzu spezifizieren die potentiellen Nutzer des Systems
Anwendungsszenarien, anhand derer das Gesamtsystem dann validiert wird (vgl.
Balzert 1998).

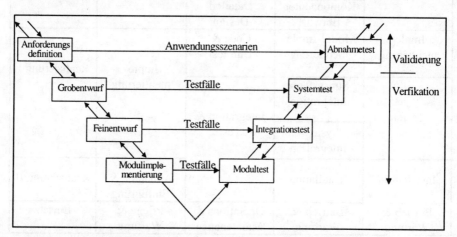

Abbildung 3-23: Das V-Modell
Quelle: *Balzert* (1998, S. 101)

Auch im **objektorientierten Life-Cycle-Modell** werden die gleichen Phasen
durchlaufen wie in den bisher vorgestellten Phasenmodellen. Der wesentliche
Unterschied besteht darin, daß bei objektorientierter Entwicklung in der Imple-
mentierungsphase häufig auf Software-Bausteine aus bereits existierenden Klassenbibliotheken zurückgegriffen wird, um so den Implementierungs- und Testauf-
wand möglichst niedrig zu halten. Dies führt dazu, daß der Entwurf des Systems in
vielen Fällen nicht mehr losgelöst von der Implementierung stattfindet, da bereits
hier berücksichtigt werden muß, welche Klassenbibliotheken zur Verfügung stehen
(vgl. Abbildung 3-24).

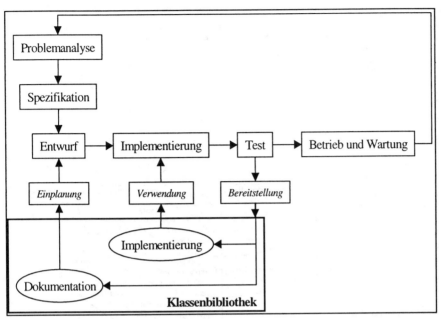

Abbildung 3-24: Objektorientiertes Life-Cycle-Modell
Quelle: *Pomberger/Blaschek* (1996, S. 30)

Die Wartung, Fortschreibung und Dokumentation der Klassenbibliotheken nimmt daher eine zentrale Stellung im objektorientierten Life-Cycle-Modell ein. Stabile, d.h. in mehrfacher Wiederverwendung erprobte Klassen bilden die Grundlage für Entwurf und Implementierung in diesem Modell.

In der Praxis ist die Anwendungsentwicklung ein *iterativer Prozeß*, für die diese Schritte nur eine grobe Richtschnur sein können. Insbesondere ist ein Zurückspringen zu vorangegangenen Schritten möglich, beispielsweise wird nach der Probeimplementierung wieder bei der Definition oder dem Entwurf aufgesetzt. Aus diesem Grunde haben sich für das Management von Anwendungsentwicklungsprojekten risikoorientierte Lebenszyklusmodelle, insbesondere das sogenannte **Spiralmodell** von *Boehm* (1988), in den Vordergrund geschoben. Dieses Modell, das in Abbildung 3-25 dargestellt ist, sieht in regelmäßigen Abständen eine Abschätzung des Risikos, der Kosten und des Nutzens anhand von Dokumenten und Software-Prototypen vor.

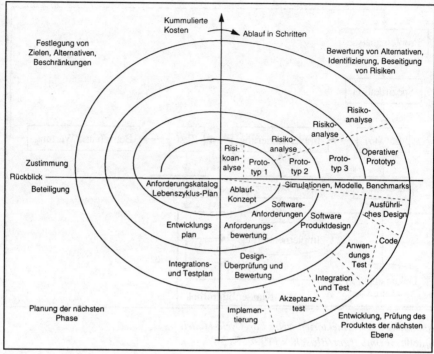

Abbildung 3-25: Spiralmodell der Softwareentwicklung
Quelle: *Boehm* (1988, S.65)

Wie in Abbildung 3-25 dargestellt, werden zu Beginn jeder Spiralenrunde das Ziel, die Vorgaben (z.B. Höhe der Kosten) und die Alternativen festgelegt. Die Alternativen werden in bezug auf Ziel und Vorgaben ausgewertet, um dann eine kosteneffektive Strategie zu formulieren. Diese wird anschließend auf Risiken untersucht. Es schließt sich die Entwicklung eines **Prototyps** an, der wiederum genauer hinsichtlich der Anforderungen überprüft wird. Die Spirale dreht sich dann weiter: Nach der wiederholten Festlegung der Ziele, Vorgaben und Alternativen werden wiederum die Risiken abgewogen, die Phase der Entwicklung und Verifizierung des Prototyps wird immer konkreter bis letztendlich ein vorläufiger Plan vorliegt. Dieser beinhaltet einen einsatzfähigen Prototyp, der ausgehend von einem detaillierten Design über die Programmierung, einem Integrations- und Akzeptanztest hin zur Implementierung führt.

Innerhalb der Anwendungsentwicklung sind **Kostenschätzung** und **Kostenkontrolle** Hauptaufgaben des Anwendungsmanagements. Zu den direkt zurechenbaren Kosten gehören Hardware-Kosten, Kosten für zugekaufte Software, Kosten für neue Entwicklungs-Software, Reisekosten, Schulungskosten und Personalkosten für den Anwendungsentwickler.

Da die Personalkosten meist die Summe der anderen Kosten übertreffen, wird die Kostenschätzung und -kontrolle häufig in einem Zug mit der Projektterminierung und Projektüberwachung durchgeführt. Folgende Methoden sind bei der Kostenschätzung für Anwendungen üblich (*Noth/Kretzschmar* 1986):

- **Function-Point-Verfahren:** Das Verfahren legt einen funktionalen Zusammenhang zwischen dem wahrscheinlichen Aufwand der Anwendungsentwicklung und dem mit den Qualitätsanforderungen gewichteten Funktionsumfang (Function-Points) zugrunde. Hierfür wird der Funktionsumfang eines Anwendungssystems anhand sogenannter Geschäftsvorfälle (z.B. Zahl der zu bearbeitenden Abfragen) bewertet und durch einen Korrekturfaktor für die zu realisierende Qualität (z.B. Integration mit weiteren Anwendungssystemen) berichtigt. Durch die beschriebene Bewertung abgeschlossener Projekte in gleicher Entwicklungsumgebung ergibt sich eine unternehmensspezifische Funktion zwischen den gewichteten Function-Points und dem verursachten Aufwand. Mit Hilfe des errechneten funktionalen Zusammenhangs kann man den Aufwand in Personenmonaten für neue Projekte prognostizieren.
- **Algorithmische Kostenmodellierung:** Auf der Basis vergangener Projekte wird ein mathematisches Modell zur Kostenschätzung zukünftiger Projekte entwickelt. Hierzu wird ein Anwendungsprojekt durch Parameter wie Lines of Code, Anwendungstyp, Art der Anforderungen, verwendete Software-Engineering-Methode, verfügbare Werkzeuge, Zeitbeschränkungen und verfügbare wiederverwendbare Software-Module beschrieben und ein mathematischer Zusammenhang zwischen diesen Größen hergestellt.
- **Expertenschätzung:** Ein oder mehrere Experten schätzen die Kosten aufgrund ihrer Erfahrungen.
- **Schätzung über Analogie:** Kosten können in Analogie geschätzt werden, wenn ähnliche Projekte schon einmal durchgeführt wurden.
- **Verfügbarkeit:** Kostenschätzung nach Verfügbarkeit geht davon aus, daß das Projekt so viel kostet, wie Ressourcen dafür verfügbar sind.
- **Tragfähigkeit:** Einem Kunden werden so viel Kosten aufgebürdet, wie er vermutlich in der Lage ist zu tragen, bzw. so wenige Kosten, daß man den Auftrag erhält. Diese Methode ist in der Praxis weit verbreitet.
- **Top-Down-Schätzung:** Die Gesamtkosten des Projektes werden geschätzt und dann auf seine Bestandteile verteilt.
- **Bottom-Up-Schätzung:** Die Kosten der Projektbestandteile werden geschätzt und dann zu den Gesamtkosten addiert.

Wenn man weiterhin berücksichtigt, daß die Produktivität einzelner Anwendungsentwickler sich um bis zu einem Faktor 10 unterscheiden kann, wird deutlich, daß Kostenschätzung in der Praxis weniger eine Anwendung präziser Methoden, sondern vielmehr eine Sache der Erfahrung und auch des politischen Gespürs ist.

Während des gesamten Prozesses muß eine ausreichende **Dokumentation** gewährleistet sein: Das Schaffen und Verwalten einer guten Anwendungsdokumentation kann zwischen 20% und 30% des Projektgesamtbudgets kosten. Dieser Aufwand wird häufig unterschätzt und führt deshalb zu mangelhafter Dokumentation. Ein Beispiel dafür, wie wichtig eine gute Dokumentation sein kann ist die objektorientierte Systementwicklung. Hier werden häufig Klassenbibliotheken, die zunächst mit großem Aufwand erstellt worden sind, unbrauchbar, da keine detaillierte Dokumentation der Objekte verfügbar ist und diese daher nicht oder nur begrenzt wiederverwendbar sind. Die Hauptaufgabe des Anwendungsmanagements ist es, dafür zu sorgen, daß eine Dokumentation überhaupt erstellt wird und sie immer aktuell ist. Weiterhin verwaltet das Anwendungsmanagement die Dokumentationen abgeschlossener Anwendungsprojekte.

Typischerweise wird für eine Anwendung eine Benutzerdokumentation und eine Systemdokumentation erstellt. Die Benutzerdokumentation erläutert einem Benutzer die Funktionsweise einer Anwendung, ohne auf ihre technische Realisierung einzugehen. Da es hier auf eine möglichst gute didaktische Aufbereitung ankommt, wird das Anwendungsmanagement diese Aufgabe häufig an spezialisierte technische Autoren auslagern. Die Systemdokumentation enthält die Dokumente der einzelnen Phasen (Spezifikation, Design usw.) und eine genaue Beschreibung der vorliegenden Implementierung. Diese Beschreibung wird zunehmend als Kommentar mit dem Software-Code integriert, weil es nur so ohne großen Aufwand möglich ist, Programm und Dokumentation auf dem gleichen Stand zu halten.

3.2.7.1.2 Einführung, operativer Betrieb und Abschaffung

Mit der Erstellung der Software ist der Lebenszyklus der Anwendung nicht abgeschlossen, sondern erreicht seinen angestrebten Höhepunkt mit der operativen Nutzung, wenn die Einführung erfolgreich verläuft. Die **Einführung** hängt neben der Größe, Komplexität und Reichweite der neuen Anwendung auch davon ab, ob vorher überhaupt Software in diesem Bereich eingesetzt wurde oder eine bereits existierendes System durch ein neues, umfassenderes oder moderneres ersetzt wird. Es lassen sich bei der Einführung prinzipiell die folgenden Konzeptionen unterscheiden:

- **Stichtagsumstellung:** Totale Umstellung von vorherigem Zustand (kein System oder altes System) auf die neue Anwendung zu einem Zeitpunkt.
- **Parallelisierung:** Übergangsweise gleichzeitige Nutzung der alten (keine/alte Anwendung) und neuen Methoden bis zur Sicherstellung der Funktionsfähigkeit.
- **Teilweise Einführung:** Durchführung einer Stichtagsumstellung für einzelne Teile der neuen Anwendung durch Parallelisierung und allmähliche Ausweitung nach Sicherstellung der Funktionalität.

- **Versionsumstellung:** Um zu einer wesentlich höheren Version einer Software zu gelangen, die einer gravierenden Änderung gleich kommt, kann der Umweg über niedrigere Versionen notwendig sein.

Für alle Konzeptionen bestehen die Aufgaben der Einführung in einer Vorbereitung des neuen Systems für den Echtbetrieb, der Installation, der Einspeisung der notwendigen Daten in die Anwendung und der Einweisung der Nutzer. Sind Daten bereits in größerem Umfang in der älteren Anwendung vorhanden, kann bereits vor der tatsächlichen Umstellung ein Konzept zur Datenübernahme entwickelt werden, so daß der operative Betrieb direkt nach der Installation beginnen kann. Vor der eigentlichen Einführung werden Nutzer-Schulungen veranstaltet, in denen wesentliche Handhabungsschritte und gegebenenfalls wichtige Unterschiede zur Vorgänger-Anwendung aufgezeigt werden, um die Umstellungsphase so kurz wie möglich zu halten. Ist die Einführung erfolgreich abgeschlossen, geht die neu entwickelte Anwendung in den operativen Betrieb über.

Entwicklung, Einführung und *operativer Betrieb* unterliegen einem Lebenszyklus (Abbildung 3-26).

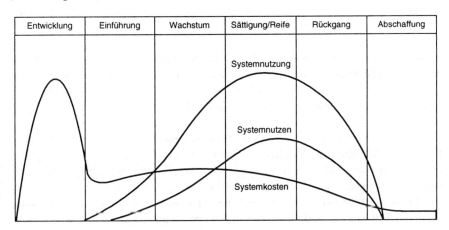

Abbildung 3-26: Lebenszyklus-Modell
Quelle: In Anlehnung an *Heinrich* (1999, S.236)

Die in der Abbildung 3-26 dargestellten Kurvenverläufe repräsentieren keine kumulierten Werte, sondern nichtkumulierte Werte zu einem bestimmten Zeitpunkt. Die Phasen des Lebenszyklus' im einzelnen (in Anlehnung an *Heinrich* 1999, S.235ff.):

- **Entwicklung:** In der Phase der Entwicklung werden die Schritte der Phasen Idee und Ideenverwirklichung der Software-Entwicklung durchlaufen. In der Entwicklung fallen während des Lebenszyklus die höchsten Kosten an.

- **Einführung:** Erfolgt eine schrittweise Einführung, ergibt sich eine wachsende Nutzung. Die Nutzungsintensität wird auch vom Auftreten und Beseitigen von Fehlern während der Installationstests und zu Beginn des produktiven Betriebes bestimmt.

- **Wachstum:** In dieser Phase sind alle Tests abgeschlossen, alle während der Einführung aufgetretenen Fehler beseitigt und alle Funktionen können produktiv genutzt werden. Die Nutzung nimmt durch weitere Nutzer zu, sofern es sich nicht um eine Basisanwendung mit beschränktem Benutzerkreis handelt.

- **Sättigung/Reife:** In dieser Phase erreicht die Nutzung ihren Höhepunkt. Bisherige Nutzer können keine weiteren Nutzungsmöglichkeiten entdecken und weitere Nutzer kommen nicht mehr hinzu. Der Rückgang kann daran liegen, daß das System nicht mehr dem Stand der Technik entspricht, mit anderen konkurriert oder die unterstützten Aufgaben nach Menge und Bedeutung zurückgehen.

- **Rückgang:** Der in der Phase Sättigung/Reife einsetzende Rückgang setzt sich fort.

- **Abschaffung:** Hier muß die Entscheidung getroffen werden, zu welchem Zeitpunkt ein System durch ein neues abgelöst wird. Über den Zeitpunkt der Nutzung hinaus kann das auslaufende System noch Umstellungskosten oder auch remanente Lizenzkosten verursachen.

In der Zeit des operativen Betriebs wird das System durch *Wartung* betreut und gegebenenfalls zu neuen Versionen weiterentwickelt. In der Anwendungsentwicklung umfaßt der Begriff "Wartung" die Behebung von Programmierfehlern, die Optimierung des internen Programmablaufs und die funktionale Erweiterung der Software. Die wesentliche Aufgabe von Versionen und Releases ist es, den Entwicklungsprozeß an einem bestimmten Zeitpunkt einzufrieren, und ein lauffähiges Produkt an den Kunden auszuliefern. Wenn Programmierfehler in einer ausgelieferten Anwendung behoben werden oder der interne Programmablauf verbessert wird, spricht man von Versionen; weiterhin spricht man von Versionen, wenn gleiche Anwendungen auf verschiedenen Hardware-Plattformen portiert sind; wenn die Software wesentlich funktional erweitert wird, spricht man von Releases.

Um Versionen und Releases bei Kunden einspielen zu können, muß verwaltet werden, welche Version und welches Release bei verschiedenen Kunden auf welcher Hardware-Plattform implementiert sind. Das Anwendungsmanagement muß dafür sorgen, daß die Quellcodes und die Binärdateien sowie die Entwicklungsplattformen für ältere Releases archiviert sind, damit eine Wartung dieser Versionen beim Kunden überhaupt möglich ist. Hierzu werden Richtlinien und Rahmenwerke für die Archivierung benötigt. Weiterhin sind die Abhängigkeiten der Versionen untereinander zu erfassen und zu verwalten. Da mehrere Versionen von einer Ausgangsversion parallel geschaffen werden können (z.B. für verschiedene Hardware-Plattformen) und demnach eine vernetzte Abhängigkeitsstrukur besteht, ist dies keine triviale Aufgabe. Bei der Entwicklung einer neuen Fassung (= Version oder Release) der Anwendung ist insbesondere darauf zu achten, daß die neue Fassung nicht das Vorhandensein einer bestimmten vorangegangenen Fassung voraussetzt (was sie für alle anderen Anwender unbrauchbar macht) und die mit einer alten Fassung erstellten Daten weiterverwendet werden können.

Ein letzter Punkt betrifft die **Wiederverwendung** von Software-Teilen in anderen, zum Teil völlig anders ausgerichteten Systemen. Mit dem Aufkommen der Objektorientierung wird die Wiederverwendung von Programmmodulen erleichtert. Wenn in einem Anwendungsprojekt Programmmodule aus vorangegangenen Anwendungsprojekten wiederverwendet werden können, kann dies die Produktivität der Anwendungsentwicklung deutlich erhöhen. Es ist eine wesentliche Aufgabe des Anwendungsmanagements, dafür zu sorgen, daß diese Möglichkeit auch genutzt wird. Anwendungsentwickler haben oft selbst wenig Interesse daran, wiederverwendbare Software zu entwickeln, weil nicht sie selbst, sondern andere den Nutzen davon haben und weil sie sich lieber neuen Aufgaben widmen. Die Bereitstellung wiederverwendbarer Software bedeutet trotz Objektorientierung immer einen zusätzlichen Arbeitsschritt nach Abschluß der eigentlichen Programmierarbeit: Für die Wiederverwendung geeignete Module müssen isoliert und unter Umständen umgeschrieben, geeignete allgemeiner verwendbare Abstraktionen gefunden und die Module in einer Bibliothek zusammengefaßt werden. Das Anwendungsmanagement muß dafür sorgen, daß die Ressourcen für diesen Schritt und für die Verwaltung wiederverwendbarer Module bereitstehen und ein für das "Bereitstellen" förderlicher Rahmen unter den Anwendungsentwicklern besteht, z.B. indem Anreize für das Erzeugen wiederverwendbarer Module geschaffen werden.

Auch eine erfolgreiche und ständig genutzte Anwendung erreicht einmal das Ende ihres Lebenszyklus'. Damit stellt sich die Frage, wann sich dieser Zustand einstellt und wie die **Abschaffung** eines Systems organisiert wird, d.h. man muß die Nutzungsdauer von Anwendungssystemen antizipieren, um festzulegen, welches der *optimale Ersatzzeitpunkt* ist und welcher Ersatz angestrebt wird. Da die Nutzungsdauer unmittelbar vom Systemnutzen abhängt, muß zunächst der Systemnutzen quantifiziert werden, um die Dauer der Systemnutzung einschätzen zu können. Bereits in der Phase des höchsten Systemnutzens (vgl. Abbildung 3-26) sollte die Planung zur Ablösung des Systems beginnen. Bislang existieren jedoch weder ein allgemein anerkannter Kriterienkatalog zur Quantifizierung des Systemnutzens noch ein standardisiertes Verfahren zur Bestimmung der Position eines Systems im Systemlebenszyklus. Eine Möglichkeit besteht in der Anwendung der Kapitalwertmethode zur Bestimmung des Systemnutzens und der Ermittlung der Nutzungsdauer eines Systems (*Hossenfelder/Schreyer* 1996). Mögliche weitere Kriterien zur Bestimmung der Phase des Lebenszyklus, in der sich ein Anwendungssystem befindet, könnten sein: Nutzung, Benutzerakzeptanz, Nutzungsprognose, Geschäftsprozeßabdeckung, Verfügbarkeit von Konkurrenz auf dem Markt, Angemessenheit, Adaptierbarkeit, Zukunftsfähigkeit, Wartungskosten etc.. Sowohl die Auswahl geeigneter Kriterien als auch deren Quantifizierung ist in vielen Fällen in der Praxis so schwierig, daß systematische Entscheidungen zur Ablösung eines Systems oft nicht getroffen werden können.

Grundsätzlich ist zu entscheiden zwischen *Zustand belassen* versus *renovieren* versus *ersetzen*, wobei eine *Kosten-/Nutzenrechnung* die Entscheidungsgrundlage bildet. Durch die Einbeziehung aller im Lebenszyklusmodell anfallenden Kosten sollte eine sachlich fundierte Entscheidung über die Abschaffung eines Systems nach dem Investitionskalkül möglich sein (*Kargl* 1996, S.102). Da aber eine Kosten-/ Nutzenrechnung unter Umständen aufgrund teilweise fehlender quantitativer Bewertungskriterien nicht ohne weiteres durchgeführt werden kann und daher keine eindeutige Entscheidung zuläßt, sind in dieser unsicheren Entscheidungssituation weitere Entscheidungskriterien einzubeziehen. Die nachfolgenden Szenarien unterstellen, daß eine Kosten-/Nutzenrechnung zu keinem klaren Urteil kommt, d.h. ein wirtschaftlicher Vorteil durch einen Ersatz nicht offensichtlich ist.

Haben sich im DV-technischen und geschäftlichen Umfeld nur geringe Änderungen vollzogen, besteht kein Anlaß, das bisherige System zu ersetzen. Bei stärkeren Änderungen ist zu überprüfen, ob die Grundstrukturen der Datenmodelle und des Software-Aufbaus renovierbar sind. Sind diese nicht renovierbar, ist zu versuchen, neue Module in die alte Struktur einzupassen oder neue Anordnungen im Software-Aufbau vorzunehmen. Die Durchführbarkeit hängt von der Qualität der Datenschnittstellen ab. Ist diese nicht akzeptabel kommt nur ein Komplettersatz des Systems in Frage. Sind die Grundstrukturen renovierbar bzw. sind die Datenschnittstellen akzeptabel, kann versucht werden, die Benutzeroberflächen zu renovieren, die Datenstrukturen zu renovieren oder eher neu zu gestalten und die Software-Funktionen zu ergänzen, was allerdings nur bedingt möglich ist. Die Entscheidung zur Durchführung dieser Renovierungen setzt erneut eine Wirtschaftlichkeitsrechnung voraus, um sicherzustellen, daß eine Renovierung langfristig kostengünstiger ist als ein Komplettersatz. Abbildung 3-27 zeigt den Entscheidungsablauf im Überblick.

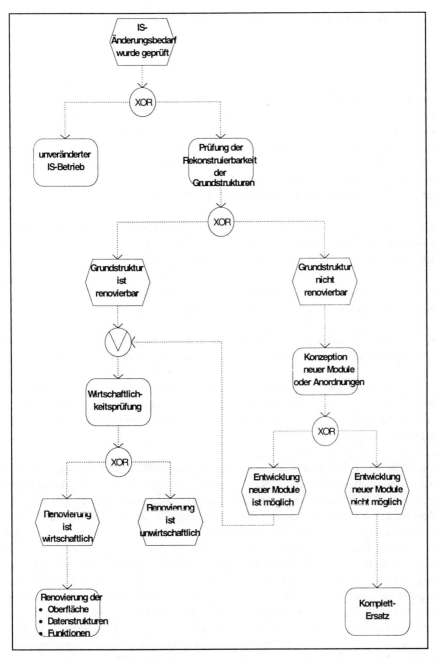

Abbildung 3-27: Bestimmung Ersatzzeitpunkt und Ersatzumfang

3.2.7.2 Das Management von Anwendungsentwicklungsprojekten

3.2.7.2.1 Grundlagen des Projektmanagements

Ein **Projekt** ist ein einmalig durchzuführendes Vorhaben, das durch seine zeitliche Befristung, besondere Komplexität und interdisziplinäre Aufgabenstellung zu beschreiben ist. *Dülfer* (1982) kennzeichnet ein Projekt durch *Zielvorgabe, zeitliche Determination, Einmaligkeit, Neuartigkeit, Komplexität*, ein *aufgabenbezogenes Budget* und die *rechtlich-organisatorische Zuordnung*. Prinzipiell kann jede operative Aufgabe des betrieblichen IM in einer Projektorganisation erledigt werden. Eine Projektmanagementmethodik muß deshalb so allgemein formuliert sein, daß sie für alle Arten von DV-Projekten einsetzbar ist.

Für innovative Aufgaben, die in immer kürzeren Abständen auf die Unternehmen zukommen, haben sich funktionale Organisationsformen als zu inflexibel und langsam erwiesen. Meist herrschen in ihnen Bedingungen, die

* den eher kurzfristigen Problemlösungen Vorrang einräumen,
* Wahrnehmungsverzerrungen und Filterwirkungen durch Hierarchie begünstigen,
* diffuse und zu Beginn schlecht strukturierte Konzepte und Ideen aufgrund rigider Prüfkriterien zwangsläufig zum Scheitern verurteilen.

Das Projektmanagement bietet sich zur Lösung dieser Probleme als eine leistungsfähige Alternative zur Aufgabenerfüllung in funktionalen Organisationsformen an. Die Wirkungsweise des Projektmanagementansatzes kann folgendermaßen beschrieben werden:

Die funktionale Organisation und die mit ihr verbundenen Belohnungsmechanismen fördern die Fachloyalität der Organisationsmitglieder. Bei der Aufgabenerfüllung stehen die Ziele der Fachabteilungen im Vordergrund und die individuellen Anreizmechanismen verhindern eine fachübergreifende und zielorientierte Arbeitsweise der Mitarbeiter. Die Projektorganisation ist hingegen weitgehend auf die konkreten Ziele eines Projektes ausgerichtet und damit auf gesamtunternehmerische Zielsetzungen. Die Aufgabenerfüllung erfolgt innerhalb eines Projektteams, das alle unternehmensweiten Interessen in sich flexibel vereinigen kann. Gleichzeitig erlaubt die Projektorganisation eine effektivere Steuerung und Kontrolle der Aufgabenerfüllung. Dies ist besonders bei innovativen Aufgaben mit vagen und instabilen Zielvorstellungen von großer Wichtigkeit. Die Projektorganisation wurde zunächst in der Bauwirtschaft und im Forschungsbereich entwickelt und erfolgreich eingesetzt. Im betrieblichen DV-Bereich wurde die Methode für DV-Projekte übernommen, aber oftmals ohne eine genaue Analyse der wichtigsten Erfolgsfaktoren für das Projektmanagement vorzunehmen. Dies kann eine Ursache für das in der Vergangenheit häufige Scheitern vor allem großer DV-Projekte sein.

Kupper (1988) definiert **vier Basisregeln einer Projektorganisation**. Es muß ein *Auftraggeber* existieren, der den Auftrag zur Durchführung des Projektes gibt, sich über den Projektfortschritt permanent informiert, die Mitglieder des Projektteams zur Verfügung stellt bzw. finanziert, Prioritäten setzt und Entscheidungen fällt, die über die Kompetenzen des Projektleiters hinausgehen. Der Auftraggeber sollte eine Person sein, die den Unternehmensbereich, der vom Projekt betroffen ist, leitet. Des weiteren ist ein klar formuliertes *Projektziel* von Bedeutung, das den übergeordneten Zielen der Organisation nicht zuwiderlaufen darf. Ändern sich die Rahmenbedingungen der Zielfestlegung, so sind auch die Projektziele entsprechend anzupassen. Für das Projekt wird eine *Projektgruppe* eingerichtet, deren Mitglieder Vertreter aus allen wichtigen Funktionsbereichen des Unternehmens sind. Insbesondere sind dies die potentiellen Nutzer des zu erstellenden Produktes aus den Fachabteilungen sowie DV-Spezialisten, Systemanalytiker, Programmierer etc. Die in der Projektgruppe benötigten und vertretenen Funktionen richten sich nach den Projektzielen. Die Projektgruppe wird ausschließlich zum Zweck der Aufgabenerfüllung im Projekt gebildet und hat temporären Charakter. Schließlich übernimmt ein Mitglied der Projektgruppe die Rolle des *Projektleiters*, der die Verantwortung für die Verfahren und Ergebnisse des Projektes trägt und Entscheidungen trifft. Er ist dazu mit den entsprechenden Befugnissen vom Auftraggeber auszustatten, aber von diesem auf jeden Fall zu unterscheiden.

3.2.7.2.2 Aufgaben des Projektmanagements im DV-Bereich

Grundlegende Aufgabe des Projektmanagements ist die Schaffung aller Rahmenbedingungen für die Planung und Durchführung von DV-Projekten innerhalb des betrieblichen IM, um die Erreichung der Projektziele zu gewährleisten (*Heinrich* 1999, S.198). Aus der allgemeinen Aufgabenformulierung ergeben sich die Teilaufgaben der *Projektorganisation*, *Projektplanung* und der *Projektkontrolle* (*Heinrich* 1999, S.199ff.).

Die **Projektorganisation** befaßt sich mit der Eingliederung der Projektgruppe in die bestehende Aufbau- und Ablauforganisation des Unternehmens. Das zentrale Problem der Gestaltung der äußeren Form des Projektmanagements ist die Optimierung des Aufgaben- und Kompetenzausgleichs zwischen den traditionellen Fachabteilungen und der Projektleitung. Das Optimum ist jedoch nicht allgemeingültig zu definieren. Die wichtigsten Einflußkriterien sind die Größe des Projektes nach dem Aufgabenumfang, der Mitarbeiterzahl und der Dauer, der Zeitdruck und der Innovationsgrad der Projektaufgabe. Es gibt drei Grundformen des Projektmanagements: das *Einfluß-Projektmanagement*, das *reine Projektmanagement* und das *Matrix-Projektmanagement*. Darüber hinaus sind heute auch *Kooperations-projekte* von Bedeutung.

Das **Einfluß-Projektmanagement** läßt die funktionale Organisation im Unternehmen unberührt. Der Projektleiter hat über die Mitglieder der Projektgruppe keine Entscheidungs- und Weisungskompetenzen, weshalb er auch oft lediglich als Projektkoordinator bezeichnet wird. Die Aufgaben des Projektleiters beschränken sich im wesentlichen auf die Kontrolle des Projektfortschritts. Wenn nötig, macht der den Lineninstanzen Vorschläge zu Eingriffen in den Projektverlauf. Aufgrund seiner geringen Kompetenzen kann der Projektleiter nicht für die Erreichung oder Nichterreichung der Projektziele verantwortlich gemacht werden. Dem Vorteil eines geringen Organisationsaufwandes stehen sehr gewichtige Nachteile gegenüber:

- Keiner fühlt sich für das Projekt wirklich verantwortlich. Dies führt zu einer deutlichen Verlangsamung der Reaktionsgeschwindigkeit bei unvorhergesehenen Problemen.
- Die fachlichen Mitarbeiter des Projekts sind nur ihrem Fachvorgesetzten verantwortlich und werden daher ihre kurzfristigen Projektaufgaben, deren Erfüllungsqualität keinen Einfluß auf ihre Beurteilungen hat, vernachlässigen.

Insgesamt kann diese Projektorganisationsform nur bei kleinen (Mitarbeiteranzahl und Projektumfang) sowie bei strategisch minderbedeutenden Projekten mit einem geringen Innovationsgrad erfolgreich eingesetzt werden.

Das **reine Projektmanagement** bildet das Gegenstück zur Einfluß-Projektorganisation (Abbildung 3-28): Die Projektgruppe bildet eine eigenständige Organisationseinheit unter der fachlichen und disziplinarischen Leitung des Projektleiters. Die Projektmitarbeiter sind nur dem Projektleiter unterstellt und sind auch nur für das Projekt tätig. Der Projektleiter übernimmt die volle Verantwortung für das Gelingen des Projekts. Diese Organisationsform entspricht den oben definierten Basisregeln für das Projektmanagement am ehesten, worin auch die Vorteile begründet sind:

- Die Mitarbeiter unterliegen einem einheitlichen Willen des Projektleiters.
- Die Leistungen der Projektmitarbeiter werden nach denen in der Projektarbeit erbrachten beurteilt.
- Die eindeutige Zugehörigkeit zu einer Gruppe läßt ein "Wir"-Gefühl entstehen, das die Motivation der Projektmitarbeiter erhöht.

Die Nachteile liegen in der Einbindung der Projektmitarbeiter in die Gesamtorganisation des Unternehmens begründet. Da Projekte ex definitione einer zeitlichen Beschränkung unterliegen, stellt sich das Problem der Rekrutierung der Mitarbeiter. Will man auf unternehmensinterne Kräfte vertrauen bzw. soll die Fachkompetenz der Projektmitarbeiter an das Unternehmen gebunden bleiben, so müssen Wege gefunden werden, die Mitarbeiter längerfristig in die Organisation zu integrieren und Karrieremöglichkeiten außerhalb der üblichen Hierarchien zu ermöglichen.

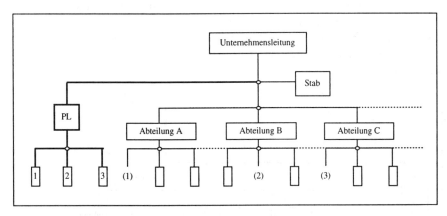

Abbildung 3-28: Reine Projektorganisation
Quelle: *Heinrich* (1999, S. 200)

Die reine Projektorganisation eignet sich für große (Mitarbeiterzahl, Dauer, Umfang) und für das Unternehmen wichtige Projekte, die unter Zeitdruck stehen und einen hohen Innovationsgrad besitzen.

Dem Streben nach einem möglichst optimalen Aufgaben- und Kompetenzausgleich zwischen Projektleitung und Fachbereichen kommt das **Matrix-Projektmanagement** am nächsten. Es bildet eine Kombination zwischen der Einflußorganisation und der reinen Projektorganisation (Abbildung 3-29). Der Fachbereich ist grundsätzlich für den Aufbau von Fachwissen im Unternehmen, das auch in der Projektarbeit eingesetzt werden muß, verantwortlich. Die Projektleitung betreibt ein Projektmanagement, das eine zielorientierte Anwendung des Fachwissens erlaubt. Bei der Matrix-Projektorganisation setzt sich diese grundlegende Aufgabenteilung fort: Die Projektleitung übernimmt die Verantwortung für die Planung, Überwachung und Steuerung eines konkreten Projektes (Vorgehensverantwortung), während die Fachabteilungen in der Linie die fachbezogenen Projektaufgaben erfüllen und verantworten. Die Projektmitarbeiter unterstehen während der Projektlaufzeit weiterhin disziplinarisch ihrem Fachvorgesetzten, fachlich jedoch der Projektleitung. Die Vorteile dieser Organisationsform lassen sich wie folgt zusammenfassen:

• Der Projektleiter fühlt sich für das Projekt voll verantwortlich.

• Spezialwissen der Mitarbeiter kann entwickelt werden, ist flexibel in der Projektarbeit einsetzbar und bleibt dem Unternehmen erhalten.

Der wesentliche Nachteil der Matrix-Projektorganisation liegt im Entstehen von Weisungskonflikten durch die Trennung der projektbezogenen und der funktionsbezogenen Weisungskompetenz. Dieses Konfliktpotential wird sich nie ganz ausräumen lassen und kann nur durch eine klare, eindeutige Abgrenzung von Weisungskompetenzen oder die Zuteilung von Zeitbudgets abgemildert werden. Die Unternehmensleitung muß für eine entsprechende Ausbildung der Organisationskultur sorgen.

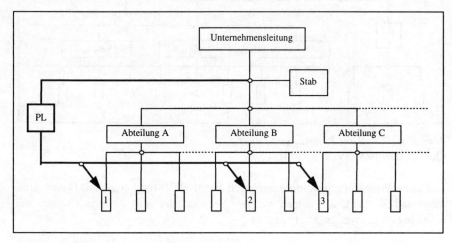

Abbildung 3-29: Matrix-Projektorganisation
Quelle: *Heinrich* (1999, S.201)

Immer mehr Projekte im DV-Bereich werden im Rahmen industrieller **Kooperationsprojekte** abgewickelt. Mögliche Gründe dafür sind die Projektgröße, die Projektkomplexität, die Projektfinanzierung, die Streuung des Projektrisikos und Auflagen des Auftraggebers.

Wichtigstes Merkmal von Kooperationsprojekten ist die gemeinsame Beteiligung mehrerer rechtlich selbständiger Organisationen. Die teilnehmenden Institutionen befinden sich entweder in einem gleichberechtigten Verhältnis zueinander oder stehen in einem (mehrstufigen) Hierarchieverhältnis. Bei der Organisation solcher Projekte ist die äußere Projektorganisation von der inneren zu unterscheiden. Die firmeninterne Organisation obliegt den einzelnen Firmen selbst, während die äußere die Koordination zwischen den am Projekt beteiligten Unternehmen bestimmt. Die Strukturierung der äußeren Projektorganisation hängt zum großen Teil von der Aufgabenverteilung und der Gliederung der Projektstruktur ab. Ein bewährtes Konzept bei Kooperationsprojekten ist das der spiegelbildlich angelegten Projektorganisationsstrukturen. Sie sorgt auf allen Projektebenen für Ansprechpartner, die mit gleichen Funktionen und Kompetenzen ausgestattet sind. Damit wird die direkte Koordination zwischen gleichliegenden Projektebenen erleichtert, ohne die übergeordneten Projektebenen (Projektleitung) einschalten zu müssen.

Das Ziel der **Projektplanung** ist die möglichst genaue gedankliche Vorwegnahme des künftigen Ablaufes und der künftigen Ereignisse des Projektes. Zuvor ist eine *Rahmenplanung* der DV-Projekte durchzuführen, mit der die einzelnen Projektpläne abzustimmen sind. Die Rahmenplanung stellt eine Zusammenfassung der geplanten Vorhaben und der zur Durchführung notwendigen Kapazitäten dar und basiert im wesentlichen auf den Notwendigkeiten der Strategieimplementierung und den daraus abgeleiteten Bedarfen der Fachabteilungen. Inhalte der Rahmenplanung sind grobe Angaben über den Inhalt der Projekte, Aufwandsschätzungen für Personal und Sachmittel, Schätzung der Umsetzungskosten und Angaben über die zu erwartenden Vorteile der Projektergebnisse.

Eine Projektaufgabe kann in eine Reihe von *Planungsobjekten* zerlegt werden, für die jeweils Teilplanungen erstellt werden. Planungsobjekte und korrespondierende Teilplanungen werden über die Reihenfolge der Planungtätigkeit zu einer Systematik der Projektplanung zusammengefaßt

- **Planung der Ziele:** Die Basis einer Projektplanung ist die Formulierung der *Projektziele*, die erreicht werden sollen. Bezogen auf das gesamte Projekt ist das die Konkretisierung der Qualität der Endprodukte (Leistungen) des Projektes. Qualitätskriterien für DV-Leistungen sind beispielsweise die Benutzbarkeit, die Flexibilität, die Breite der Einsatzmöglichkeiten, die Produktivität und die Wirtschaftlichkeit. Neben der Leistungsplanung, sind die Nebenziele Kosten und Termine in der Zielplanung zu berücksichtigen. In Organisationen ist im Regelfall nicht von einer Einheitlichkeit der Zielauffassungen auszugehen, so daß die Zielplanung auch die *Konsensfindung* beinhalten muß.
- **Planung der Tätigkeiten:** Nach der Zielplanung erfolgt die Planung der Tätigkeiten, die zur Zielerreichung notwendigerweise durchzuführen sind. Die *Tätigkeitsplanung* muß so detailliert durchgeführt werden, daß sie einem Mitarbeiter eindeutig zugeordnet werden kann. Dies zwingt den Projektleiter die Problematik des Projektes so weit zu durchdringen, daß die Beschreibung der Tätigkeiten aus der Anonymität in eine konkrete Form übergeht. Die weitere Verfeinerung der Tätigkeitsplanung sollte dem jeweiligen Mitarbeiter oder einer Mitarbeitergruppe zur Selbstorganisation überlassen werden. Für jede Tätigkeit ist ein Teilziel zu formulieren. Erst wenn das Produkt vorliegt, gilt die Tätigkeit als abgeschlossen. Die Einzeltätigkeiten können zu Aufgabengruppen zusammengefaßt werden, die dann Projektphasen definieren und sogenannte *Meilensteine* festlegen.
- **Planung der Bedingungen:** Bei der Planung der Bedingungen wird für die einzelnen Tätigkeiten die Frage nach dem "Wie?" beantwortet. Das bedeutet die Festlegung der benötigten *Verfahren* und *Methoden* zur Aufgabenerfüllung und die Identifikation der Abhängigkeiten zwischen den Einzeltätigkeiten.
- **Planung der Ressourcen:** Die Planung der Ressourcen beinhaltet die *Personaleinsatzplanung* und die *Sachmittelplanung* Für jede Tätigkeit wird ermittelt, welche Kenntnisse, Erfahrungen und Fähigkeiten erforderlich sind. Das so

ermittelte Anforderungsprofil wird in der Personalplanung auf konkrete Personen bezogen. Zu klären sind folgende Fragen:

– Findet sich ein geeigneter Mitarbeiter im Unternehmen?
– Ist er für das Projekt abkömmlich?
– Besteht ein Ausbildungsbedarf?
– Ist der Mitarbeiter ersetzbar?

Die Sachmittelplanung legt die zur Projektdurchführung erforderlichen Sachmittel fest. Art und Umfang der Sachmittel ergeben sich aus der Tätigkeitsplanung. Zur Sachmittelplanung gehört auch die Beschaffungsplanung der zu beschaffenden Sachmittel. Personal- und Sachmittelplanung sind eng mit den Rahmenplanungen abzustimmen um Engpässe zu vermeiden.

• **Planung der Kosten:** Die Planung der Kosten berücksichtigt den gesamten Ressourceneinsatz (Personal und Sachmittel). Weiterhin ist die Finanzierung des Projektes sicherzustellen. Die Kostenplanung führt zu einem *Projektbudget*, das mit übergeordneten Budgets abzustimmen ist. Bei der Ermittlung der Kosten und Preise sind die mit dem Zeitablauf verbundenen Preiserhöhungen zu berücksichtigen.

• **Planung der Termine:** In der Terminplanung werden zunächst für die Einzeltätigkeiten Zeiträume festgelegt. Zusammen mit den ermittelten Abhängigkeiten und den Zuordnungen zu Mitarbeitern und Sachmitteln wird ein *Terminplan* erstellt. Für die wichtigsten Teilaktivitäten werden Anfangs- und Endtermine festgelegt, sowie Pufferzeiten ermittelt. Die Terminplanung richtet sich nach dem geplanten Fertigstellungstermin des Endproduktes aus.

Zwischen den einzelnen Teilplanungen herrschen Interdependenzen, die zu berücksichtigen sind. Die Teilplanungen müssen untereinander und mit den Betroffenen abgestimmt und diese müssen informiert werden. Treten Unstimmigkeiten auf (z.B. mit der Terminplanung am Ende des Planungsvorganges), so muß auf der Planungstreppe soweit nach unten gegangen und Teilplanungen revidiert werden, bis die gegebenen Rahmenbedingungen eingehalten werden können. Für die meisten Planungsaufgaben existieren erprobte Planungsinstrumente, die zum großen Teil DV-unterstützt sind. Die wichtigsten sind der *Projektstrukturplan*, zur Unterstützung der Tätigkeitsplanung sowie *Balkendiagramme* und *Netzpläne* in unterschiedlichen Formen zur Terminplanung.

Die **Projektkontrolle** steht in engem Zusammenhang mit der Projektplanung, da es ihre Aufgabe ist, während der Projektdurchführung die Abweichungen vom Projektplan so früh wie möglich aufzudecken und entsprechende Gegenmaßnahmen zu initiieren. Wesentlich für die Projektkontrolle ist damit die *Informationsbeschaffung* über den Status des Projektes und über die möglichen Maßnahmen des Eingriffs. Um den benötigten Informationsfluß im Projekt zu gewährleisten, ist ein *Projektberichtswesen* einzurichten, das die Überwachung der Projektterminierung ermöglicht. Die Projektterminierung und deren Kontrolle ist bei der Software-Entwicklung schwierig, weil es häufig an vergleichbaren Erfahrungen mangelt. Die Projektterminierung ist deshalb ein iterativer Prozeß. Zu Beginn basiert er auf der Erfahrung und Intuition des Projektmanagers; spätere Anpassungen basieren auf den gewonnenen Erfahrungen und der Überwachung des laufenden Projekts. Als Technik zur Projektterminierung hat sich die Netzplantechnik durchgesetzt. Sie erlaubt es, Abhängigkeiten zwischen Aktivitäten zu erfassen und auszuwerten. Auf einem sogenannten "kritischen Pfad" befinden sich dann diejenigen Aktivitäten, deren Zeitverzögerungen zur Verzögerung des Gesamtprojektes führen und die deshalb mit besonderer Aufmerksamkeit zu überwachen sind. Da die Projektterminierung und -überwachung komplex sind, werden hierfür Projektplanungswerkzeuge eingesetzt, die eine Integration unterschiedlicher Daten, flexible Auswertungen und Visualisierungen der Projektdaten erlauben.

Es ist typisch für die Anwendungsentwicklung, daß die *Zeitschätzungen* zu Beginn des Projektes eher zu optimistisch sind. Deshalb sollten zumindest absehbare Schwierigkeiten berücksichtigt werden und ein zusätzlicher Puffer eingebaut werden. In einer groben Abschätzung läßt sich für die klassische Anwendungsentwicklung sagen, daß die Phasen von der IST-Analyse bis zum Design ungefähr doppelt so lange brauchen, wie die Programmierung. Testen und Validieren dauern noch einmal etwa doppelt so lang (Abbildung 3-30).

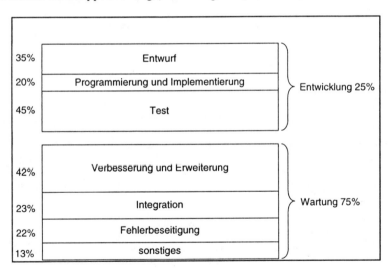

Abbildung 3-30: Software-Kosten-Relationen bei Eigenentwicklung
Quelle: *Scheer* (1990, S.140)

Zu den wesentlichen Aufgaben der Projektüberwachung gehört die **Qualitäts–sicherung** des Produktes Software. Die Produktqualität kann einerseits durch die *Beurteilung der Qualität des Endproduktes Software* und andererseits durch die

Sicherung des Prozesses, mit dem die Software entwickelt wird, gewährleistet werden. Beide Wege erfordern ein Qualitätsmanagementsystem. Dabei angelegte Qualitätsnormen können ihren Ursprung haben in

- den aus dem Projektziel abgeleiteten Kriterien,
- allgemeinen Entwicklungsrichtlinien einer Organisation und
- internationalen Normen wie z.B. den allgemeinen Qualitätsnormen DIN-ISO 9000 - 9004.

Die *ISO/IEC 9126-Norm* bildet das Begriffssystem, innerhalb dessen die **Beurteilung der Software-Qualität** vollzogen wird. Diese Norm definiert die sechs Qualitätskriterien *Funktionalität, Zuverlässigkeit, Benutzbarkeit, Effizienz, Änderbarkeit* und *Übertragbarkeit*, die auf jede Art von Software angewandt werden können (Abbildung 3-31). Allerdings beschreibt die Norm keine Teilmerkmale und Maße, keine Methoden für die Messung, Qualitätseinstufung und Entscheidung. Die Gewichtung der verschiedenen Qualitätskriterien ist abhängig von der Software-Kategorie.

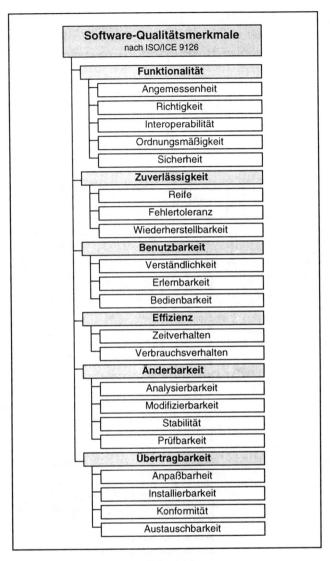

Abbildung 3-31: Qualitätsmerkmale von Software
Quelle: *Hohler* (1994, S.24)

Wird der Software-Entwicklungsprozeß für die Qualitätssicherung betrachtet, wird von der **Qualität des Herstellungsprozesses** auf die Qualität des Software-Produktes geschlossen. Bemängelt wird diese Vorgehensweise insofern, als daß es sich um eine *indirekte Methode* handelt, denn ausschlaggebend ist die Qualität des Produktes Software. Für die Qualität des Software-Entwicklungsprozesses ist die internationale Qualitätssicherungsnorm ISO 9000 Teil 3 zur Anwendung von ISO 9001 auf die Entwicklung, Lieferung und Wartung von Software bedeutend.

Abbildung 3-32 gibt einen Überblick über Gliederung und Struktur der Norm ISO 9000 Teil 3.

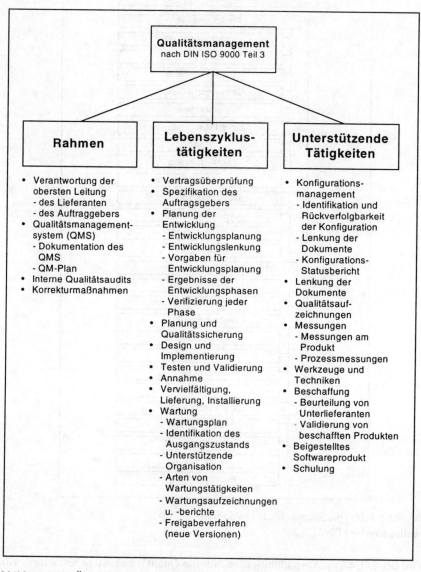

Qualitätsmanagement
nach DIN ISO 9000 Teil 3

Rahmen	**Lebenszyklus-tätigkeiten**	**Unterstützende Tätigkeiten**
• Verantwortung der obersten Leitung - des Lieferanten - des Auftraggebers • Qualitätsmanagement-system (QMS) - Dokumentation des QMS - QM-Plan • Interne Qualitätsaudits • Korrekturmaßnahmen	• Vertragsüberprüfung • Spezifikation des Auftraggebers • Planung der Entwicklung - Entwicklungsplanung - Entwicklungslenkung - Vorgaben für Entwicklungsplanung - Ergebnisse der Entwicklungsphasen - Verifizierung jeder Phase • Planung und Qualitätssicherung • Design und Implementierung • Testen und Validierung • Annahme • Vervielfältigung, Lieferung, Installierung • Wartung - Wartungsplan - Identifikation des Ausgangszustands - Unterstützende Organisation - Arten von Wartungstätigkeiten - Wartungsaufzeichnungen u. -berichte - Freigabeverfahren (neue Versionen)	• Konfigurations-management - Identifikation und Rückverfolgbarkeit der Konfiguration - Lenkung der Dokumente - Konfigurations-Statusbericht • Lenkung der Dokumente • Qualitätsauf-zeichnungen • Messungen - Messungen am Produkt - Prozessmessungen • Werkzeuge und Techniken • Beschaffung - Beurteilung von Unterlieferanten - Validierung von beschafften Produkten • Beigestelltes Softwareprodukt • Schulung

Abbildung 3-32: Übersicht über die Gliederung von DIN ISO 9000 Teil 3
Quelle: *Hohler* (1994, S.28)

Aus verschiedenen Gründen kann ein Unternehmen bestrebt sein, das Software-Qualitätsmanagement-System des Software-Entwicklungsprozesses durch eine unabhängige Zertifizierungsstelle auf Einhaltung der ISO-Normen zertifizieren zu lassen. Gründe für eine Zertifizierung von Software-Qualitätsmanagement-Systemen können sein:

- Transparente Darstellung und Dokumentation der Firmenorganisation.
- Reibungsloserer Ablauf aller Vorgänge durch die schriftliche Festlegung der wesentlichen internen Abläufe und Informationsschnittstellen.
- Kontinuierliche Überwachung des Produktionsprozesses, wodurch das Produkt allgemein verbessert wird.
- Verbesserung der Wettbewerbsfähigkeit.
- Erfüllung von Anforderungen des Auftraggebers.
- Leichtere Klärung von Haftungsfragen.

3.2.7.3 Gesamtheit der Anwendungen

Es wurde bereits bei der Betrachtung des Lebenszyklus' einer Anwendung auf die Anpassung und Integration der neuen Anwendung mit der bestehenden Infrastruktur und Anwendungslandschaft hingewiesen. Aus der Vogelperspektive erscheint die neue Anwendung nur als ein Stein im Mosaik der **Gesamtarchitektur**. Eines der Ziele des IM stellt die harmonische Gestaltung der Systemlandschaft im Unternehmen dar. Dazu muß zum einen beurteilt werden, ob die existierenden Anwendungen des IS mit den Zielsetzungen der IV und des Unternehmens übereinstimmen. Zum anderen besteht die Aufgabe, aus einer bestimmten Menge von vorgeschlagenen Anwendungsprojekten und Ideen für neue Projekte diejenigen auszuwählen, die bei gegebenem Ressourceneinsatz den bestmöglichen Beitrag für das Gesamt-IS des Unternehmens erbringen.

Erste Überlegungen zu einer IS-Gesamtkomposition wurden bereits in den 60er Jahren geäußert. Die Zielsetzung lag dabei hauptsächlich auf der Kostenreduktion und der Suche nach Anwendungen für die Automatisierung und Rationalisierung von Vorgängen, wobei auf die Effektivität existierender Anwendungen wenig oder kaum geachtet wurde. Anfang der 70er Jahre kam der Wunsch nach Verbesserung der Unternehmenskommunikation sowie der bedarfsgerechten Lösung von Standardanwendungsaufgaben auf. Dadurch mußten erstmals die Anforderungen von aus heutiger Sicht einfachen Anwenderaufträgen mit den technischen Realisierungsmöglichkeiten eines damals zumeist zentralen Rechenzentrums abgestimmt werden. Durch die in den darauffolgenden Jahren steigenden und auch beanspruchten Möglichkeiten der DV hielt die DV zunehmend Einzug in verschiedenste Bereiche des Unternehmens, wodurch aber die Kosten für die Dienstebereitstellung oftmals überproportional wuchsen. Damit wurden auch erste Rufe nach einer in den Unternehmensprozeß integrierten Anwendungsplanung laut und vermehrten sich in der Mitte der 80er Jahre mit der Verbreitung des PC und der Client/Server-Technologie.

Die DV-Dienstleister der Unternehmen kommen jedoch zunehmend unter Druck, da sich auf der einen Seite die Anwender über eine unzureichende Abdeckung ihrer Anforderungen beschweren und auf der anderen Seite die Unternehmensleitungen gerne wissen möchten, was die Anwendungen denn eigentlich zum Unternehmenserfolg beitragen. Demnach hat heute die Auswahl der "richtigen" Anwendungen im Zusammenspiel mit den bereits existierenden Anwendungen einen sehr hohen Stellenwert. In der Praxis gibt es im wesentlichen vier **Planungsstufen**:

1. **Keine Planung:** Es liegen bestenfalls informelle Pläne für bestimmte Projekte vor.
2. **Alleinstehende Planung:** Ein IS-Projektauswahlplan existiert, der aber nicht auf den Unternehmensplan (sofern überhaupt vorhanden) abgestimmt ist.
3. **Reagierende Planung:** Ein Unternehmensplan wird erstellt und der IS-Projektauswahlplan hat auf diesen zu reagieren.
4. **Integrierte Planung:** Der Unternehmensplan und der IS-Projektauswahlplan sind aufeinander abgestimmt und werden rollierend geplant.

Außer für die Planungsstufe 1, bei der so gut wie gar keine Planung durchgeführt wird, bieten sich für die Stufen 2, 3 und 4 verschiedene Verfahren zur Beurteilung und Auswahl von IS-Anwendungen an, die im folgenden vorgestellt werden. Ein klassisches Verfahren der Anwendungsplanung ist das *"Business Systems Planning"* von *IBM*, das auch für viele andere verwendeten Planungsverfahren Pate stand. Ein weiterer Ansatz betrachtet das *Portfolio* aller Anwendungen und versucht, dieses mit neuen Anwendungen optimal auszugleichen. Eine Betrachtung der *Dynamisierung* dieser Planungsverfahren rundet das Kapitel ab.

3.2.7.3.1 Anwendungsplanung durch Business Systems Planning

Business Systems Planning (BSP) ist eine von *IBM* (1982) ursprünglich in den 60ern entwickelte und seitdem immer weiter fortentwickelte Technik zum Ermitteln stabiler IS-Strukturen in Unternehmen. Eine der Grundannahmen der Methode ist die Vermutung, daß Prozesse innerhalb der Organisation relativ stabil sind. Kennzeichen des BSP sind die *Top-Down-Planung* mit *Bottom-Up-Implementierung*, die Behandlung von Daten als *Unternehmensressource*, die generelle Ausrichtung auf *Geschäftsprozesse* und die Aufteilung in *unternehmensweite* und *geschäftsbereichsweite* Analyse. Die Grundelemente einer BSP-Studie sind die folgenden:

- **Geschäftsressourcen:** Geschäftsressourcen sind z.B. Kunden, Lieferanten, Bedarf, Kapital, Produkte, Organisation, Technologie, Tarife und damit alle Teile einer Unternehmung, die des Managements bedürfen.
- **Geschäftsprozesse:** Geschäftsprozesse werden oftmals in 2-3-stufige Hierarchien aufgeteilt. Der Prozeß "Personal einstellen" kann z.B. die folgenden Subprozesse enthalten: Ausschreibungen erstellen, Zustimmung vom Vorstand

einholen, Vorstellungstermine vereinbaren, Einstellungsverhandlungen führen, Einstellungsuntersuchung durchführen, Personalakte anlegen und Vergütungsgruppe festlegen.

*   **Datenklassen:** Datenklassen sind logisch zusammengehörende Informationen, die in einem Geschäftsprozeß erzeugt und in einem oder mehreren Prozessen verwendet werden, beispielsweise Kunden-Stammdaten, Kunden-Umsatzdaten, Kunden-Auftrag und Kunden-Liste. Datenklassen sind nie einzelne Datenelemente.

Zur Darstellung der Ergebnisse einer BSP-Studie wurde die **Matrixform** gewählt. Damit können die strukturellen Verhältnisse zwischen den Grundelementen dargestellt werden. Für die Sicht der Ablauforganisation ist diese Darstellungsart allerdings nicht geeignet, weil die Abläufe selbst nicht in der Matrix dargestellt werden können. Die Matrix erlaubt jedoch eine sehr straffe und zusammenfassende Darstellung und die Konzentration auf Daten. Die folgenden Grund-Tabellen werden erarbeitet (Abbildung 3-33):

*   **(A) Geschäftsprozeß-Organisations-Matrix:** Dargestellt wird, inwieweit die Abteilungen oder einzelnen Stellen für Geschäftsprozesse verantwortlich, entscheidend, an ihnen wesentlich beteiligt, beteiligt oder unberührt sind.
*   **(B) Geschäftsprozeß-Datenklassen-Matrix:** Dargestellt wird, welche Datenklasse von welchem Prozeß verwendet oder erzeugt wird. Diese Matrix ist wesentlich für die Architekturüberlegungen im BSP. Anhand der Ergebnisse können einzelne Prozesse zu Anwendungssystemen zusammengefaßt werden, so daß minimaler Datenverkehr zwischen den Systemen entsteht. In einer Blockdarstellung wird diese Matrix zum groben Informationsflußdiagramm.
*   **(C) Anwendungssystem-Prozeß-Matrix:** Dargestellt wird, welcher Geschäftsprozeß durch welches DV-System unterstützt wird und welche Planungen vorliegen. Dies erlaubt Redundanzen und Lücken in der Unterstützung zu erkennen.

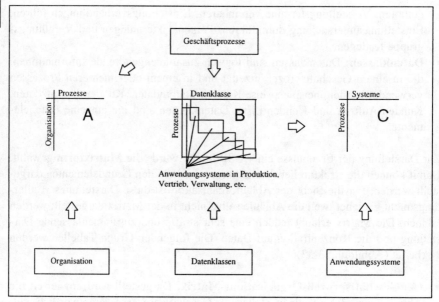

Abbildung 3-33: Die Matrizen einer BSP-Studie überarbeiten

Bei der **Durchführung** einer typischen BSP-Studie werden die Geschäftsressourcen, Geschäftsprozesse und Datenklassen für das Unternehmen erhoben. Ein Studienteam definiert aufgrund von Diskussionen die unternehmensspezifischen Ressourcen und Prozesse. Danach werden durch Befragung der Benutzer Angaben zur
Funktion und *Identität,* zur *Beteiligung* an Prozessen, zum *Datenbedarf* und zur
derzeitigen *Qualität* der Daten erhoben.

Zeitlich gestaltet sich der Ablauf einer BSP-Studie wie in Tabelle 3-4 dargestellt.
Die angeführten Zeitangaben gehen von der Annahme aus, daß das *Studienteam*
während der Durchführung der Studie voll zur Verfügung steht und sich ausschließlich der Durchführung widmet, wodurch der kurze Durchführungszeitraum
von 8 Wochen für eine Gesamtuntersuchung zustande kommt. Die Zeit für die
Interviews bestimmt den Gesamtzeitbedarf wesentlich mit. Meilensteine einer
BSP-Studie befinden sich am Ende der Architekturdefinition, der Ist-Analyse, der
Architekturprioritäten, der Erarbeitung der Empfehlungen und der Untersuchung
des Information Resources Management.

Aktivität	Dauer	Woche
Zustimmung der Geschäftsleitung		
Bestimmung von Umfang und Teammit-gliedern	3-4 vorher	
Vorbereitung der Studie	5-10 Tage	1-2 vorher
Start der Studie	1 Tag	1
Definition Geschäftsprozesse	4 Tage	1
Definition Daten	5 Tage	2
Definition Informationsarchitektur	2 Tage	3
Untersuchung bestehender Systeme	3-8 Tage	3 - 4
Interviews (Anzahl 20-30)	16-20 Tage	4 - 6
Ergebnisfindung	5-10 Tage	5-6
Architekturprioritäten	2 Tage	7
Untersuchung des IRM	4-10 Tage	6-7
Empfehlungen erarbeiten	3 Tage	8
Berichterstattung	laufend	8

Tabelle 3-4: Ablauf einer BSP-Studie
Quelle: *IBM* (1982)

BSP selbst hat seit seiner Entstehung unterschiedliche Erweiterungen erfahren. Durch die große Verbreitung des BSP in den USA und die langjährige Nutzung ist eine große Anzahl von "BSP-basierten"-Planungsmethoden entstanden. Beispielsweise wurde ein Tool zur Automatisierung der Matrixoperationen mit umfangreichem Datenmaterial entwickelt, was weitgehende quantitative Analysemöglichkeiten schuf. Auch neuere, dem BSP nachempfundene Planungsmethoden zeichnen sich durch

- die Konzentration auf die Zusammenhänge zwischen Daten, Prozessen und Organisationseinheiten,
- die Konzentration auf die Ist-Analyse als Voraussetzung der Sollfindung und
- eine weitgehende Einbeziehung der Benutzer aus,

so daß sich keine wesentlichen Veränderungen in der Philosophie des Planungsansatzes ergaben. Um der Kritik der Fokussierung auf den Ist-Zustand zu begegnen, wurde BSP Anfang der 80er Jahre um den Ansatz der strategischen Planung erweitert.

Insgesamt ist BSP eine kreative Analyse, deren Ergebnisse auch -und vor allem-von den Fähigkeiten des Studienteams abhängen. Durch die Interviewmethode kann sich eine BSP-Studie aufwendig gestalten, aber detaillierte Einsichten lassen sich im allgemeinen kaum durch globale Überblicke gewinnen. Als hauptsächliche Vorteile gelten die *Strukturiertheit* des Ansatzes und die *hohe Akzeptanz*, die durch die *weite Verbreitung* dokumentiert wird. Da die Studie auf das Unternehmen als Ganzes ausgerichtet ist, gerät der Brückenschlag von der Gesamt-Architektur zur Implementierung einzelner Anwendungen oftmals schwierig, da BSP keine Komponenten für Software-Entwicklungstechniken enthält. Kritisch ist in dieser Hinsicht ebenfalls anzumerken, daß sich das durch BSP erhobene Datenmaterial auf der B-Ebene des Datenmodells (vgl. Abschnitt 3.2.5) befindet. Eine Studie, in der der Gesamtunternehmensbezug auf jeden Fall gewahrt bleiben soll, ist durch den großen Aufwand zu detailliert, um nur für strategisches "Vordenken" verwendet zu werden, aber nicht detailliert genug, um direkt in die Anwendungsentwicklung überzuleiten.

3.2.7.3.2 *Informationssystem-Portfolio*

Neben der BSP-Methode zur Anwendungsplanung ist die Betrachtung des **IS-Portfolios** ein verbreiteter Ansatz zur Gesamtbetrachtung der DV im Unternehmen. Die Portfolio-Methode stammt ursprünglich aus dem Wertpapiergeschäft und leitet sich aus der Idee ab, bei gegebenem Risiko Wertpapieranlagen gewinnmaximierend zu kombinieren. In einer zweidimensionalen Darstellung mit Risiko und Ertrag kann so die optimale Wertpapiermischung ermittelt werden. Aus dem Wertpapiergeschäft wuchs der Ansatz in die Unternehmensplanung hinein, wo mit der *Marktanteils-Marktwachstums*-Matrix der Boston Consulting Group die Einteilung der Geschäftsfelder eines Unternehmens in "Cash Cows", "Question Marks", "Stars" und "Poor Dogs" weite Verbreitung fand. Grundlegender Gedanke der Portfolio-Methode ist die Herleitung eines ausgewogenen Gesamtbildes durch die richtige Auswahl und Plazierung der Komponenten des Portfolios (*Macharzina* 1995, S.287ff.).

Von *Cash/McFarlan/McKenney* (1992) wurde der Ansatz auf das IM mit der Absicht übertragen, ein leicht verständliches Verfahren für die Auswahl von IS-Anwendungen zur Verfügung zu stellen. *Cash/McFarlan/McKenney* stellen dabei das Risiko eines Projektes seinem Nutzen gegenüber, indem verschiedene Risiko- und Nutzenkriterien gewichtet und anschließend bewertet werden. Als Risiko wird bezeichnet:

- Mißerfolg beim Erzielen aller oder auch nur einiger Nutzengrößen.
- Höhere Implementierungskosten als erwartet.
- Längere Implementierungszeit als erwartet.
- Erheblich geringere technische Performanz als erwartet.
- Inkompatibilitäten des Systems mit bestimmter Hardware und Software.

Prinzipiell gilt, daß ein höheres Risiko durch einen höheren erwarteten Nutzen ausgeglichen werden sollte. Durch die Darstellung der Projekte in einem *Risiko-Nutzen*-Portfolio werden die besten Projekte ausgewählt, um damit die Anzahl von Projektfehlschlägen zu verringern. Dieser Ansatz wurde von *Krcmar/Buresch*

(1994) erweitert, indem die Bewertung und Auswahl von geplanten und laufenden Projekten unter bereichsübergreifenden Gesichtspunkten ermöglicht wird. Die Erstellung eines **Gesamt-Portfolios** aller Anwendungen erfolgt durch die Dimensionen *"Nutzen"* und *"Risiko"* auf Projektebene einerseits und dem *"Strategiefit"* und dem *"Bebauungsplanfit"* in der Beziehung des Projektes zum Unternehmensumfeld andererseits.

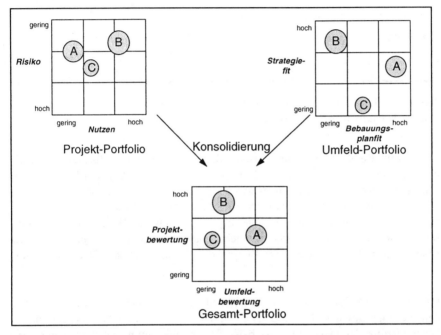

Abbildung 3-34: Dimensionen des IS-Projekt-Portfolios

Deshalb wird zunächst das sogenannte *Projekt-Portfolio* und anschließend das *Umfeld-Portfolio* erzeugt, wie in Abbildung 3-34 dargestellt ist. In einem weiteren Schritt werden die beiden Dimensionen des Projekt-Portfolios und des Umfeld-Portfolios jeweils zu einem Dimensionswert verrechnet und dann das Gesamt-Portfolio ermittelt, das die einzelnen Projektbewertungen den Umfeldbewertungen gegenüberstellt.

Zur Positionierung der Anwendungen in den vier Dimensionen des Projekt- und Umfeld-Portfolios werden von *Krcmar/Buresch* (1994, S.22f.) verschiedene Kriterien bzw. Kriteriengruppen vorgeschlagen, die in Tabelle 3-5 aufgelistet sind.

Risiko	Nutzen	Strategiefit	Bebauungsplanfit
Projektdauer	Wirtschaftlichkeit	Kunden-	Prozeßorganisation
Projektgröße	Nutzungsdauer	orientierung	Prozeßverantwortung
Ressourcen-	nicht quantifizierbarer	Konkurrenz-	Prozeßziele
verfügbarkeit	Nutzen	orientierung	IS-Architektur-Daten
Problem-	Mitarbeiterorientierung	Prozeß-	IS-Architektur-
dimension	Potentialentwicklung	orientierung	Funktionen
Abhängigkeit		Effizienz der	IT-Strategie-
		Abwicklung	Technologiefit

Tabelle 3-5: Kriterien der Anwendungs-Portfolio-Bewertung
Quelle: *Krcmar/Buresch* (1994, S.22)

Im **Projekt-Portfolio** wird das "Risiko" dabei durch Gefahren für das IS-Projekt charakterisiert und ist durch Kriterien wie Projektdauer, Projektgröße, Ressourcenverfügbarkeit, Problemdimension und Abhängigkeit gekennzeichnet. Der "Nutzen" ergibt sich aus prognostiziertem Ertrag und Aufwand über den Lebenszyklus der einzelnen Anwendung und ergibt sich aus der Betrachtung der Wirtschaftlichkeit, der Nutzungsdauer, nicht quantifizierbarer Nutzenfaktoren, der Mitarbeiterorientierung und dem Beitrag der Anwendung zur Potentialentwicklung.

Für das **Umfeld-Portfolio** ist die Einschätzung der Strategie und der Integration in den Bebauungsplan maßgebend. Die "Strategie" eines Projektes beschreibt die Unterstützung der Unternehmens- bzw. IV-Strategie durch die Anwendung und wird in Hinblick auf Kundenorientierung, Konkurrenzorientierung, Prozeßorientierung und Abwicklungseffizienz der Anwendung bewertet. Auf der x-Achse dieses Portfolios mißt man den Annäherungsgrad an den Soll-Bebauungsplan der Unternehmung, der in Anlehnung an die IS-Architektur den künftigen Zustand der IS-Architektur beschreibt. Dieser "Bebauungsplanfit" wird mit Hilfe von Kriterien zur Prozeßorganisation, zur Prozeßverantwortung, zur Prozeßzieldefinition, den Daten und Funktionen der IS-Architektur und der Anpassung an die Technologiestrategie des Unternehmens beurteilt. Der Fit legt somit fest, wie gut ein Projekt in den Bebauungsplan paßt.

Die genannten Kriterien zur **Projektbeurteilung** stellen allgemein verwendbare Anhaltspunkte dar und müssen im Zuge der Konkretisierung und Gewichtung an die spezifische Unternehmenssituation angepaßt werden, wobei für kleinere Anwendungen weniger Kriterien als ausreichend angesehen werden als für große IS-Projekte. Die einzelnen Kriterien sind dann für jedes Projekt bzw. existierende

Anwendung zu bewerten. Durch *Normierung* der Zahlen in den Einzel-Portfolios kann dann die Übernahme der Ergebnisse in das Gesamt-Portfolio erfolgen. Die so erreichte *Abstimmung* des Ist-Zustandes der IS-Projekte mit dem Soll-Zustand erhöht die *Transparenz* für Entscheidungen zur Neuplanung bzw. Weiterführung von Projekten. Aus den Projektanträgen werden gut und sehr gut bewertete Projekte ausgewählt, sofern sie den verfügbaren Budgetrahmen nicht sprengen. Für die existierenden Anwendungen gilt es nach der Bewertung zu überlegen, ob in sie weiter investiert, der aktuelle Zustand belassen oder ein Nutzungsende angedacht werden soll.

Abbildung 3-35 zeigt ein generisches Modell für den Prozeß des IS-Portfoliomanagement (Metaprozeßmodell). Der Metaprozeß beginnt einerseits mit der Festlegung von Zielen und Strategien und andererseits mit der Erhebung der Ist-Situation. Die Ergebnisse dieser beiden Prozesse werden zu einer Soll/Ist-Zustandsbeschreibung zusammengefaßt. Auf der Basis dieser Beschreibung und des Fortschritts bisheriger IS-Projekte werden Ideen für neue Projekte gesammelt und klassifiziert. Diese Projektideen durchlaufen dann gemeinsam mit Verlängerungsanträgen bereits bestehender Projekte einen Bewertungs- und Priorisierungsprozeß, aufgrund dessen ein Projekt daraufhin angenommen oder abgelehnt wird (*Schönwälder* 1997, S. 89 ff.).

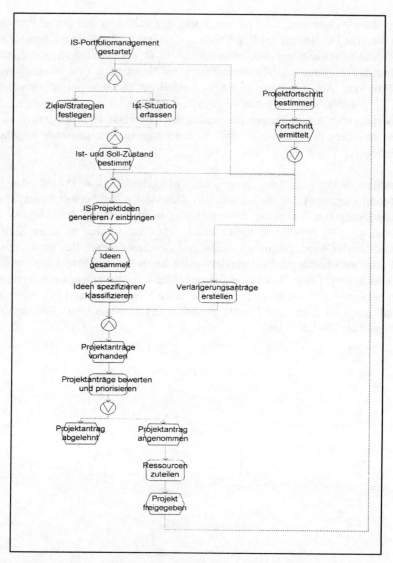

Abbildung 3-35: Metaprozeßmodell für das IS-Portfoliomanagement
Quelle: *Schönwälder* 1997, S.90

Insgesamt läßt sich durch die Portfolio-Methode die Anwendungsplanung zielge-
richteter gestalten und mit der Gesamt-Unternehmensplanung effizienter abstimmen. Es ist jedoch anzumerken, daß der Erfolg des Anwendungs-Portfolios nicht
allein von dem Einsatz einer geeigneten Auswahlmethode und deren algorithmi-
schen Abarbeitung abhängt. Vielmehr ist zu berücksichtigen, daß Planung auch ein
kreativer Vorgang ist, der durch ein konkretes Verfahren nur auf ein objektiveres
Fundament gestellt wird und die Entscheidungsfindung nachvollziehbar macht.

Insofern dienen diese Planungsmethoden auch der Dokumentation, um zukünftig Fehlentscheidungen zu vermeiden.

Außerdem kann die Anwendung der Portfolio-Methode die *Planung* und *Entscheidungsfindung* in der Gruppe durch Förderung von *Diskussion* und *Konsensfindung* verbessern (*McKeen/Guimaraes/Wetherbe* 1994). Demgegenüber steht der hohe Aufwand, der mit diesem komplexen Verfahren in bezug auf Kriterienauswahl und Gewichtung, Informationsbeschaffung und Länge des Auswahlprozesses verbunden ist. Die Eignung des Verfahrens hängt neben dem methodischen Verständnis des konkreten Anwenders auch von der Anzahl und Vielfalt der Projekte und der Integrationsmöglichkeit mit der allgemeinen Unternehmensplanung ab.

3.2.7.4 Standard-Software versus Eigenerstellung

In Abschnitt 3.2.7.1 wurde der Prozeß des Lebenszyklus' einer Anwendung beschrieben. Die *Eigenentwicklung* stellte in der Anfangszeit der betrieblichen DV die ausschließliche Methode der Software-Erstellung dar. In Zusammenhang mit der allgemeinen technologischen Entwicklung und der zunehmenden Bedeutung der individuellen DV ist der Anteil der betrieblichen **Standard-Software** jedoch ständig gestiegen. Besonders in den Bereichen der IDV mit Textverarbeitung, Tabellenkalkulation und Präsentationsgraphik, aber auch in den betriebswirtschaftlichen Kernfunktionen wie Finanzbuchhaltung, Auftragsbearbeitung oder Produktionssteuerung nimmt die Standard-Software mit ihrer unternehmensübergreifenden oder sogar branchenübergreifenden Ausrichtung einen immer höheren Stellenwert ein. *Vorteile der Standard-Software* gegenüber der Eigenentwicklung sind:

* Kosteneinsparung durch spezialisierte Anbieter und die größere Anzahl der Abnehmer,
* Eliminierung der Entwicklungszeiten durch sofortige bzw. rasche Produktverfügbarkeit,
* Reduzierung der Einführungs- und Übergangszeit im Vergleich zur oft modulweise entwickelten Individual-Software,
* hohe Programmqualität durch spezialisierte Anbieter und gegebenenfalls Wettbewerbsdruck zwischen mehreren Anbietern,
* Gewährleistung der Programmwartung und -weiterentwicklung durch den Anbieter und
* Unabhängigkeit der Programmentwicklung von der Größe und Verfügbarkeit der DV-Ressourcen im Unternehmen.

Der Einsatz von Standard-Software birgt jedoch auch Probleme in sich, denn Unternehmen sind nie gleich, weshalb sich auch weiterhin Unternehmen für eine Maßanfertigung entscheiden. Die *Nachteile von Standard-Software* sind dementsprechend die folgenden:

- Unvollständige Abdeckung unternehmensspezifischer Anforderungen,
- unvollständige Integration in die Gesamtheit bereits im Unternehmen implementierter Anwendungen, z.B. wegen Schnittstellenproblemen und
- durch Orientierung an allgemeiner Verwendbarkeit eventuell schlechtes Betriebsverhalten in unternehmensspezifischen Situationen.

Außerdem erspart sich das Unternehmen mit Standard-Software nur einen Teil eines Anwendungsentwicklungsprojektes, da trotzdem Aufwand für Anpassung und Einführung, der beträchtlich sein kann, anfällt.

Kriterien bei der Auswahl von Standard-Software lassen sich in fünf Gruppen darstellen (*Stahlknecht* 1993, S.302): An erster Stelle stehen die betriebswirtschaftlichen Kriterien, bei der die *Funktionalität* der Standard-Software den Bedürfnissen des Unternehmens entsprechen muß und die Integration mit der bestehenden Anwendungslandschaft gewährleistet sein muß. In engem Zusammenhang mit der Funktionalität steht die Frage des Aufwands zur Software-Parametrisierung und Nutzerschulung bei der *Einführung*. Des weiteren sind *softwaretechnische* Eigenheiten wie Zukunftsorientierung der Programmiersprache, Zuverlässigkeit und Benutzerfreundlichkeit zu berücksichtigen. In Hinsicht auf die *Anschaffung* der Software spielen neben dem Kaufpreis auch die Lieferzeit und vor allem die Vertragsgestaltung für die Zeit nach dem Kauf mit Wartung und Weiterentwicklung eine große Rolle. Abschließend sind auch *Anbieterdaten* wie Größe, Branchenerfahrung und geographische Nähe in die Auswahlentscheidung einzubeziehen.

Hinsichtlich der **Funktionalität von Standard-Software** ist es sinnvoll, über die allgemeine Anforderungsdiskussion hinaus, genauer zwischen Bedarf und Angebot zu unterscheiden. Dabei kann sich der Vergleich auf einzelne Transaktionen oder Datenelemente, aber auch auf Datenstrukturen, Geschäftsprozesse und letztendlich betriebswirtschaftliche Konzepte beziehen. Abbildung 3-36 zeigt die Entwicklung von *Funktionalitätsbedarf* und *Funktionalitätsangebot* durch Standard-Software über die Zeit.

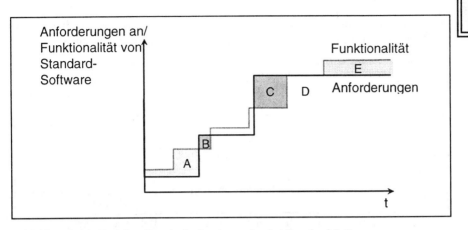

Abbildung 3-36: Funktionalitätsbedarf und -angebot bei Standard-Software

Die Idealsituation D, in der das Angebot exakt dem Bedarf entspricht, stellt sich eigentlich selten ein. Standard-Software leistet demzufolge eigentlich immer entweder zu viel oder zu wenig. Die Situation A beschreibt den typischen Einstieg mit Standard-Software, die über einen -im Vorfeld reduzierten- Anforderungsbedarf hinaus etwas Puffer bietet. In den Situationen B und C hingegen wird die Situation des Wartens auf ein neues Release nach gewachsenen Anforderungen dargestellt, während die Weiterentwicklung der Software in E den Ansprüchen vorauseilt. Dadurch entsteht wiederum ein "Angebotsdruck", der zu weiter steigenden Anforderungen führt, die in manchen Fällen ohne die Weiterentwicklung gar nicht entstanden wären.

Die Frage ist daher, welche Funktionalität angebotener Standard-Software im Unternehmen gebraucht wird. Dies bedeutet, daß die Feststellung organisatorischer Prozesse, aber auch die Frage des Prozeßdesigns im Unternehmen vor einem Funktionalitätslistenvergleich durchzuführen ist. Das Ausmaß der Anpassungsfähigkeit der Software durch *Parametrisierung*, bei der den Branchen- und Unternehmensspezifika durch die Veränderung von Variablen in der Grundeinstellung der Software Rechnung getragen wird, ist in der Vergangenheit gewachsen. Die Anpassungsfähigkeit bleibt jedoch naturgemäß begrenzt, wenn beispielsweise nur die in der Branche üblichen Prozesse durch Funktionen abgedeckt sind und das Unternehmen hiervon abweicht. Damit stellt sich die Aufgabe der Anpassung der Abläufe im Unternehmen an die **Referenzprozesse** der Standard-Software, wenn eine Analyse beider Gestaltungsarten ergibt, daß die Notwendigkeit der Abweichung nicht gerechtfertigt ist. Bei großen modularen betriebswirtschaftlichen Anwendungen wie beispielsweise den Produkten von *SAP*, die fast die gesamten betrieblichen Anwendungsbereiche abdecken, ist diese Aufgabe der Anpassung durch Veränderung von Parametern so komplex, daß sich ganze Unternehmensabteilungen und auch externe Unternehmensberater darauf spezialisiert haben.

Aufgrund dieser Situation kann eine Abwägung von **Anpassungsmöglichkeiten** erfolgen, die auf die in Tabelle 3-6 dargestellten Alternativen hinauslaufen.

Situation	Anpassungsweg	Probleme
paßt	--	entweder - oder Entscheidung
ausnutzen	viele Funktionen Tabellen	Auswahlproblem Komplexität
dauerhafte Anpassung	Anpassung innen (Modifikation) Anpassung außen (Ergänzung, Satellitensysteme)	Übernahme neuer Versionen Schnittstellen, Wartungsaufwand
fallspezifische Anpassung	Workflow Management	Beherrschbarkeit, Erlernbarkeit

Tabelle 3-6: Anpassung von Standard-Software an betriebliche Erfordernisse

Passen Funktionalitätsangebot und -bedarf zusammen, bleibt als Problem nur die Entscheidung des "Ja" oder "Nein" der Anschaffung von Standard-Software. In vielen Fällen allerdings ergibt sich, wenn die Funktionalität der Standard-Software den Bedarf übersteigt, die Frage der richtigen *Ausnutzung*, denn außerordentlich viele verfügbare Funktionen erzeugen ein Auswahlproblem und sehr viele Tabellen zur Parametrisierung erhöhen die Komplexität. In beiden Fällen ist es notwendig, Know-how über die Nutzungsmöglichkeiten der Standard-Software zu besitzen, ohne daraus gleich den Zwang zur Umsetzung aller Möglichkeiten abzuleiten. Übermäßig komplexe Prozesse zu vermeiden, obwohl die Software sie abdecken könnte, also dem "Angebotsdruck" durch beispielsweise 27 mögliche Bestellprozeßvarianten zu begegnen, bildet das Kernproblem bei der Einführung von ausgereiften umfangreichen Software-Produkten.

Hinsichtlich der dauerhaften Anpassung ist zwischen der Anpassung nach innen (*Modifikation*) und der äußeren Anpassung durch *ergänzende Satellitensysteme* zu unterscheiden. Theoretisch besteht die Möglichkeit, ein Standardprodukt als Ausgangsbasis zu nehmen und dieses durch *modifizierende Programmierung* exakt auf die Bedürfnisse des Unternehmens anzupassen. Dieser Weg ist in der Vergangenheit vielfach beschritten worden, macht aber einen der Hauptvorteile von Standard-Software, die Weiterentwicklung durch den Anbieter zum Vorteil aller Anwender, wieder zunichte. Denn bei unternehmensspezifischer Modifikation stellt die Übernahme neuer Versionen ein derart großes Problem dar, so daß generell davon abzuraten ist. Aus diesem Grund hat die Alternative der Parametrisierung von Standard-Software kontinuierlich an Bedeutung gewonnen. Wird die Standard-Software *ergänzt*, ergeben sich Fragen der Schnittstellengestaltung zum Standardprodukt und des Wartungsaufwandsmanagements. Im kleineren Rahmen wird bei der *fallspezifischen Anpassung* eine individuelle Interpretation der Prozesse innerhalb der Standard-Software vorgenommen (Workflow Management), wobei ein höherer Aufwand bei Beherrschbarkeit und Erlernbarkeit zu konstatieren ist.

Unabhängig von Ausmaß und Aufwand der Parametrisierung bzw. der organisatorischen Anpassung ist bei der *Einführung der Standard-Software* eine Implementierung auf der bestehenden DV-Infrastruktur und eine Integration mit anderen, bereits operativen Anwendungen durchzuführen. Abbildung 3-37 zeigt die Einführung bei einer modellorientierten Vorgehensweise.

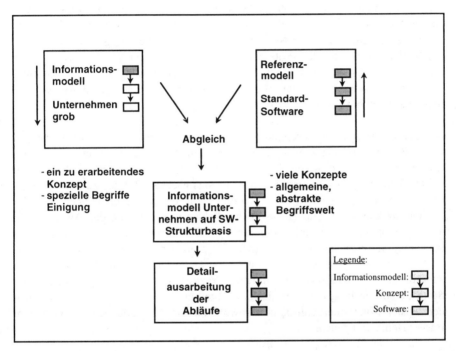

Abbildung 3-37: Modellorientierte Einführung von Standard-Software

Prinzipiell lassen sich die *alternativen Startpunkte "Unternehmen"* und *"Standard-Software"* identifizieren. Während ein *Informationsmodell* der Unternehmung, in Abbildung 3-37 links oben dargestellt, auf ein mit spezifischen Begriffen unterlegtes, allerdings in den meisten Fällen noch zu erarbeitendes Konzept hinführt, sind in den sogenannten *Referenzprozessen* komplexer Standard-Software zumeist zahlreiche Konzepte realisiert, die sich allerdings in einer abstrakten und allgemeinen Begriffswelt manifestieren. In jedem Fall sollte bei einer **modellorientierten Vorgehensweise** auf der obersten Ebene der Informationsmodelle ein *Abgleich* zwischen den Begriffswelten stattfinden, der zu einem Informationsmodell des Unternehmens mittleren Detaillierungsgrades in der von der Software vorgegebenen Struktur führt. Erst auf dieser Basis kann die Detailausarbeitung der

Prozesse im Unternehmen mit der Standard-Software effizient und zielgerichtet erfolgen.

Die Einführung sollte in einer klaren *Projektteamorganisation* mit Fachbereichs-beteiligung durchgeführt werden. In bezug auf Veränderungen nach der Einführung ist festzustellen, daß sich auf Fachebene regelmäßig organisatorische Weiterentwicklungen im Sinne einer *Evolution* ergeben, während auf Software-Ebene eine radikale *Ablösung* stattfindet. Die DV-Infrastruktur hingegen wird in manchen Fällen übernommen oder bedarf ebenfalls der Ablösung. Durch eine bedarfsgesteuerte Ist-Analyse sollte demnach die Betrachtung der Geschäftsprozesse vor den Erhebungen von DV-Details durchgeführt werden, da hier eher eine Evolution stattfindet als ein kompletter Neuaufwurf[12]. Der Detaillierungsgrad einer solchen Analyse hängt ab von der Problematik der Situation, von Wettbewerbsrelevanz und zeitlichem Druck und der "Offensichtlichkeit" der Lösung. Bei gänzlich offensichtlichen Lösungen mag aus ökonomischen Gründen eine solche Analyse gar nicht durchzuführen sein.

Aus den bisherigen Ausführungen ergibt sich als **Anforderung an die Software-Hersteller**, ein vollständiges Referenzmodell auf Prozeß- und Fachebene zur Verfügung zu stellen, ein offenes Data Dictionary vorzulegen und nach Möglichkeit die Modellierungsanstrengungen bereits für das nächstes Release zu kommunizieren, so daß die *Funktionalitätserwartungen* abgedeckt werden können. Bei der Einführung komplexer Standard-Software-Pakete ist sowohl auf der DV-Seite wie auf Fachabteilungsseite mit Änderungen zu rechnen. Für Anpassungen der Fachabteilung an neue Software ist der Integrationsnutzen gegen die Komplexitätskosten abzuwägen, wenn der unter Umständen entstehende Angebotsausnutzungsdruck die Durchsetzung einfacher Prozesse trotz aller Möglichkeiten der Software schwierig gestaltet. In der DV-Abteilung ist von einer wesentlichen Änderung der Mitarbeiterqualifikation sowohl für die Anwendungen als auch dem Basissystem auszugehen.

Die Kompatibilität neuer Anwendungen zur installierten Basis ist im allgemeinen in einer früheren Projektphase sichergestellt worden, während die konkrete **Einbindung der Standard-Software** in bestehende Systeme sicherlich weiteren Aufwand erfordert, der oft unterschätzt wird. Diese Aufgaben entsprechen jedoch im wesentlichen der Einführung eigenerstellter Anwendungen, so daß in dieser Hinsicht keine wesentlichen Unterschiede zwischen Eigenentwicklung und Standard-Software bestehen.

---

[12] "Beim Neuaufwurf werden zu einem Planungszeitpunkt alle früher getroffenen, aber noch nicht durch bindende Entscheidungen festgelegten zeitlichen und quantitativen Zuordnungen wieder freigegeben" (Scheer 1994, S.165)

Die **Software-technischen Eigenheiten** leiten sich aus den Anforderungen, die an Software gestellt werden, ab. Damit Software Geschäftsprozesse unterstützen kann, müssen Daten mit hoher Verfügbarkeit bereitgehalten, der Zugriff auf Daten zeitlich und logisch koordiniert werden, die Software einen hohen Nutzungskomfort bieten sowie sehr flexibel bei der Nutzung sein. Die Software muß deshalb eine funktionsorientierte, kontextabhängige Bedienerführung ermöglichen. Aus diesen allgemeinen Anforderungen an Software lassen sich die Software-technischen Eigenheiten an Standard-Software ableiten, die sich unter *Benutzerfreundlichkeit*, *Effizienz* und *Sicherheit* subsumieren lassen (*Österle* 1990).

Die **Benutzerfreundlichkeit** stellt folgende Ansprüche an Standard-Software: Die Oberflächengestaltung muß die *Benutzerführung* erleichtern, indem sie Menüs zur Verfügung stellt, eine ansprechende Fenstergestaltung bietet und verständliche HELP-Funktionen bereithält. Durch entsprechende Symboltechnik ist die graphische Oberflächengestaltung ansprechend und komfortabel einzurichten. Die Benutzerführung fordert ein hohes Maß an Verständlichkeit, Übersichtlichkeit und Steuerbarkeit. Dem Benutzer muß es zu jedem Zeitpunkt ersichtlich sein, in welcher Funktion er sich gerade befindet und welche die Alternativen sind. Andererseits wird die Forderung nach möglichst kurzen *Antwortzeiten* gestellt. Im allgemeinen sind die Antwortzeiten bei Standard-Software im Vergleich zu Individual-Software höher, jedoch wird dieser Nachteil durch die Leistungsfähigkeit der Hardware relativiert. Es soll ein interaktives dialogorientiertes Reporting möglich sein, das Informationen nicht präventiv, sondern auf Abruf mit kurzer Antwortzeit bereitstellt und dabei einen Informationszugriff selektiv ermöglicht.

Um die **Effizienz** von Standard-Software sicherzustellen, ist es notwendig, daß diese in die in einem Unternehmen bereits bestehende Basisarchitektur eingebettet wird. Hierbei ist in den letzten Jahren ein Trend zu Architekturen an Stelle einzelner Hardware-Serien oder Betriebssystemen zu erkennen. Die Integration von Standard-Software in die bereits bestehende Basisarchitektur stellt bis dato eines der größten Probleme dar, da Standard-Software aufgrund der Schnittstellen-Problematik immer noch sehr häufig zu Inseln im Unternehmen führt.

Unter **Sicherheitsaspekten** bietet Standard-Software im Vergleich zu Individual-Software einige Vorteile: Die Wahrscheinlichkeit von Software-Fehlern ist ebenso geringer wie die Gefahr von Datenverlusten durch unzureichende Sicherungsmaßnahmen. In einigen Fällen jedoch zeigt Standard-Software dennoch inkorrektes und instabiles Verhalten.

Weitere Kriterien der Auswahl von Standard-Software beziehen sich auf die **Anschaffung** als solches. Während die Kriterien Lieferzeit und Kaufpreis relativ einfach zu handhaben sind, ist bei der Wartung für die Standard-Software mehr abzuwägen. Die Wartung der Programme sollte in regelmäßigen Abständen vor Ort oder via Fernwartung erfolgen. Wichtig bei vor Ort-Wartung ist der Standort der zuständigen Technikerbereitschaft sowie der zuständigen Niederlassung des Anbieters für die Gesamtbetreuung. Dabei ist darauf zu achten, daß Modifikationen und Erweiterungen im Wartungsvertrag inbegriffen sind. Einen nicht unbeträchtlichen Kostenfaktor bei der Anschaffung bilden die Zusatzkosten wie Schulung und Benutzer-Dokumentationen. Im Vorfeld der Anschaffung sind die Schulungskosten abzuschätzen, da diese ohne weiteres etwa ein Drittel der gesamten Lizenzkosten betragen können. Darüber hinaus ist die Personenungebundenheit der Standard-Software gegenüber Individual-Software als Vorteil anzusehen (*Österle* 1990).

Als Auswahlkriterien für den **Anbieter** selbst, sind mehrere in Erwägung zu ziehen. Die geographische Nähe zu Service-Zentren usw. können den Ausschlag für einen bestimmten Anbieter geben. Das Ansehen, sowie die Qualifikation des Anbieters sind daneben weitere wichtige Faktoren. Für die Auswahl von Standard-Software sind Referenzen bei derzeitigen Benutzern einzuholen. Hierbei ist u.a. nach der Anzahl und Schwere von Software-Fehlern sowie der Dauer der Mängelbeseitigung zu fragen. Interessant sind des weiteren folgende Aspekte: Wurden Termine (zur Installation, Wartung usw.) eingehalten? Wieviel Programmänderungen gab es? Wie lange dauerte die Implementierung des Systems? Es sollten die grundlegenden Kriterien angesprochen werden, die einen potentiellen Benutzer zum Kauf einer Standard-Software bewegen oder davon abhalten könnten. Dadurch wird in den meisten Fällen nicht das Software-Paket selbst, sondern das Software-Haus ausgewählt. Der Marktanteil dieses Software-Hauses ist entscheidend für die Überlebensfähigkeit der Standard-Software. Bezüglich der Weiterentwicklung der Software, ist zu prüfen, welcher Prozentsatz des Umsatzes in die Entwicklung zurückfließt (*Österle* 1990).

3.2.8   Fall: IS-Portfolio-Management bei der Mercedes-Benz AG

Die Mercedes-Benz AG (1995) gehört zu den weltweit führenden Herstellern von Personenkraftwagen und Nutzfahrzeugen. Mit ihren ungefähr 200.000 Mitarbeitern im Jahre 1995 ist die Mercedes-Benz AG in beinahe allen Ländern dieser Welt vertreten und dabei auf eine schlagkräftige IV angewiesen. Die jährlichen Kosten für die IV belaufen sich auf ungefähr 1,18 Mrd. DM (ca. 1,8% vom Umsatz), wovon zwischen 200 - 300 Millionen DM auf etwa 300 - 500 IV-Projekte verteilt werden. Der Löwenanteil (70-80%) des IV-Budgets wird für Wartungs- und Betriebskosten verwendet.

Das **Management neuer und laufender IS-Projekte** orientiert sich bei Mercedes-Benz an einem fest definierten Prozeß, der ausgehend von der *Ideengenerierung* über die *Projektkonkretisierung* zur eigentlichen *Projektumsetzung* in der Phase Systemlebenszyklus führt (Abbildung 3-38).

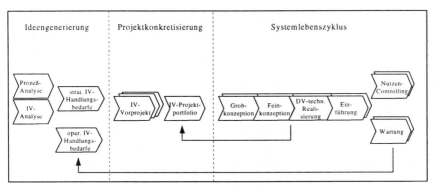

Abbildung 3-38: IM-Prozeß bei der Mercedes-Benz AG (Stand 1995)

Im Rahmen der **Prozeßgestaltung** sollen bei der Mercedes-Benz AG alle durchzuführenden Aktivitäten durch konkrete Methoden unterstützt werden. Während dies bei der Phase *Systemlebenszyklus* bereits durch eine Reihe von Werkzeugen und Methoden geschieht, existieren bis heute kaum standardisierte Verfahren für *Ideengenerierung* und *Ideenkonkretisierung*. Zur *Auswahl von IS-Projekten* werden heute zumeist unterschiedliche Verfahren der Wirtschaftlichkeits- bzw. Investitionsrechnung verwendet, jedoch besteht der Wunsch neuere Verfahren einzusetzen, die den Projektvergleich mittels quantitativer und qualitativer Kriterien ermöglichen.

Bei der Durchführung der Aktivitäten zur Erstellung des **IV-Projekt-Portfolios**, die im folgenden herausgegriffen wird, wird das Hauptziel verfolgt, eine Methodik zur Unterstützung der *Projektauswahl* bereitzustellen. Durch die Methodik sollen die IV-Verantwortlichen unter der Vorgabe von *Budgetrestriktionen* in der Lage sein, IV-Projektideen bzw. -anträge miteinander zu vergleichen und durch Gegenüberstellung diejenigen herauszufinden, deren Durchführung unter Einbeziehung der Unternehmensziele besonders sinnvoll erscheint und die zudem durch Eigenschaften gekennzeichnet sind, die einen hohen Erfolg bei der Projektdurchführung erwarten lassen.

Um diese Zielsetzung zu verwirklichen, wurde die Erstellung des IV-Projekt-Portfolios bei Mercedes-Benz in drei Teilphasen gegliedert, die *operative Prüfung*, die *Projektanalyse und -priorisierung* und die *Projektverabschiedung*.

Grundvoraussetzung für die Genehmigung von IV-Projekten und auch die Verlängerung von bereits laufenden IV-Projekten in der **operativen Prüfung** ist ein vollständig ausgefüllter Projektantrag, der aus Basisinformationen und Bewertungskriterien besteht. Zu den *Basisinformationen* gehören Angaben über die Projektklassifikation, die Projektaufgabe, die Ziele, die Wirtschaftlichkeit, die Ressourcen, das Berichtswesen, die Projektorganisation, die Feinplanung für die nächste Projektphase, IV-Sicherheit und Datenschutz sowie die Risikoanalyse.

Außerdem sind vom Projektantragsteller alle *Bewertungskriterien* auszufüllen. Zu den Bewertungskriterien von IV-Projekten zählen insgesamt 18 Kriterien, darunter beispielsweise der Unterstützungsgrad der Prozeßorientierung, der heutige und morgige Technologiestand, die geschätzte Wiederverwendbarkeit in anderen Teilprojekten, die Konkurrenzorientierung und die Kundenorientierung. Für jedes Kriterium sind vier mögliche Bewertungsstufen vorgegeben, bei der für jedes Projekt die jeweils zutreffende Klasse vom Antragsteller auszuwählen ist. Bei dem Kriterium der Wiederverwendbarkeit muß beispielsweise spezifiziert werden, ob erwartet wird, daß das Projektergebnis durch keine Wiederverwendbarkeit (Klasse I), eingeschränkte Wiederverwendbarkeit (Klasse II), wahrscheinliche Wiederverwendbarkeit (III) oder durch sichere Wiederverwendung (Klasse IV) charakterisiert ist. Sofern für jeden Projektantrag alle Basisinformationen und Bewertungsdaten vollständig vorliegen, wird er der nächsten Teilphase zugeführt.

Während der **Projektanalyse und -priorisierung** werden die IV-Projekte unter Einsatz von *Portfolio-Matrizen* gegenübergestellt bzw. verglichen. Die Vorteile der Portfolio-Matrix liegen im Vergleich zu eindimensionalen Kennzahlenverfahren in der zweidimensionalen grafischen Visualisierung und der leichten Nachvollziehbarkeit der Ergebnisse. Die Achsen der Portfolio-Matrix werden auf der Basis der Bewertungskriterien aus der vorhergehenden Phase zusammengestellt, wobei einerseits einzelne Kriterien wie beispielsweise die "Kundenorientierung" und "Konkurrenzorientierung" einander gegenübergestellt werden. Andererseits können aber auch komplexe Achsen-Bezeichnungen wie "Risiko" oder "Nutzen" wie in Abbildung 3-39 gebildet werden, die sich jeweils aus der Kombination mehrerer Einzelkriterien errechnen.

Die für die Auswahl der IV-Projekte verantwortlichen Mitarbeiter sind durch die flexible Zusammenstellung von Kriterien in der Lage, die IV-Projektanträge auf unterschiedlichste Weise miteinander zu vergleichen und Abweichungen zwischen den verschiedenen Betrachtungsperspektiven festzustellen.

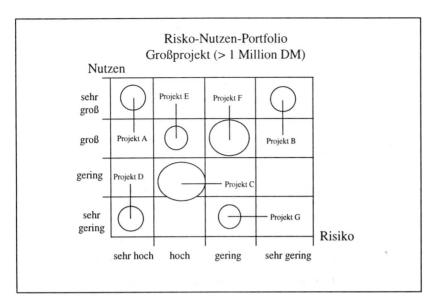

Abbildung 3-39: Risiko-Nutzen-Portfolio-Matrix

Zur **Projektverabschiedung** werden die in der vorangegangenen Teilphase er-
zeugten Portfolio-Matrizen verwendet, um unter den existierenden *Budgetrestriktionen* die besten Projekte auszuwählen. Durch die Budgetgerade wird eine
Portfolio-Matrix in die beiden Bereiche "finanzierbar" und "nicht finanzierbar"
derart geteilt, daß angefangen von den besten Projekten solange Projekte in den
Bereich "finanzierbar" aufgenommen werden können, bis das IV-Budget erschöpft
ist (Abbildung 3-40).

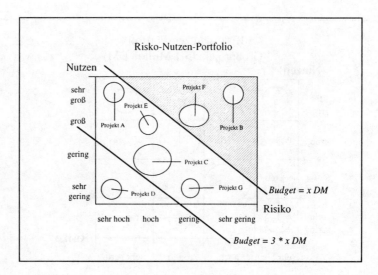

Abbildung 3-40: Risiko-Nutzen-Portfolio unter Budgetrestriktion

Die für die Projektverabschiedung verantwortlichen Mitarbeiter verhandeln dann auf der Basis der verschiedenen Portfolio-Matrizen über die IV-Projektanträge, wobei die verschiedenen Projektsichten einander gegenübergestellt und diskutiert werden. Dabei einigen sie sich auf das ihrer Meinung nach **beste Projekt-Portfolio** und dokumentieren ihre Entscheidung durch einen offiziellen Beschluß über die zur Realisierung freizugebenden IV-Projekte.

Portfolio-Matrizen stellen eine konkrete Methode dar, durch die die **Projektauswahl** von IV-Projekten unterstützt werden kann. Die Projektverabschiedung auf der Basis von Portfolio-Matrizen erweist sich jedoch insofern als problematisch, als in einem Großunternehmen wic der Mercedes-Benz AG bei der Durchführung von Projekten oftmals *unternehmenspolitische Faktoren* und *persönliche Präferenzen* eine bedeutende Rolle spielen. Der Einsatz von Portfolio-Matrizen wird jedoch als eine Chance gesehen, *Transparenz, Nachvollziehbarkeit* und *Objektivität* bei der Auswahl von IV-Projekten zu erlangen.

Quellen:
Lapp, M.; Schönwälder, S.: Koordination in der Informationswirtschaft bei der Mercedes-Benz. In: FIM-Newsletter. Hrsg.: Krcmar, H. Forschungsstelle für Informationsmanagement, Universität Hohenheim, Juni 1995, S. 6.
Schönwälder, S.: Computergestütztes Portfolio-Management für betriebliche Informationssysteme. Dissertation 1997.
Waidelich, R.: Informationsmanagement in der Automobilindustrie. In: Handbuch Informationsmanagement - Aufgaben - Konzepte - Praxislösungen. Hrsg.: Scheer, A.-W. Wiesbaden 1993, S. 265-297.

3.2.9 Managementprozeß der Informationssysteme

Zum Prozeß des IS-Managements ist eine Vielzahl von Ansätzen und Modellen zu finden. Die Mehrzahl der bekannteren Modelle zum IS-Management (z.b. das ISA-Modell von *Krcmar*, das ARIS-Modell von *Scheer* oder der St. Galler ISM-Ansatz von *Österle/Brenner/Hilbers*) sind seit den 80er Jahren als **Informations-system-Architekturen** bekannt, da der Plan, der die Struktur der gesamten IS einer Unternehmung oder Organisation festlegt, als zentraler Hebel für alle weiteren Steuerungs- und Managementfunktionen für betriebliche IS angesehen wird. Der Prozeßgedanke wird bei *Österle/Brenner/Hilbers* (1991) in Form einer Vorgabe von Ablaufplänen für IS-Aktivitäten im Unternehmen berücksichtigt, während der Analyse und Gestaltung der Unternehmensprozesse als Ausgangspunkt und Ziel der IS-Aktivitäten eine besondere Bedeutung zugemessen wird.

Der in Abbildung 3-41 gezeigte **Prozeß des IS-Managements** ist aus dem Gesamtkonzept der Forschungsstelle für Informationsmanagement an der Universität Hohenheim abgeleitet und hat sich in einigen Kooperationsprojekten mit namhaften Unternehmen bewährt. Viele Probleme aus dem Anwendungs-Lebenszyklus (die u.a. mit den Begriffen "Anwendungsstau", "Softwarekrise", "IV-Kostenlawine", "Anwendungswildwuchs" "fehlende Geschäfts- und Kundenorientierung", "Altlast DV" etc. belegt wurden), können erfolgversprechend gelöst werden, wenn schon im Vorfeld der IS-Konzipierung Ist- sowie Soll-Prozeß- und Datenmodelle in verwendbarer (digitaler) Form vorliegen. Eine geschäftliche oder DV-technische Umfeldänderung stößt zunächst eine Analyse der relevanten Unternehmensprozesse und -daten an. Das Ergebnis muß nicht, wie in Abbildung 3-41 idealtypisch dargestellt, ein *Unternehmensdaten- und Prozeßmodell* sein, sondern kann je nach Reichweite der geschäftlichen Umfeldänderungen auch ein Abteilungs- oder Bereichsmodell sein.

Aus den ermittelten geschäftlichen Handlungsbedarfen werden eventuell entsprechende *IS-Vorprojekte* durchgeführt, die jeweils den Projektantrag für ein Projekt konkretisieren. Aus den verfügbaren Projektanträgen werden im Rahmen des IS-Portfolio-Managements alle tatsächlich zu realisierenden Projekte ausgesucht und als konkrete Projekte freigegeben. Nach der Freigabe erfolgt die Projektrealisierung. Begleitet werden die Teilprozesse *"IS-Portfolio-Management"* und *"IS-Projekt-Management"* von einem nicht in Abbildung 3-41 dargestellten Portfolio- und Projekt-Controlling.

Nach der Einführung des Projektes in der Form eines fertigen Anwendungssystems kommt es während des *operativen Betriebs* schließlich zu der Durchführung des Produkt-Controllings und im weiteren Lebenszyklus zur Wartung und *Renovierung* der einzelnen IV-Produkte. Weiterentwicklungen von IV-Produkten werden über die operativen Handlungsbedarfe wieder in den Teilprozeß IS Projekt Management eingesteuert. Im Falle der Aufdeckung von nicht oder nur ineffizient renovierbaren Schwachstellen leitet das Produkt-Controlling eine Ersetzung der Anwendung ein, die wiederum zur Änderung des IS-Portfolios führt.

Jede der einzelnen Funktionen der obersten Hierarchieebene des IS-Prozesses kann auf konkretere Ebenen wiederum in einer EPK als detaillierterer Prozeß dargestellt werden. Eine *Hierarchisierung* und deren Abbildung mittels EPKs kann je nach Unternehmenserfordernissen vorgenommen werden. Referenzprozesse für das IS-Portfolio-Management und das IS-Projektmanagement werden in Abbildung 3-42 und in Abbildung 3-43 vorgestellt, da diese Unterprozesse des IS-Managements besonders umfangreich und erfolgskritisch sind.

Durch die in diesem Abschnitt dargestellte Betonung auf ein Management der Prozesse und die durchgängige Begleitung durch das IV-Controlling mit seinen Komponenten des IS-Portfolio-Controllings, des Projekt-Controllings und des Produkt-Controllings (siehe im Kapitel "Führungsaufgaben des Informationsmanagements" den Abschnitt "IV-Controlling") treten bisher eingehender betrachtete Aspekte der IS-Architektur, der geeigneten IS-Infrastruktur und IS-Planung als "Bebauungsplanung" in den Hintergrund.

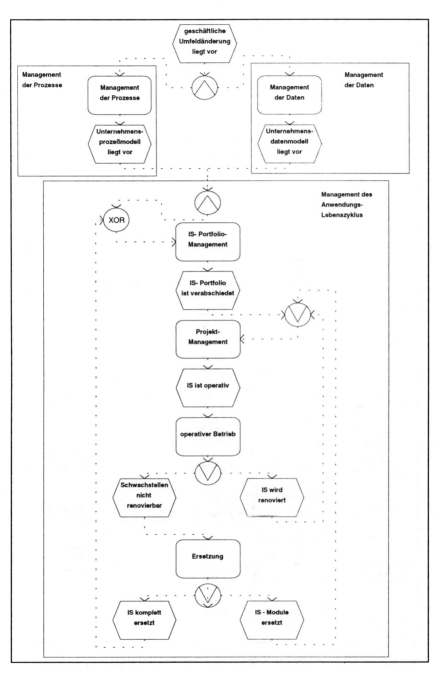

Abbildung 3-41: Prozeß des Informationssystem-Managements

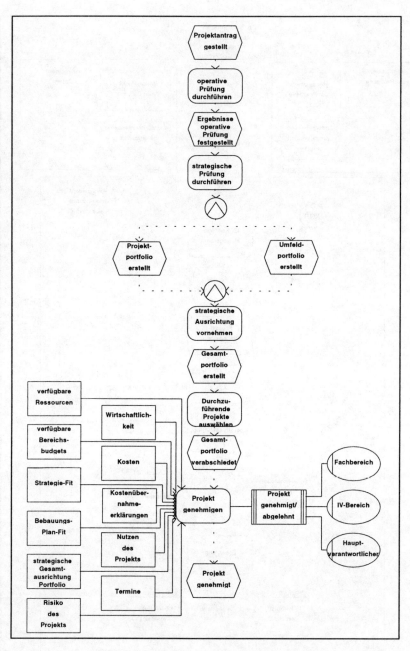

Abbildung 3-42: Teilprozeß Informationssystem-Portfolio-Management

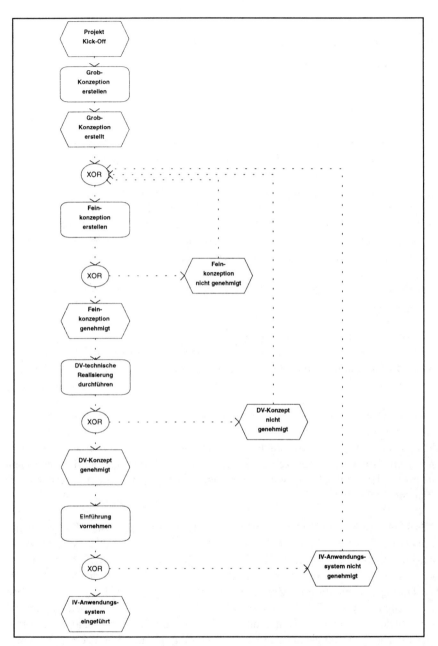

Abbildung 3-43: Teilprozeß Informationssystem-Projekt-Management

3.3   MANAGEMENT DER INFORMATIONS- UND KOMMUNIKATIONSTECHNOLOGIEN

3.3.1   Überblick

Das **Management der IKT** hat aus verschiedenen Gründen einen hohen Stellenwert. Dieser Stellenwert ergibt sich aus dem Einfluß der verwendeten und verwendbaren IKT auf die *Kostenstruktur* der IV, auf die *Nutzbarkeit* und auf die *Kosten- und Nutzenpotentiale*. Außerdem ist der Markt für IKT sehr *dynamisch*, sowohl was die technologische Entwicklung als auch das Vorhandensein, die Zahl und Stärke der Marktteilnehmer (insbesondere der Anbieter) anbelangt. Darüber hinaus ist die Frage der Nutzung von Technologien auch von *organisatorischem Interesse*, vor allem aus Innovationsgesichtspunkten.

Der Begriff des Managements der IKT ist mehrdeutig. Es ergeben sich unter anderem folgende Möglichkeiten:

1. Das Management der Nutzung der IKT.
2. Das Management der bereits im Unternehmen im Einsatz befindlichen IKT.
3. Das Management neuer Technologien für den potentiellen Einsatz im Unternehmen.

Es ist offensichtlich, daß 1. dem Management der IS entspricht. Daher wird hier einem Verständnis des IKT-Managements gefolgt, das 2. und 3. einschließt. Die 3. Möglichkeit entspricht insbesondere der Auffassung vom Management von Technologien als einem Lernprozeß in Unternehmen zur Aneignung der Technologien, inklusive der Beobachtung von Technologie-Märkten von (noch) unternehmensfremden Technologien.

Vergleicht man verschiedene **Ansätze des IKT-Managements** (*König/ Niedereichholz* 1985, *Steinbock* 1994, *Vetter* 1994), fällt auf, daß diese sich entweder auf eine *technisch orientierte beschreibende Abhandlung* des IKT-Managements konzentrieren oder aber *strategische Konzepte* behandeln, die die Vorgänge der Technologieassimilation im Unternehmen unterstützen sollen. Erstere beschreiben dabei zumeist die IKT-Grundfunktionen der Verarbeitungs- und Speicherungsformen sowie grundlegende Kommunikationstechniken und -dienste und geben organisatorische Gestaltungshinweise für die IV-Produktion und Benutzerservice sowie für Sicherheits- und Katastrophenmanagement. Letztere setzen am Innovationsmanagement-Gedanken an. Sie stellen theoretische Modelle zur Findung einer IKT-Strategie zur Verfügung, beschreiben und berücksichtigen aber die einzelnen Charakteristika der heute für die Unternehmen wichtigsten relevanten IKT oft nur in ungenügendem Maße. Es fehlen noch weitgehend Abhandlungen eines integrierten

Beschaffungs- und Lizenzmanagements für IKT, zum Einsatz von Methoden beim Technologie-Scanning, zur Migration zu neuen Technologien, zur Obsoleszenz von IKT und zum Komplexitätsmanagement im Bereich der Technologiebündel.

Es wird daher versucht, dieses Spektrum beginnend mit der Behandlung der *IKT-Basisfunktionalitäten* über die für die heutigen Unternehmen relevanten *Technologiebündel* und *Funktionsorientierten Technologiebündel* bis hin zur prozeßorientierten Darstellung der Modelle und Methoden zur *Technologieaneignung* abzudecken.

Die **Aufgabe des IKT-Managements** ist es, die IKT als Infrastruktur zu planen, sowie deren effiziente und effektive Implementierung, Nutzung sowie Weiterentwicklung zu steuern und zu kontrollieren. IKT-Management wird hier nicht nur in seiner Bedeutung als Teil des strategischen Managements behandelt, wie etwa bei *Heinrich* (1999), sondern sowohl auf strategischer als auch operativer Ebene betrachtet.

Beim **strategischen IKT-Management** ist zu fragen, welche *Trends in der Technologieentwicklung* für die nächsten Jahre bestimmend sein werden. Technologische Durchbrüche ergeben sich im Bereich der Hardware- und Software-Technologien, aber auch insgesamt im Bereich der IKT. An *technologischen Durchbrüchen* ist bemerkenswert, daß alles, was im Zusammenhang mit der Nutzung von IKT vorher erlernt wurde, sich danach als antiquiert und oftmals falsch erweisen kann. Alle qualitativen Überlegungen, was generell besser und was schlechter sei, stimmen dann nicht mehr. Deswegen ist die Verheißung technologischer Durchbrüche für den Planer problematisch, eine lineare Extrapolation unmöglich.

Im **Management der Technologien** kommen, je nach Sichtweise, mehrere Aspekte zusammen. Unter „*Management of Technology (MOT)*" wird nicht nur verstanden, daß vorhandene Technologien eingekauft und genutzt werden, sondern es geht auch um die Fähigkeit der Organisation, neue Technologien in ihrer Bedeutung für das eigene Unternehmensgeschehen zu erkennen. Dabei spielen sowohl die Wahrnehmung der Nutzbarkeit solcher Technologien als auch Fähigkeiten zur Nutzung eine Rolle. Schließlich beschäftigt man sich mit Fragen der zeitlichen Abfolge der Technologieadaption und des organisatorischen Lernens. Dabei wird deutlich, daß die Perspektive, was alles zu MOT gehört, davon beeinflußt wird, welche Perspektive man beim Verhältnis von Organisation zu Technologien einnimmt. Je nach Perspektive gehört auch die Beeinflussung der in Entwicklung befindlichen Technologien zur Aufgabe des MOT.

Strategische Teilaufgaben sind (in Anlehnung an *Heinrich* 1999, S.156):

- Das Beobachten der Technologieentwicklung.

- Die Bestimmung des Technologiebedarfs des Unternehmens.
- Die Beeinflussung der Technologieentwicklung im Unternehmen.
- Das Treffen von Technologieeinsatzentscheidungen nach Technologie- und Systemart, Umfang und Zeitpunkt.

Operative Teilaufgaben sind demgegenüber das *Management der Basistechnologien zur Verarbeitung, Speicherung* und *Kommunikation*, der aus diesen Basistechnologien im Unternehmen zusammengesetzten *Technologiebündel*, sowie der *Funktionsorientierten Technologiebündel*.

Die Begriffe *Technik* und *Technologie* wurden in den „Grundbegriffen" schon behandelt. Es ist eingehender zu klären, was unter **IKT** zu verstehen ist. Die Beschreibungen hierzu reichen von Auffassungen, die auf die wesentlichen Bauelemente für Chips als IKT beschränkt sind, bis zur Auffassung, daß beispielsweise komplette E-Mail-Anwendungen letztlich auch nur IKT sind. In diesem Zusammenhang wird hier unterschieden in die Ebenen:

1 Basistechnologien zur Bereitstellung der Basisfunktionalitäten Verarbeitung, Speicherung, Kommunikation,
2 Technologiebündel, d.h. Kombinationen von Basistechnologien in bestimmten Ausprägungen wie z.B. Client-Server-Architekturen, Multimedia etc.,
3 Funktionsorientierte Technologiebündel, d.h. Anwendungsformen wie E-Mail, Dokument Imaging, Telemedizin, Telearbeit, betriebswirtschaftliche Anwendungssoftware und
4 IS im soziotechnischen Sinne bestehend aus Funktionsorientierten Technologiebündeln, Menschen, Daten und Methoden sowie Prozessen.

Das **Management der IKT** befaßt sich mit den Ebenen 1, 2 und 3.

Nach einem einleitenden Fallbeispiel zum IKT-Management in einer Schweizer Bank werden die IKT-Basisfunktionalitäten im Abschnitt 3.3.3 dargestellt. Dem Management der Technologiebündel und Funktionsorientierten Technologiebündel ist der Abschnitt 3.3.4 gewidmet, woran sich ein Fall zu eCommerce-Lösungen von der Brokat Infosystems AG anschließt. Die aktuellen IKT-Trends und die damit verbundenen strategischen Fragen der Gestaltung der Aneignung dieser IKT werden im Abschnitt 3.3.6 behandelt. In Form eines Prozesses „Management der IKT" in Abschnitt 3.3.7 wird die IKT-Aneignung und IKT-Nutzung zusammengefaßt.

3.3.2   Fall: Management der Technologie bei der Schweizer Bankgesellschaft

Die Schweizer Bankgesellschaft (1995) befindet sich mit über 20.000 Mitarbeitern weltweit, von denen 1.500 Mitarbeiter in der Informatik aktiv sind, in einem Wirtschaftszweig, in dem die *Bedeutung von IKT* für die Leistungserstellung besonders hoch ist. Die Informatik wird daher von der Schweizer Bankgesellschaft neben dem *Human-Kapital* als *strategischer Faktor* für die Zielerreichung des Unternehmens gesehen und nicht nur als Instrument zur Rationalisierung des Geschäfts. Die hohe Bedeutung spiegelt sich darin wider, daß die Kosten für die IKT (Hardware, Personal und Telekommunikationskosten) bei der Schweizer Bankgesellschaft eine Größenordnung von etwa 15% am Umsatz ausmachen. Das Management der Technologie stellt sich darum für die Schweizer Bankgesellschaft im wesentlichen als ein Management der Informatik-Technologie dar.

Als wichtigste **Aufgaben im Management der Technologie**, die aus der nicht-öffentlichen Informatik-Strategie der Schweizer Bankgesellschaft abgeleitet sind, werden die Lösung der auf der Seite der Software liegenden Probleme und die Beschäftigung mit der Frage, welche Architekturen (monolithische, förderative etc.) sinnvoll sind, um die Ziele des Unternehmens zu erreichen, gesehen. Im Zusammenhang mit der Software sind insbesondere die Fragen der Benutzerschnittstellen-Gestaltung und des Zusammenspiels einer einerseits abwicklungs- und andererseits entscheidungsorientierten Unterstützung Themen, mit denen sich die Manager der Technologie auseinandersetzen müssen.

Die **Technologie-Manager** der Schweizer Bankgesellschaft verfolgen im Bereich des Managements der *Hardware-Technologie* eine „*Follower*"-Strategie, während sie im Bereich des Managements der *Software-Technologie* eine „*Leader*"-Strategie verfolgen. Sie verfolgen *Technologietrends* und versuchen daraus zu ermitteln, welche Innovationen das Geschäft prägen werden. Denn die Fortentwicklung der Informatik-Technologie geht mit der Fortentwicklung bei der Logistik, bei den Ertragspotentialen, und zwar entweder in Form von Kosteneinsparungen oder in Form der Erschließung zusätzlicher Nutzenpotentiale, und beim Risikomanagement einher. Insbesondere die Unterstützung des Risikomanagements hat auf den Unternehmenserfolg erhebliche Auswirkungen.

Das **Management der Technologie** bei der Schweizer Bankgesellschaft wird von einzelnen Persönlichkeiten (*Opinion Leaders*) betrieben. Ihre Informiertheit über aktuelle Trends ist besonders wichtig. Sie müssen den „Market Pull" und den „Technology Push" spüren. Das aus IKT-Magazinen und -Zeitschriften erhältliche Basiswissen reicht, um die erforderliche Informiertheit zu erlangen. Hinzu müssen aber visionäre Gedanken und Neugier kommen, die bei diesen Persönlichkeiten ausgeprägt sein sollten. Es gibt verschiedene Gremien, in denen Technologie-Management stattfindet. Allerdings ist eine formalisierte Partizipation an dem Management der Technologie, wie sie etwa auch Technologie-Fachgruppen oder in Form eines betrieblichen Vorschlagswesens möglich sind, nach Meinung der Schweizer Bankgesellschaft nicht sinnvoll.

Als besonders wichtigen Baustein des Managements der Technologie wird die *langfristige Forschung* auf hohem Niveau in einem besonderen Forschungslabor gesehen. Die Schweizer Bankgesellschaft finanziert als einer der wenigen Dienstleister ein eigenes Forschungslabor, um sich in die Lage zu versetzen, neue Ideen überhaupt zu haben und umzusetzen.

Ein weiteres wichtiges Hilfsmittel für das Management der Technologie ist die *Marktforschung*. Kundenkontakte und die Konkurrenzbeobachtung sind hierbei besonders fruchtbar. Dadurch können verschiedene Perspektiven berücksichtigt werden. *Kooperationen* können ebenfalls beitragen, etwa wenn man sich mit Technologie-Herstellern zusammenschließt. Das Technologieangebot auf der (Lieferanten-)Seite ist in der Regel gut, doch die Herausforderung für das Management der Technologie besteht in der Verknüpfung verschiedener Komponenten dieser Anbieter. Kooperationskontakte hält die Schweizer Bankgesellschaft insbesondere auch zu Hochschulen aufrecht. Formalisierte Methoden kommen bei der Durchführung des Managements der Technologie weniger zum Zuge. Auch Szenarien als Hilfsmittel zur Erzeugung von Visionen werden nicht erstellt.

Die ergriffenen Maßnahmen machen deutlich, daß die Charakteristika des Managements der Technologie auf den organisatorischen Rahmen zurückführbar sind. Die *Unternehmenskultur* wird neben den *Personalaspekten* zu einer zentralen Determinante, wie und mit welchem Erfolg das Management der Technologie durchgeführt wird. Besonders vorteilhaft ist nach den Erfahrungen der Schweizer Bankgesellschaft eine *technologisch orientierte Unternehmenskultur*.

Zwei wichtige Aspekte sind aus der Erfahrung der Schweizer Bankgesellschaft für ein *erfolgreiches Management der Technologie* zu beachten:

1. Es sind die organisatorischen Voraussetzungen für Pluralismus zu schaffen.
2. Der richtige Zeitpunkt der Einführung einer Technologie ist essentiell und dessen Bestimmung somit eine wichtige Aufgabe des Managements der Technologie.

Ein Einfluß auf das Management der Technologie geht außerdem vom **IT-Controlling** aus. Es mißt vor allem die Wirtschaftlichkeit von Projekten und wirkt dann oft rationalisierend. Es sind jedoch oft auch über qualitative Verbesserungen enorme ökonomische Vorteile erzielbar. So konnte in einem Projekt durch die Verbesserung der Benutzerschnittstellen-Qualität der Systeme bei den Mitarbeitern eine erhebliche Leistungssteigerung erreicht werden. Eine weitere Erkenntnis aus dem IT-Controlling, die für das Management der Technologie eine Rolle spielt, ist die Bedeutung der umfassenden Schulung von Mitarbeitern, einschließlich der Verwendung von Computer Based Training, zur Erreichung der vom Management der Technologie verfolgten Ziele.

Die Schweizer Bankgesellschaft hat mit ihrer Strategie zwar nicht substantielle ökonomische Gewinne erzielt, hat aber bis auf wenige regionale Ausnahmen im Wettbewerb mit den anderen großen Banken nicht verloren. Im Bereich des Zahlungsverkehrs konnte die Schweizer Bankgesellschaft ihre Spitzenstellung aufrechterhalten. Da das Management der Technologie bei der Schweizer Bankgesellschaft als ein Teil des allgemeinen Managements stattfindet, verursacht es keine speziell abgrenzbaren Kosten, deren Wirtschaftlichkeit sich prüfen ließe.

Quelle:
Interviews bei der Schweizer Bankgesellschaft in Zürich, 1995

3.3.3 Management der Basisfunktionalitäten und Basistechnologien

3.3.3.1 Management der Verarbeitung

Aufgabe des **Managements der Verarbeitung** ist es, Veränderungen von Daten bzw. Informationen zu ermöglichen und diese Veränderungen im Aufgabenzusammenhang zu steuern. Veränderungen sind beispielsweise die Transformation, Aggregation und Spezifizierung von Informationen. Die Verarbeitung findet in Rechnern durch Software statt. Die Herausforderung im Management der Verarbeitung besteht weniger darin, die Computer-interne Verarbeitung zu managen. Vielmehr geht es für das IM darum, einen geeigneten Abgleich zwischen den *nutzungsbedingten Verarbeitungsanforderungen* und *den Möglichkeiten der Durchführung des Verarbeitungsbetriebs* unter Verwendung der Anwendungs-Software vorzunehmen.

Als **nutzungsbedingte Verarbeitungsanforderungen** unterscheidet man u.a.

* Anforderungen der zeitlichen Abwicklung der Verarbeitung,
* Anforderungen aus der Anzahl der gleichzeitig am System arbeitenden Benutzer,
* Anforderungen aus der Art der Programmnutzung im Falle von Mehrbenutzersystemen,
* Anforderungen aus dem Ort des Starts und der Beendigung der Anwendungsprogrammausführung und
* Anforderungen aufgrund der Herkunft der Daten.

Bei der Durchführung des **Verarbeitungsbetriebs** ergeben sich als Alternativen u.a. (*Stahlknecht* 1995, S.84)

* der Single- und Multitasking Betrieb,
* Einprozessor- oder Mehrprozessor-Systeme,
* Online- oder Offline-Betrieb und
* lokale Verarbeitung und entfernte Verarbeitung.

Auf diese Punkte wird in Einführungswerken zur Wirtschaftsinformatik (*Stahlknecht* 1995, *Schwarzer/Krcmar* 1996) näher eingegangen. Sie werden daher hier nicht aus technisch-deskriptivem Blickwinkel, sondern aus gestalterischer Sicht behandelt.

Für den Informationsmanager und für den Anwender ganz allgemein ist die Handhabung von Systemen in ihren verschiedenen Betriebsarten weitgehend unproblematisch. Interessante Fragestellungen werfen sich dort auf, wo eine Entscheidung über die einzusetzende *Betriebsart* getroffen werden muß, ohne daß die Handhabungsaspekte der Betriebsart das ausschlaggebende Entscheidungskriterium darstellen. Beispielsweise sind Entscheidungen darüber zu treffen, ob hohe Kosten für den Online-Betrieb zu rechtfertigen sind oder ob nicht ein Offline-Betrieb, der zu einer besseren Auslastung teurer Geräte führen kann, eine preisgünstigere Verarbeitung ermöglicht, solange die Kunden bzw. Nutzer auch dadurch zufriedenzustellen sind. Allerdings hat (haben) die gewählte(n) und unterstützte(n) Betriebsart(en) Auswirkungen auf die Systemarchitektur und beispielsweise auf die Möglichkeiten des Workflow-Managements.

Wenn vernetzte Rechner genutzt werden, kann eine zentrale oder eine verteilte Verarbeitung durchgeführt werden. Die **Verarbeitungsbedingungen** gestalten sich dann je nach der Herkunft der Daten sowie je nach Ort des Anstoßes und des Abschlusses der Ausführung unterschiedlich.

Die Verarbeitung von Daten kann zeitlich und örtlich verteilt werden. Die zeitliche Verteilung der Verarbeitung orientiert sich an den Anforderungen der mit der EDV zu bewältigenden Aufgabe und an der notwendigen Interaktion mit dem System. Bestehen hohe Anforderungen an die *Aktualität der Daten*, ist die tatsächliche Durchführung der Verarbeitung an Bedingungen geknüpft, die vom Nutzer oder von der Systemumgebung definiert werden. Sind *Plausibilitätskontrollen* der Eingaben und Zwischenergebnisse erforderlich oder sollen iterativ Abwandlungen der Verarbeitungsergebnisse erzeugt werden, dann ist eine Verarbeitung im Dialog sinnvoll. Die zeitliche Verteilung der Verarbeitung ist dann an die zeitliche Abfolge des Dialogs gekoppelt und kann bis hin zur Realzeitverarbeitung geführt werden, bei der innerhalb vorgegebener Zeitspannen Ergebnisse vorliegen müssen. Dies ist typisch für die Prozeß-DV in technischen Anlagen. Liegen diese Anforderungen nicht vor, kann es zur Realisierung von Economies of Scale-Vorteilen sinnvoll sein, die Verarbeitung an bestimmten Zeitpunkten zusammengefaßt abzuwickeln, selbst wenn der Stapelbetrieb aus der Aufgabe heraus nicht zwingend erforderlich ist.

Die klassische Form der DV, die bis Ende der 60er Jahre üblich war, ist die Verarbeitung auf einem zentralen Großrechner. Seit Anfang der 70er Jahre und mit dem Beginn der Verarbeitung auf Mikrorechnern hat sich die Möglichkeit der dezentralen bzw. lokalen Verarbeitung ergeben. Die Möglichkeit der dezentralen Verarbeitung wurde immer stärker genutzt, weil sich mit dieser Form der Verarbeitung bei geringeren Anfangskosten auch kleinere Aufgaben EDV-technisch unterstützen ließen. Die Nutzer erhielten eine größere Autonomie bzw. Unabhängigkeit vom zentralen System, sei es in der Systemverfügbarkeit oder in der Kontrolle der Verarbeitung. Individuelle Verarbeitungsverfahren sind einsetzbar. Zudem gestaltet sich die Datenpflege bei der dezentralen Verarbeitung einfacher und es ist eine einfachere Zurechnung der anfallenden EDV-Kosten auf die Bewältigung konkreter Aufgaben möglich. Die Auslagerung von IS von zentralen Großrechnern auf kostengünstigere dezentrale Rechner bezeichnet man als „*Downsizing*".

Für eine zentrale Abwicklung der Verarbeitung sprechen vor allem die größere Leistungsfähigkeit der Hardware, wodurch eine bessere Verteilung der Verarbeitungslast möglich wird. Außerdem läßt sich dann qualifiziertes Personal einsetzen, das weniger geschult werden muß.

Tabelle 3-7 faßt die Überlegungen, die der Informationsmanager bei Entscheidungen über die örtliche Verteilung der Verarbeitung abwägen muß, zusammen. Obwohl sie aus dem Jahr 1981 stammen, haben die gegenübergestellten Gründe noch immer Gültigkeit.

Gründe für dezentrale Verarbeitung	Gründe für zentrale Verarbeitung
• Geringere Anfangskosten	• Größere Fähigkeiten der Hardware
• Bessere Größenvariation	• Bessere Lastverteilung (zeitlich und kapazitativ)
• Innovativ	
• Autonome Nutzer (Motivation)	• Weniger Datenredundanz
• Einfachere Datenpflege	• Höhere Datenintegrität
• Individuelle Verarbeitungsverfahren (Programme) anwendbar	• Anwendung einheitlicher Verarbeitungsverfahren
• Zurechenbarkeit der Kosten	• Besser qualifiziertes Personal
	• Weniger Aus-/Fortbildungsaufwand

Tabelle 3-7: Typische Argumente und Gegenargumente der verteilten Verarbeitung
Quelle: *Helber* (1981)

Die **Verarbeitungskapazität** bzw. Leistungsfähigkeit von Rechnern wird im allgemeinen in MIPS (Millionen Instruktionen (Prozessorbefehle) in Sekunden) ausgewiesen. Betrachtet man das Leistungsvermögen von Prozessoren und Rechnern in den verschiedenen Größenklassen[13], so läßt sich ein klarer Trend hin zu einer Bereitstellung höherer MIPS-Leistung erkennen, der sich auch in Zukunft fortset-

---

13 Es lassen sich Großrechner, Mittlere Systeme, Mini- und Mikrocomputer unterscheiden, die in dieser Reihenfolge mit abnehmenden Kaufpreisen verbunden sind (*Stahlknecht* 1995, S.34; *Mertens/Bodendorf/König/ Picot/Schumann* 1995, S.39-42).

zen wird. Die MIPS-Kenngröße bezieht sich zwar im wesentlichen auf die Leistung der Zentraleinheit und nicht auf das EDV-System als Ganzes, doch die Entwicklung der Leistungsfähigkeit der Peripherie läßt ebenfalls erkennen, daß der Informationsmanager mit einer rapiden Zunahme der Leistungsfähigkeit der gesamten Hardware rechnen kann. Ähnlich dynamisch werden sich allerdings auch die Leistungsanforderungen der Software und der Nutzer entwickeln, da der Umfang der Systemfunktionen sowie die Verarbeitungsnachfrage deutlich ansteigen werden.

Veränderungen hinsichtlich der **Verarbeitungsqualität** werden sich hauptsächlich bei der Benutzerfreundlichkeit der Verarbeitung ergeben. Die Handhabung der Technologie, die besonders von der Oberflächengestaltung der Software mitgeprägt wird, weist eine Entwicklung hin zu einer immer besseren Anpassung an die Nutzerbedürfnisse auf.

Die Preise für Hardware und Software sinken (Abbildung 3-44). Auch die **Stückkosten der Verarbeitung** je Nutzer bzw. je Transaktion weisen darum einen leicht sinkenden Trend auf. *Scott Morton* (1991) schätzt, daß die reine Rechnerleistung pro Jahr bei gleichbleibenden Preisen je Einheit um ca. 25% zunimmt. Das bedeutet, daß für die Verfahren der Investitionsrechnung von rapide fallenden Preisen auszugehen ist. Dies kann zu Verzögerungen und abwartendem Verhalten bei Investitionen führen, da durch abwartendes Verhalten innerhalb kurzer Frist große Einsparungen erzielt werden können. Demgegenüber sind die entgangenen Nutzungspotentiale zu betrachten.

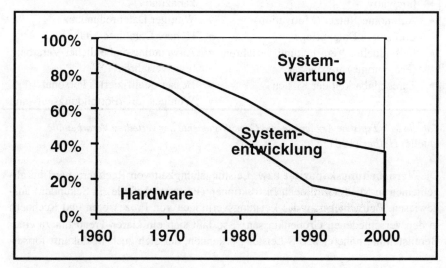

Abbildung 3-44: Kostenentwicklung seit 1960
Quelle: *Schwarze* (1991, S.241)

Als ein weiterer wichtiger Trend der Verarbeitung läßt sich die **Verteilung infor-
mationstechnischer Ressourcen** feststellen (*Österle/Steinbock* 1994, S.58). Dieser Trend beruht auf der anhaltenden Miniaturisierung der Hardware und der immer wirtschaftlicheren Bereitstellung auch großer Verarbeitungsleistungen in kleinen, lokal betreibbaren Systemen.

3.3.3.2 Management der Speicherung

Im Gegensatz zum Management der Verarbeitung, das sich mit dem Verändern
von Daten befaßt, dient das **Management der Speicherung** dem Ablegen und
Wiederfinden von Daten. Rechner speichern Eingabedaten, Zwischenergebnisse
und Endresultate sowie die darauf anzuwendenden Programme. Die Speicherung
der Daten erfolgt auf Datenträgern in digitaler Form. Das Management der Speicherung ist vor allem ein Problem des adäquaten Einsatzes der Speichertechnologien, ein logistisches Problem der örtlichen (und zeitlichen) Steuerung der Daten-
bereithaltung sowie ein Problem der Datensicherheit. In der Praxis kämpft man
jedoch auch mit der Volumenbewältigung der aufzuzeichnenden Informationen
wegen der immer wieder schnell erreichten Kapazitätsgrenzen. Das Management
der Speicherung ist aber nicht nur eine Frage der physischen Bereitstellung von
ausreichendem Speicher für die materielle Verkörperung oder dauerhafte Aufnahme von Daten. Hinzu tritt die Frage der geeigneten Organisation und des Managements der gespeicherten Daten auf den physischen Speichermedien (vgl. hierzu
den Abschnitt „Management der Daten" im Kapitel „Management der Informationssysteme").

3.3.3.2.1 Speichertechnologien

Die **Speichertechnologien** unterscheiden sich in der Verwendungsform, der Auf-
zeichnungsform, im Basismaterial des Speichermediums, in der Gestalt des Da-
tenträgers, der Repräsentationsform der Daten, der visuellen Lesbarkeit durch den
Menschen, in der Transportierbarkeit, Lagerfähigkeit, Aufzeichnungshäufigkeit,
Speicherkapazität, Zugriffszeit, im Preis für den Datenträger sowie im Preis für
das Aufzeichnungs- und Lesegerät. Im Detail werden die technologischen Unterschiede dieser Speichertechnologien und ihre Einsatzgebiete hier nicht abgehandelt (siehe *Hansen* 1992, S.153-245).

3.3.3.2.2 Die örtlich verteilte Bereitstellung gespeicherter Daten

Im betrieblichen Alltag sind Daten oft über verschiedene Speichermedien auf
Rechnern an verschiedenen Orten verteilt. Außerdem lassen sie sich teilweise nur
mit sehr unterschiedlicher Software verarbeiten. Dies erschwert den Zugriff und
die Handhabung der Daten. Eine Möglichkeit, dieses Problem anzugehen, wäre die
Überführung der verteilten Datenhaltung in eine zentrale Datenhaltung mit einheitlichen Verarbeitungsprogrammen. Analog zur Verarbeitung sprechen jedoch

auch bei der Speicherung Gründe oftmals für eine dezentrale statt für eine zentrale Datenhaltung, insbesondere wenn die gespeicherten Informationen unausweichlich in dezentralen Datenbeständen vorliegen. Teilweise ist auch aufgrund des Umfangs des Gesamtdatenbestandes oder aus Sicherheitsüberlegungen (z.B. Störsicherheit) eine Zusammenfassung in einer zentralen Datenbank nicht sinnvoll. In diesem Fall bemüht man sich mit der Technologie der **verteilten Datenbanken** die örtlich verteilte Speicherung für den Benutzer handhabbar zu machen. Dazu ist zu klären, wie eine Verteilungs-Transparenz für die Programme und die Nutzer geschaffen werden kann, wie die optimale Verteilung der Daten und Programme auf die Speicher-Ressourcen aussieht, wie die optimale Strategie der Zerlegung und Ausführung gleichzeitig eintreffender Anfragen auf mehreren Rechnern bewerkstelligt wird sowie wie die Handhabung konkurrierender Zugriffe erfolgen soll. Zu unterscheiden ist hier insbesondere zwischen einer rein logischen Verteilung der Daten und der sogenannten *Replikation*, bei der komplette Datenkopien an physisch verteilte Speichermedien verschickt werden.

3.3.3.2.3 Trends der Speicherung

Die **Speicherkapazität** der elektronischen Datenträger wird im allgemeinen in MBytes bzw. Gbytes ausgewiesen. Betrachtet man die Entwicklung des Speichervermögens von Prozessoren und Rechnern in ihren verschiedenen Größenklassen, so läßt sich ein klarer Trend hin zu steigenden Speicherkapazitäten erkennen (*Hansen* 1992, S.306-336). Der Informationsmanager kann mit einer rapiden Zunahme der verfügbaren Speicherkapazitäten rechnen. Ähnlich dynamisch wird sich allerdings auch der Umfang der zu speichernden Datenmengen steigern.

Hinsichtlich der **Qualität** der gespeicherten Daten werden sich in Zukunft kaum entscheidende Veränderungen vollziehen. Lediglich bei Erarbeitung von Datenmodellen sind hier Verbesserungen zu erwarten. Die Kosten für die physische Speicherung eines Bytes sinken stetig. Dies bedeutet aber nicht unbedingt, daß auch die **Kosten der Speicherung und Datenverwaltung** insgesamt niedriger werden. Die Frage der Angemessenheit der Daten wird oftmals vernachlässigt. Durch die erhöhte Komplexität zunehmender Speichermengen sinkt der Aufwand für die Speicherung und deren Verwaltung kaum. Die sinkenden Speicherkosten machen nicht nur die Speicherung von Daten für die Verarbeitung wirtschaftlicher, sondern ermöglichen auch die dauerhafte Ablage von Daten in Archiven.

Auch bei der Speicherung läßt sich ein Trend hin zu **verteilter Datenhaltung** beobachten. Dieser Trend wird durch eine anhaltende Miniaturisierung der Speichermedien und die immer wirtschaftlichere lokale Bereitstellung auch großer Speicherkapazitäten in kleinen Rechnern unterstützt. Bei den Speichermedien ist ein Trend hin zum verstärkten Einsatz optischer Speichermedien zu beobachten.

Die logische Datenspeicherung befindet sich zur Zeit in starker Entwicklung: Diese macht sich in Form eines Trends zur Speicherung **komplexer Datenstrukturen** bemerkbar, die über einfache alphanumerische Daten auch das Speichern von Bildern, räumlichen und multimedialen Daten berücksichtigen (*Klas/Neuhold/Schrefl* 1990).

Abschließend sei auf den hohen Stellenwert der Qualität der Datenbasis einer Unternehmung hingewiesen: Das IM sollte das Management der Datenbasis nicht aus den Augen verlieren, da alle Anwendungen auf Daten als ihre Basis zurückgreifen. Wenn die Datenbasis unangemessen modelliert wurde, die Daten physisch am falschen Platz abgelegt sind oder inkompatibel in unpassender Struktur vorliegen, leidet die gesamte IV im Unternehmen.

3.3.3.3 Management der Kommunikation

Kommunikation bezeichnet den Austausch von Informationen zwischen Menschen, zwischen Menschen und Maschinen und zwischen Maschinen zum Zwecke der Verständigung. Die Kommunikation findet über einen *Kommunikationskanal* zwischen mindestens einem *Sender* und einem *Empfänger* statt. Bezüglich der Form der auszutauschenden Informationen wird zwischen Sprach-, Daten-, Text- und Bildkommunikation unterschieden.

Kommunikation zwischen Menschen kann im allgemeinen ohne Hilfsmittel stattfinden, wenn die Beteiligten sich zur gleichen Zeit am gleichen Ort befinden. *Kommunikationstechnologie* wird jedoch notwendig, wenn die Beteiligten an unterschiedlichen Orten oder zu unterschiedlichen Zeitpunkten miteinander kommunizieren wollen. Der Rationalisierung der Kommunikation durch die Anwendung von Technologie wird wettbewerbsbedeutender Charakter zugesagt (*Keen* 1991, S.46).

3.3.3.3.1 Kommunikationsnormen

Im Rahmen der Kommunikation werden Regeln über den Kommunikationsaustausch, die Kommunikationsinfrastruktur, Überprüfungsmöglichkeiten etc. notwendig. Diese Regeln können von verschiedenen Instituten normiert werden. DIN bezeichnet das Deutsche Institut für Normung in Berlin und ist ein Beispiel für eine regelsetzende Institution. Neben dem DIN für Deutschland gibt es in den USA ANSI-Normen (American National Standards Institute), auf europäischer Ebene CEPT (Conférence Européenne des Administrations des Postes et des Télécommunications) und auf internationaler Ebene CCITT (Comité Consultatif International Télégraphique et Téléphonique) und ISO (International Standardization Organisation).

Wichtigster Output der Standardisierungsbemühungen der ISO war das OSI-Referenzmodell (Open Systems Interconnection) für Kommunikation zwischen bis dahin geschlossenen Systemen. Es wurde Ende der 70er Jahre entwickelt, als es aufgrund heterogener Computersysteme zunehmend Kommunikationsprobleme gab. Es gliedert die Kommunikation in 7 Schichten mit verschiedenen Protokollen, die in *Transportprotokolle* (Schichten 1-4) und *Anwendungsprotokolle* (Schichten 5-7) unterschieden werden können. Die Bedeutung der Normierung liegt in der Möglichkeit, Netze aus Komponenten unterschiedlicher Hersteller zusammensetzen zu können, solange die Komponenten den Normierungsspezifikationen genügen.

Besondere Bedeutung kommt heute dem *Internet-Protokoll TCP/IP* (Schicht 4 im OSI-Referenzmodell) zu, das wegen seiner Offenheit und Verbreitung zunehmend auch als Transportprotokoll für innerbetriebliche Netze verwandt wird (sogenanntes Intranet). Darauf wird an späterer Stelle detaillierter eingegangen.

3.3.3.3.2 Kommunikationsnetzwerke

Aufbau, Ausbau und die Pflege eines Netzwerkes bilden ein **Infrastrukturelement der Kommunikation**. Werden IS in *Rechnernetzen* miteinander verbunden, kann nach ihrer Reichweite zwischen *Wide Area Networks (WAN)* und *Local Area Networks (LAN)* unterschieden werden. Lokale Netze beschränken sich in der Regel auf ein Betriebsgelände und befinden sich unter privater Hoheit. WANs werden für größere Distanzen und die Überbrückung öffentlichen Geländes benutzt.

Das **Kommunikationsmanagement** in Netzen wird schwerpunktmäßig zum Netzmanagement mit den Aufgabenkomplexen Netzgestaltung, Netzverwaltung und Netzbetrieb:

- **Netzgestaltung:** Unter Netzgestaltung fällt die Auswahl von Hardware- und Software-Komponenten sowie die Verkabelungs- und Installationsplanung. Die Netzgestaltung kann bereits in der Planungsphase für Gebäude ansetzen, wenn es z.B. um die Festlegung von Kabelschächten geht.
- **Netzverwaltung:** Die Netzverwaltung dient der Aufrechterhaltung des Netzbetriebes. Aufgaben sind Beschaffung, Bestandsregistratur und Koordinierung der Instandhaltung.
- **Netzbetrieb:** Der Netzbetrieb subsumiert Netzbedienung, laufende Instandhaltung und Benutzerservice.

Hauptmerkmale eines effizienten Kommunikationsnetzes sind adäquater Datendurchsatz, zuverlässige und fehlerfreie Übertragung, flexible Verbindungsmöglichkeiten, Erfüllung der Standardisierungsvoraussetzungen sowie einfache Steuerung und Verwaltung. Das Zusammenwachsen von Telekommunikation und DV bietet neue Dienste für die Benutzer. Solche Dienste werden auch als **Mehrwert-dienste** oder **Value Added Networks (VAN)** bezeichnet. Obwohl auch VANs die öffentlichen Übertragungswege nutzen, beschränken sich diese privaten Netzwerk-betreiber bei der Gestaltung ihres Serviceangebots für Firmenkunden nicht auf die reine Datenübertragung, sondern verbinden sie mit weiterreichenden Leistungen, die beispielhaft in Tabelle 3-8 aufgeführt sind.

Mehrwertdienste			
Fortgeschrittene Telekommunika-tionsfunktion	**Time-Sharing und Informa-tionsfunktion**	**Transaktions-funktionen**	**Tele-Arbeit, Tele-Sicherung und Fernwirken**
• Fehlerschutz • Verschlüsselung • Codeumwand-lung • Formatumwand-lung • Geschwindig-keitsumwand-lung • Protokollum-wandlung • Anpassung an spezielle Quali-tätsforderungen	• Produktinforma-tionen • Teilnehmerver-zeichnisse • Unterstützende Software • Nachrichten, Sportmeldungen, Wettervorhersa-gen etc.	• Elektronische Zahlungsaufträge • Elektronischer Briefkasten • Nachrichten-übermittlung • Automatische Anrufbeantwor-tung • Finanzielle Transaktionen, Tele-Banking	• Tele-Betreuung • Tele-Buchfüh-rung • Tele-Diktat • Tele-Fernmessen • Tele-Konsulta-tion von Ärzten • Tele-Software • Tele-Teaching • Tele-Überset-zung

Tabelle 3-8: Beispiele von Mehrwertdiensten
Quelle: In Anlehnung an *Ungerer/Costello* (1989, S.59); *Pribilla/Reichwald/Goecke* (1996, S.31)

Die **Marktstrukturen** für den Telekommunikationsbereich lassen sich entspre-chend Abbildung 3-45 charakterisieren (Speth 1999, S.211ff.). Das Leistungsan-gebot von Telekommunikationssystemen wird durch nacheinander zu erbringende Teilleistungen auf mehrstufigen Märkten gebildet. In diesem Ablauf bilden die Systementwickler mit der Erstellung der Systemkomponenten den Ausgangspunkt, aus denen die Provider bzw. die Systembetreiber anschließend die entsprechenden Netze konzipieren. Die Handelnden bewegen sich hierbei auf der **indirekten Marktebene**. Die Systembetreiber und Mehrwertdienstanbieter entwickeln dann auf der Basis der Leistungskomponenten des Netzes ihre Dienstleistungen und die Endgerätehersteller passende Endgeräte. Der Telekommunikationshandel wählt Leistungsangebote aus und vermarktet sie selbständig. Die Realisierung solcher Telekommunikationssysteme erfordert aus technischen und marketingpolitischen Gründen eine Koordination zwischen den Parteien auf der Anbieterseite und er-zeugt damit eine Verbundwirkung zwischen den einzelnen Marktebenen. Der

Markterfolg von Telekommunikationssystemen kann daher immer nur als Gesamterfolg aller Anbieterparteien interpretiert werden.

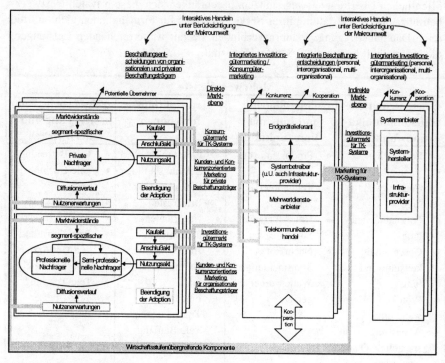

Abbildung 3-45: Strukturen des Telekommunikationsmarktes
Quelle: *Speth* (1999, S.211)

Auf der **direkten Marktebene** stehen den Anbieterparteien organisationale und private Nachfrager gegenüber. Die Anbieter agieren damit sowohl auf einem Investitionsgütermarkt als auch auf einem Konsumgütermarkt, was jeweils unterschiedliche Anforderungen an die Systemtechnik und die Marketingpolitik stellt. Die Adoption eine Telekommunikationssytems wird dabei durch die drei Entscheidungen Kaufakt, Anschlußakt und Nutzungsakt vollzogen. Von zentraler Bedeutung ist der Nutzungsakt, da von der Nutzungsintensität der Markterfolg des Systems abhängt. Der Adoptionsprozeß wird von produktspezifischen, adopterspezifischen und umweltspezifischen Einflußfaktoren beeinflußt. Der Diffusionsverlauf solcher Systeme wird auf der Nachfragerseite von Marktwiderständen und der Erwartungshaltung sowie auf der Anbieterseite von Marketingmaßnahmen bestimmt. Der Markt kann in Segmente eingeteilt werden, die einen spezifischen Diffusionsverlauf aufweisen. Für die Nutzer stellt sich das Telekommunikationssystem als ein Infrastruktursystem dar, das Kommunikation ermöglicht. Je besser ihre Bedürfnisse berücksichtigt werden, um so intensiver werden sie das System nutzen. Die Nachfrager entscheiden daher über den Markterfolg auf der direkten

Marktebene der Betreiber und Diensteanbieter und auf der indirekten Marktebene über den Erfolg der Systemhersteller und Infrastrukturprovider.

Das **Internet** hat sich zur **allumfassenden Kommunikationsplattform** entwickelt. Kommunikation und Interaktion innerhalb und zwischen Unternehmen und Organisationen und von und mit Privatnutzern wird immer häufiger mit Unterstützung des Internet abgewickelt. Die einheitlichen Protokolle und Standards des Internet ermöglichen auf der logischen Ebene eine standardisierte Kommunikation zwischen beliebigen Rechnern auf der Welt. Voraussetzung ist, daß sie über einen Zugang zum Internet und eine Internet-Adresse (IP-Adresse) verfügen. Die darunter liegenden Netzstrukturen und Übertragungsverfahren spielen dabei aus Anwendungssicht keine große Rolle mehr. Die heute gängigen Netzwerk-Betriebssysteme unterstützen alle das IP-Protokoll als Standard.

Der Aufbau und der Betrieb eines **IP-Netzwerkes** bringt eine Vielzahl an erforderlichen Managemententscheidungen mit sich. So müssen Entscheidungen getroffen werden über die Zuverlässigkeit und Verfügbarkeit des Netzes, über die Vergabe von IP-Adressen und das zugrundeliegende Netzadressen-Schema, über die Verwendung von Subnetz-Adressen und den Einsatz von Domain Name Services und auch über das allgemeine Systemmanagement (*Washburn/Evans* 1997, S.18). Diese Grundentscheidungen definieren den Aufbau eines IP-Netzes und zeigen zugleich, welche laufenden Aufgaben mit dem Betrieb und der Wartung eines IP-Netzes verbunden sind.

Die Vergabe und Verwaltung von IP-Adressen stellt eine wichtige Aufgabe beim Betrieb eines IP-basierten Netzes dar. Dabei treten allerdings Probleme auf durch den begrenzten Adreßraum und durch weitere Schwächen von IP in seiner aktuellen Version 4 . Zudem spielen durch den zunehmenden Einsatz von IP innerhalb und zwischen Unternehmen Sicherheitsprobleme eine Rolle. Der Verwaltung von Benutzern und deren Rechten kommt eine große Bedeutung zu. Auch das Management der Informations- und Kommunikationsinfrastruktur in IP-Netzen wird komplexer, die häufig nur noch durch Werkzeugunterstützung durchgeführt werden kann. Der oben beschriebene Nutzen von IP-Netzen kann zudem erst dann voll zur Geltung kommen, wenn es einen hohen Grad an Standardisierung auch bei den Werkzeugen gibt, die auf die IP-basierten Plattformen aufsetzen.

Nachfolgend sollen einige **Managementfragen** diskutiert werden, die mit dem Einsatz von IP-Netzwerken einhergehen. Es wird nach einer kurzen Darstellung von Intranets und Extranets auf die Browser als zentrale Schnittstelle zum Menschen mit den damit verbundenen Standardisierungsbemühungen und -notwendigkeiten eingegangen. Anschließend werden Sicherheitsfragen und der Einsatz von Virtual Private Networks erörtert. Nachfolgend wird der Einsatz von Quality of Service-Garantien im IP-Netz dargestellt. Abschließend wird in die sem Kapitel auf die mit dem IP-Adreß- und dem Domain Name-Management verbundenen Probleme eingegangen.

Intranets und Extranets spielen eine Rolle im Unternehmensalltag. In unternehmensinternen Netzen wird die Internet-Technologie (WWW-Server, Browser, TCP/IP etc.) immer häufiger eingesetzt. In diesem Fall spricht man von sogenannten „**Intranets**".

Wenn ein Intranet für die Integration der eigenen Wertschöpfungskette mit Zulieferern, Kunden etc. erweitert wird, so spricht man von einem „**Extranet**". Der Zugriff auf bestimmte Inhalte des unternehmenseigenen Netzes kann auf klar definierte Gruppen außerhalb des Unternehmens erweitert werden. So kann das Bestellwesen mit Lieferanten über das Extranet als vertraulichem Kanal, der verhindert, daß unberechtigte Dritte die Inhalte der Kommunikation einsehen können, abgewickelt werden, oder das Extranet kann einen Informationsraum schaffen, in dem Kooperationspartner Informationen austauschen und kommunizieren können. Wichtig dabei ist, daß sich die Partner auf die Korrektheit und Unverfälschtheit der Daten verlassen können, da der Zugriff bei funktionierendem Schutz nur für den jeweiligen Partner möglich ist.

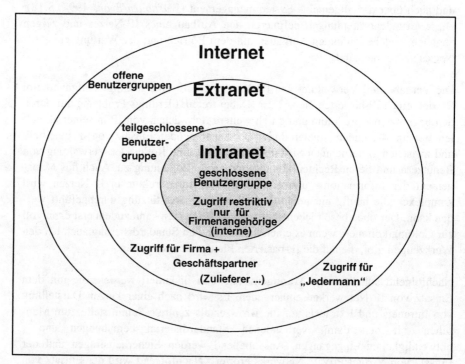

Abbildung 3-46: Intranet, Extranet und Internet
Quelle: In Anlehnung an *Rensmann* (1998, S. 10)

Auch auf **Anwenderseite** wird der Umgang mit der Informations- und Kommunikationstechnologie vereinfacht. Für die Nutzer besteht kein großer Unterschied mehr zwischen dem Zugriff auf Informationen im Internet oder im Intranet. Für beide Fälle kann ein Internet-Browser eingesetzt werden. Der Internet-Browser wird zur zentralen Informationsschaltstelle des Anwenders. Für den Anwender reduziert sich damit auch der Schulungsaufwand, da er den Browser und das Mail-Programm sowohl für das Intranet als auch das Internet nutzen kann. Dies kann sich positiv auf die Nutzung und Akzeptanz der Technologie auswirken.

Einhergehend mit dem Wachstum des World Wide Web wuchs auch die Bedeutung der **Browser**. Der Browser-Markt wird von Netscape/AOL und von Microsoft dominiert (Stand 1999). Von allen Browsern unterstützt wird die Hypertext Markup Language (HTML). Darüber hinaus gibt es aber viele proprietäre Erweiterungen, die die Kompatibilität der Browser einschränken. Von den Browser-Anbietern wurden Softwaremodule, sogenannte „Plugins", auf den Markt gebracht, die sich in den Browser integrieren lassen. Der Browser kann so um gewünschte Funktionalitäten, wie z.B. die Anzeige von PDF-Dateien, erweitert werden. Weiterhin wurden die Browser um Java Applets und JavaScripts erweitert. Beide marktführenden Browser bieten inzwischen Werkzeuge an, die deren Verwendung im Intranet erleichtern. Damit kann z.B. die Verwaltung und der Upgrade der Clients zentral gesteuert werden.

Die Internet-Technologie bildet im Unternehmen eine **plattformunabhängige Basis**, mit der sich heterogene Systeme in ein einheitliches Netz integrieren lassen. Durch die Definition von Schnittstellen und Standards für die Kommunikation senkt das Internet den Aufwand für die Entwicklung, Pflege und den Einsatz eigener Software und Anwendungen.

Wichtig für die Entwickler von Web-Seiten und die Nutzer von Browsern ist, daß diese **Standards** unterstützen. Inzwischen unterstützen auch die Marktführer Microsoft und Netscape Standards wie die Extensible Markup Language (XML), Cascading Style Sheets (CSS) und das Document Objekt Model (DOM). XML stellt einen neuen Standard für die Beschreibung von Dokumenteninhalten dar und ermöglicht die Definition spezieller Regeln für bestimmte Einsatzgebiete (z.B. für Branchen). Damit können Inhalte von Dokumenten definiert und abgefragt werden. Auswertungen können direkt in Anwendungsprogrammen weiterverarbeitet werden. Als universelles Datenaustauschformat ermöglicht XML auch die Darstellung von EDI-Spezifikationen. Vorteil der Standardisierung für die Entwickler und Anwender ist, daß sie sich in ihren Anwendungen auf diese Standards fokussieren können und in vielen Fällen nicht mehr auf die Verwendung herstellerspezifischer Erweiterungen angewiesen sind. Dies schafft Investitionssicherheit und reduziert Abhängigkeiten. Das Problem des Einsatzes von Internet-Technologie auch in und zwischen Unternehmen liegt allerdings darin, daß im Internet als offenem Netz Informationen jedem zur Verfügung stehen, der die IP-Adresse des

Rechners kennt und über entsprechende Rechte auf dem Rechner verfügt. Um sicherzustellen, daß vertrauliche Unternehmensdaten nicht der Öffentlichkeit zugänglich werden, müssen Intranet und Extranet von der Außenwelt des Internet abgeschottet werden.

Um das Unternehmensnetz vor unerlaubten Zugriffen aus dem Internet zu schützen, werden **Firewalls** zur Blockade der direkten Kommunikation zwischen dem lokalen Netz und dem Internet eingesetzt. Der Firewall überwacht sämtliche Datenströme zwischen dem unternehmensinternen Netz und dem Internet. Zusätzlich können die Daten selbst vor unberechtigten Zugriffen geschützt werden, indem kryptographische Verfahren eingesetzt werden, um die Daten zu verschlüsseln. Eine tiefergehende Diskussion von Sicherheitsfragen wird in Abschnitt 4.2 erfolgen.

Um mehrere lokale Netzwerke miteinander zu verbinden, steht im Internet eine kostengünstige Alternative zu Wähl- oder Festverbindungen zur Verfügung. In diesem Fall können die Firewalls einzelner abgeschotteter Standorte miteinander kommunizieren. Sie verschlüsseln und authentisieren die Daten über einen sogenannten „IP-Tunnel". Durch diese Kopplung der lokalen Teilnetze entsteht ein größeres virtuelles privates Netz, ein sogenanntes „**Virtual Private Network (VPN)**", das vor externen Angriffen (im Rahmen der Schutzmöglichkeiten) gesichert ist.

Ein VPN kann definiert werden als „eine Kommunikations-Umgebung, bei der der Zugang solcher Art kontrolliert ist, daß Peer-Verbindungen nur innerhalb einer definierten Interessengruppe und somit exklusiv möglich sind; dies wird durch eine Partitionierung der gemeinsamen darunterliegenden Kommunikations-Infrastruktur erreicht, wobei die Kommunikations-Infrastruktur grundsätzlich nicht-exklusive Netzdienste zur Verfügung stellt." (*Borowka* 1999, S.13). Verkürzt gesagt wird ein privates Netz über ein öffentliches Netz betrieben. „Virtuell" ist ein VPN deshalb, da ein Anwender die Vorstellung hat, daß seine Daten über exklusive, also „private" Verbindungen laufen. Tatsächlich wird die Netzinfrastruktur aber von verschiedenen Anwendern gemeinsam genutzt, die Privatheit ist also nur virtuell vorhanden. Die Abschottung der Anwender und deren Applikationen voneinander erfolgt durch verschiedenen Sicherheitsmaßnahmen. Dies birgt zwar Sicherheitslücken, denen aber Kosteneinsparungen durch die gemeinsame Nutzung des Netzes gegenüberstehen.

Die **Sicherheit eines VPNs** hängt von den verwendeten Technologien ab. So bietet z.B. Tunneling einen hohen Schutz, der noch durch Verfahren zur Authentisierung, Autorisierung und Paketfilterung bis hin zur Teil- oder Vollverschlüsselung verstärkt werden kann. Unter „Tunneling" versteht man ein Verfahren, zwischen dem Eingangs- und Ausgangspunkt des VPNs eine feste logische Verbindung zu definieren, auf der ein privates Datenpaket mit IP oder PPP „gekapselt" wird. Auf diese Weise wird das eigentliche Paket nicht mehr erkennbar. **Einsatzmöglichkeiten eines VPNs** bestehen z.b. in der Schaffung von Zugangsmöglichkeiten für mobile Mitarbeiter oder für Mitarbeiter anderer Unternehmen. VPNs werden derzeit mit großem Aufwand von den Anbietern vermarktet. Inwieweit der gewünschte Nutzen und die Kostenersparnis tatsächlich realisiert wird, bleibt aber einer Einzelfallprüfung vorbehalten.

Die zunehmende Integration von Sprache und Video ins IP-Netz führt dazu, daß der Anteil verzögerungsempfindlicher Kommunikationsströme im Netz größer wird. Ein Problem der derzeit weit verbreiteten Version des Internet-Protokolls besteht darin, daß keine **Dienstgütegarantien (Quality of Service-Garantien)** gegeben werden können. Dies zeigt sich für die Nutzer nicht zuletzt darin, daß das Internet sich häufig als alles andere als eine Datenautobahn präsentiert.

Die Integration von Video und Sprache zu **Multimedia** führt auch zu veränderten Anforderungen an die Unternehmensnetze, die nur durch Dienstgüte-Implementierungen erfüllt werden können. Für multimediale Applikationen mit ihren engen Zeitrestriktionen sind Bandbreiten- oder Antwortzeitengarantien eine Notwendigkeit. Erforderlich ist daher, daß im Netz Prioritäten gesetzt werden können. Die Service-Qualität des Netzes soll durch Priorisierung sichergestellt werden. Für eine effiziente und sichere Kommunikation werden Regeln aufgestellt.

Um die Quality of Services zu realisieren, konkurrieren derzeit unterschiedliche **Verfahrensweisen** auf verschiedenen Ebenen, die ihre spezifischen Vor- und Nachteile haben. Es ist damit zu rechnen, daß sie in den Stufen fixe Zuordnung von QoS-Regeln, dynamische Zuweisung von QoS-Parametern und ausgesuchten Sicherheitsregeln und flexible Zuordnung der Regeln in Abhängigkeit vom aktuellen Zustand der Netztopologie realisiert werden (*Stiel* 1999, S.17).

Das Internet-Protokoll (IP) hat sich aufgrund der Entwicklung des Internet und des WWW als Standard entwickelt. Mit der zunehmenden Größe und Komplexität von Intranets wird deren **Administration** bedeutsamer. Verwaltet werden müssen auch die Zugriffsrechte und Benutzerkennungen. Mit Verzeichnisdiensten können die Benutzer in einer verteilten Systemlandschaft zentral verwaltet werden. Von diesen Diensten können auch die Zertifikate für die Benutzerautorisierung verwaltet werden. Von zentraler Stelle aus können Benutzerprofile verwaltet werden, die auf den entsprechenden Arbeitsplatzrechnern eingerichtet werden können.Die Konfiguration und Pflege von IP-Netzwerken ist inzwischen allerdings sehr aufwendig und komplex geworden und kann häufig manuell nicht mehr bewältigt werden. Die manuelle Zuordnung und Verwaltung von Tausenden von IP-Adressen ist ohne technische Unterstützung nicht mehr machbar. Zur **Unterstützung des IP-Adreßmanagements** setzen Unternehmen Tools auf der Basis des Dynamic Host Configuration Protokolls (DHCP) ein. DHCP verfügt über einen Pool von IP-Adressen und ordnet sie einzelnen Einheiten in dem Moment zu, wo diese IP-

Services nachfragen. Ein Client, der DHCP unterstützt, erhält bei jeder Netzanmeldung automatisch eine IP-Adresse vom DHCP-Server.

Dadurch sollen die **Domain Name System (DNS)-Server** automatisiert werden (*Higgins* 1997, S.133). DNS-Server speichern u.a. eine Liste der Namen der Workstations zusammen mit ihren IP-Adressen. Außerdem registrieren sie Informationen über die aktiven Adressen und deren Lokation im Netzwerk. Das manuelle Update der DNS-Server ist ein aufwendiger Prozeß. IP-Adreßmanangement-Tools bieten eine direkte Verbindung von DHCP und DNS, sodaß jede Änderung der IP-Adressen automatisch im DNS-Server registriert wird. Für die Verwaltung und Aktualisierung der DNS-Adressen bietet DDNS (Dynamic Domain Name System) eine ähnliche Funktion wie DHCP (*Wilson* 1998, S.1).

Die bisherige Version von IP, **IPv4**, ist an ihre Grenzen angelangt (*Flüs* 1998, S.12f.). Der stetig wachsende Bedarf an Internet-Adressen kann durch die Menge der verfügbaren und freien IP-Adressen nur noch sehr kurzfristig abgedeckt werden. Ein Hauptgrund für die Beschränktheit von IPv4 liegt in der starren Adreßstruktur, die dazu führt, daß die registrierten Adressen knapp werden. Zudem sind mit der Verbreitung des Internet auch Sicherheitsprobleme verbunden, die auf höheren Ebenen nur sehr aufwendig und unwirtschaftlich zu lösen sind. Außerdem erfordern neue Anwendungsformen wie Multimediadienste Quality of Service-Steuerungsmöglichkeiten. Diesen Problemen soll durch eine Erweiterung des IP-Protokolls begegnet werden.

Die **Version IPv6** unterstützt einen erweiterten Adreßraum mit 128 Bit statt 32 Bit pro Adresse, Authentifizierung und Verschlüsselung als Optionen auf IP-Ebene, die Möglichkeit der Kennzeichnung von Paketen zur Steuerung der Behandlung beim Transport (flow labeling) und einen vereinfachten Mindest-Header (*Flüs* 1998, S.13). Für die Planer und Betreiber von IP-Netzen bedeutet das, daß sie zwar nicht völlig umlernen müssen, sich aber auf Neuerungen einstellen müssen. So werden die Adressen nicht mehr wie unter IPv4 dezimal kodiert, sondern hexadezimal. Das erschwert den Umgang mit den Adressen ebenso wie die Möglichkeit, Netzwerk-Adressen ohne Rückgriff auf die Dokumentation zu identifizieren. Mechanismen wie eine automatische Adreßvergabe mit DHCP werden damit wichtiger. Zudem steigt der Druck zu standardisierten Lösungen für die Kopplung verschiedener Dienste wie DNS, DHCP und Bestandsführung im Netzwerk.

Das **Domain Name System** selbst wird ebenfalls neu geordnet. Ziel ist zum einen eine Deregulierung der Vergabe von Web-Adressen und die Einführung neuer Top-Level-Domains, so z.B. „web" für Personen, „shop" für Firmen und „info" für Informationsdienstleister. Dabei hat die ICANN, die „Internet Corporation for Assigned Names and Numbers" als eine private Non-Profit-Organisation der internationalen Internet-Community seit 1998 mit die Verantwortung übernommen, um

Managementzuständigkeiten für das Domain Name System von der Regierung der Vereinigten Staaten auf den privaten Sektor zu transferieren.

3.3.4 Management von Technologiebündeln und Funktionsorientierten Technologiebündeln

Am Anfang dieses Kapitels wurde darauf eingegangen, daß es für das IKT-Management von Bedeutung ist, wie die *Basisfunktionalitäten* Speicherung, Verarbeitung und Kommunikation innerhalb eines IKT-Systems zusammenwirken. Die Verknüpfung von *Basistechnologien*, die den Basisfunktionalitäts-Bereichen Speicherung, Verarbeitung und Kommunikation zuzuordnen sind, um eine bestimmte Konzeption zu realisieren, wird als **Technologiebündel** bezeichnet. Denn die Sichtweise von IKT-Systemen als Speicherungskomponenten, Verarbeitungsformen oder Kommunikationssystemen ist zu allgemein, das Betrachten und Denken aus bestehenden *Produkten* und *Anwendungen* heraus jedoch zu spezifisch. Ein zwischen diesen beiden stehendes Abstraktionsniveau ist wünschenswert. Produkte und Anwendungsangebote sind oftmals Kombinationen bereits vorhandener Produkte und Anwendungen, also gebündelt zu Technologiebündeln (technikorientiert) und Funktionsorientierten Technologiebündeln (anwendungsorientiert) (Abbildung 3-47).

Nachfolgend werden zunächst Client-Server-Architekturen und Multimedia als Technologiebündel beschrieben. Danach erfolgt eine Betrachtung von Funktionsorientierten Technologiebündeln. Abschließend wird auf das Konzept der Total Cost of Ownership (TCO) eingegangen, das sich mit den aus Technologiebündeln resultierenden Belastungen beschäftigt.

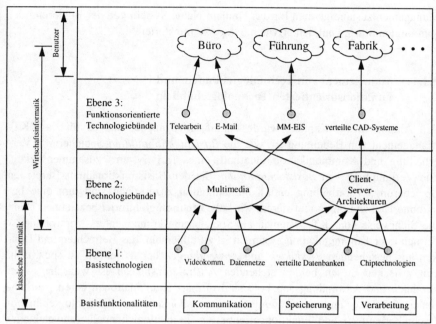

Abbildung 3-47: Informations- und Kommunikationstechnologie-Ebenen am Beispiel der Technologiebündel Multimedia und Client-Server-Architekturen

3.3.4.1 Management von Technologiebündeln

Ein typisches Beispiel für Technologiebündel sind **Client-Server-Architekturen (CSA)**. Sie entstehen durch eine Bündelung spezieller Formen der drei Basisfunktionalitäten. Im Basisfunktionalitäts-Bereich *Kommunikation* bestehen CSA aus den Basistechnologien Datennetze sowie Koordinationsverfahren, insbesondere Remote Procedure Calls (RPC) und Message Passing Systems (MPS). Im Basisfunktionalitäts-Bereich der *Verarbeitung* wird Rechenkapazität an den Netzknoten der CSA benötigt. Weiterhin sind für CSA grafische Benutzeroberflächen als Präsentationstechniken charakteristisch. Im Basisfunktionalitäts-Bereich der *Speicherung* werden verteilte Datenbankkonzepte als Basistechnologie verwandt. Obwohl verschiedene Formen der Basistechnologien schon vorher bestanden, macht erst die sinnvolle Kombination das Potential des Technologiebündels CSA aus.

Durch die zunehmende Verbreitung von EDV-Anlagen und deren Vernetzung hat sich diese hybride Form zwischen der zentralen sowie der verteilten und lokalen DV entwickelt. Bei Client-Server-Systemen übernehmen unter den über ein LAN oder WAN vernetzten Rechnern einige Rechner, die sogenannten Server, bestimmte Dienstleistungen für andere Rechner, die sogenannten Clients, die diese Dienstleistungen nutzen. Die Dienstleistung kann in der Datenhaltung, auf Ebene der Anwendung oder auch nur in der Präsentation der Daten bestehen (Abbildung 3-48).

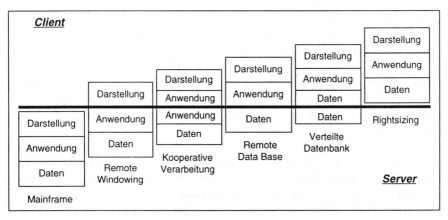

Abbildung 3-48: Verteilungsoptionen bei Client-Server-Architekturen
Quelle: *Krcmar/Strasburger* (1993, S.26)

Die Kommunikation zwischen den Servern und Clients erfolgt über standardisierte Schnittstellen. Als besondere **Vorteile** der Verarbeitung nach dem **Client-Server-Prinzip** werden

- die LAN-/WAN-weite Nutzung aller vorhandenen (Verarbeitungs-) Ressourcen,
- bessere Zuordnung arbeitsplatzbezogener Aufgaben,
- verbesserte Verarbeitungsbereitschaft (Verfügbarkeit der Verarbeitungskapazitäten) und
- erhöhte Flexibilität in den Verarbeitungsmöglichkeiten angeführt.

Es entstehen niedrigere Hardware-Kosten, die jedoch mit gestiegenen Kosten für den Netzbetrieb und die gesamte Systembetreuung einhergehen.

Multimedia dient als zweites Technologiebündel zur Veranschaulichung. Multimedia wird definiert als die Kombination zeitabhängiger sowie zeitunabhängiger Medien bei der Verarbeitung und Wiedergabe in speziellen Hard- und Software-Komponenten (*Meissner* 1994, S.14). Entscheidende Komponenten eines Multimediasystems sind im Basisfunktionalitäts-Bereich der *Verarbeitung* Multiprozessorrechner zur Aufnahme großer Datenmengen sowie Kompressionsalgorithmen und Audio-/Video-Codierung als Basistechnologien. Im *Kommunikationsbereich* sind Multimediasysteme auf Breitbandkommunikation als Kommunikations-Basistechnologie angewiesen, um ihr Potential voll entfalten zu können.

Die Technologiebündel sind *anwendungsunabhängig* einsetzbar. Multimedia wie auch CSA sind Technologiebündel, die in den in Abbildung 3-47 im oberen Teil dargestellten Anwendungsbereichen wie beispielsweise „Büro", „Führung", „Fabrik" und anderen gleichermaßen zum Einsatz kommen können. Andererseits sind sie keine generischen Basistechnologien, wie z.B. die Konzepte der Objektorientierung, der parallelen Rechnerarchitekturen, die Breitbandkommunikation oder das reine Hypertextkonzept, die bestimmte Ausprägungen der drei Basisfunktionalitäten darstellen. Breitbandkommunikation ist zunächst ein Konzept zur Kommunikation, parallele Architekturen sind Formen der Verarbeitung, die Objektorientierung und Hypertext sind Erscheinungsformen der Basisfunktionalität Speicherung.

Ein Beispiel für eine ähnliche Sichtweise bietet *Steinbock* (1994), der die drei Ebenen *Informationstechnik*, *Applikation* und *Geschäft* unterscheidet. Er kommt gleichfalls zu dem Schluß, daß sich die **Kategorisierung von IKT-Systemen** nach Managementfunktionen (etwa Rechnungswesen, Beschaffung etc.) zu Zwecken der IKT-Bewertung wenig eignet, obwohl sie bei Produkten (aus Marktsicht) am häufigsten anzutreffen ist. Statt dessen zieht er *Applikationstypen* als Bindeglied zwischen IKT und geschäftlicher Anwendung vor (Abbildung 3-49).

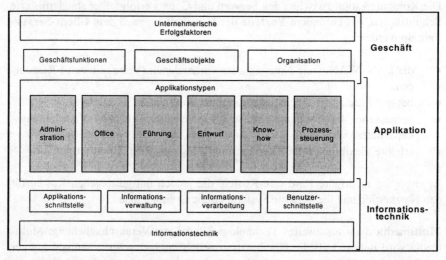

Abbildung 3-49: Applikationstypen
Quelle: *Steinbock* (1994, S.27)

3.3.4.2 Management der Funktionsorientierten Technologiebündel

Funktionsorientierte Technologiebündel sind bestimmte Anwendungstypen, wie E-Mail, Dokument Imaging, Telemedizin, Telearbeit, eCommerce - Plattformen sowie auch der gesamte Bereich der betriebswirtschaftlichen Anwendungs-Software. Dabei beinhalten *Anwendungstypen* oft ein oder mehrere der Funktionsorientierten Technologiebündel als Bestandteile. Bei den Funktionsorientierten Technologiebündeln sind die Zeitabstände von der Entwicklung bis zum Einsatz im Unternehmen im Vergleich zu den Basistechnologien und den Technologiebündeln am kürzesten. Weiterhin treten bei ihrer Verwendung verhaltenswissenschaftliche Aspekte in den Vordergrund, da sie als Bestandteile betrieblicher IS die oberste Technologiestufe im Unternehmen darstellen.

Die Funktionsorientierten Technologiebündel werden meist für Anwendungsbereiche mit *spezifischen Aufgabencharakteristika* entwickelt. Sie sind daher sehr heterogen. In der Abbildung 3-47 sind exemplarisch die Bereiche Büro, Führung und Fabrik herausgegriffen. Die Abbildung zeigt weiterhin, in welchem Kontext sich die *Akteure der drei Ebenen* befinden. Während im Bereich der Basisfunktionalitäten und Basistechnologien vorwiegend Know-how der klassischen Informatik notwendig ist, steigt der Anteil an Wirtschaftsinformatik-Wissen in den Ebenen 2 und 3. Hier steht die Nutzbarmachung der Technologiebündel und Funktionsorientierten Technologiebündel für die Benutzer in den betrieblichen Anwendungsbereichen im Vordergrund des Forschungsinteresses.

Neben der Betrachtungsweise der IKT-Ebenen nach der Nähe zu den Basistechnologien kann eine zweite Dimension betrachtet werden, die den Unterschied zwischen *Nutzungskonzept* und *ausgewählten Produkten* verdeutlicht. Der **Grad der Konkretion durch Produkte** ist in Abbildung 3-50 mit den Pfeilen zwischen Konzepte und Produkte, jeweils dargestellt durch Kreise, hervorgehoben. Es muß, um ein Beispiel zu nennen, entschieden werden, welches Produkt zur Umsetzung der Idee „Groupware-Einsatz" verwendet werden kann. Dabei stehen in aller Regel unterschiedliche Produkte, beispielsweise Lotus Notes, Microsoft Exchange und andere zur Verfügung. Jede einzelne Produktentscheidung jedoch hat Auswirkungen auf die gesamte technologische Infrastruktur. In vielen Fällen müssen die verschiedenen Marktpartner unterschiedliche Integrationsleistungen zwischen den verschiedensten Produkten realisieren, um die Konzepte umzusetzen. Für die Marktpartner haben sich auf den verschiedenen Stufen der Nähe zur Basistechnologie und damit auf den verschiedenen Umsetzungsstufen der Konkretion durch Produkte die Begriffe *Hardware- und Software-Hersteller, Systemintegrator* sowie *Systemhäuser* durchgesetzt. Hardware- und Software-Hersteller, Systemintegratoren und Systemhäuser unterscheiden sich auch inwiefern diese Marktpartner auf der Ebene der *Produktauswahlentscheidung* und *Produktintegration* Hilfestellung geben.

Bei der Betrachtung der Technologietrends ist insbesondere zu untersuchen, in welchem *Verwirklichungsstadium* sich eine Technologie befindet (so auch *Steinbock* 1994). Durch die Unterscheidung der Konkretion durch Produkte, die am Markt erhältlich sind, ist es für viele Technologien möglich zu unterscheiden, auf welcher Stufe des Prozesses von der *Forschungsidee zur marktreifen Produktumsetzung* sie sich befinden. Dabei läßt sich auf jeden Fall der Bereich *Forschungskonzept, implementierter isolierter Prototyp* und umfassend *dokumentiertes erhältliches Produkt* unterscheiden. Für die tatsächliche Umsetzung ist es erforderlich, auf Produkte zurückgreifen zu können. Für die Frage *langfristiger Technologieentwicklungen* sind jedoch auch Kenntnisse über bereits implementierte Prototypen nötig, beispielsweise zur Abschätzung der zeitlichen Verfügbarkeit tatsächlicher marktreifer Produkte oder zur Abschätzung von Forschungsthemen, wenn entsprechend lange Zeitplanungshorizonte vorliegen. Dies bedeutet, daß das Management von Technologiebündeln und Funktionsorientierten Technologiebündeln von verschiedenen Problemen gekennzeichnet ist: Probleme der Auswahl geeigneter Einsatzkonzepte für Technologien, der erforderlichen Auswahlentscheidungen für die Umsetzungen der Nutzungskonzepte in Produkte und der Beobachtung der zeitlichen Entwicklung im Bereich der verfügbaren Technologien auf dem Weg vom Forschungsstadium zum marktreifen Produkt.

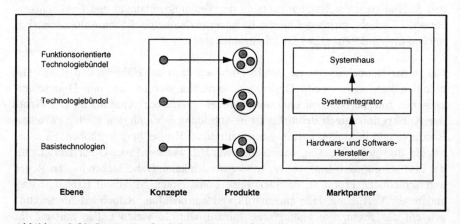

Abbildung 3-50: Dimension der Informations- und Kommunikationstechnologie-Ebenen nach Produktnähe

Marktrelevante IKT-Trends hängen eng mit der Betrachtungsweise der Funktions–orientierten Technologiebündel zusammen. Trends haben die Eigenschaft, daß sie Funktionsorientierte Technologiebündel zusammenfassen. *Steinbock* (1994) unterscheidet fünf verschiedene Trends der 90er Jahre (Abbildung 3-51).

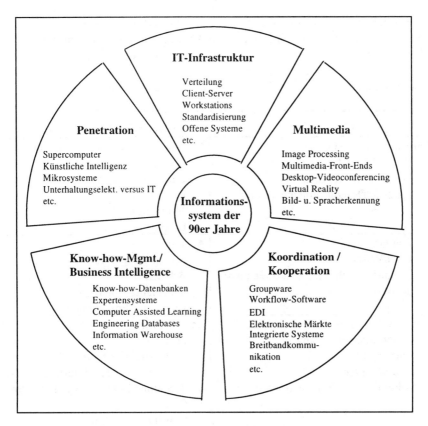

Abbildung 3-51: Technologietrends und Funktionsorientierte Technologiebündel
Quelle: *Steinbock* (1994, S.254)

3.3.4.3 Total Cost of Ownership: Was kosten Technologiebündel?

Total Cost of Ownership (TCO) ist ein von der Gartner Group entwickeltes Konzept zur Ermittlung der tatsächlich aus einer IV-Investition resultierenden Belastungen. Anlaß ist der Umstand, daß trotz ständig fallender Preise für Hard- und Software die IKT-Kosten insgesamt steigen. Als eine wesentliche **Ursache** wird die mit den neuen Möglichkeiten, wie beispielsweise Desktop-Netzwerk-Software, einhergehende Architekturänderung hin zu Client/Server-Systemen angesehen. Zwar macht diese Entwicklung den breiten Einsatz „billiger" Komponenten möglich, allerdings erhöhen sich versteckte Organisationskosten aufgrund der gestiegenen Heterogenität, Komplexität und Erwartungen. Typisch ist in vielen Fällen nicht das planvolle Einrichten von CSA-Strukturen, sondern ein Wildwuchs an Servern. Dies alles führt dazu, daß Mitarbeiter aus den Fachbereichen Zeit in Computertechnik investieren, daß aufwendige User Help Desk-Einheiten aufgebaut werden müssen etc.

182 *Die Aufgaben des Informationsmanagements*

Grundsätzlich werden im Zusammenhang mit TCO budgetierte und nicht-budgetierte Kosten unterschieden. Letztere können dem IV-Cost-Center höchstens indirekt zugeordnet werden. Eine **Auswahl verschiedener Kosten** zeigt Tabelle 3-9. Ein Blick auf die rechte Spalte der Tabelle macht deutlich, daß es sich bei den nicht-budgetierten Kosten größtenteils um versteckte dezentrale Kosten handelt.

Budgetierte Kosten	**Nicht-budgetierte Kosten**

Software-Entwicklung
  Entwicklung/Anpassung
  Personal-/Sach-/Gemeinkosten
  Analyse/Design/Implementierung
	Negative Produktivitätseffekte durch:
	  Antwortzeiten
	  Bearbeitungszeiten
	  Rüstzeiten
	  Motivation
	  Ergonomie

Kommunikation
  LAN/WAN
  Personal-/Sach-/Gemeinkosten passive/aktive Komponenten
	Ausfall
	  geplante Unterbrechung während
	  Arbeitszeit
	  ungeplante Unterbrechung
	  verzögerte Problembehandlung

Hard- und Software
  Abschreibung/Leasing
  Entsorgung
  Client/Server
  Administration/Entwicklung/Betrieb
	Endbenutzer
	  Peer-Support
	  (selbständig/gegenseitig)
	  unproduktives Konfigurieren
	  dezentrale Entwicklung/Anpassung
	  Qualifizierung
	  (selbständig/gegenseitig)

Support
  Help Desk (1st-, 2nd-, 3rd-Level)
  Personal-/Sach-/Gemeinkosten
  intern/extern
  Administration/Einkauf
  Schulung (intern/extern)	

Systembetrieb und -management
  System-/Ressourcenverwaltung
  Installation
  Optimierung
  Instandhaltung	

Tabelle 3-9: Auswahl IKT-Kostenarten

Schätzungen zufolge beträgt der Anteil der nicht-budgetierten Kosten zwischen 23% und 46%. Ein wesentlicher Grund für diese hohen Werte ist im gegenwärtigen Client/Server-Umfeld zu sehen. Dort reichen Gesamtkostenschätzungen aus dem Jahre 1997 für einen Desktop pro Jahr von 1.500 $ bis 11.900 $, wobei nur eine Untersuchung weniger als 6.400 $ ausweist.

Aus dieser Situation heraus ist die Forderung zu verstehen, die entsprechenden Kosten zu managen. Das IV-Controlling ist die Stelle, wo diese Aufgabe anzusiedeln ist. Dabei zeigen schon die o.g. weit auseinanderfallenden Kostenschätzungen, daß Datenerhebung und die Anwendung eines angemessenen Berechnungsverfahrens Schwierigkeiten bereiten. Ein mögliches Design eines **TCO-Assessments** besteht aus:

- Analyse der Strukturen,
- Modellbildung / Kostengliederung,
- Datenerhebung,
- Berechnung der Kosten,
- Analyse, ggf. Benchmark,
- je nach Ergebnis punktuell vertiefte Analyse „weicher" Faktoren und
- evtl. Gegenüberstellung von Benefits.

Richtig verstanden kann **Management der TCO** allerdings nicht nur im periodischen Durchführen derartiger Assessments bestehen. Schon die Erkenntnis, daß TCO erst nach Einführung von CSA zum Thema wurde, zeigt, daß taktische oder sogar strategische IKT - Architekturentscheidungen den eigentlichen Hebel für Kostensenkungen oder -steigerungen darstellen. Untersucht man neue Technologien unter diesem Vorzeichen, so erklären sich die in *Zero Administration Kits*, mehr aber noch in den *Net-PC* gesteckten großen Hoffnungen hinsichtlich geringerer Folgekosten. Dieser sog. Thin-Client ist Bestandteil einer Architektur, welche zwischen der früheren Mainframe-Welt und der noch aktuellen Client/Server-Architektur anzusiedeln ist. Diese Entwicklung wird zudem von neuen Technologien und Standards wie Java, DCOM, CORBA oder HTML getragen, die eine „intelligente" Rezentralisierung unterstützen.

Über die technologischen Optionen hinaus eröffnen sich weitere Möglichkeiten, positiv auf die Kostensituation einzuwirken:
- Der Benutzersupport sollte ein anwendungsorientiertes Monitoring fahren, um Engpässe des Benutzers proaktiv zu identifizieren.
- Schaffung von Bewußtsein, Schulung von Support und Endbenutzern.
- Single Vendor-Strategie oder Best of class Strategien, um entweder Homogenität und Service zu steigern oder Leistung und Qualität zu optimieren.
- Ausschöpfen der Optionen eines proaktiven Systemmanagements.

Insgesamt sollte die TCO-Methodik als Teil eines umfassenden Kostenmanagements betrachtet werden. Dazu hat es sich an den IKT- und Geschäftsprozessen zu orientieren und hält Sanktionsmechanismen bzw. Handlungsempfehlungen bereit. Service Level Agreements dienen der zielgerechten Umsetzung und Kontrolle.

Schließlich führt die Umsetzung des TCO-Ansatzes dazu, daß IKT-Planer, Supportpersonal und Endbenutzer sich der wirtschaftlichen Auswirkungen ihrer Entscheidungen und ihres Handelns bewußter werden und schon dadurch tendenziell effizientere oder effektivere Strategien verfolgen.

Das ursprüngliche TCO-Modell wurde im Laufe der Zeit um **Einflußgrößen** erweitert und differenziert, beispielsweise wird zwischen mehreren Rechnertypen und Anwendertypen unterschieden. Eine andere Erweiterung ist, daß geringe aktuelle Kosten durch die Inkaufnahme eines hohen Risikos, z.B. durch vernachlässigte Sicherheitsstandards, herbeigeführt werden können. Diese Überlegung führt zur Integration des Risikos als *potentielle Kosten*. Zur Unterstützung der TCO-Analyse wird entsprechende Software angeboten.

Zwar betrachtet der TCO-Ansatz IKT lebenszyklusorientiert. Dennoch greift dieser Ansatz insgesamt zu kurz: Um eine sinnvolle Zielsetzung zur Kostensteuerung zu erhalten, ist auch der jeweilige Nutzen, den das betrachtete IKT Funktionsbündel beiträgt, zu beachten. Insofern wäre das Konzept um ein Total Benefit of Ownership (TBO) zu einem Total Profit of Ownership (TPO) zu erweitern, wie dies auch unter dem Stichwort „Business Value" geschieht. Ein gewichtiges Argument für die Beschränkung auf die Kostenseite besteht jedoch darin, daß sich die erhebliche Zurechnungsproblematik noch verschärft, wenn statt Kosten nun die noch problematischeren Nutzengrößen auf einzelne IKT-Komponenten oder auf ganze Systeme verteilt werden müssen

3.3.5   Fall: eCommerce-Lösungen von der Brokat Infosystems AG

Das enorme Wachstum von eCommerce geht einher mit der Entwicklung von Anwendungslösungen, die eCommerce-Angebote für Unternehmen ermöglichen, und hat zur Gründung einer Vielzahl neuer Unternehmen geführt. Ein solches Unternehmen ist die „**Brokat Infosystems AG**".

Brokat entwickelt und verkauft Softwaremodule, die für die Abwicklung von elektronischen Geschäften notwendig sind. Elektronische Geschäfte werden von Brokat als „**e-Business**" bezeichnet und als „[...] any form of business transaction in which the participants interact electronically rather than physical exchanges or contact." definiert (*Brokat* 1998a).

Das Unternehmen wurde 1994 von fünf Partnern in Böblingen gegründet. Seither ist die Gesellschaft stark gewachsen. Einen wichtigen Meilenstein in der **Entwicklung von Brokat** stellt die Börsennotierung am Neuen Markt der Frankfurter Börse seit dem 17. September 1998 dar. Am 22. Juli 1999 erreichte die Brokat Infosystems AG eine Marktkapitalisierung von 964 Mio. DM (*O.V.* 1999). Im Geschäftsjahr 1997/98 erzielte Brokat einen Umsatz von rund 30 Millionen Mark, der inzwischen stark angestiegen ist. Allein in den ersten drei Quartalen des neuen Geschäftsjahres erzielte das Unternehmen einen Umsatz von 38,5 Millionen Mark.

Seinen Hauptsitz hat das Unternehmen in Stuttgart-Vaihingen. Niederlassungen bestehen in Europa, Asien, Afrika und Amerika. Im Jahre 1999 hat das Unternehmen mit der MeTechnology AG fusioniert. Die MeTechnology gehört in Deutschland unter anderem zu den führenden Anbietern von Produkten im Umfeld des Homebanking-Standards HBCI. Nach der Fusion mit MeTechnology und der Übernahme des amerikanischen Cash-Management Spezialisten Transaction Software Technologies (TST) im gleichen Jahr beschäftigt die Brokat Infosystems AG 1999 weltweit rund 495 Mitarbeiter an 12 Standorten.

Das Unternehmen befindet sich derzeit in einem sehr dynamischen Wachstum. In der Softwarebranche ist die Brokat Infosystems AG eines der Unternehmen mit der höchsten Wachstumsrate. Mehr als 1600 Unternehmen, darunter mehrere 100 Finanzdienstleister, nutzen 1999 bereits Lösungen von Brokat. Dazu zählen Rechenzentren der Genossenschaftsbanken und Sparkassenorganisationen in Deutschland, die Deutsche Bank, Allianz und die Zürcher Kantonalbank.

Schwerpunkte der **Produktpalette** sind Lösungen für das Internet Banking, Internet Brokerage und Internet Payment. Basis ist die modulare E-Services Plattform Brokat-Twister, die Unternehmen den Aufbau von E-Banking und eCommerce-Lösungen ermöglicht.

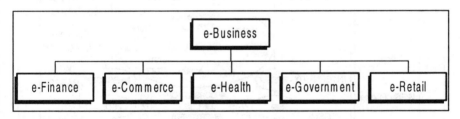

Abbildung 3-52: Definition von „e-Business" bei Brokat
Quelle: *Brokat* (1998a)

Abbildung 3-52 zeigt die **Untergliederung von „e-Business" bei Brokat**, die vom Unternehmen auch als Ordnungskriterium für die Produkte verwendet wird (*Brokat* 1998a). Die Unterteilung repräsentiert die momentan vorhandenen Produkte für die entsprechenden Sparten bzw. zeigt zukünftige strategische Ausrichtungen des Unternehmens auf. „e-Finance" bedeutet bei Brokat die Abwicklung von Finanztransaktionen durch elektronische Medien. Brokat subsumiert unter „e-Finance" das „e-Banking" – also die elektronische Abwicklung von Bankgeschäften - und das „e-Brokerage" – die elektronische Abwicklung von Börsenaktivitäten. „eCommerce" bedeutet für Brokat den elektronischen Absatz von Gütern und

Dienstleistungen. „e-Health" ist im Sinne von Brokat die elektronische Abwicklung und der Transfer von Dienstleistungen im Gesundheitsbereich. In diesem Bereich erwartet Brokat ein enormes Wachstum. Entsprechend bedeutet „e-Government" die elektronische Abwicklung von Dienstleistungen im öffentlichen Bereich.

In der Gründungsphase des Unternehmens hat sich Brokat auf Softwareprodukte für Banken spezialisiert. In diesem Geschäftsfeld hat Brokat auch einen hohen Marktanteil erreicht: In Deutschland und Österreich setzten etwas 70% aller Anbieter von „e-Banking" Produkte von Brokat ein. In Europa besitzt Brokat einen Marktanteil von ca. 40%. Inzwischen ist jedoch eine starke Expansion auf die anderen Bereiche des „e-Business" im Gange, bzw. neue Produkte, die in anderen Bereichen des „e-Business" eingesetzt werden sollen, sind in der Entwicklung.

Kernprodukt von Brokat ist die standardisierte und modular aufgebaute Softwareplattform **Twister**. Diese Plattform versetzt Unternehmen in die Lage, eine einfache und sichere Ausführung von Geschäftstransaktionen über die verschiedensten elektronischen Kanäle durchzuführen. Dies bedeutet, Twister soll für die Anbieter von „eServices" eine Plattform darstellen, die die Bereitstellung der dabei anfallenden Dienste garantiert (*Brokat* 1998a). Die Softwareplattform Twister stellt als eCommerce-Lösung ein Beispiel für ein funktionsorientiertes Technologiebündel dar.

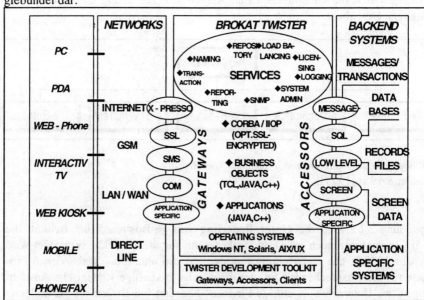

Abbildung 3-53: Architektur von Twister
Quelle: *Brokat* (1998a)

Abbildung 3-53 zeigt die **Architektur von Twister**. Über eine einheitliche und standardisierte Plattform soll ein Unternehmen in der Lage sein, die Daten und Anwendungen der internen EDV-Systeme des Backend-Bereichs über unterschiedliche elektronische Netzwerke den Anwendern bzw. Kunden zur Verfügung zu stellen. Ein Kunde einer Bank kann z.b. über das Internet oder über ein mobiles Telefon auf die Daten seines Kontos zugreifen und Transaktionen ausführen. Diese Verbindung zwischen dem elektronischen Kanal bzw. Netzwerk, dem Unternehmen und dem Konto-Informationssystem der Bank des Kunden ermöglicht die Twister-Plattform von Brokat. Geschäftsprozesse, wie Bestellvorgänge oder Überweisungen, die in bestehenden DV-Systemen abgebildet sind, werden mit Twister Teil der über elektronische Kanäle angebotenen Dienstleistung.

In Anbetracht der zunehmenden Akzeptanz und Ausbreitung des Internets für die Realisierung von "e-Business"-Lösungen unterstützt Twister insbesondere alle gängigen Internettechnologien. Twister ist kein Produkt ausschließlich für das Internet oder entsprechende Anwendungen in einem Intranet, sondern unterstützt ebenso weitere gängige elektronische Netze. Backend-Systeme können z.b. auch über GSM – dem Standard für das mobile Telefonieren – angekoppelt werden. Die Dienste des "e-Business" können somit durch den Kunden über eine Vielzahl von Endgeräten abgewickelt werden. Denkbare Endgeräte sind der PC, mobile Telefone, Fernseher mit Settop-Box oder Videotext, Webkioske oder Handheld-Computer. In Anbetracht des technologischen Wandels wird sich diese Liste in Zukunft sicherlich entsprechend ergänzen lassen. Der Vorteil für die Kunden von Brokat liegt darin, daß mit einer einmaligen Installation von Twister die Ankopplung der Backend-Systeme an die verschiedenen Netzwerke technologisch problemlos und wirtschaftlich effizient vollzogen werden kann.

Twister ist eine Ansammlung von einzelnen **Komponenten**. Über die Komponenten der sogenannten „**Gateways**" werden die Daten der Backend-Systeme via Twister an das entsprechende Netzwerk und somit an das anfordernde Endgerät weitergeleitet. Für das Internet hat Brokat das Gateway „X-Presso" entwickelt. X-Presso bildet einen sicheren Internet-Zugang auf Basis des Sicherheitsstandards SSL. X-Presso kann mit einer Verschlüsselung von 128 Bit arbeiten und garantiert somit eine sehr hohe Sicherheitsstufe. Das Gateway unterstützt auch die verschiedensten Authentifikationsverfahren, somit ist X-Presso beispielsweise für jede Bank, die Internetbanking anbietet, ein wichtiges Instrument, sichere Transaktionen zu gewährleisten. Durch den modularen Aufbau der Software kann leicht von einem Authentifikationsverfahren auf eine andere Methode gewechselt werden. Über die „**Accessors**" werden heterogene Backend-Systeme, wie Datenbanken oder Anwendungen, in die Twisterplattform eingebunden. Dabei greift Twister auf standardisierte Softwaremodule zurück. Z.B. kann über den „SQL-Accessor" auf alle SQL-fähigen Datenbanken zugegriffen werden.

Die **Kommunikation der Twister-Komponenten** untereinander basiert auf dem CORBA/IIOP-Standard. Die Common Object Request Broker Architecture (CORBA)[14] ist eine hersteller- und sprachneutrale Spezifikation für objektorientierte Komponentensysteme. CORBA gewährleistet, daß die Komponenten, die Twister miteinander verbindet und die den unterschiedlichsten Anwendungen und Betriebssystemen entstammen können, miteinander kommunizieren und arbeiten können.

Die Vielzahl an Komponenten der Twisterplattform erfordert einen hohen **Entwicklungsaufwand**. Ständig sollen neue Dienste und Kanäle für das Produkt erschlossen werden. Zudem soll das Produkt weiter verfeinert und an allgemein anerkannte Technologiestandards angepaßt werden. Damit wird die Entwicklung zu einem zentralen Erfolgsfaktor für Brokat. Diese Bedeutung zeigt sich auch darin, daß von den insgesamt 495 Mitarbeitern in 1999 allein 102 im Bereich der Entwicklung arbeiten.

Im März 1999 wurde das **Release 2.3 von Twister** präsentiert, das insbesondere Lösungen unterstützt, mit denen Kundenselbstbedienung und Kundenmanagement medienübergreifend abgewickelt werden können. Zudem wurde damit eine sichere Verknüpfung von Call Center und Internet realisiert, womit große Teile des Kundensupports über Internet abgewickelt werden können. Nicht zuletzt werden damit auch neue Verschlüsselungskomponenten und die Anbindung von SAP R/3-Systemen angeboten.

Quellen:

Brokat: Offering Prospectus. In: http://www.brokat.com/aktie/offering_ prospectus.pdf (1998a), zugegriffen am 10. Februar 1999.

Brokat: Verkaufsprospekt vom 17. September 1998. In: http://www.brokat.de/de/aktie/zahlen/geschaeftsbericht.html (1998b), zugegriffen am 21. Juli 1999.

Brokat: Brokat Webseite. In: http://www.brokat.com (1999a), zugegriffen am 20. Februar 1999.

Brokat: Neun-Monatsbericht (Fiscal Year 1999). In: http://www.brokat.de/de/aktie/zahlen/quartalsbericht.html (1999b), zugegriffen am 21. Juli 1999.

Brokat: Brokat im 3. Quartal weiter erfolgreich. In: http://www.brokat.de/de/aktie/presse/1999/pr19990519-01.html (1999c), zugegriffen am 21. Juli 1999.

O.V.: Research zu Brokat. In: http://www.ariva.de, zugegriffen am 22. Juli 1999.

---

[14] IIOP steht für Internet Inter-Object Request Broker Protocol und ist eine spezielle Implementierung, damit CORBA Lösungen über das WWW ermöglicht werden können. IIOP erweitert somit das HTTP-Protokoll, damit Informationen über komplexe Objekte ausgetauscht werden können.

3.3.6 Management der Technologieaneignung

Vor der Beschäftigung mit Fragen der Technologieaneignung ist zu beurteilen, wann sich Änderungen der Technologien als wesentlich erweisen.

Das **Modell der Technologieauswirkungen** verdeutlicht diese Problematik. Vor dem Hintergrund, daß Führungskräfte kaum über ausreichend Zeit verfügen, regelmäßig ihr Wissen bezüglich der IKT zu vertiefen sowie aktuelle Technologietrends zu studieren, besteht ein Bedarf für Verfahren zur Unterstützung der IKT-Beobachtung und -Beurteilung. Zentrale Überlegung des Modells nach *Bakopoulos* (1985) ist, daß eine Unternehmensleitung eigentlich gar nicht alle Technologien im Detail und fortwährend zu beurteilen braucht. Aus dem Modell sollten jedoch die sich eröffnenden Potentiale der IKT ableitbar sein, die tatsächlich zu beachten sind.

Nach *Bakopoulos* läßt sich die IKT bezüglich der Eigenschaften *Qualität, Kosten* (*Stückkosten*), *Funktionalität* und *Sicherheit* unterscheiden. Andererseits liefern sowohl die einzelnen Techniken der IKT im Bereich Hardware und Software als auch deren einzelne Nutzungsformen ganz bestimmte *Funktionen*. Zu unterscheiden ist, in welcher *Kapazität*, in welcher *Qualität* und zu welchen *Stückkosten* IKT solche Leistungen bereitstellt. Ein Modell, das diese Daten zu liefern vermag, wäre im Sinne einer Minimalkostenkombination nutzbar und würde aus den resultierenden Leistungsänderungen die relevanten Trends für IKT-Anwendungen aufzeigen. Von Interesse ist nicht jede der Veränderungen der einzelnen Technologien, sondern wie die Trends zusammenhängen, welche Gesamtwirkungen sich auf den Technologiemärkten durch die Einzeländerungen (etwa durch extrem kleine Rechnerarchitekturen kombiniert mit anderen Software-Entwicklungsmethoden) entfalten (Abbildung 3-54).

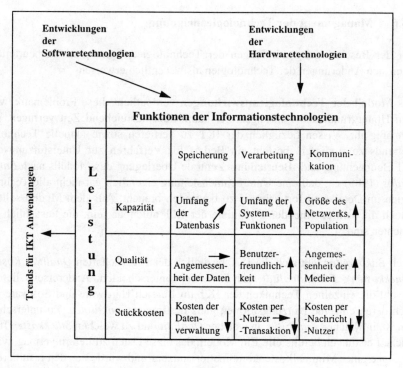

Abbildung 3-54: Modell der Technologieauswirkungen nach Bakopoulos
Quelle: In Anlehnung an *Krcmar* (1987, S.104)

Die Gegenüberstellung der Basisfunktionalitäten Speicherung, Verarbeitung und Kommunikation mit den Leistungsmerkmalen Kapazität, Qualität und Stückkosten in Abbildung 3-54 ergibt folgende Ausprägungen:

- **Speicherkapazität:** Die Speicherkapazität kann über den Umfang der Datenbasis gemessen werden, die kontinuierlich ansteigt. Als Ursache hierfür können die fallenden Kosten pro Speichereinheit angeführt werden.
- **Qualität der Speicherung:** Die Qualität der Daten, d.h. die Angemessenheit der Daten in bezug auf eine Entscheidung, fällt mit der Zeit, die ein Suchmechanismus benötigt, um bestimmte Daten zu finden. Daneben fällt die Qualität mit abnehmendem Wissen der Nutzer über die Inhalte der gespeicherten Daten. Beide Faktoren hängen mit der Größe der Datenbasis zusammen: Je größer die Datenbasis ist, desto länger sind die Suchzeiten und desto geringer der Überblick über die Inhalte. Auf der anderen Seite kann sich eine große Datenbasis jedoch positiv auswirken, da die Wahrscheinlichkeit, daß die benötigten Daten in der benötigten Form zur Verfügung stehen, steigt. Insgesamt gleichen sich diese Effekte wahrscheinlich aus, so daß weder eine grundlegende Verbesserung noch eine Verschlechterung zu verzeichnen ist.

- **Stückkosten der Speicherung:** Für die Speicherung ist ein stark sinkender Pfeil eingezeichnet, da die Stückkosten je gespeicherter Einheit eines Datums in den letzten Jahren stark gefallen sind. Faßt man den Begriff der Speicherung jedoch weiter und bezieht andere Aktivitäten des Datenmanagements sowie die steigenden Kosten für die Datenmodellierung in die Betrachtung ein, so fallen die Stückkosten für die Datenverwaltung nur leicht oder bleiben sogar konstant.

- **Kapazität der Verarbeitung:** Die Kapazität der Verarbeitung kann anhand der gebotenen Systemfunktionen beurteilt werden. Schon seit Jahren hält der Trend an, daß Anwendungssysteme immer mehr Funktionalitäten bieten, d.h. immer mehr Aufgaben ausführen können. In den Unternehmen werden heute die in den Systemen vorhandenen Funktionalitäten in den meisten Fällen nur zu einem relativ geringen Teil genutzt.

- **Qualität der Verarbeitung:** Auch die Qualität der Verarbeitung verbessert sich laufend. Die Benutzerfreundlichkeit, d.h. die Einfachheit des Umgangs mit dem System, steigt immer weiter, z.b. durch grafische Oberflächen oder durch verbesserte Hilfetexte.

- **Stückkosten der Verarbeitung:** Die Stückkosten für die einzelne Transaktion sinken in der Regel, wohingegen die Hardware-Kosten je Nutzer unabhängig vom Betrieb ungefähr gleich bleiben, da die Ansprüche der Nutzer mit der technologischen Entwicklung Schritt halten, also wachsen. Die zunehmende Zahl von Funktionalitäten und Transaktionen führt bei vergleichsweise gleichbleibenden Hardware-Kosten zu sinkenden Kosten je Transaktion.

- **Kapazität der Kommunikation:** Die Größe des Netzwerkes und damit die Erreichbarkeit von Personen nimmt zu, je mehr Nutzer angebunden sind. Beispielsweise macht es keinen Sinn, einziger Besitzer eines Faxgerätes zu sein, denn man kann niemandem ein Fax zuschicken, da es keiner empfangen kann. Für die Kommunikation ist es daher wichtig, eine kritische Masse zu erreichen, die die gleiche Technologie verwendet.

- **Qualität der Kommunikation:** Die Angemessenheit der Medien, d.h. ihre Eignung zur adäquaten Übermittlung einer Nachricht, kann als ein Maß für die Qualität der Kommunikation angesehen werden. Durch die zunehmend kostengünstige Verfügbarkeit multimedialer Kommunikationstechnologien, können die Audio- und Videokommunikation verbessert werden. Heute ist es jedoch aufgrund mangelnder Nutzungserfahrungen oft noch der Fall, daß negative Produktivitätseffekte durch falsche Wahl oder Kombination der Medien auftreten.

- **Kosten der Kommunikation:** Die Kosten je Nachricht und je Nutzer sinken seit Jahren sehr stark. Dieses hängt mit dem Wachstum des Marktes, dem sich entwickelnden Preiskampf und damit, daß bei der künftig vorhandenen Breitband-Kommunikations-Infrastruktur die einzelne Nachricht wesentlich weniger Kapazität bindet, zusammen.

Bei der **Nutzung der Technologiematrix** ist zu überlegen, ob eine neue Technologie - z.B. neuronale Netze, objektorientierte Datenbanken, Multimedia, Hyper-
media, Client-Server-Architektur, Internet, Asynchronous Transfer Mode, Electronic Data Interchange, Objekt-Orientierung, Künstliche Intelligenz - etwas an den
Trends, die in der Abbildung 3-54 durch Pfeile angedeutet wurden, verändert. Nur
wenn sich etwas an den Trends innerhalb der Basisfunktionalitäten Speicherung,
Verarbeitung und Kommunikation ändert, ist ein Technologiesprung wahrscheinlich. Das Modell hilft so, aus der Vielzahl von technologischen Veränderungen
Kernelemente herauszufiltern. Dieses Modell verdeutlicht gleichzeitig ein wesentliches Problem des IM, daß das *Gesamtbild* erschlossen werden muß, da nicht alle
Elemente der informationsbezogenen Ressourcen des Unternehmens detailliert zu
verstehen sind. Aus dem vorhandenen Bild läßt sich dann schneller ableiten, ob ein
Trend bestehen wird oder ob andere Veränderungen Handlungsbedarf erzeugen.

Seinen Nutzen hat das Modell vorwiegend innerhalb der Ebenen Basistechnologi-
en und Technologiebündel des IKT-Managements (Abbildung 3-47). Für eine
Bewertung der Funktionalitätsorientierten Technologiebündel greift eine Grob-
einteilung in die Beurteilungskriterien Kapazität, Qualität und Kosten zu kurz.
Außerdem stehen auf der 3. Ebene vielfältigere Funktionalitäten als die Basis-
funktionen Speicherung, Verarbeitung und Kommunikation im Vordergrund. Je
nach Technologie-Ebene ergeben sich daher andere Managementaufgaben, für die
andere Modelle und Vorgehensweisen in diesem Kapitel vorgestellt werden.

Nach der Behandlung des Modells von *Bakopoulos*, das vorwiegend zu Zwecken
der IKT-Beobachtung und der IKT-Strategiegestaltung einsetzbar ist, wenden wir
uns nun der IKT-Aneignung zu. **Technologieaneignung** vollzieht sich einerseits
quantitativ als „*Durchdringung mit IKT*" und andererseits qualitativ in Form von
„*Innovation durch IKT*". Sie kann als Prozeß des *organisatorischen Lernens* aufgefaßt werden und wird durch eine Reihe von Theorien und Konzepten der *Technologieassimilation* unterstützt. Die meisten dieser Theorien sind als Phasenmodelle bekannt, da sie das Durchlaufen der Organisation durch idealtypische Phasen
der DV-Unterstützung unterstellen.

Eine Teilaufgabe des IKT-Managements ist es, die effiziente **Transformation** der
Unternehmung durch die Phasen zu steuern und IKT-Einsatzentscheidungen auf
die Phase, in der sich die Unternehmung befindet, abzustimmen, da jede Phase ihre
eigenen Prioritäten und Managementaufgaben aufweist. Die Schwerpunkte des
IKT-Einsatzes verlagern sich mit fortgeschrittener Phase nach der Zwecksetzung:
Während vorrangig Bereichskostensenkungen im Vordergrund der ersten Phasen
standen, treten Nutzendenken sowie letztendlich Wettbewerbsvorteile der gesamten Organisation oder Wertschöpfungskette in den Vordergrund der fortgeschritte-
neren Phasen.

Die 1973 vorgestellte **Stage Theory** (*Nolan* 1973) hat sich zum Klassiker entwik-kelt. *Nolan* (1979) entwickelte aus den ursprünglich 4 Phasen der Entwicklung schließlich 6 Phasen, da die Entwicklung anders verlaufen war, als innerhalb der ersten Studien angenommen. Entlang den Merkmalen *Anwendungsportfolio*, *Organisation der DV*, *Planung und Kontrolle der DV* und *Benutzerbewußtsein* durchläuft jede Organisation idealtypisch *6 Stufen des Wachstums*, von der Einführung der Computerunterstützung bis zum ausgereiften Management der Datenressourcen (Abbildung 3-55). Heute wird die Theorie (zutreffender) als Theorie der Technologieassimilation interpretiert. Organisa–tionen können Wachstumsstufen nicht überspringen. Die Stufen 1-3 werden als *Computerära* und die Stufen 4-6 als *Datenära* bezeichnet. In ihrer Vorhersagekraft hat die Stage Theory begrenzte Möglichkeiten. Die Analyse des Unternehmens und seiner Geschäftsbereiche gemäß den einzelnen Merkmalen trägt allerdings zum Verständnis der Unternehmensverfassung und der Potentiale bei. Die Bewegung der Unternehmen durch die Phasen wird maßgeblich vom internem (Mitarbeiter) und externen (Berater, Informatikmarkt) IKT-Know-how beeinflußt.

Growth processes						
Applications Portfolio	Functional cost reduction applications	Proliferation	Upgrade documentation and re-structuring of existing applications	Retrofitting existing applications using data base technology	Organization Integration of applications	Application integration "mirroring" information flows
DP Organization	Specialization for technological learning	User-oriented programmers	Middle management	Establish computer utility and user account teams	Data administration	Data resource Management
DP planning and control	Lax	More lax	Formalized planning and control	Tailored planning and control systems	Shared data and common systems	Data resource strategic planning
User awareness	"Hands off"	Superficially enthusiastic	Arbitrarily held accountable	Effectively accountable	Accountability learning	Acceptance of joint user and data processing accountability
Level of DP expenditures	**Stage I** Initiation	**Stage II** Contagion	**Stage III** Control	**Stage IV** Integration	**Stage V** Data administration	**Stage VI** Maturity

Abbildung 3-55: Phasenmodell nach Nolan (Stage Theory)
Quelle: *Nolan* (1979, S.117)

Phasen der **Technologieassimilation** wurden auch auf *Projektebene* bzw. für *einzelne Technologien* untersucht, z.B. von *Cash/McFarlan/McKenney* (1992, S.116). Als typische Phasen der Technologieaneignung wurden die *Projektinitiierung*, die *Technologieanpassung*, die *Rationalisierung* und die *breite Technologie-Nutzung* und -*Übertragung* identifiziert. Zwischen diesen Phasen kommt es leicht zu Hemmnissen und Verzögerungen oder gar langfristiger Stagnation. In den Phasen wechseln sich die Schwerpunkte in der Beschäftigung und dem Management der Technologie ab, so stehen beispielsweise *Effektivitätsaspekte* im Vordergrund der Phasen der Projektinitiierung sowie Technologienutzung, während es in der Phase der Rationalisierung vor allem um *Effizienz* der Technologie als Einsatz-rechtfertigung geht.

Nolans Stage Theory wurde insbesondere unter IV-Kostenaspekten als **New Stage Theory** (*Wilder* 1985) weiterentwickelt (Abbildung 3-56). Die Aussagen zu den DV-Ausgaben waren ein Schwachpunkt der bisherigen Modelle. *Wilder* antizipiert aufgrund steigender Komplexität der IKT exponentiell steigende Kosten besonders in den Bereichen der Endbenutzeranwendungen sowie der funktional orientierten Spezialanwendungen, wohingegen die konventionellen Anwendungsgebiete der DV auf konstantem, aber deutlich niedrigerem Kostenniveau durchgeführt werden können. Insgesamt geht er von einer siebenfachen Steigerung der Technologieko-sten im Unternehmen aus (*Wilder* 1985, S.29).

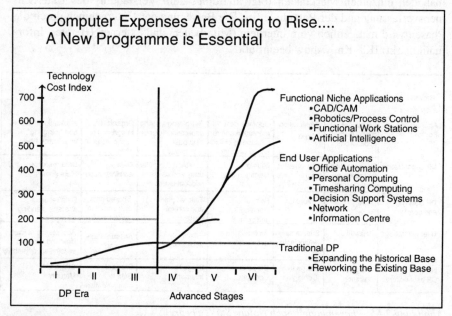

Abbildung 3-56: New Stage Theory
Quelle: *Wilder* (1985, S.30)

Die Veränderung der Organisation, Kommunikationsstrukturen und letztlich des Führungsverhaltens wirft eine Fülle von Fragen zum geeigneten **Zusammenspiel von Organisation und IKT** auf. Einen Auslöser hatte diese Forschung durch *Chandlers* (1966) These „*Structure Follows Strategy*" für den Bereich der strate-gischen Unternehmensführung in den 60er Jahren. *Organisatorisch-theoretische Wirkungsforschung* im Bereich des Technologie-Managements in Organisationen steht allerdings noch am Anfang. Ein Antrieb der Wirkungsforschung in bezug auf den Technologie-Organisations-Zusammenhang war der Glaube an die Erreichbar-keit gerichteter und prognostizierbarer Wirkungen auf das Zusammenspiel von

Technologie und Organisation über eine gerichtete und prognostizierbare Wirkung auf Wissen, Einstellungen und Verhaltensweisen der beteiligten Menschen (*Schenk* 1987). Neben *Diffusionsansätzen* zur Technologieaneignung existieren *Interaktionsansätze*, die auf das Verhältnis der Organisation zur IKT abzielen.

Zur Erklärung des **Wirkungszusammenhanges zwischen Technologie und Organisation** wurde in Anknüpfung an *Chandler* bis heute der Frage nachgegangen, ob die Technologie die Organisation festlegt, oder ob die Organisation die Technologie bedingt, ob sich beide gegenseitig beeinflussen und wie sich die Frage bei einer dynamischen Betrachtung beantworten läßt. Aufgrund des Fehlens eines adäquaten Analysekonzeptes zumindest bis in die späten 80er Jahre hinein, vermitteln Forschungsergebnisse einen eher diffusen Eindruck. Eine allgemeine Theorie zu dem Phänomen existiert bisher nicht, allerdings besteht die Einsicht, daß ein interdisziplinärer Blickwinkel zur Erkenntnisgewinnung erforderlich ist.

Die **Diffusionstheorie** befaßt sich mit der Erklärung des Verbreitungsprozesses von Neuerungen (Innovationen) in sozialen Systemen (*Rogers* 1983; *Schmalen* 1993). Der Diffusionsprozeß wird als komplexes Marktphänomen erklärt, indem auf der Anbieterseite Neuerungen zur Verfügung stehen und auf Nachfragerseite adoptiert werden. Eine klare Beschreibung der Diffusionsprozesse und eine tragfähige Erklärung, beispielsweise mit Hilfe des Stimulus-Response-Kommunikationsmodells, ist aufgrund der Gefahr von zirkulären und trivialen Schlüssen jedoch nur schwer möglich. Gleichwohl sind Phänomene, wie das der Imitation, der Moden und der Verbreitung prestigeträchtiger Technologien, aber gut nachvollziehbar.

Die **Strukturationstheorie** des britischen Soziologen *Giddens* (1979) kann als *gestaltungsbezogenes Modell* gesehen werden. Als intervenierende Variable zwischen *Kontext* und *Struktur* werden die Entscheidungsprozesse betrachtet, die soziale Systeme verändern. Als Strukturen gelten bei *Giddens* Regeln und Ressourcen. Augenmerk wird auf die Interaktion der Beteiligten am Gestaltungsprozeß als einem Innovationsprozeß gelegt. Das Strukturationsmodell geht davon aus, daß Strukturen sozialer Systeme simultan Produkt und Medium menschlichen Handelns sind, da Strukturen kontinuierlich sozial konstruiert und in der Nutzung modifiziert werden.

Orlikowski (1990) übertrug dieses Modell auf den Themenbereich des **Technologie-Organisation-Wirkungszusammenhangs**. Modelliert werden die Beziehungen zwischen den drei Hauptkomponenten *Technologie, Handlungspersonen* und *Institutionelle Eigenheiten*. Als soziale Entität betrachtet *Orlikowski* nicht mehr (wie *Giddens*) die Gesellschaft, sondern eine Organisation. Von *Giddens* übernimmt sie die Vorstellung von wissenden, fähigen Menschen, die bewußt handeln, deren Handlungen aber unbeabsichtigte Folgen haben können. Auch die *Dualität* von Struktur überträgt sie auf eine Dualität von Technologie. *Orlikowskis* Verständnis der Dualität von Struktur besteht darin, daß Technologie als Ergebnis menschlichen Handelns und Technologie als Medium menschlichen Handelns in gewissem Umfang zeitlich auseinanderfallen, wohingegen eingeübte Technologienutzung (nicht die Technologie selbst) eine Struktur ist, die gleichzeitig Medium und Ergebnis menschlichen Handelns beinhaltet.

Orlikowski (1988, S.25) grenzt sich mit der Vorstellung von Technologie als Struktur im Sinne von *Giddens* ausdrücklich von *Kontingenzansätzen* der Organisationstheorie ab (z.B. *Galbraith* 1973; *Kieser/Kubicek* 1983): **Kontingenzansätze** nehmen Technologie als für eine Organisation starr und unveränderbar an; nach *Orlikowski* ist Technologie durch die Organisation veränderbar. Nach dem Kontingenzansatz ist Technologie einer der Umweltfaktoren, welcher die Organisation eines Unternehmens determiniert. Nach *Giddens* und *Orlikowski* ist es eine unzulässige Verkürzung, den Aufbau eines Unternehmens als durch Umweltfaktoren vollständig determiniert anzusehen und von absichtsvollem Handeln zu abstrahieren.

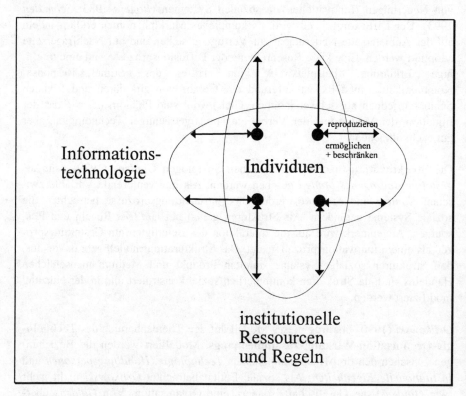

Abbildung 3-57: Individuen, Informationstechnologie und institutionelle Strukturen
Quelle: *Schwabe* (1995, S.109)

Abbildung 3-57 zeigt die **Anwendung der Strukturationstheorie auf Informationstechnologie** nach *Schwabe* (1995): Aus der Menge von Ressourcen und Regeln, die dem Menschen Handeln ermöglichen, ihn bei der Handlung beschränken und die er gleichzeitig durch sein Handeln reproduziert, werden *Informationstechnologie* und *institutionelle Ressourcen und Regeln* als Untersuchungsobjekte herausgegriffen. Man beachte, daß über handelnde Menschen sich auch IT und institutionelle Ressourcen und Regeln gegenseitig beeinflussen. Institutionelle Regeln können Menschen dazu zwingen, IT in einer vorgeschriebenen Weise zu nutzen und IT verändert mittels handelnder Menschen institutionelle Regeln, wie man z.B. an der Diskussion um flachere Hierarchien unschwer erkennen kann.

Man kann sich den **dualen Charakter von IT** konkret anhand eines Beispiels der Geschichte der elektronischen Post (E-Mail) vor Augen führen (*Hunter* 1993). In den 50er Jahren wurden vom amerikanischen Verteidigungsministerium die Computer von Forschungsstellen miteinander verbunden, damit die forschenden Wissenschaftler Dateien mit Programmcode austauschen konnten. Die Wissenschaftler nahmen diese Möglichkeit dankbar auf; es stellte sich aber bald heraus, daß weniger Programmdateien als vielmehr Dateien mit kurzen Nachrichten hin und her geschickt wurden. Die elektronische Post war durch die *Nutzung von Technologie* geboren. Indem die Wissenschaftler E-Mail nutzten, wurden ihnen neue Möglichkeiten des Handelns eröffnet (sie konnten asynchron über Entfernung schnell kommunizieren) und sie wurden durch die Technologie in ihrem Handeln beschränkt (sie mußten regelmäßig an den Computer gehen, um die Post dort zu lesen; geschriebene Nachrichten waren weniger reich an Information als direkte Unterhaltungen etc.). Indem sie die IT nutzten, schufen und entwickelten sie diese IT fort.

In der Diskussion um Technologie wird der duale Charakter von Struktur deshalb häufig nicht so deutlich gesehen, weil für viele Technologien die Basisentwicklung in unterschiedlichen Organisationen durchgeführt wird und damit Entwicklung und Nutzung zeitlich relativ weit auseinander liegen (*Orlikowski* 1990). Übersehen wird dabei, daß Technologie durch ihre Nutzung laufend fortentwickelt wird. In dem oben beschriebenen Beispiel der elektronischen Post erwies sich IT als sehr flexibel und damit fortentwicklungsfähig. Es gibt IT, die weniger flexibel ist; völlig unflexible Technologie gibt es hingegen nicht, denn der Handelnde hat (nach *Giddens*) immer die Möglichkeit, eine Technologie nicht zu benutzen. Welche Funktionen in eine Technologie auch eingebaut werden, die Nutzer stehen immer *zwischen der Technologie und ihren Effekten*, indem sie die Technologie auf ihre Bedürfnisse anpassen, ihr widerstehen oder sich weigern, sie überhaupt zu benutzen (*Orlikowski* 1990). Dieser Prozeß wird dabei als *Aneignung* bezeichnet.

Für die **Technologieforschung** kommt *Orlikowski* zu einem analogen Schluß wie *Giddens*. Durch alleinige Untersuchung ausgewählter Beziehungen, z.B. wie Technologie menschliche Akteure beeinflußt, ohne dabei zu berücksichtigen, wie die Nutzer sich die Technologie aneignen, resultiert ein *partielles Verständnis des Zusammenspiels von Technologie und Organisationen.* Selbst wenn sich bei diesen Untersuchungen kausale Zusammenhänge zu zeigen scheinen, sollte man nach dem *Strukturationsmodell* diese Zusammenhänge vorsichtig und nicht als einen Determinismus betrachten. Die Fähigkeit des Menschen, Technologie anders zu entwickeln, sich anzueignen und zu reproduzieren - kurz, mit Technologie umzugehen - kann jeden vorher erdachten kausalen Zusammenhang diskreditieren.

Schlußfolgerungen aus diesen Ergebnissen sind: Monodirektionale Ansätze tragen wenig zur Erklärung des Technologie - Organisation - Wirkungszusammenhanges bei. Der strukturationstheoretische Ansatz ergänzt das Technologiephänomen, indem die bisher vorherrschende streng dualistische Sicht, bei der Technologie entweder als Medium oder Produkt gesehen wird, überwunden wird und mögliche Interaktionsprozesse zwischen Technologie, Handlungspersonen und institutionellen Eigenheiten aufgezeigt werden können. Insbesondere kann der Einfluß von Macht und Vertrauen mit einbezogen werden.

3.3.7   Managementprozeß der Informations- und Kommunikationstechnologien

Das **IKT-Management** umfaßt, wie in Abbildung 3-58 dargestellt, die vier Bereiche der *IKT-Beobachtung,* der *IKT-Strategie-Gestaltung,* der *IKT-Aneignung und -Einsatz* und der *IKT-Kontrolle* und damit das Management der *IKT-Infrastruktur.* Diese Teilaufgaben verlaufen idealtypisch sequentiell je Technologie. Da man es aber in Unternehmen mit einer Vielzahl von Technologiebündeln zu tun hat, wird der *IKT-Management-Prozeß* parallel oder zeitlich verschoben für jede der eingesetzten Technologien durchlaufen. Ein Unternehmen betreibt demgemäß zu jedem Zeitpunkt *IKT-Aneignung.* Die IKT-Beobachtung beinhaltet sowohl eine Erfassung und Bewertung (externer) Trends als auch eine Technikfolgen-Abschätzung im Unternehmen (intern). Die IKT-Aneignung schließt die Entwicklung, Beschaffung, den Betrieb, aber insbesondere die Ablösung und Migration zu neuen Technologien mit ein. Für die Kontrolle und Steuerung des IKT-Einsatzes sind sowohl Nutzungsdaten auszuwerten als auch Inventurdaten eines (IKT-) Bestandsmanagements zu führen.

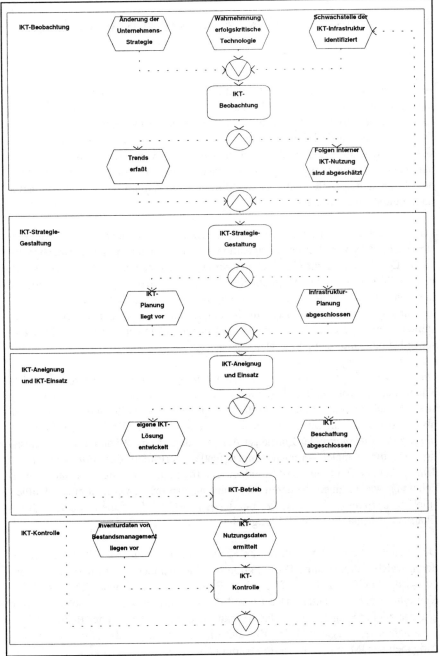

Abbildung 3-58: Prozeß des Informations- und Kommunikationstechnologie-Managements

3.4 FÜHRUNGSAUFGABEN DES INFORMATIONSMANAGEMENTS

3.4.1 Überblick

Auf das in Kapitel 2 dargestellte Modell des IM bezogen, haben die letzten Kapitel die Aufgaben des IM auf den Ebenen der Informationswirtschaft, der IS und der IKT näher beschrieben. In diesem Kapitel wenden wir uns nun den Aufgaben des IM zu, die diesen drei Ebenen nicht direkt zugeordnet werden können, weil sie sich entweder auf alle drei Ebenen beziehen oder davon losgelöst betrachtet werden müssen. Da die in diesem Abschnitt näher erläuterten Aufgaben die Gestaltung des IM an sich betreffen, sind sie als „**Führungsaufgaben des Informationsmanagements**" einzuordnen.

Dazu gehört das Verhältnis von IM zur *Unternehmensstrategie*. Die Beiträge strategischer IS zur Wettbewerbsposition von Unternehmen sind inzwischen bekannt. Der Abschnitt zur Unternehmensstrategie geht neben den Beispielen strategischer IV vor allem den Möglichkeiten nach, die Bedeutung der Information für die Unternehmensstrategie zu nutzen und die IS-Planung an die Planung der Unternehmensstrategie anzupassen. In diesem Zusammenhang beleuchtet eine Darstellung neuer Geschäftsmodelle durch Electronic Commerce das Verhältnis zwischen IM und Unternehmensstrategie genauer.

Outsourcing, *Organisation des IM* und *Globales Informationsmanagement* sind Themen eines *Governance*-Abschnittes, in dem die Aufbauorganisation des IM an sich als auch die alternativen Einordungsmöglichkeiten des IM in die Gesamtorganisationsstruktur von Unternehmen diskutiert werden. Ein Beispiel zur *Umorientierung der Informatik* der Lufthansa AG geht darauf ein. Während die Organisationsstruktur formale Verantwortungen festlegt, erfordert das *Management der Mitarbeiter* die Führung von Individuen der IM-Funktion in der gesamten Unternehmung, was in einem weiteren Abschnitt angesprochen wird. In einem Fallbeispiel zur *Betreuung der IV-Nutzer* bei der Hilti AG wird auf die besondere Qualifikation der Mitarbeiter des IM hingewiesen.

Des weiteren beschäftigt sich dieses Kapitel mit der Frage des *IV-Controllings*, durch welches die gesamte IM-Funktion im Unternehmen kontrolliert und gesteuert wird. Am Beispiel der Deutschen Bank wird eine solche *IV-Controlling-Konzeption* näher erläutert. Der *Prozeß der Gestaltung des IM*, also das Klären grundsätzlicher Fragen sowohl der Aufbauorganisation als auch der Beziehung zur Unternehmensstrategie und des IV-Controllings, schließen die Diskussionen der Aufgaben des IM in diesem vierten Kapitel ab.

3.4.2 Fall: Das Flugreservierungssystem SABRE der American Airlines

„Computerized reservation systems (CRS)" gehören zu den Standardbeispielen für *strategische Informationssysteme (SIS).* Unter ihnen wiederum ist das **Flugreservierungssystem SABRE der American Airlines** der Pionier und berühmteste Vertreter. Es wurde seit den 60er Jahren mit Kosten von über 300 Mio. $ entwickelt und hat nach Schätzungen von American Airlines zu bis zu 20% zusätzlichen Umsatzes geführt. Das erste Terminal wurde 1976 in einem Reisebüro zur Online-Buchung exklusiv bei American Airlines installiert. Kurz nach American Airlines drängten auch andere Fluggesellschaften in den Buchungsmarkt, vor allem United Airlines mit einem System namens „Apollo". Da Reisebüros jedoch nicht mehrere Terminals installieren wollten, mußten die Reservierungssysteme den Wettbewerbern geöffnet werden. Anfangs konnten die Gesellschaften durch selektives oder verzerrtes Anzeigen ihrer Flüge vor denen anderer Gesellschaften Wettbewerbsvorteile erringen, was jedoch seit einem Gerichtsbeschluß im Jahre 1984 nicht mehr möglich war[15]. Dennoch entsprangen dem Reservierungsgeschäft, das für andere Fluggesellschaften gegen Gebühr abgewickelt wurde, Einnahmen, von denen SABRE als Marktführer mit 40% Anteil am Buchungsaufkommen im Jahre 1990 besonders profitierte. Über das Reservierungsgeschäft an sich hinaus, konnte American Airlines ihre frühzeitigen erheblichen Investitionen dazu nutzen, als eine der ersten Gesellschaften Vielfliegerprogramme einzuführen. Zwar konnten die Mitbewerber relativ schnell nachziehen, mußten aber wesentlich höhere Kosten in Kauf nehmen.

Zusammenfassend stellt SABRE nicht nur ein singuläres Beispiel für ein deutlich den Geschäftserfolg beeinflussendes IS dar, sondern beschreibt auch anschaulich den sich ändernden strategischen Fokus über Zeit und Wettbewerbsdynamik, da sich SABRE von einem an der internen Effizienz ausgerichteten Transaktionssystem zu einem proprietären Bestellsystem und weiter zu einem offenen elektronischen Markt, in dem neben Flügen auch Hotels und Eintrittskarten etc. zu buchen sind, weiterentwickelt hat.

Die Dynamik der Wettbewerbsbeziehungen wird am Beispiel der „Rosenbluth Travel Services" deutlich. Dieses Reisebüro in Philadelphia nutzt seinerseits die Möglichkeiten von Reservierungssystemen, um den Kunden neue Dienstleistungen wie beispielsweise die Suche nach den billigsten Passagen statt nach Zeiten etc. anzubieten. Dies führt einmal dazu, daß die Tendenz zur Direkt-Buchung durch Zurverfügungstellung von Buchungsdiensten der Fluggesellschaften in Online Diensten nicht die breite Akzeptanz bei den End-Reisenden findet; und zum anderen zeigt es die inkrementelle Ausbaufähigkeit der Dienste. Rosenbluth Travel

---

[15] Einen wirklich zufälligen Wettbewerbsvorteil gewann SABRE in der Folgezeit auch dadurch, daß in der auferlegten „neutralen" Listung in alphabetischer Reihenfolge American Airlines, das das Kürzel „AA" hat, weiterhin an erster Stelle geführt wurde.

Services stützt seine „International Rosenbluth Alliance" auf den Apollo-Netzwerkservice von United Airlines.

Quellen:

Clemons, E.K.; Row, M.C.: Rosenbluth International Alliance: Information Technology and the Global Virtual Corporation. In: Institute of Electrical and Electronical Engineers, 1992, S. 678-686.

Hopper, M.D.: Rattling SABRE - New Ways to compete on information. In: Harvard Business Review, May-June 1990, S. 118-125.

3.4.3   Fall: Das System Lonzadata der Schweizer Lonza AG

Dünger wird in der chemischen Industrie als „Commodity" angesehen, das über die Preisgestaltung verkauft wird. Im Commodity-Geschäft sind u.a. Economies of Scale, die zu Lernkosten- und Gemeinkostenverringerungs-Vorteilen führen, Standortfragen und Transportkosten entscheidend. Die **Schweizer Lonza AG**, ein bedeutender Produzent von Handelsdünger mit einem Umsatz von 800 Mio. SFR in 1989, sah sich in der Schweiz hohem Wettbewerbsdruck mit der Folge sinkender Margen konfrontiert. Als Ausweg bot sich eine Verlagerung des Schwerpunktes vom reinen Düngerverkauf zur Wirtschaftlichkeitsberatung für Landwirte mit integriertem Düngerverkauf an. So bietet die Lonza AG seit 1984 ein System mit dem Namen „**Lonzadata**" zur Unterstützung der Landwirte bei ihren Düngemittelplanungen an. Lonzadata stellt einen auf den spezifischen Bedarf einzelner Landwirte zugeschnittenen Düngemittelplan auf. Dazu werden Daten zur Bodenbeschaffenheit, zum Pflanzenanbau, zum bisherigen Düngemitteleinsatz inklusive der eingesetzten Gülle verwendet. Durch diesen Service bot die Lonza AG nicht mehr „Dünger" an, sondern „Dünger mit Doppelplus", d.h. Dünger plus Nährstoffuntersuchung für den Hof plus eine agrarwirtschaftliche Beratung zum Schwerpunkt zukünftiger Bepflanzungen. Diese Kombination führte zu einer besseren Position im hart umkämpften Schweizer Düngemittelmarkt, denn die Kunden kauften in sehr vielen Fällen den aufgrund der Analyse und betriebswirtschaftlichen Beratung empfohlenen Dünger direkt bei der Lonza AG.

Damit begann der Wettbewerbsvorteil mit der Etablierung der Datenanalyse erst zu wachsen, denn durch den Informationsinput gewann die Lonza AG sehr detaillierte Erkenntnisse über die Bodenbeschaffenheit in verschiedenen schweizerischen Regionen. Diese konnten zur Entwicklung einer speziell auf diese Bodenverhältnisse abgestimmte Düngermischung benutzt werden, die optimal auf den durchschnittlichen Nährstoffbedarf ausgerichtet war, womit eine neue Marktnische kreiert und besetzt werden konnte. In Zeiten stark steigenden ökologischen Bewußtseins, konnte nicht nur ein wesentlich besserer Düngemitteleinsatz durch den Einsatz von IS erzielt werden, sondern auch ein beträchtlicher Imagegewinn in der Öffentlichkeit und bei den Landwirten. Damit hat der Technologieeinsatz als

„**Value-Added-Service**" die Wettbewerbsposition der Lonza AG ganz erheblich beeinflußt.

Quelle:
Bracher, S.; Fäs, B.; Griese, J.: LONZADATA: Fallstudie zu wettbewerbsorientierten Informationssystemen. Arbeitsbericht Nr. 51 des Instituts für Wirtschaftsinformatik der Universität Bern, September 1994.

3.4.4 Informationsmanagement und Unternehmensstrategie

Die **strategische Bedeutung der IS** ist ein zentrales Thema in Akademiker- und Praktikerkreisen seit Mitte der 80er Jahre, nachdem *Wiseman* (1986) das erste Buch zu „Strategic Information Systems" veröffentlicht hatte. Die Strategie eines Unternehmens und die eingesetzten IS stehen dabei oft in einem engem Zusammenhang (vgl. hierzu auch den Ansatz des Enterprise-wide Information Management in Kapitel 2). So können IS beispielsweise zur Unterstützung einer Unternehmensstrategie erforderlich sein. In diesem Fall werden die IS an der Unternehmensstrategie ausgerichtet (*align*). Werden strategische Optionen hingegen erst durch die Verwendung von IS möglich, sind diese in der Rolle eines *enablers* (vgl. Abbildung 3-59).

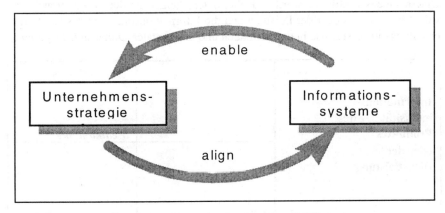

Abbildung 3-59: Zusammenhang Unternehmensstrategie und Informationssysteme

Nachfolgend werden Verfahren zur praktischen Bestimmung der Bedeutung von IS für die Unternehmensstrategie aufgezeigt. Darüber hinaus werden zum einen einige bedeutsame IS beschrieben, die auf eine Stützung der Unternehmensstrategie ausgerichtet sind. Zum anderen werden ausgewählte IS-basierte Unternehmensstrategien dargestellt.

3.4.4.1 Ausrichtung der IS an der Unternehmensstrategie

Die **Bestimmung des Leistungspotentials der IKT** für ein Unternehmen gehört aus zwei wichtigen Gründen mit zu den Kernaufgaben des IM. Zunächst hängt die Bedeutung des IM innerhalb der Organisation, d.h. der organisatorische Einfluß des IM und die Stellung anderer Abteilungen zum IM, vom Ergebnis dieser Bestimmung ab. Überdies ist dieser Prozeß der Bedeutungsbestimmung auch deshalb wichtig, da er sich an der Schnittstelle zwischen IM und den anderen Unternehmensbereichen abspielt und ihn nicht der DV-Leiter, sondern die Unternehmensleitung entscheidet.

Drei Ansätze der Bedeutungsbestimmung der IKT werden im folgenden näher betrachtet: Das *Informationsintensitäts-Portfolio*, die *Matrix zur Beurteilung der Anwendungen* im Unternehmen und die Beeinflussung der *kritischen Erfolgsfaktoren* des Unternehmens durch die IKT.

Porter/Millar (1985) schlagen vor, die Bedeutung der IKT für das Unternehmen generell anhand des **Informationsintensitäts-Portfolio** der Produkte und Dienstleistungen einer Unternehmung abzuschätzen: Sie nehmen an, daß die DV um so wichtiger wird, je mehr Informationen in den Produkten oder Dienstleistungen des Unternehmens verarbeitet werden. Dabei unterscheiden sie die Informationsintensität des Produktes oder der Leistung und die Informationsintensität des Leistungserstellungsprozesses, wie in der vertikalen und horizontalen Dimension dargestellt.

	hoch		*Zeitung*
Informations-			
intensität des			
Produktes			*Medikamente*
oder der			
Dienstleistung			
	niedrig	*Dünger*	*Benzin*
		niedrig	hoch

**Informationsintensität
des Erstellungsprozesses**

Abbildung 3-60: Informationsintensitäts-Portfolio
Quelle: *Porter/Millar* (1985, S.153)

Anhand der Beispiele *Zeitung*, *Medikament* und *Dünger* läßt sich die Verwendung der Informationsintensitätsüberlegungen zeigen. Unter den Annahmen, daß *Zeitungen* erstens nicht wegen des Altpapierwertes, sondern wegen der in ihnen enthaltenen Informationen gekauft werden, und daß zweitens zur Erstellung der Zeitung Informationen von Journalisten bearbeitet werden, kann das Produkt Zeitung rechts oben eingeordnet werden. Sie findet sich aber nicht ganz außen, da zu ihrer Herstellung u.a. Papier und Druckleistung erforderlich sind. Auch werden keine Aussagen über die Qualität der in der Zeitung enthaltenen Informationen gemacht. *Medikamente* werden ungefähr in der Mitte eingeordnet, je nachdem wie die Relation der chemischen Herstellkosten zu den Kosten für die Erstellung des Beipackzettels zueinander sind. Da für die Herstellung der auf dem Beipackzettel enthaltenen Informationen im Prinzip alle Versuche notwendig sind, die auch für die Zulassung des Medikamentes erforderlich waren, sind die Kosten der Herstellung des Medikamentes selbst gegenüber den Kosten der Informationsbereitstellung über das Medikament oftmals weitaus geringer. *Dünger* läßt sich schließlich links unten einordnen: er wird wegen des chemischen Gehaltes, weniger wegen des Informationsgehaltes auf der Packung gekauft. Die Herstellungskosten für Dünger werden, neben den Aufwendungen für IV im Herstellungs- und Vermarktungsprozeß, hauptsächlich der physischen Herstellung entstammen. Darüber hinaus ist Dünger eine typische „Commodity". Oftmals werden dagegen *Benzin* und *Speicherchips* rechts unten eingeordnet. Obwohl diese Produkte einen sehr informationsintensiven Herstellungsprozeß haben, erhalten die Konsumenten im allgemeinen keine weiteren Informationen. So ist für Raffinerien bekannt, daß sie relativ viel IV im Unternehmen haben, trotzdem erhält man an der Tankstelle keinen Beipackzettel zur Verwendungsbeschreibung von Benzin.

Die Einordnung der Produktbeispiele zeigt, welch breiter Spielraum für die Informationsintensität von Produkten und Dienstleistungen gegeben ist. *Porter/Millar* (1985) haben eine Liste von Anhaltspunkten verfaßt, die auf Informationsintensität hinweisen (siehe Tabelle 3-10: Anhaltspunkte für Informationsintensität).

Hinweise auf hohen Informationsgehalt in Wertschöpfungsketten	Hinweise auf hohe Informationsintensität in Produkten
Große Anzahl von Kunden und Lieferanten	Produkt ist Information
Große Anzahl von Teilen im Produkt	Produkt arbeitet durch Informationsverarbeitung
Vielstufiger Herstellungsprozeß	Käufer benutzt Produkt, um Informationen zu verarbeiten
Lange Zyklen im Herstellungsprozeß	Hohe Kosten des Käufertrainings
Viele Produktvariationen	Produkt hat Werkzeugcharakter
Produkt braucht Erklärung zu seiner Nutzung	

Tabelle 3-10: Anhaltspunkte für Informationsintensität
Quelle: In Anlehnung an *Porter/Millar* (1985, S.158)

Kritisch wird gegen die Überlegungen zur Informationsintensität eingewandt, daß sie selbst kaum meßbar ist, sondern eher über die Kosten der Aktivitäten bestimmt wird. Darüber hinaus bildet sie ein nur grobes Maß für jede Dienstleistung oder Produkt. Außerdem wird auf die Qualität der Information bei der Intensitätsbestimmung nicht eingegangen. Als schwierig erweist sich der Sachverhalt, daß wie bei „Benzin" die umgebende Kultur die Informationsversorgung übernimmt. Nicht zuletzt werden die derzeitigen Eigenschaften von Dienstleistungen und Produkten in statischer Weise betrachtet.

Eine dynamische Analyse anhand der Informationsintensität von Produkten zeigt Entwicklungsrichtungen zu höherer Informationsintensität auf. Während der in Abbildung 3-61 horizontal dargestellte Pfeil „R" den Weg der *Rationalisierung* durch den stärkeren Einsatz von IKT bei der Erstellung des Produktes kennzeichnet, beschreibt der diagonale Pfeil „D" Möglichkeiten der *Produktdifferenzierung* durch innovativen Einsatz von IKT.

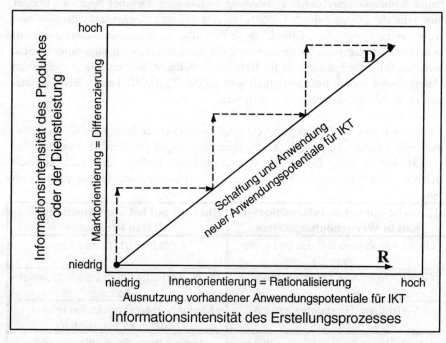

Abbildung 3-61: Dynamische Betrachtung der Informationsintensität

Der horizontale Pfad „R" führt mit einer Orientierung nach innen zu einer Ausnutzung der Rationalisierungschancen bis zur Ausschöpfung der Informationsintensitäts-Möglichkeiten der Produkterstellung. Auf der Differenzierungsseite geht es aber darum, Veränderungen im bisherigen Produkt durch Erhöhung der vom Konsumenten wahrgenommenen Informationsintensität zu liefern. Der Fall

„Lonzadata" zeigt, wie genau dies mit einem wenig informationsintensiven Produkt wie „Dünger" gemacht werden kann. Wie durch die gestrichelten Pfeile in Abbildung 3-61 dargestellt wird, hat die Erhöhung der Informationsintensität des Produktes immer auch eine Erhöhung der Informationsintensität des Erstellungsprozesses zur Folge, was im Fall Lonzadata an der feineren Abstimmung der Düngemischung zu optimalen Wachstumsförderung klar wird. Damit steigt die Bedeutung der IKT durch Erhöhung der Produkt-Informationsintensität auch im Prozeß der Produkterstellung.

Die Untersuchung der **Bedeutungsmatrix der Anwendungen** nach *McFarlan/McKenney/Pyburn* (1983) ist eine weitere Möglichkeit zur Analyse der Bedeutung der DV im Unternehmen. In diesem Konzept wird die Bedeutung der IS im Unternehmen durch die strategische Bedeutung in der *Gegenwart* und in der *Zukunft* bestimmt. Aufgrund der Einteilung aller Anwendungen im Unternehmen hinsichtlich der heutigen Bedeutung und der künftig zu erwartenden Bedeutung für die Unternehmensstrategie, ergibt sich die in Abbildung 3-62 dargestellte Matrix mit vier Feldern.

Strategische Bedeutung bestehender Anwendungen	hoch	*Fabrik*	*Waffe*
	niedrig	*Unterstützung*	*Durchbruch*
		niedrig	hoch
		Strategische Bedeutung zukünftiger Anwendungen	

Abbildung 3-62: Bedeutungsmatrix der Anwendungen
Quelle: In Anlehnung an *McFarlan/McKenney/Pyburn* (1983, S.150)

Die vier Quadranten haben folgende Bedeutung:

Unterstützung: IS sind nicht kritisch für das Tagesgeschäft und werden auch keine Wettbewerbsvorteile bringen können.

Fabrik: Die IS sind kritisch für das Tagesgeschäft, allerdings werden die Anwendungen in der Entwicklung keine Wettbewerbsvorteile schaffen.

Durchbruch: IS im Durchbruchsstadium befinden sich auf einer Durchgangsstation zum strategischen Quadranten „Waffe".

Waffe: IS sind strategisch, wenn sie sowohl für das Tagesgeschäft kritisch sind als auch Wettbewerbsvorteile bringen können.

Neben der reinen Klassifikation läßt sich die Beurteilungsmatrix auch anwenden, um aus der Rolle der IV als Waffe, Durchbruch, Fabrik oder Unterstützung abzuleiten, wie das IM in bezug auf bestehende Investitionen, zukünftige Investitionen, das Technologierisiko, die Planung der IV, die Bildung von Know-how Schwerpunkten und der Abwicklungsanforderungen ausgestaltet werden soll. Damit läßt sich das Konzept verwenden, um den *adäquaten Managementansatz* für die IV zu ermitteln und auszuwählen. Aus Abbildung 3-62 läßt sich implizit folgern, daß sich das IM je Geschäftsbereich konsequent auf eine der vier Rollen ausrichten soll, um divergierende Konzepte zu vermeiden und eine in sich konsistente Ausrichtung des IM zu erreichen. In Tabelle 3-11 werden die Konsequenzen dieser Bestimmung aufgezeigt. In der Praxis finden sich oft Mischformen dieser Rollen, bei der die Einteilung der IV auf der einen Seite und die realisierten Verhaltensweisen in bezug auf Investitionen, Risiko und Abwicklungsanforderungen auf der anderen Seite nicht konsistent sind.

Rolle der IV	Waffe	Durchbruch	Fabrik	Unterstützung
Bestehende Investitionen	kritisch	nicht ausreichend	kritisch	unkritisch
Zukünftige Investitionen	kritisch	kritisch	zurückhaltend	unkritisch
Technologie-Risiko	bewußt planen	hoch	niedrig	null
Planung der IV	mit Unternehmensplan	mit Unternehmensplan	Ressourcen/ Kapazität	untergeordnet
Know-how-Schwerpunkte	Schlüssel und Schrittmacher	neu aufzubauen, Schrittmacher	breites Know-how, Monitoring	keine
Abwicklungs-anforderungen	Sicherheit und Effizienz	Sicherheit	Effizienz Kostenreduktion	Wirtschaftlichkeit
Besondere Faktoren	Konkurrenzvergleich, Überalterung vermeiden	Ausbildung und Innova–tion, Management-identifikation	Reaktiv ausgerichtet	Reaktiv, keine Risikoprojekte

Tabelle 3-11: Konsequenzen der strategischen Bedeutung der Informationsverarbeitung
Quelle: *Groß* (1985, S.61)

Tabelle 3-11 sei beispielhaft erklärt. Die Know-how-Schwerpunkte, die zu setzen sind, orientieren sich daran, ob die Rolle der IV die einer Waffe oder einer Unterstützung ist. Für die erstere sind Schwerpunkte in Schlüssel- und Schrittmachertechnologien zu bilden, für die letztere eigentlich keine Schwerpunkte, d.h. Betrachtung von Basis-Technologien. In Hinblick auf das Technologie-Risiko muß für die IV als Waffe eine bewußte Planung vorgenommen werden. Für die Unterstützung hingegen, ist das Technologie-Risiko auf Null zu halten.

Beim Einsatz der Beurteilungsmatrix für die Rollenbestimmung der IKT und des IM ist das Gesamt-Unternehmen bzw. das Portfolio seiner Anwendungen der Gegenstand der Überlegungen, während einzelne Produkte oder Technologien nicht in die Entscheidung einbezogen werden. Da die Zuordnung zu einem Quadranten nicht statisch aufzufassen ist, kann der Ansatz benutzt werden, um den passenden Managementansatz für die IV über einen längeren Zeitraum hinweg zu ermitteln. Die Matrix ist ebenso nützlich, um das künftige Anwendungs-Portfolio zu bestimmen und zu bewerten. In gewisser Weise leitet der Ansatz kontingenz–theoretisch aus der Zuordnung zu einem bestimmten Quadranten die Rahmenbedingungen für das IM ab. Die Beurteilungsmatrix hilft jedoch nicht zu bestimmen, in welchem Quadranten sich ein Unternehmen befinden sollte und bietet keine Hinweise darauf, wo mögliche strategische Anwendungen der IKT bestehen und genutzt werden könnten.

Die Methode der Bestimmung **Kritischer Erfolgsfaktoren (KEF)** basiert auf einem Verfahren, das von *Rockart* (1979) entwickelt wurde, um die Informationsbedürfnisse des Topmanagements zu ermitteln. Es wurde in Abschnitt 3.1 zur Informationswirtschaft näher beschrieben.

Auf der Basis der KEF läßt sich das Verhältnis zwischen dem Unternehmen und IKT näher beschreiben, indem die potentiellen Beiträge verschiedener Technologien und Anwendungsbereiche zum Unternehmenserfolg erhoben werden. Abbildung 3-63 zeigt den Aufbau der Unterstützungs-Matrix für die KEF eines Unternehmens. Anhand einer Liste von KEF im Unternehmen, der Branche und der allgemeinen Umwelt wird IKT durch die befragten Manager auf ihren strategischen Beitrag hin überprüft. Daraus können dann die zu entwickelnden IS abgeleitet werden. Die einzelnen Bestandteile der Unterstützungs-Matrix sind:

1. **KEF:** Für den Unternehmenserfolg ausschlaggebende KEF.
2. **Beurteilungsobjekte:** IKT sowie Anwendungsbereiche, die einen Beitrag zur Unterstützung der KEF leisten können, z.B. Client-Server-Architektur, portable Computer usw.
3. **Einzelbeurteilung:** Konkrete Beurteilung, ob ein Beurteilungsobjekt einen bestimmten KEF unterstützt. Anstatt der bloßen Feststellung der Unterstützung ist auch eine wertende Beurteilung des Grades der Unterstützung anhand einer Skala möglich.

4. **Unterstützungspotential eines Beurteilungsobjektes:** Durch kumulierte Werte wird offensichtlich, welches Beurteilungsobjekt den größten Unterstützungsbeitrag zum Unternehmenserfolg leistet.

5. **Unterstützungspotential für einen KEF:** Die kumulierten Werte drücken aus, welcher KEF durch die Beurteilungsobjekte am besten unterstützt wird. Damit läßt sich feststellen, ob die kritischsten Erfolgsfaktoren ausreichend Unterstützung erfahren können.

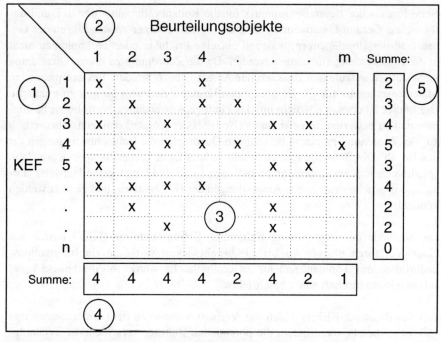

Abbildung 3-63: Unterstützungs-Matrix der kritischen Erfolgsfaktoren

Damit läßt sich die Methode der KEF vielseitiger einsetzen als nur zur Ermittlung des Informationsbedürfnisses von Managern. Durch die Ausrichtung auf den Informationsbedarf der Führungsspitze eignet sich die Methode jedoch nicht unbedingt zur Ermittlung umfangreicher, operativ orientierter IS-Architekturen. Die hier angestrebte Verbesserung der strategischen IS-Planung kann durch die KEF-Methode aber wirkungsvoll unterstützt werden.

Hauptproblem der KEF-Methode ist die Bestimmung der KEF selbst. Durch die Erhebungstechnik sind die KEF erstens am gegenwärtigen Zustand ausgerichtet, zweitens allgemein und doch auf den speziellen Kontext des Unternehmens bezogen und drittens subjektiv und durch den Interviewer leicht beeinflußbar. Damit ist die Güte des Verfahrens abhängig von der Qualität der beteiligten (externen) Interviewer und der Fähigkeit der Interviewten, aus dem gegenwärtigen Zustand auf die Zukunft zu schließen und eine zielorientierte Verdichtung der KEF durchzuführen.

Ein anderes Problem bezieht sich auf die schwierige Beurteilung des Technologieeinflusses im allgemeinen. Hierbei ist festzustellen, daß Technologien an sich nur beurteilt werden können, wenn von der Umsetzung in konkrete Anwendungen und entsprechenden Implementierungsprojekten ausgegangen wird.

Alle drei Verfahren sind recht allgemein gehalten, allerdings haben sie unterschiedliche Ausgangspunkte: Die Informationsintensität bezieht sich auf das Produkt oder die Dienstleistung, während die Bedeutungsmatrix das bestehende und zukünftige Anwendungs-Portfolio betrachtet und die Bestimmung der KEF schließlich die Erfolgsfaktoren des Unternehmens im allgemeinen heranzieht. Trotz dieser Allgemeinheit stellen alle drei Verfahren sinnvolle Möglichkeiten zur Bestimmung der Bedeutung von IKT für das Unternehmen dar. Diese Gewißheit allein ist jedoch nur der erste Schritt, an den sich die Nutzung der Bestimmung anschließen sollte. Im nächsten Abschnitt werden Verfahren beschrieben, die bei konstatierter Bedeutung Möglichkeiten aufzeigen sollen, IKT für die Unternehmensstrategie zu nutzen.

3.4.4.2 IKT - ermöglichte Strategien

3.4.4.2.1 Strategische Informationssysteme

Mit dem Industrieökonomen *Porter* (1980, 1985) begann eine weitere Blütezeit der **Strategieorientierung** in der Unternehmensführung. Als relevantes Analysefeld für die Wettbewerbsorientierung rückte die Branche und die fünf Triebkräfte des Branchenwettbewerbs - Lieferantenmacht, Kundenmacht, Rivalität der konkurrierenden Unternehmen, Produktsubstitution und Markteintrittsbarrieren - in den Mittelpunkt der Diskussion. Um diesen Triebkräften des Branchenumfeldes adäquat zu begegnen, versuchen Unternehmen, die richtige Wettbewerbsstrategie zu bestimmen: Nach *Porter* (1980) durch eine Wahl zwischen den „*generischen Strategien*" Kostenführerschaft, Differenzierung oder Fokus, nach *Hamel/Prahalad* (1993) durch eine Konzentration auf die „*Kernkompetenzen*" des Unternehmens.

Von dieser Entwicklung blieb die Diskussion um Rolle und Bedeutung des IM nicht unbeeindruckt. Wie bereits im dritten Kapitel bei der Beschreibung des EWIM-Gedankens ausgeführt, kann eine gegenseitige Abhängigkeit zwischen Strategie und IM vermutet werden. Der dort „Enabling" genannte Prozeß bezeichnet die Beeinflussung der Unternehmens- oder Geschäftsbereichsstrategie durch die dem IM gegebenen Möglichkeiten der IKT. **Strategische Informationssysteme (SIS)**, die einen Wettbewerbsvorteil für ein Unternehmen schaffen oder ein Zurückfallen in der Wettbewerbsfähigkeit verhindern (*Krcmar* 1987), stellen eine

Konkretisierung des Enabling-Prozesses dar. SIS können einem Unternehmen einen *Wettbewerbsvorteil* verschaffen, während die anderen Unternehmen in der Branche gezwungen werden, ähnliche „strategische" Systeme aufzubauen, um keine *Wettbewerbsnachteile* zu erleiden. Deswegen wird auch von der strategischen Notwendigkeit („strategic necessity" nach *Clemons/Kimbrough* 1986) gesprochen.

Ein erster Ansatz der Klassifizierung von 164 Systemen mit strategischer Ausrichtung, davon 91 in den USA, 61 in Deutschland und 12 in anderen europäischen Ländern, wurde 1989 von *Mertens/Schumann/Hohe* vorgelegt. Entsprechend der Position in der Wertschöpfungskette, dem Neuigkeitsgrad, der Absicht und dem Charakter des Systems lassen sich *inter-organisatorische Systeme* in der Wertschöpfungskette, *Value-Added Services, neue Produkte und Dienstleistungen* und *elektronische Märkte* unterscheiden.

Zu den **inter-organisatorischen Systemen** in der Wertschöpfungskette gehören Systeme, die je *zwei Partner in der Wertschöpfungskette* verbinden, z.B. Kunde und Lieferant. Solche Systeme können nach Systementwickler (Kunde, Lieferant, Dritter) oder Systembetreiber (Kunde, Lieferant, Dritter) unterschieden werden. Abbildung 3-64 zeigt die Verteilung der 63 identifizierten inter-organisatorischen Systeme aus der Untersuchung des Jahres 1989.

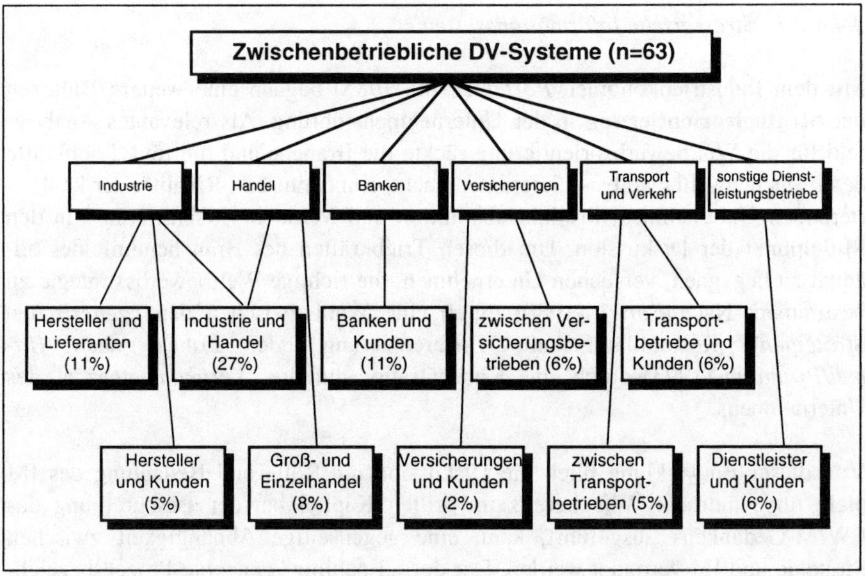

Abbildung 3-64: Verteilung inter-organisatorischer Systeme nach Branchen
Quelle: *Mertens/Schumann/Hohe* (1989, S.115)

Derartige Systeme erzeugen vielfältige Wirkungen. Abbildung 3-65 zeigt die Nutzeffektwirkungskette eines Bestellsystems aus der Sicht des Betreibers. Bei Bestellsystemen mit Kunden gehören die Verkürzung der Auftragsvorlaufzeiten, die Reduzierung der Lagerbestände und der Fehler bei der Auftragsdatenübermittlung zu den Nutzeffekten für den Kunden. Zu den Nutzeffekten des Systembetreibers, der meist der Lieferant in der Kundenbeziehung ist, zählen höhere Kundenbindung, eine Marktanteilserhöhung, die zusätzliche Deckungsbeiträge liefert, ein höheres Bestellvolumen bei Lieferanten, das zu günstigeren Konditionen genutzt werden kann sowie eine Kostensenkung bei der Auftragserfassung (*Mertens/Schumann/Hohe* 1989, S.120-123).

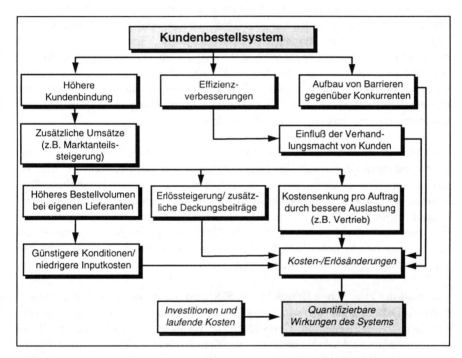

Abbildung 3-65: Nutzeffekte eines Bestellsystems aus Sicht des Betreibers
Quelle: *Schumann* (1990, S.317)

Value-Added Services lassen sich in *akquisitionsunterstützende Anwendungen, After-Sales-Anwendungen* und *sonstige Anwendungen* unterscheiden. Sie dienen der Unterstützung der Auftragsanbahnung, der Auftragsabwicklung und bei Wartungsvorgängen außerdem zur Verbesserung des Kundendienstes und zur Intensivierung der Kundenbeziehung. Akquisitionsunterstützende Anwendungen können beispielsweise mehrere Ziele verfolgen: Wecken der Aufmerksamkeit des Kunden, Customizing des Produktangebots, Qualitätsverbesserung der Kundenberatung und Differenzierung während der Akquisitionsphase. Typische Beispiele für akquisitionsunterstützende Systeme sind DV-Systeme als Marketinginstrumente, CAD-

Anwendungen zur Unterstützung der Angebotsphase und elektronische Kataloge zur Produktauswahl. Die Investitionen sind oft vergleichsweise gering, so daß sich die Amortisation nach einigen zusätzliche Aufträgen ergibt und damit eine relativ hohe Rentabilität entsteht. Diese Art von Anwendungen sind besonders geeignet für die Auftragsfertigung mit einer großen Variantenvielfalt im Angebot und für Unternehmen mit erklärungsbedürftigen Produkten oder erklärungsbedürftiger Produktauswahl.

Die Bearbeitung **neuer Geschäftsfelder** (aus der Sicht des anbietenden Unternehmens) oder das Anbieten **neuer Produkte** gilt als weitere Kategorie für SIS. Zu den Beispielen zählen u.a. das Angebot von „Softwarelösungen für die Transportwirtschaft" von Mercedes-Benz für Tourenplanung und -optimierung, Kosten- und Leistungsrechnung, Fuhrparkanalyse, Werkstatt- und Ersatzteilverwaltung und das „Cash Management Account" von Merrill Lynch, das laufende Kredite zu Standardraten, Auszahlungen durch Scheck oder VISA-Kreditkarte und automatisches Investment überschüssiger Funds in Geldmarkt Fonds verbindet (*Mertens/Schumann/Hohe* 1989, S.127f.). Die Entwicklung neuer Produkte und Geschäftsfelder verläuft meist evolutionär, denn revolutionär.

Bei **elektronischen Märkten** sind in Datenbanken Angebote von Produkten oder Dienstleistungen gespeichert. Im Gegensatz zu einem Bestellsystem für Kunden sind einem elektronischen Markt mehrere Anbieter für gleiche oder ähnliche Produkte in der Datenbank zugeordnet, die häufig von neutralen Dienstleistungsunternehmen gepflegt und verwaltet wird. Als Vorteile für die Kunden erweisen sich eine größere Auswahl an Alternativen, die Verbesserung der Auswahlqualität und die Senkung der Kosten (Zeit) des Auswahlprozesses. Beispiele finden sich bei Finanzierungsangeboten und Flugreservierungssystemen.

Aufgrund der zahlreichen Beispiele von **SIS** wird der Bedarf an operationalisierbaren Ansätzen für die Identifizierung von SIS für das eigene Unternehmen verständlich. Für die Generierung von Ideen für SIS ist es notwendig, auf der Basis beispielsweise von Analogieschlüssen oder Kreativitätstechniken unter Beteiligung von DV-Abteilung und Fachabteilung(en) viele Anknüpfungspunkte für eventuelle strategische Anwendungen zu erzeugen. Als Techniken zur systematischen Förderung der Kreativität, sogenannten Suchhilfen, lassen sich die Analyse der *Wettbewerbskräfte*, die *kundenorientierte* Analyse der erstellten Leistung und die *After-Sales-Orientierung* betrachten.

Bei der Benutzung von *Porters* (1985) Ansatz der **Wettbewerbskräfte** zur Ideengenerierung werden zunächst in einem Brainstorming die Merkmale der Kräftesituation erarbeitet. An ein erarbeitetes Marktstrukturmodell lassen sich folgende Fragestellungen knüpfen (*Cash/McFarlan/McKenney* 1992, S.47ff.):

1. Kann IKT Barrieren gegen Neueintritte aufbauen?

2. Kann IKT die Grundlagen des Wettbewerbs verändern?
3. Können durch IKT neue Produkte entstehen?
4. Kann IKT die Wechselkosten zu anderen Produkten erhöhen oder entstehen lassen?
5. Kann IKT das Machtgleichgewicht zu Lieferanten verändern?

Diese Fragen lassen erkennen, ob und in welchem Gebiet Möglichkeiten eines strategischen Einsatzes von IKT bestehen. Allerdings kann man daraus nicht ableiten, welche Anwendungen das genau sind. Außerdem besteht die Gefahr der unvollständigen Diagnose, vor allem wenn nur DV-Mitarbeiter anwesend sind, so daß bei dieser Methode die Notwendigkeit der Zusammenarbeit zwischen den Strategen des Unternehmens und der DV-Abteilung deutlich wird.

Das **Lebenszyklusmodell der Ressource beim Kunden** von *Ives/Learmonth* (1984) stellt die Sicht des Kunden auf die zu erwerbende Ressource (Produkt oder Dienstleistung) in den Vordergrund. Der Verkäufer kann versuchen, sich vom Mitbewerber durch bessere Kundenunterstützung zu differenzieren. Um Ressourcen zu erwerben, durchläuft der Käufer einen eigenen Ressourcenzyklus. Als Phasen des Lebenszyklus werden unterschieden (*Ives/Learmonth* 1984, S.1198-1200):

1. Bedarf festlegen: Die Anforderungen und Bedarfsmengen der zu erwerbenden Ressource werden festgelegt.
2. Spezifizieren: Die genauen Merkmale der Ressource werden festgelegt.
3. Quelle identifizieren: Lieferanten, die in der Lage sind, die spezifizierte Ressource bereitzustellen, müssen identifiziert werden.
4. Bestellen: Nach der Quellenidentifikation erfolgt die Bestellung.
5. Genehmigen und bezahlen: Vor Übergabe der Ressource muß die Genehmigung erfolgt sein und die Zahlung arrangiert werden.
6. Erhalten: Art und Weise, wie und wie schnell Kunden das Produkt erhalten. Beispiele sind Zeitschriften auf Diskette und online-IS.
7. Testen und akzeptieren der Ressource.
8. Übernahme ins Lager und Verwaltung der Bestände.
9. Überwachung von Nutzung und Verbrauchsverhalten: Beispiele sind Zeitschriftenvertriebe, die die täglichen Verkäufe für ihre Kunden durch das eigene Remittentensystem verwalten.
10. Aufstocken und verändern der Ressourcen, falls erforderlich.
11. Wartung: Z.B. automatische Verlängerungen für die Wartungsverträge von Haushaltsgroßgeräten.
12. Transferieren oder Entledigen der Ressource.
13. Buchführung: Über die Ressourcen muß der Kunde Buch führen.

Dieses Modell ist geeignet, vorhandene Anwendungen zu klassifizieren und erscheint hinreichend detailliert, um neue Anwendungsideen zu generieren.

Viele Investitionsgüter sind durch hohen Wartungs- und Reparaturaufwand, die einen großen Einfluß auf die Kaufentscheide ausüben, gekennzeichnet. Daher läßt sich eine weitere Verfeinerung der Kundenbedürfnisse in der Phase „Wartung" des Kundenressourcenlebenszyklus nutzen, um Anhaltspunkte für SIS zu gewinnen. Dieser Ansatz wird **After-Sales-Orientierung** genannt. Die Trigger, die Aktivitäten der Wartung auslösen, und die Inputs und Outputs des Wartungsprozesses sind in Abbildung 3-66 dargestellt. Ansatzpunkte für SIS kristallisieren sich bei der Automatisierung des Wartungsprozesses mit sinkenden Wartungskosten und bei der Informationsgenerierung durch aktualisierte Datenbasen als Output des Wartungsprozesses heraus.

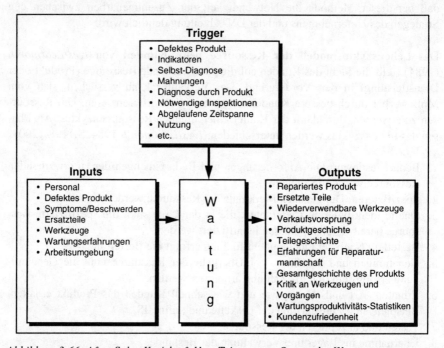

Abbildung 3-66: After-Sales-Kreislauf: Vom Trigger zum Output des Wartungsprozesses
Quelle: *Ives/Vitale* (1988, S.12)

Auf weitergehende Informationen ist auch der Versuch ausgerichtet zu erfahren, ob der Kunde *Zusatzressourcen* benötigt.

Zusammenfassend lassen sich die drei besprochenen Techniken der Suchhilfen als Tätigkeiten interpretieren, die die Ideengenerierung für SIS formalisieren und unterstützend wirken. Vor allem die detaillierten, an den Bedürfnissen des Kunden ansetzenden Vorschläge versprechen die Generierung von hinreichend vielen und gleichzeitig konkreten Ideen.

Allerdings ist offensichtlich, daß ein derartig formalisierter Prozeß nicht automatisch zu SIS der Klasse eines SABRE, wie im Fall „Flugreservierungssystem SABRE" dargestellt wird, führt. Wie *Ciborra* (1991) gezeigt hat, entstanden die erfolgreichsten SIS nicht als Output eines strikten formalisierten Planungsprozesses, sondern aufgrund des inkrementellen Ausbaus einer operativ angedachten Applikation zum strategischen System in einer eher zufällig strategisch relevant gewordenen Rahmenkonstellation.

Dennoch benötigen SIS als integraler Teil der Unternehmensstrategie einen anderen **Begründungszusammenhang** als Anwendungen, die allein über ihre direkte Wirtschaftlichkeit gerechtfertigt werden. Die Bewertung der in Ideengenerierungsprozessen entstandenen Vorschläge für SIS kann anhand der folgenden Kriterien erfolgen:

1. Ist das SIS erforderlich, um einen Wettbewerbsnachteil auszugleichen?
2. Erhöhte das SIS den Wert der gebotenen Leistungen für den Kunden?
3. Ist das SIS verteidigbar?
4. Nutzt das SIS die Eigenständigkeiten des Unternehmens oder baut sie sie aus?
5. Gibt es Ausstiegsbarrieren?
6. Führt das SIS zu nicht erfüllbaren Erwartungen?
7. Ist die Wirtschaftlichkeit des Vorhabens, von dem SIS ein Teil ist, gegeben?

Wie in der Liste deutlich wird, verbessert IKT die Wettbewerbsposition, wenn sie Differenzierung herbeiführen oder steigern *und gleichzeitig* Schutz vor Nachahmung bieten. Wenn jedoch Patentfähigkeit wie bei den meisten Software-Programmen nicht vorliegt, gilt dieser Vorsprung eher zeitweise, denn dauernd. Aus diesem Grunde konzentrierte sich die Forschung auf das Verlängern des Zeitraums, in dem ein Wettbewerbsvorsprung gegeben ist, um einen andauernden („sustainable") Wettbewerbsvorteil zu erreichen (*Feeny/Ives* 1990). Auf jeden Fall kann die institutionalisierte Suche nach strategischen Anwendungen für IKT auch ohne direkte Generierung von SIS als Lernprozeß im Unternehmen verstanden werden, der die Wettbewerbskraft indirekt stärkt.

Abschließend ist zu fragen, wie der Zusammenhang zwischen der strategischen Bedeutung des IM und der Unternehmensstrategie klar identifiziert und sinnvoll zur Erfolgssteigerung des Unternehmens genutzt werden kann. Hier kristallisieren sich zwei Bereiche heraus, die in den folgenden Abschnitten vertiefend behandelt werden. Zum einen muß das Vorhandensein strategischer Nutzungsmöglichkeiten der IKT als steter Merkposten im Bewußtsein der Mitarbeiter im Unternehmen verankert werden und Teil der Weiterbildungsmaßnahmen werden. Die Betrachtung der Mitarbeiter als wichtigste Ressource für das Unternehmen wird in Abschnitt 3.4.7 behandelt. Zum anderen muß sich die Bedeutung des IM für das Unternehmen auch in der Organisationsstruktur widerspiegeln. Die konkrete Ausgestaltung zielt sowohl auf ein Mitglied des Vorstands mit Verantwortung für das IM

(Chief Information Officer, CIO) als auch auf die Institutionalisierung des regelmäßigen Austausches zwischen Vertretern der Unternehmensstrategieentwicklung und der DV-Abteilung.

3.4.4.2.2 Neue Organisationsformen durch Informations- und Kommunikationstechnologie

Nahezu alle Branchen sind mittlerweile durch einen schnellen Wandel, zunehmende Globalisierung und damit einhergehend steigende Wettbewerbsintensität geprägt. Gleichzeitig bieten sich durch den schnellen technologischen Fortschritt neue Möglichkeiten der Gestaltung von Organisationen sowie neuartige Produkte (vgl. *Malone/Laubacher* 1999).

Um konkurrenzfähig zu bleiben, führen daher immer mehr Unternehmen grundlegende Reorganisationen in Richtung einer stärkeren Eigenverantwortlichkeit der Mitarbeiter durch, um eine Organisationsform zu finden, die den heutigen und zukünftigen Anforderungen genügt (vgl. zu Neuen Organisationsformen *Schwarzer/Zerbe/Krcmar* 1999). Als Erfolgsfaktoren stehen dabei insbesondere folgende Aspekte im Vordergrund:

* maximale Flexibilität, das heißt die Fähigkeit, auf sich kurzfristig ergebende Marktchancen in sich regional erweiternden Märkten zu reagieren,
* hohe Innovationskraft, das heißt die Fähigkeit, bei begrenztem Risiko und Kapitaleinsatz schnell neue Produkte bzw. Dienstleistungen zu entwickeln und auf den Markt zu bringen,
* schnelle Abwicklung von Prozessen (siehe auch das Kapitel zu Business Process Reengineering sowie *Schwarzer* 1994),
* unternehmensübergreifend optimierte Wertschöpfungsketten, vertikale Wertschöpfungspartnerschaften[16] und horizontale Allianzen.

Große Bedeutung bei der Umsetzung dieser Anforderungen kommt heute den IKT zu, die neue organisatorische Gestaltungsspielräume eröffnen. So können durch IKT beispielsweise innerbetriebliche Geschäftsprozesse nicht nur durch Automatisierung sondern insbesondere auch durch eine grundlegende Neugestaltung erheblich beschleunigt werden. Auf zwischenbetrieblicher Ebene können durch Electronic Data Interchange (EDI) Just-in-time Konzepte in der Produktion realisiert werden, die zu erheblichen Zeiteinsparungen führen. Aus diesen Gestaltungsspielräumen heraus entstanden die in jüngster Zeit viel diskutierten Neuen Organisationsformen, die durch Charakteristika wie Vernetzung, Teamarbeit und flache Hierarchien geprägt sind. Der in diesem Zusammenhang angeführte Begriff der

---

[16] Bei vertikalen Wertschöpfungspartnerschaften handelt es sich um strategische Allianzen von Unternehmen, die ihre Aktivitäten auf bestimmte Stufen der Wertschöpfungskette konzentrieren und entlang der Wertschöpfungskette kooperieren.

„IKT-ermöglichten Organisationsform" beschreibt neue inner- und zwischenbetriebliche organisatorische Konzepte, die durch eine quantitative und qualitative
Verbesserung der Informationsverarbeitung und der Kommunikationswege die
Problemlösungsfähigkeiten der Organisation gegenüber den traditionellen hierarchischen Strukturen substantiell verbessern (siehe dazu den Überblick bei *Schwar-*
zer/Zerbe/Krcmar 1999). Die Verfügbarkeit von leistungsfähiger IKT stellt hierbei
gleichermaßen Antrieb und Voraussetzung dieser Neuen Organisationsformen dar
(vgl. z.B. *Venkatraman* 1991, S. 122ff; *Davidow/Malone* 1993, S. 7ff).

Die vielfältigen Ausprägungen Neuer Organisationsformen können nach folgenden
Entwicklungsrichtungen systematisiert werden (vgl. *Schwarzer/Zerbe/Krcmar*
1999 und Abbildung 3-67):

- Auf innerbetrieblicher Ebene führt eine stärkere Teamorientierung gekoppelt
  mit einer Dispersion der Aktivitäten über verschiedene Standorte zu „globalen
  Teams".
- Auf zwischenbetrieblicher Ebene führt die Verteilung von Aktivitäten zwischen Unternehmen zu einer Vernetzung der Aktivitäten in „Netzwerkorganisationen".

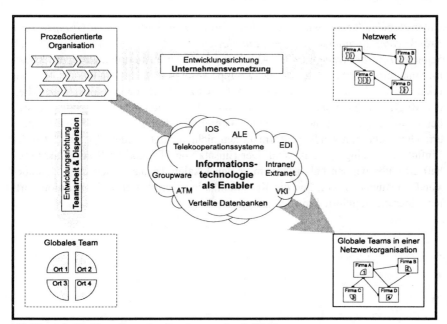

Abbildung 3-67: Neue Organisationsformen durch IT-Einsatz.
Quelle: *Schwarzer/Zerbe/Krcmar* 1999
(ATM = Asynchronous Transfer Mode; IOS = Interorganizational Systems; EDI =
Electronic Data Interchange; VKI = Verteilte künstliche Intelligenz)

Einige Beispiele aus der Praxis belegen, daß die eindeutige Trennung der Entwicklungsrichtungen „Teamarbeit & Dispersion" und „Unternehmensvernetzung" in der Realität vermutlich nur schwer aufrecht zu erhalten sein wird. Vielmehr ist es wahrscheinlich, daß in immer mehr Unternehmen langfristig die Organisationsform „globale Teams in Netzwerkorganisationen" zu finden sein wird.

In den folgenden Kapiteln werden die einzelnen Entwicklungsrichtungen Neuer Organisationsformen näher betrachtet und die jeweilige Rolle der IKT herausgestellt.

3.4.4.2.2.1 Globale Teams

In betriebswirtschaftlichen Betrachtungen hat die Gruppenarbeit bereits eine lange Tradition. So kann *Staehle* (1991, S. 105f) Gruppenfabrikation von Automobilen schon für das Jahr 1922 nachweisen. *Foster* (1978, S. 120 ff) diskutiert Möglichkeiten, Grenzen und Konsequenzen der Gruppenarbeit in Unternehmen. Aber auch neuere Beiträge, meist im Zusammenhang mit bestimmten Managementkonzeptionen oder organisatorischen Trends, ziehen den Gedanken der Gruppenarbeit zu ihren Überlegungen heran (vgl. z.B. *Drucker* 1988, S. 51).

Unter globalen Teams wird die *globale Zusammenarbeit zwischen Gruppen oder Projektteams an unterschiedlichen Standorten einer Organisation* verstanden (vgl. *Schwarzer/Zerbe/Krcmar* 1999). Abbildung 3-68 kontrastiert den Gruppenverband im Sinne eines globalen Teams als „Gruppe von Gruppen" mit der Situation einer lokal und synchron arbeitenden Gruppe. Es wird deutlich, daß die Zusammenarbeit der Mitglieder des globalen Teams durch die Dispersion gehemmt wird, weil sich benötigte Ansprechpartner an einem anderen Ort befinden und vielleicht nicht erreichbar sind, notwendige Informationen nicht verfügbar oder Möglichkeiten der Einflußnahme eingeschränkt sind. Der Einsatz von IT kann die Kommunikationsbarrieren überwinden helfen, indem er den lokalen Teams gemeinsame Datenbestände verfügbar macht, und die Kommunikation zwischen den Kooperationspartnern über die Standorte hinweg unterstützt.

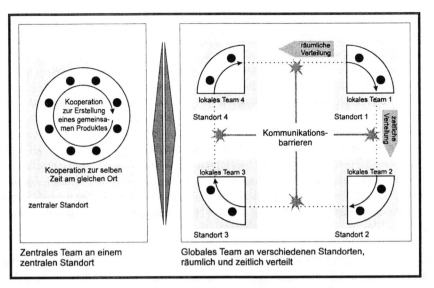

Abbildung 3-68: Kommunikationsbarrieren der verteilten Leistungserstellung globaler Teams
Quelle: *Schwarzer/Zerbe/Krcmar 1999*

Die große Bedeutung globaler Teams wird in neueren Untersuchungen bestätigt: So stellen *Kinney/Panko* (1996, S.128) nach einer Umfrage unter 165 Projektleitern fest, daß 50 Prozent der untersuchten Projekte Mitarbeiter an entfernten Standorten integrieren; in 30 Prozent der Projekte waren sogar mehr als die Hälfte der Mitarbeiter an entfernten Standorten für das Projekt tätig.

3.4.4.2.2.2 Netzwerkorganisationen

Netzwerkorganisationen werden als Spielart kooperativer Handlungsweisen angesehen. So erstaunt es nicht, daß die Begriffe „Netzwerk" und „Kooperation" - wie auch im vorliegenden Buch - häufig synonym verwendet werden. „Zwischenbetriebliche Kooperation liegt vor, wenn zwei oder mehrere Unternehmen freiwillig nach schriftlicher oder mündlicher Vereinbarung innerhalb des von der Rechtsordnung gesetzten Rahmens unter der Voraussetzung zusammenwirken, daß keines von ihnen seine rechtliche und seine wirtschaftliche Selbständigkeit - abgesehen von Beschränkungen der unternehmerischen Entscheidungsbefugnisse, wie sie für die zwischenbetriebliche Zusammenarbeit notwendig sind - aufgibt oder als Folge der Kooperation verliert und jedes dieses Verhältnis jederzeit sowie ohne ernstliche Gefahr für seine wirtschaftliche Selbständigkeit lösen kann, und wenn dieses Zusammenwirken für die Unternehmen den Zweck hat, ihre Wettbewerbsfähigkeit zu erhöhen, zu diesem Zweck eine oder mehrere Unternehmensfunktionen in mehr oder weniger loser Form gemeinsam auszuüben und auf diese Weise ihre Leistungen, Produktivität und Rentabilität zu steigern, damit jeder

Teilnehmer für sich einen höheren Nutzen erzielt, als er ihn bei individuellem Vorgehen erreichen könnte." (*Straube* 1972, S. 65)

Die Bildung und das Management von zwischenbetrieblichen Beziehungen wird allgemein als Antwort der Unternehmen auf Unsicherheiten interpretiert. Ausgangspunkt der Diskussion ist die Knappheit der Ressourcen, welche die Zielerreichung behindert.

Die Motivation zur Zusammenarbeit ist insbesondere in Zeiten knapper oder abnehmender Ressourcen hoch. Die Knappheit der Ressourcen und das nur beschränkte Wissen über Veränderungen der Umwelt führen dazu, daß die Unternehmen kooperative Beziehungen zu anderen Unternehmen aufbauen und managen, um auf diese Weise Stabilität, Vorhersagefähigkeit und Verläßlichkeit zu erzielen.

Heute wird als einer der Hauptgründe für Kooperationen[17] die Globalisierung der Märkte genannt. Die Notwendigkeit, in vielen regional verteilten Märkten präsent zu sein, fordert vielen Unternehmen Ressourcen ab, die sie für sich alleine nicht aufbringen können. Unternehmen schließen sich zusammen, um gemeinsam die Entwicklung und Finanzierung für ein Produkt am Weltmarkt zu betreiben oder sich einen gemeinsamen Distributionskanal zu nutze zu machen. So bündeln beispielsweise Unternehmen aus der Halbleiterindustrie im Konsortium SEMATECH ihre Ressourcen für Forschungs-, Entwicklungs- und Testaktivitäten, um gemeinsam gegenüber Konkurrenten aus anderen Ländern Vorteile zu erzielen (*Browning/Beyer/Shetler*, 1995).

Da Prozesse in zwischenbetrieblichen Kooperationen einzelne Organisationsgrenzen durchbrechen, ergeben sich besondere Anforderungen an IKT. Interorganisationale Systeme (IOS) sind Systeme, die geteilte Ressourcen zwischen zwei oder mehreren Organisationen involvieren.:

> „Interorganizational Information Systems [...] are those data and communication / data processing systems linking independent organizations so that electronic information processing resources may be shared." (*Barrett* 1985).

Gemeinsam genutzte Ressourcen können einerseits Datenbestände, andererseits Infrastrukturen sein. In beiden Fällen können durch die gemeinsame Nutzung „economies of scale" erzielt werden. Ein bekanntes Beispiel für die gemeinsame Nutzung von Datenbeständen ist das Konsortium Rosenbluth International. Die unabhängigen Reiseunternehmen, die eigentlich potentielle Konkurrenten sind, nutzen gemeinsam auf internationaler Ebene Kundendatenbanken und Help Desks sowie Software. Beispiele für die gemeinsame Nutzung von Infrastrukturen sind

---

[17] Gründe für Kooperationen stellt *Kronen* 1994, S. 36 ff. zusammen.

die bekannten Platzreservierungssysteme der Fluggesellschaften, oder aus dem Bankenbereich die Bankautomaten-Netzwerke, die von verschiedenen Banken gemeinsam aufgebaut und genutzt werden.

Der Einführung eines IOS liegt in der Regel die Überlegung zugrunde, daß sich durch die technische Unterstützung die Kosten der zwischenbetrieblichen Kooperation verringern lassen. So argumentieren beispielsweise *Barrett/Konsynski* (1982), daß die Teilnahme an IOS in der Industrie zu Kostensenkungen durch niedrigere Lagerbestände, detaillierteres Wissen über die Verfügbarkeit von Produkten, kürzere Bestellbearbeitungszyklen und niedrigere Transaktionskosten führt. Viele der derzeit eingesetzten IOS sind Bestell- und Abrechnungssysteme oder elektronische Märkte, die Unternehmen mit ihren Lieferanten, Distributionskanälen und Kunden vor Ort, auf nationaler oder internationaler Ebene verbinden. In dieser Verwendung eliminieren die IOS Papier und Versand, reduzieren die notwendigen Datenerfassungskapazitäten und verkürzen die Reaktionszeiten. Der Einsatz von IOS erlaubt den Partnern, Informationsverarbeitungskapazitäten in einer Organisation zu nutzen, um dadurch die Leistung einer anderen Organisation zu erhöhen, was insgesamt zu einer erhöhten Effizienz und Profitabilität führt.

Die Effizienzgewinne durch den Einsatz eines IOS sichern jedoch keine langfristigen Wettbewerbsvorteile, da (insbesondere auf EDIFACT-Standards basierende) IOS heute problemlos nachgebaut werden können. Auch hat sich inzwischen gezeigt, daß die bloße Automatisierung von bislang papiergestützten Vorgängen die Potentiale von IOS nicht ausschöpft, sondern oftmals erst eine begleitende Reorganisation der Geschäftsprozesse zu den angestrebten Effekten führt (*Krcmar/Bjørn-Anderson/ O'Callaghan* 1995).

Der Einsatz von IOS kann jedoch nicht nur zu einer Veränderung der Beziehungen zwischen angrenzenden Stufen der Wertschöpfungskette führen, sondern auch zur Elimination von Stufen, indem diese durch den Einsatz von IOS überflüssig gemacht werden. Beispielsweise können Zwischenstufen des Handels umgangen werden (Disintermediation), indem die Systeme die Zwischenhandelsfunktionen übernehmen.

3.4.4.2.2.3 Virtualisierte Organisationen und föderative Netzwerke als organisatorische Mischformen

Die in den letzten beiden Kapiteln beschriebenen Reinformen Neuer Organisationsformen vermengen sich in der Praxis zunehmend. Hierbei entstehen organisatorische Mischformen, welche die räumlich verteilten Teams innerhalb einer Organisation mit zwischenbetrieblichen Kooperationen ergänzen.

Eines der in diesem Zusammenhang am meisten thematisierten Organisationskonzepte ist das der Virtuellen Organisation (VO). Arnold et al. (1995, S. 10) verstehen VOs als „eine Kooperationsform rechtlich unabhängiger Unternehmen, Institutionen und / oder Einzelpersonen, die eine Leistung auf der Basis eines gemeinsamen Geschäftsverständnisses erbringen. Die kooperierenden Einheiten beteiligen sich an der Zusammenarbeit vorrangig mit ihren Kernkompetenzen und wirken bei der Leistungserstellung gegenüber Dritten wie ein einheitliches Unternehmen. Dabei wird auf die Institutionalisierung zentraler Managementfunktionen zur Gestaltung, Lenkung und Entwicklung des VU durch die Nutzung geeigneter Informations- und Kommunikationstechnologien weitgehend verzichtet. Diese Definition läßt eine konzeptionelle Nähe zu Netzwerken, insbesondere zu Projektnetzwerken vermuten (vgl. *Windeler* 1999). VOs können daher auch als eine besonders flexible Netzwerkform betrachtet werden, die globale Teams beinhalten und durch ein besonderes Maß an medialer Inszenierung in der Kooperation geprägt sind.

Im folgenden wird das Konzept einer Virtualisierten Organisation anhand eines Falls über die Firma Rauser Advertainment dargestellt.

3.4.4.2.2.4 Fall: Rauser Advertainment

Die Firma Rauser Advertainment AG entwickelt und vermarktet interaktive Werbespiele. Die Produkte entstehen dabei i.d.R. in einer virtualisierten Projektstruktur: Mit einem Kern von sieben festen Mitarbeitern werden von Reutlingen aus deutschland- und weltweit verteilte Projektteams koordiniert. Diese Teams werden jeweils projektspezifisch aus einem Pool von ca. 100 freien Mitarbeitern und Partnerunternehmen zusammengestellt. Die Effizienz und die Ergebnisqualität derartiger Projekte wird dabei wesentlich von der virtualisierten Organisationsform beeinflußt. Einerseits kann flexibel auf benötigte Ressourcen zugegriffen werden, andererseits muß die Verteilung des Teams gehandhabt werden. Im folgenden wird ein Projekt zur Erstellung des Werbespiels skizziert.

Im ersten Schritt des Projekts wurde ein Grobkonzept des Werbespiels definiert. Um von der Grobkonzeption zu einem Feinkonzept zu gelangen, mußte einerseits der Spielverlauf näher beschrieben werden. In diesem Zusammenhang waren Charaktere, Räume und die zu transportierenden Werbeinhalte verbal und visuell darzustellen. Andererseits mußten die technischen Funktionen, wie z.B. die Sprachsteuerung und die Hilfe-Funktion, näher spezifiziert werden. Die Spiellogik wurde in Form eines Netzplans dargestellt. Hierin wurden die einzelnen Situationen mit den jeweils möglichen Reaktionen des Spielers und den daraus resultierenden Situationen vernetzt dargestellt.

Nachdem das Werbespiel definiert war, mußten geeignete Kooperationspartner für die Realisation des Konzepts gefunden werden. Ein Anforderungsprofil an die potentiellen Teammitglieder ergab sich aus dem Feinkonzept. Zur Ermittlung geeigneter Kooperationspartner griff Rauser Advertainment auf einen Pool von ca. 100 weltweit verteilten potentiellen Kooperationspartnern zu, die bereits aus früheren Projekten bekannt waren. Einen Großteil der Projektpartner haben die Reutlinger Mitarbeiter von Rauser Advertainment jedoch nie persönlich kennengelernt.

In diesem Projekt sollte ein Entwicklungsteam verpflichtet werden, das bereits eine derartige Produktion durchgeführt hatte. Die Abstimmung mit potentiellen Projektpartnern erfolgte hierbei im wesentlichen über E-mail und Telefon. Mit wenigen, räumlich nah arbeitenden Teammitgliedern fanden zudem persönliche Abstimmungstreffen statt. Abbildung 3-69 stellt das Kooperationsnetzwerk mit den Koordinations- und Leistungsbeziehungen dar.

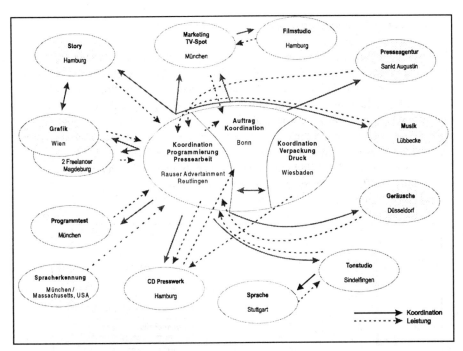

Abbildung 3-69: Kooperationsnetz zur Erstellung eines Werbespiels
Quelle: *Weigle; Krcmar* (1999)

Nachdem das Konzept der Leistung erstellt und die benötigten Kompetenzen bzw. Teammitglieder verpflichtet worden waren, mußten die einzelnen Teilleistungen erstellt und integriert werden. Enge bilaterale Abhängigkeiten bestanden zwischen der Erstellung der Story, der Grafik und der Programmierung. Die anderen Teilleistungen mußten vor dem Hintergrund der Integration stichtagsbezogen fertiggestellt werden. Enge inhaltliche Verflechtungen bestanden hier jedoch nicht.

Die einzelnen Teilleistungen wurden abschließend durch den Programmierer in die Programmstruktur integriert. Da der Programmierer bei Rauser Advertainment in Reutlingen arbeitete, war eine spontane, persönliche Abstimmung mit dem Projektleiter jederzeit möglich. Diese enge Abstimmung mit dem Projektleiter sowie die hohe Transparenz der Stati der Teilleistungen ermöglichte eine schnelle Reaktion des Projektleiters auf Fehlentwicklungen oder technische Probleme.

Rauser Advertainment hat somit für die spezifischen Anforderungen des Werbespiels flexibel ein Projektteam aus einem Pool potentieller Kooperationspartner zusammengefügt. Die räumlich sowie zeitlich verteilt arbeitenden Teammitglieder waren dabei weitgehend autonom und i.d.R. ohne persönliche Kontakte zu den weiteren Kooperationspartnern (*Weigle/Krcmar* 1999).

3.4.4.3 Neue Geschäftsmodelle durch Electronic Commerce

Electronic Commerce (eCommerce) umfaßt den Handel von physischen und intangiblen Gütern in elektronischen Medien (*Timmers* 1998). Die elektronische Unterstützung kann sich dabei auf sämtliche Handelsphasen von der Produktinformation über die Bestellung und Bezahlung bis hin zur Lieferung erstrecken. Im Verhältnis zwischen Unternehmensstrategie und IS nimmt eCommerce eine Doppelstellung ein. Einerseits kann durch eCommerce eine bestehende Strategie unterstützt werden, indem beispielsweise ein neuer Vertriebskanal eröffnet wird. Andererseits bietet eCommerce die Möglichkeit grundsätzlich neuer Geschäftsmodelle (vgl. Abbildung 3-70). Von dem breiten Spektrum denkbarer Geschäftsmodelle auf Basis von eCommerce werden beispielhaft drei dargestellt.

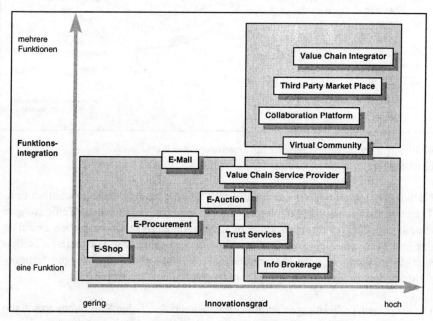

Abbildung 3-70: Klassifikation von Geschäftsmodellen im Internet
Quelle: Timmers (1998, S. 7.)

Im *E-Shop* wird das Unternehmen und deren Produkte bzw. Dienstleistungen im Internet präsentiert. Darüber hinaus sind Bestell- und Bezahlmöglichkeiten in den E-Shop integriert. Das Unternehmen kann auf diese Art mit vergleichsweise geringen Investitionen global tätig werden. Zudem besteht die Möglichkeit von Kostenvorteilen gegenüber traditionellen Anbietern. Die Vorteile der Kunden können in geringeren Preisen im Vergleich zu traditionellen Anbietern, breiterem Angebot im Internet, einer individuellen Betreuung sowie einer 24-Stunden Verfügbarkeit des E-Shops liegen.

In *E-Auctions* werden Produkte elektronisch auktioniert. Hierzu wird der gesamte Auktionsprozeß von der Eröffnung über die Gebotsabgabe bis hin zum Verkauf elektronisch abgebildet. Der Anbieter von E-Auctions erwirtschaftet seinen Gewinn hierbei durch die Bereitstellung der Auktionierungsplattform, durch Gebühren für die Auktionsteilnehmer sowie durch Werbung auf seinen Seiten. Die Anbieter der Auktionsware erreichen über E-Auctions einen größeren Bieterkreis. Zudem muß die Ware nicht zum Auktionsort transportiert werden, sondern wird nach Verkauf direkt an den Käufer geliefert. Die Auktionsteilnehmer erhalten auf einfache Art Zugang zu einem größeren Angebot an Auktionsware. Für sie wird zudem der Auktionsprozeß infolge der elektronischen Abwicklung vereinfacht. So kann beispielsweise für eine Auktion ein Automatismus eingerichtet werden, der bis zu einen vom Interessenten festgelegten Betrag automatisch Gebote abgibt.

In *Virtual Communities* entsteht der Mehrwert durch die Information, die von den Nutzern in einer elektronischen Austauschplattform verfügbar gemacht wird. Auf diese Art kann beispielsweise die Kundenloyalität für ein Unternehmen gestärkt sowie die grundsätzliche Attraktivität eines Online-Angebots erhöht werden. Beispiele hierfür finden sich insbesondere im Internet-Buchhandel. Der Anbieter der Virtual Community erwirtschaftet dabei seinen Gewinn durch Nutzungsgebühren oder durch Werbeeinnahmen. Auch das Erstellen von Kundenprofilen aus der Virtual Community stellt einen Anreiz für die Anbieter dar.

3.4.5   Fall: Umorientierung der Informatik bei der Lufthansa AG

Durch den verschärften globalen Wettbewerb im Personen- und Frachtluftverkehr war die **Lufthansa AG (LH)** zu Beginn der 90er Jahre gezwungen, umzudenken und drastische Sanierungsmaßnahmen zu ergreifen. Der Bereich **LH-Informatik**, für den bekanntermaßen ein großer Kostenblock anfiel, war ebenfalls gefordert einen Sanierungsbeitrag zu leisten. Da nicht genau bekannt war, wie hoch die verursachten Informatikkosten im Konzern zu veranschlagen waren und wie sich deren Aufteilung gestaltet, wurde 1991 eine Task Force zur Ermittlung eingesetzt. Die Arbeit der Task Force brachte folgende *Eckzahlen* für den gesamten Konzern hervor:

- 750 Mio. DM Informatikkosten,
- über 1800 Mitarbeiter in der Informatik,
- nur ca. 50% der Informatikkosten in der zentralen Informatik-Einheit,
- 65% der Entwicklungsleistung erfolgte dezentral,
- 36% des Aufwandes für Entwicklungsumgebungen erfolgte dezentral und
- 16% des Betriebes erfolgte dezentral.

Diese ungünstigen Eckzahlen der LH-Informatik führten in der Sanierungsphase zu *Outsourcing-Diskussionen*. Zu diesem Zeitpunkt hatte die LH eine zentrale Informatik-Einheit. Die Entwicklung der Informatikkosten und deren Aufteilung zeigten, daß sich ein Koordinationsproblem bezüglich zentral und dezentral auszuführender Arbeiten in der LH-Informatik abzeichnete. Obwohl es eine zentrale Informatik-Einheit gab, fielen fast 50% der Informatikkosten dezentral an, wurden 65% der Entwicklungsleistung erbracht und entstand hoher Aufwand für Koordination und Planung. Diese Eckzahlen gaben Anlaß zur Diskussion, wie die Leistungen der LH-Informatik effizienter und effektiver erbracht werden können. Diese Diskussion mündete in einer Outsourcing-Debatte. Der Vorstand beschloß, in einem Projekt die Neuausrichtung der LH-Informatik zu erarbeiten. Der Leiter der zentralen Informatik-Einheit übernahm dieses Projekt zusätzlich zu seiner bisherigen Aufgabe. Um eine hohe Akzeptanz im Konzern zu erzielen, waren alle wesentlichen Ressorts und Gesellschaften in dieses Projekt eingebunden.

In der Outsourcing-Debatte wurden folgende *Chancen und Vorteile* eines Fremdbezuges angeführt:

- Kosten werden transparent, Kostenbewußtsein steigt,
- derzeitige Fixkosten lassen sich ggf. zukünftig proportionalisieren,
- klare Vertragslage durch Pflichtenhefte und
- Kostenbegrenzung durch Festpreis.

Diesen wurden folgende *Risiken und Nachteile* gegenübergestellt:

- Mittelabfluß zum externen Partner höher als geplant,
- Gewinn des Partners ist zu finanzieren,
- Abhängigkeit vom Partner steigt,
- Preisentwicklung zeigt nach erster Vertragsperiode steil nach oben und
- Konflikte entstehen zwischen Partner- und Lufthansainteressen.

Bereits eine Betrachtung der Vor-/Nachteile und der Chancen/Risiken ergab, daß ein vollständiges Outsourcing der LH-Informatik wahrscheinlich nicht in Frage kommen würde. Zur weiteren Unterstützung der Diskussion wurden die Ziele erarbeitet und mit dem Vorstand abgestimmt, da deren Erfüllung durch das zukünftige Organisationskonzept der LH-Informatik gewährleistet werden sollte.

Die LH-Informatik verfolgt die *„Unterstützung der Geschäftsprozesse der LH"* und die *„Sicherstellung der Wirtschaftlichkeit der LH-Informatik"* als zwei grundsätzliche Ziele. Die Unterstützung der Geschäftsprozesse beinhaltet die flexible Bereitstellung leistungsfähiger IS durch die Ermittlung, Abstimmung und Priorisierung von Ressortvorhaben und der Nutzung der technologischen Chancen. Weiterhin umfaßt die Unterstützung der Geschäftsprozesse das Sicherstellen der Kommunikation zwischen den Konzernteilen durch technische Verträglichkeit und inhaltliche Konsistenz. Darüber hinaus wird die Nutzung von Synergien durch die Vermeidung von Doppelentwicklungen und Konzentration auf Kernanwendungen (z.B. Standardsoftware SAP) angestrebt. Die Wirtschaftlichkeit der LH-Informatik bezieht sich auf die Sicherstellung des wirtschaftlichen Einkaufs durch die Gestaltung der Rahmenverträge bzw. Einzelverträge mit Lieferanten, die Koordination der Ressortbedarfe und kontrollierte Abhängigkeit von Lieferanten. Verfolgt wird eine Kostentransparenz durch Darstellung der IS-Kosten konzernweit und eine Absicherung der Sanierung durch die Minimierung der Fixkosten und der Optimierung der Fertigungstiefe.

Nach Abwägung der Vor-/Nachteile und der Chancen/Risiken eines Fremdbezugs sowie der Betrachtung der Ziele der LH-Informatik war klar, daß weder ein vollständiges Outsourcing der LH-Informatik noch ein Outsourcing nur des Rechenzentrumbetriebes eine befriedigende Lösung bietet. Überdies hätte zu diesem Zeitpunkt ein Outsourcing der LH-Informatik den Widerstand der Belegschaft, Betriebsrat und Gewerkschaften stark herausgefordert und damit das Gesamtvorhaben *„Restrukturierung LH und Privatisierung"* gefährdet.

Der LH stellten sich somit für das IM *drei Realisierungsalternativen.* Die drei Szenarien beziehen sich ausschließlich auf das IM. Davor lag die Entscheidung für eine Ausgliederung (statt Outsourcing) der LH-Informatik. Nur hierfür wurde ein Partner vorgesehen. Die drei Szenarien im Überblick:

- **Dezentralisierung** (Szenario I): Dezentralisierung bedeutet für die Informatik im LH-Konzern, daß die übergeordneten Ziele nicht durchgesetzt werden können.
- **Zentralisierung** (Szenario II): Da Verantwortung für Planungs- und Steuerungsaufgaben, für Informatikeinsatz und für das Budget bei den Geschäftsbereichen liegt, wurde eine zentralistische Lösung von vornherein als nicht umsetzbar ausgeschlossen.
- **Kombination** (Szenario III): Ausgewogenheit einer zentralen und dezentralen Kompetenz.

Es erfolgte eine *Nutzwertkalkulation* für die Szenarien I, II und III, wobei die *„strategische Relevanz"*, die *„wirtschaftliche Relevanz"* und das *„Umsetzungsrisiko"* mit mehreren Unterkriterien und verschiedener Gewichtung bewertet wurden. Nach Bewertung ergab sich, daß die Szenarien II und III fast gleichwertig waren, Szenario II einen höheren ökonomischen Nutzen allerdings bei höherem Umsetzungsrisiko auswies. Bei Szenario III ergaben sich noch genügend Vorteile des Szenarios II vereint mit vertretbarem Umsetzungsrisiko, gleichzeitig hoher strategischer Zielerfüllung und gutem wirtschaftlichen Nutzen.

Der LH-Informatik war bewußt, daß die angestrebte Lösung nur mit Hilfe von außen zu bewerkstelligen ist. Da ein reines Outsourcing indiskutabel war, wurde die organisatorische Lösung eines „*Systemhauses*" in Form einer Tochtergesellschaft mit Mehrheitsbeteiligung gewählt. Mit Hilfe einer ausführlichen Studie wurde bestimmt, ob für das Systemhaus ein oder mehrere Partner notwendig sind und welche Partner in Frage kommen. Das Konzept des Systemhauses sollte dabei folgende übergeordnete Ziele nicht aus dem Auge verlieren:

- Sanierungsbeitrag (Senkung der Informatikkosten),
- Konzentration auf das Kerngeschäft (Fertigungstiefe),
- Ausschöpfung Synergieeffekte (Effizienzsteigerung),
- Flexibilisierung der Informatikkosten und
- finanzieller Beitrag durch den Partner des Systemhauses.

Für die Auswahl von Partnern wurde folgender Kriterienkatalog zugrunde gelegt (Tabelle 3-12):

Fundamentale Kriterien	• Know-how, Sachkompetenz und Technologieniveau • Wirtschaftliche Leistungsfähigkeit und Marktstabilität der Produkte • Kurzfristige Kostensenkungspotentiale durch Rationalisierungseffekte und Degressionsvorteile • Synergiepotentiale durch Komplementarität der Partnerleistungen • Stärke in Marketing und Vertrieb • Realisierung von Zeitvorteilen für Systemhaus-Kunden
Strategische Kriterien	• Strategische Bedeutung für LH • Reduzierung der Freiheitsgrade für strategische Optionen • Internationalität der Geschäftspräsenz • Harmonie der Geschäftspläne • Produktportfolio
Kulturelle Harmonie	• Kulturelles Konfliktpotential • Kundenorientierung

Tabelle 3-12: Kriterienkatalog für Systemhaus-Partner

Als mögliche Partner wurden IBM, debis und EDS (Electronic Data Systems) betrachtet. Die Wahl fiel schließlich auf EDS als Partner für das Systemhaus. In das Systemhaus „**LH Systems GmbH**" wurde die *LH-Informatik* und eine damals bereits existierende *Tochtergesellschaft LH Informationssysteme GmbH Berlin* eingegliedert.

Die Kenngrößen der LH Systems, an der die LH mit 75% und EDS mit 25% beteiligt ist, gestalten sich wie folgt:

• Der geplante Umsatz 1995 beträgt ca. 425 Mio. DM inkl. LH Informationssysteme, davon mit LH ca. 400 Mio. DM, wobei der Umsatz mit Dritten steigend zu verzeichnen ist.
• Die Mitarbeiterzahl beläuft sich auf ca. 1100 inkl. LH Informationssysteme, davon bestehen ca. 400 Arbeitsplätze im Bereich Systems Engineering, ca. 300 im Bereich der Zentralen technischen Infrastruktur und ca. 250 im Bereich der Dezentralen technischen Infrastruktur.

Das LH Systemhaus wurde am 1. Januar 1995 gegründet. Diese organisatorische Neuerung bedingte eine Neufestlegung der Aufgabenstellung des *LH-Managements*, des *Lokalen Informations-Managements (LIM)* und des *Konzern-Informations-Managements (KIM)* als Auftraggeber für das Systemhaus. Die Ressorts Fracht, Technik, Stammhaus Vertrieb, Operations, Finanzen, Personal, Lufthansa Service Gesellschaft (LSG), Condor und City Line werden jeweils durch einen LIM vertreten (Abbildung 3-71):

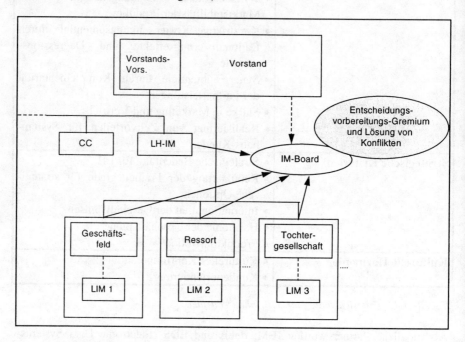

Abbildung 3-71: Mitglieder des IM-Boards

Die Ressorts haben die Verantwortung für den Einsatz von Informatik, da sie die lokalen Investitionsentscheidungen treffen. Zusätzlich wurde im Dreiecksverhältnis zwischen LH-Management, LIM und KIM die Einrichtung eines *IM-Board* notwendig, das sich aus den Leitern des LIM und dem Leiter KIM zusammensetzt. Das IM-Board umfaßt somit 10 Personen.

Die personelle Ausstattung der LIMs reicht z.T. bis an zehn Personen heran, wobei für das größte Ressort maximal acht Personen geplant sind. Das Ressort Fracht hat beispielsweise drei bis vier Personen. KIM umfaßt zwölf Personen, aufgeteilt in ein Team SAP-Produktmanagement und ein Team Informations-Management. Das IM-Board tagt monatlich mit einem Zeitaufwand von einem halben bis ganzen Tag. Zweimal jährlich zieht sich das IM-Board für eineinhalb bis zwei Tage zurück, wobei ein halber Tag für Vorträge aktueller Themen von bekannten Referenten vorgesehen ist.

Die von den einzelnen Ressorts gegengezeichneten Leistungsverträge mit dem LH Systemhaus umfassen die Konzeption, Entwicklung und Betrieb von Systemen. Das LH Systemhaus hat für die kommenden drei Jahre eine *mengenmäßige Ab-*

nahmegarantie vom LH-Konzern erhalten. Solange die Abnahmegarantie läuft, gibt es eine Standardpreisliste für die einzelnen Leistungsarten. Das LH System-haus hat den Auftrag, nach Ablauf von fünf Jahren ca. 50% Drittmarktgeschäft zu machen. Die Beziehungen zwischen den Auftraggebern KIM, LIM und LH-Management und dem Auftragnehmer LH Systems gibt Abbildung 3-72 wieder.

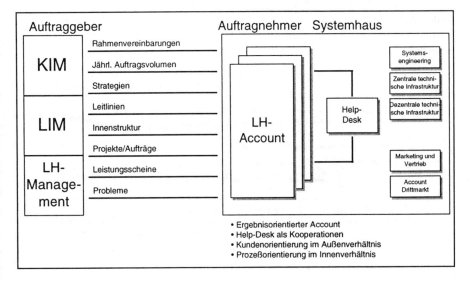

Abbildung 3-72: Echtes Kunden-/Lieferantenverhältnis

Quellen:
Houck, M.: Outsourcing - Chancen und Risiken. Handelsblatt-Jahrestagung Infor-mationsmanagement 1994, Informationsmanagement im Wandel, Frankfurt, 23. November 1994.
Interviews bei der Lufthansa AG in Frankfurt, 1995.

3.4.6   Governance des IM: die Organisation der IM - Aufgabe

Welche Strukturen sorgen für eine effektive und effiziente Erbringung von Infor-mationsmanagement-Leistungen? Während man lange Zeit bei dieser Frage an die verschiedenen Formen der Aufbauorganisation und organisatorischen Verankerung des IM gedacht hat, so ist doch in neuerer Zeit eine viel grundsätzlichere Überle-gung in das Zentrum des Interesses gerückt: Sollen die Aufgaben des Informations-managements unternehmensintern wahrgenommen oder an einen externen Partner ausgelagert werden? Nicht zuletzt getrieben von der Diskussion über die Beschränkung der betrieblichen Aktivitäten auf die Kernkompetenzen eines Un-ternehmens *(Prahalad/Hamel 1990)* läßt heute eine sehr große Zahl von Unter-nehmen zumindest Teile der IM-Leistungen durch Outsourcing von Marktpartnern

234 Die Aufgaben des Informationsmanagements

erbringen. Die Wahl der Governance-Struktur für das IM, d.h. der Koordinations-
und Kontrollstrukturen der Leistungserbringung, hat einen hohen Stellenwert. Wie
in Abbildung 3-73 dargestellt, können verschiedene Formen der zwischenbetrieblichen Governance unterschieden werden, die sich im Kontinuum zwischen dem
„Markt" als externe Bezugsquelle und dem eigenen Unternehmen, also innerhalb
der „Hierarchie" der Unternehmung, bewegen. Dabei ist zu berücksichtigen, daß
jede Koordinationsform, ob hierarchisch oder marktlich, bei der Leistungsüber-
mittlung bestimmte Kosten mit sich bringt (Williamson 1975, Picot 1982, Williamson 1996).

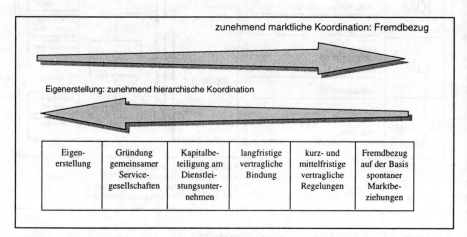

Abbildung 3-73: Institutionelles Kontinuum beim Outsourcing
Quelle: *Picot/Maier* (1992, S.16)

Im folgenden Abschnitt **Outsourcing** werden die Möglichkeiten und Grenzen von
eher marktlichen Governance-Formen für die Aufgaben des IM untersucht. Anschließend werden unterschiedliche Möglichkeiten der organisatorischen Verankerung und der Aufbauorganisation des IM dargestellt. Im letzten Abschnitt dieses
Kapitels werden dann die besonderen Anforderungen des **Globalen Informationsmanagements** an die Governance-Strukturen untersucht.

3.4.6.1 Outsourcing

Auch wenn Schuhe ein elementarer Bestandteil unserer Mobilität sind, käme kaum
jemand auf die Idee, sich seine Schuhe selbst zu fertigen, nur weil wir es einmal
vor Urzeiten in Ermangelung von Bezugsquellen selbst taten. Dementsprechend
könnte man auch Informationsdienstleistungen einkaufen und nicht selber herstellen. Outsourcing ist in vieler Munde, wird oft mit Analogien begründet - so wie
mit der obigen - und wird leider meist ebenso emotionsbeladen wie plakativ diskutiert. Im Grunde ist Outsourcing nichts neues: Seitdem die Gesellschaft sich
arbeitsteilig organisiert, ist die Entscheidung über Eigenerstellung oder Fremdbe-

zug tägliches Entscheidungsbrot. Warum soll, was für Schuhe gilt, nicht auch für Information, IS und IKT gelten? Die plakative Argumentation „Information ist eine unternehmerische Ressource" hat oft dazu geführt, das Outsourcing für das IM kategorisch abzulehnen (*Krcmar* 1992, S.64).

Empirische **Untersuchungen zum Outsourcing** sind zumeist aus den USA (*Willcocks/Lacity/Fitzgerald* 1995; *Lacity/Willcocks* 1998) und Großbritannien (*Willcocks* 1994) bekannt. Erste Studien in Deutschland (*Heinzl* 1991, 1993) und der Schweiz (*Griese* 1993) zeigen zwar nicht gleich hohe Zuwachsraten wie in den USA, allgemein läßt sich aber heute sagen, daß Outsourcing-Aktivitäten überall ein deutliches Wachstum erfahren.

Über die **Gründe für Outsourcing** gibt es eine Vielzahl von Untersuchungen. *Bongard* (1994, S.152) faßt die Vorteile von Outsourcing in den Bereichen der Kosten, des Personals, der Risikoaspekte, Konzentrationsaspekte, Finanzen, sowie des Technologiemanagements zusammen (Tabelle 3-13).

Gründe für Outsourcing

Kosten

- Kostenreduktion
- Umwandlung von Fixkosten in variable Kosten
- Verbesserung der Planbarkeit von Kosten der Informationsverarbeitung
- Verbesserte Kostentransparenz
- Verursachungsgerechte Leistungsverrechnung stärkt das Kostenbewußtsein in den Fachabteilungen

Personal

- Problem der Beschaffung von qualifizierten DV-Kräften wird vermieden
- Entlastung der internen DV von Routinearbeiten (Anwendungsstau-Vermeidung)
- Risikovorsorge bezügl. einer zukünftigen Verknappung qualifizierter DV-Kräfte
- Unabhängigkeit von temporären oder chronischen Personalknappheiten
- Verringerung der Abhängigkeit von einzelnen DV-Mitarbeitern mit Spezial-Know-how (Abbau von „Kopf-Monopolen")
- Verringerung des Personalbestandes im DV-Bereich

Risiko

- Verringerung/Verlagerung von Risiken der wachsenden technologischen Dynamik
- Verringerung bzw. Verlagerung von Risiken aus der zunehmenden Komplexität des Einsatzes moderner Informations- und Kommunikationstechnik
- Erhöhung der Datensicherheit (z.B. durch Ausweich-Rechenzentren)
- Vertraglich geregelte Abwälzung von Risiken und mögl. Gefahren an Outsourcer

Konzentration

- Konzentration von Finanzmitteln auf das Kerngeschäft eines Unternehmens
- Verbesserung der Wettbewerbsfähigkeit durch eine Konzentration der eigenen DV-Ressourcen auf die wesentlichen Aufgaben
- Freisetzung von Kapazitäten für wichtige Aufgaben
- Durch Entlastung von Routine (Maintenance-)-Aufgaben kann die Anwendungsentwicklung auf strategische Informationssysteme konzentriert werden

Finanzen
• Erhöhung der Zahlungsfähigkeit durch Zuführung liquider Mittel aus dem Verkauf von DV-Anlagen an den Outsourcing-Anbieter • Möglichkeiten zur positiven Beeinflussung des Jahresabschlusses • Vermeidung hoher Investitionsaufwendungen für neue Informationstechnologien oder kapazitiver Erweiterungen bestehender Anlagen
Technologie/Know-how
• Zugang zu speziellem Know-how (z.B. CASE-Werkzeuge, Expertenwissen), das selbst nur schwer und teuer aufzubauen oder zu halten ist • Nutzung modernster Technologien ohne eigene Investitionen • Die Anwendung moderner Entwicklungsmethoden oder die Erstellung von Dokumentationen erfolgt bei Outsourcing-Anbietern meist disziplinierter als in der eigenen Entwicklungsabteilung

Tabelle 3-13: Gründe für Outsourcing
Quelle: *Bongard* (1994, S.152)

Diesen Gründen, die Outsourcing vorteilhaft erscheinen lassen, sind allerdings die folgenden **Risiken** entgegenzustellen (Tabelle 3-14):

Risiken des Outsourcing
Kosten
• Einmalige Umstellungskosten (Switching Costs) • Risiken der vertraglichen Preisfixierung • Intransparenz und Unkontrollierbarkeit der vom Outsourcing-Anbieter verlangten Preise • Erhöhter Kommunikations- und Koordinationsaufwand • Nicht abschätzbarer zusätzlicher Aufwand für unvorhersehbare Änderungen • Nichteintreffen erwarteter Kostensenkungen • Schwierige Abschätzung der Preisentwicklung im Bereich der Informationstechnologie und im Telekommunikationsbereich
Personal
• Personalpolitische und arbeitsrechtliche Probleme • Verlust von Schlüsselpersonen und deren Know-how • Die im Unternehmen verbleibenden Restaufgaben der Informationsverarbeitung schaffen keine ausreichende Motivation mehr für das verbleibende DV-Personal • Probleme bei der Übertragung von DV-Personal zum Outsourcing-Anbieter • Personalprobleme in der Umstellungs- und Übergangsphase

Technologie
• Starre Bindung an die Technologie des Outsourcing-Anbieters • Gefahr einer zu großen Standardisierung
Datenschutz
• Gewährleistung des Datenschutzes vertraulicher Daten
Know-how
• Transfer von Know-how und damit verbundenen Wettbewerbsvorteilen an Konkurrenten • Zunehmende Auslagerungsaktivitäten ziehen unweigerlich einen Verlust von DV-Kompetenz und Know-how mit sich
Rückkehr zur eigenen Informationsverarbeitung
• Wiederaufbau von Know-how nach gescheiterten Outsourcing-Projekten • Langfristige Bindung an Outsourcing-Verträge • Aufwand für den Wiederaufbau einer DV-Abteilung (Rechenzentrum)
• Bei völliger Aufgabe der Informationsverarbeitungs-Know-how-Basis durch Outsourcing ist es fast unmöglich, nach mehreren Jahren den Auslagerungsschritt rückgängig zu machen

Tabelle 3-14: Risiken des Outsourcing
Quelle: Bongard (1994, S.153)

Willcocks/Lacity/Fitzgerald (1995) und *Willcocks/Lacity/Fitzgerald (1998)* fassen in ihren Untersuchungen in den USA und GB vier Gründe für Outsourcing zusammen:

1. Ein imitierendes Verhalten von Führungskräften, angetrieben durch die Aufmerksamkeit und Publizität, die Outsourcing Kontrakte begleitet,
2. Outsourcing als die Antwort auf die Notwendigkeit der Kostenreduktion, zumindest aber der Kostentransparenz,
3. ein langfristiger Trend in der Organisationsformwahl von Organisationen (sei es durch die Konzentration auf Kernkompetenzen oder eine zunehmende Vermarktlichung von Dienstleistungsmärkten) und
4. das Bedürfnis von Führungskräften, die lästige DV loszuwerden, die darüber hinaus ihren Wert im Unternehmen nur schwierig darstellen kann.

In Deutschland liegt eine Studie (*ORGA* 1993) von 286 Unternehmen aus dem Jahre 1993 vor, die 12 Motive in eine Reihenfolge bringt (Abbildung 3-74).

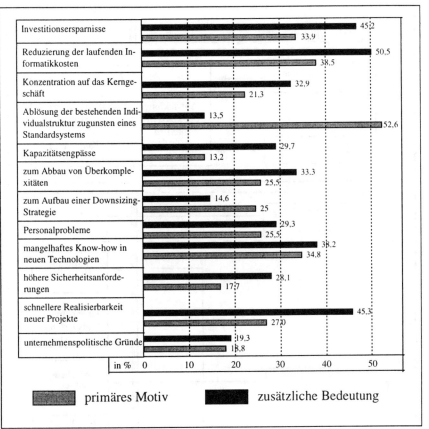

Abbildung 3-74: Vergleich der Motive für Outsourcing
Quelle: ORGA (1993, S.12)

Die verschiedenen Arten von Outsourcing-Anbietern und die sich damit ergeben-den vier Konstellationsmöglichkeiten für den Bezug von DV-Dienstleistungen sind in Abbildung 3-75 dargestellt. Die Variante I ganz oben ist die schwächste Form des Outsourcing (Inhouse-Outsourcing), bei der eine (konzerneigene) Firma für die DV-Leistungen gegründet wird. Variante II ergibt sich, wenn ein externes Unternehmen die Leistungen des ausgegliederten Systemhauses beansprucht. Ge-fahren birgt dies insbesondere dann, wenn das externe Unternehmen gleichzeitig ein Konkurrent des Unternehmens A oder B ist. Variante III stellt diejenigen mit der höchsten Unabhängigkeit des Outsourcing-Anbieters dar. Der Fall IV zeigt eine weitere mögliche Funktion, die Unternehmensberatungen im Outsourcing-Markt wahrnehmen können, wobei in III die Beratungsfirma selbst Outsourcing-Anbieter ist, in IV beschränkt sich die Tätigkeit auf eine reine Beraterfunktion, z.B. begleitend bei Outsourcing-Projekten.

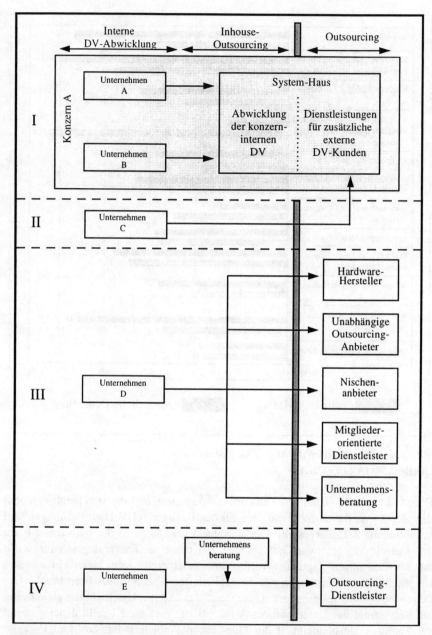

Abbildung 3-75: Mögliche Kunde-Anbieter-Beziehungen beim Outsourcing
Quelle: In Anlehnung an *Bongard* (1994, S.97)

Nach dieser institutionellen Dimension des Outsourcing wird nun eine zweite
Dimension entwickelt, die die verschiedenen **Gegenstände des Outsourcing**

differenziert. Diese zweite Quelle der Differenzierung liegt im Ebenenmodell des IM. Für das Outsourcing sind die Ebenen des Managements der *IKT*, der *IS* und der *Informationswirtschaft* näher zu betrachten. Die Verwendung und Nutzung von Information, also die Interpretation der erhaltenen Daten, ist eine originäre Managementaufgabe und unmittelbar mit den handelnden Mitarbeitern verknüpft. Es ist zu bezweifeln, daß Führungskräfte und Mitarbeiter diese Interpretationsaufgabe überhaupt abgeben können oder sollten. Anders dagegen auf der Ebene des Managements der IS. Wenn klar ist, was IS leisten sollen, kann diese Aufgabe Dritten übertragen werden. In vielen Fällen ist aber nicht vollständig und von vornherein klar, was IS leisten sollen und können. Diese Feststellung wird gerne an Unternehmensberater abgegeben. Schließlich könnte auch die Aufgabe des Managements der IKT abgegeben werden.

In turbulenten Wettbewerbsumwelten bedarf es mehr der Interpretation dessen, was IKT leisten kann, als in stabilen Wettbewerbsumwelten. Die Fähigkeit mit Informationen, die die Geschäftstätigkeit betreffen, etwas anfangen zu können, gehört zum Kern jedes Unternehmens. Die Fähigkeit, daraus abzuleiten, welche IS dazu benötigt werden, ließe sich zwar auslagern, sie ist aber über die strategische IS-Planung eng mit der Aufgabe verbunden, die Potentiale von IKT nutzbar zu machen. Auch diese Aufgabe ist Interpretationsaufgabe. IS zu entwickeln, zu betreiben und IKT bereitzustellen sind Aufgaben, die auch Dritte gut erfüllen können.

In Anlehnung an das Ebenenmodell des IM als Determinante für die Objekte von Outsourcing-Entscheidungen und die unterschiedlichen Formen der Institutionalisierung zeigt Abbildung 3-76 die Vielfalt der zu entscheidenden Detailfragen. Dabei wird davon ausgegangen, daß unterschiedliche Informationsdienstleistungen durchaus spezifisch im Sinne der Transaktionskostentheorie sind, also nicht alle weltweit in der gleichen Art und Weise zu beziehen wären. Es ist daher notwendig, nicht nur für jeden Teilbereich eine Entscheidung zu treffen, sondern daneben auch alle Teilbereiche ganzheitlich abzustimmen.

Institutionali-sierung Ebenen	Gründung Servicegesell-schaft	Kapital-beteiligungen	langfristige vertragliche Bindungen	mittel- bis kurzfristige vertragliche Regelungen
Informations-wirtschaft	Entscheidungen bezüglich der institutionalen Ausgestaltung des Angebotes an Informationsdiensten / des internen und externen Informationsmarktes				
IS-Management	Entscheidungen bezüglich der institutionalen Ausgestaltung der Erstellung sowie des Betriebs und der Wartung der Anwendungen				
IKT-Management	Entscheidungen bezüglich der institutionalen Ausgestaltung der RZ-Leistungen sowie der Netzwerkleistungen				

Abbildung 3-76: Entscheidungsfelder des IV-Outsourcing

Mylonopoulos/Ormerod (1995) verstehen Outsourcing als eine Alternative aus einer Vielzahl von möglichen Lösungen des Governance-Problems für IKT-Dienstleistungsbereitstellungen, das zunächst in seinen Facetten Vertragsform, Anreizsystem, organisatorische Abläufe und Strukturen, Entscheidungsrechte sowie Informationsverteilung beleuchtet werden muß. Sie definieren das dem Outsourcing zugrundeliegende Problem als die Frage, wie die effizientesten Führungsstrukturen für die Bereitstellung von IKT-Dienstleistungen gestaltet und umgesetzt werden können.

Um derartige Fragestellungen zu untersuchen, sind **Erklärungs- und Entscheidungsmodelle** speziell für das Outsourcing zu entwickeln. Die umfassende betriebswirtschaftliche Theorie zur Entscheidung zwischen Eigenerstellung und Fremdbezug konzentrierte sich bisher auf die Betrachtung von Sachgütern (z.B. *Männel* 1981) und kann nicht direkt für das Outsourcing herangezogen werden. Bisherige Erklärungen, warum Outsourcing vorteilhaft ist, sowohl aus der Sicht des Outsourcing-Anbieters als auch aus der Sicht des Nutzers, sind vielfältig. Sie fallen im wesentlichen in folgende Kategorien:

1. **Effizienzsteigerung:** Es wird angenommen, daß Outsourcing-Anbieter effizienter sind als ihre Kunden, indem sie Economies of Scale bei der Produktion und der Spezialisierung nutzen. *Willcocks/Lacity/Fitzgerald* (1995) weisen allerdings darauf hin, daß diese Vorteile oft geringer seien als angenommen.
2. **Kostensenkungen:** Eng mit der Effizienzsteigerung verbunden sind Kostensenkungen, die durch Outsourcing erwartet werden. In vielen Fällen könnten Kostenreduktionen, die Outsourcer erzielen, auch bei internen Anstrengungen erzielt werden.
3. **Sonstige:** Daneben kann es andere Gründe geben (politische Gründe, Durchsetzungsgründe, Finanzierungsgründe etc.), die für Outsourcing sprechen. *Wirth/Buhl* (1995) fokussieren beispielsweise auf die asymmetrische Verteilung von Risiken zwischen den Partnern.

Das Erklärungs- und Gestaltungskonzept von *Picot/Maier* (1992) fällt unter die erste Kategorie der Effizienzsteigerung und basiert auf transaktionskostentheoretischen Überlegungen. Im wesentlichen sind es

- die *Unternehmensspezifität der IS-Aufgaben*, deren Höhe ausdrückt, ob Leistungen nur für den besonderen Verwendungszweck des Unternehmens einsetzbar und nicht anderweitig am Markt verwertbar sind,
- die *strategische Bedeutung der IS-Aufgaben*, die das gegenwärtige oder zukünftige strategische Potential widerspiegelt,
- die *Unsicherheit*, die sich auf die Anzahl und Vorhersehbarkeit von Änderungen während der Leistungserstellung bezieht und
- die *Häufigkeit*, mit der die Leistung zu erbringen ist,

die die Höhe der Transaktionskosten und die Entscheidung über Eigenerstellung oder Fremdbezug beeinflussen.

Bevor die Outsourcing-Entscheidung endgültig getroffen wird, ist zu überprüfen, ob das notwendige *Know-how* intern verfügbar ist. Das Ergebnis der Überprüfung zusammen mit den Einflußfaktoren Unternehmensspezifität, strategische Bedeutung, Unsicherheit und Häufigkeit ergibt die Empfehlungen der Normstrategiematrix in Abbildung 3-77.

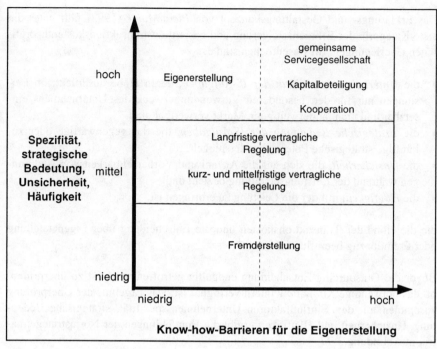

Abbildung 3-77: Outsourcing-Strategien unter Berücksichtigung der internen Know-how-Verfügbarkeit
Quelle: *Picot/Maier* (1992, S.22)

Buhl/Wirth (1993) stellen **Risikoaspekte** in den Mittelpunkt des Outsourcing-Problems, wobei sie gleichzeitig darauf hinweisen, daß der Risikoaspekt nur einer von vielen beim Outsourcing ist und sie bewußt eine Partialanalyse vornehmen. Sie stellen den bekannten Gründen für das Outsourcing (Aufwandsminderung /Ertragssteigerung, Reduzierung der Kapitalbindung, Erhöhung der Elastizität der Unternehmung etc.) die verbundenen Risiken (z.B. Abhängigkeits- und Kompetenzprobleme) gegenüber. Ihre Annahme ist, daß Outsourcing generell einen geringeren Unsicherheitsgrad als Eigenerstellung hat und sich die Unternehmen risikoavers verhalten, indem sie die sicheren Zahlungen an·den Outsourcer unsicheren (internen) Zahlungen vorziehen. Sie stellen dann die Netto-Zahlungsreihen der Eigenerstellungs-Alternative den Netto-Zahlungsreihen der Outsourcing-Alternativen gegenüber und bewerten anhand der als normalverteilt angenommenen Barwerte des Cash-Flows.

Die Vorteile solcher Modelle liegen darin, verschiedene Sichten modelliert zu haben und dabei eindeutige (pauschale) Vorteilhaftigkeitsaussagen zu ermöglichen. Als Nachteile stehen dem gegenüber: starke Vereinfachung der wirklichen Situation, Abhängigkeit der Aussagen von vielen Annahmen, insbesondere zur Informationstransparenz und -symmetrie, Beschränkung auf Ein- und Auszahlun-

gen, Annahme homogener IKT-Güter, modellhaftes Ausschließen aller Zwischen-
lösungen zwischen Make or Buy. Dennoch bleibt als Fazit, daß das Modell ein-
leuchtend belegt, daß und in welcher Form auch Risikoaspekte eine zentrale Rolle
beim Outsourcing spielen.

Ein erweiterter Ansatz von *Wirth/Buhl* (1995) versucht, auf der Grundlage von
Diversifikationsstrategien eine Erklärung für Outsourcing zu liefern. Es handelt
sich um die Modellierung einer **risikoeffizienten Bereitstellungsplanung** in ähn-
licher Weise wie schon oben beschrieben. Der Ansatz zeigt, daß der risikoaverse
IKT-Nachfrager sich in Abhängigkeit von seiner Risikoeinstellung für eine Kombination zwischen Eigenerstellung und Outsourcing entscheidet, die durch eine
Risikoeffizienzgerade beschrieben werden kann. Dies kann soweit führen, daß
nicht nur der unternehmensinterne IKT-Bedarf durch eine Eigenerstellungs-
/Outsourcing-Kombination gedeckt wird, sondern IKT-Leistungen am Markt angeboten werden. So erklärt sich, warum manche Unternehmen Outsourcing nachfragen, wohingegen andere dies zusätzlich anbieten.

Knolmayer (1993) führt neben anderen **Entscheidungsmodellen** (Portfolio-
Modellen, Checklisten, Nutzwertanalysen, Cluster-Analysen und der Vollenume-
ration) zur Lösung der Outsourcing-Problematik vor allem *Argumentebilanzen* und
lineare Programmierungsmodelle an. Argumentebilanzen systematisieren die in
Verbindung mit Outsourcing relevanten Kriterien, die jeweils betriebsindividuell
gewichtet werden. Im Gegensatz zur Nutzwertanalyse werden die Argumente jedoch gemäß einer Bilanz in zwei Spalten (Pro und Contra) gebracht. So ist zwar
keine monetäre Bewertung des Problems möglich, dafür werden aber die strategisch bedeutsamen Aspekte einer solchen Entscheidung gut visualisiert und der
gegenseitigen Abwägung zugänglich gemacht (*Knolmayer* 1994, S.57). Ein Versuch der numerischen Konkretisierung des Entscheidungsproblems liegt in Form
von **linearen Programmierungsmodellen** zum Outsourcing vor (*Knolmayer*
1993).

Das Vorgehen zur Umsetzung von Outsourcing-Entscheidungen kann sich sinn-
vollerweise angesichts des jetzigen Forschungsstandes nur auf finanziell begrün-
dete Bewertungsmethoden stützen, wobei diese im Einzelfall gerade beim
Outsourcing immer von politischen Beweggründen umgeben sind.

Das Vorgehen kann anhand eines einfachen Entscheidungsbaums skizziert werden
(Abbildung 3-78). Es beginnt mit der Aufstellung eines Vergleichs zwischen
Outsourcing-Angebot und dem internen Angebot. Als zweite Phase schließt sich
die Prüfung an, welches Angebot vorteilhafter ist. Bevor aber eine Entscheidung
getroffen wird, sollte diskutiert werden (beispielsweise mittels Argumentebilanzen
etc.), aus welchen (Kosten-, Ressourcen-, Finanzierungs- und Wettbewerbs-)
Gründen ein Angebot vorteilhafter als die anderen Angebote erscheint. Soweit
nach diesen beiden Phasen die Ergebnisse immer noch zugunsten eines Outsour-

cers stehen, sollte in einer dritten Phase geprüft werden, ob die eigenen IKT-Aufgabenträger ähnlich effiziente und effektive Leistungen auch ohne einen externen Diensteanbieter erreichen könnten, und wenn ja, unter welchen Bedingungen. Erst wenn diese Frage verneint werden muß, erscheint in dieser Situation Outsourcing nach der Mehrheit der bisherigen Forschungsergebnisse vorteilhaft.

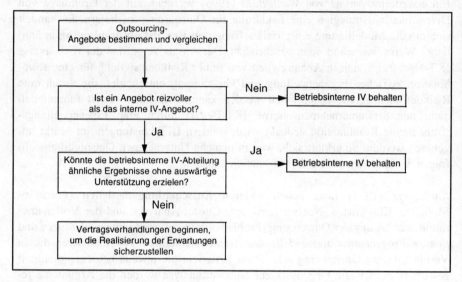

Abbildung 3-78: Vorgehen beim Outsourcing
Quelle: In Anlehnung an *Lacity/Hirschheim* (1993, S.231)

Für die Vertragsabschlüsse selbst haben *Lacity/Hirschheim* (1993) die in Tabelle 3-15 gegebenen Hinweise für eine Vertragsgestaltung aus den Interviews mit den beteiligten Unternehmen in den USA extrahiert.

1.	Standardverträge der Anbieter zurückweisen.
2.	Keine unfertigen Verträge unterzeichnen.
3.	Auswärtige Outsourcingexperten einbeziehen.
4.	Während der Anfangsphase *alles* messen und bewerten.
5.	Servicegrad-Kennzahlen entwerfen.
6.	Servicegrad-Berichte konzipieren.
7.	Krisen-Plan spezifizieren.
8.	Strafen für Nicht-Leistungen mitvereinbaren.
9.	Wachstumsraten (teils kostenfrei) miteinbeziehen.
10.	Preise an Geschäftsvolumen(-änderungen) knüpfen.
11.	Kundenmanager des Outsourcers selektieren und bewerten.
12.	Vertragsauflösungs-Bedingungen aufnehmen.
13.	Klauseln zu Änderungen des Leistungscharakters und entsprechende Aufpreise meiden.
14.	Persönliche Konsequenzen für eigenes IS-Personal? (Frühzeitige Information und gerechte Behandlung).

Tabelle 3-15: Wichtige Erfolgsdeterminanten der Outsourcing-Vertragsphase
Quelle: In Anlehnung an *Lacity/Hirschheim* (1993, S.244)

Aus der bisherigen Forschung zum Outsourcing lassen sich folgende **Zwischenergebnisse** zusammenfassen (*Lacity/Hirschheim* 1993, S.256ff.; *Lacity/Willcocks 1998*):

- Die Mehrzahl der öffentlichen Informationsquellen zeichnet angesichts der nur schwach bestätigenden Forschungsergebnisse ein allzu optimistisches Bild des Outsourcing.
- Outsourcing muß als ein Symptom der allgemeinen Debatte verstanden werden, den Wert der IKT-Funktion im Unternehmen zu bemessen.
- Die organisatorischen Akteure initiieren Outsourcing offensichtlich oft aus anderen als effizienzgeleiteten Gründen.
- Outsourcing-Anbieter sind entgegen verbreiteten Annahmen nicht grundsätzlich effizienter als die eigene IV-Abteilung.
- Im Falle von Outsourcing hat sich der Vertrag als die einzig sinnvolle Form der Absicherung der Erwartungen gezeigt.
- IKT-Leistungen haben nicht die Eigenschaften homogener Güter.

Abschließend betrachten wir die **Folgen für die Aufgaben des Informationsmanagers** aus den bisherigen Ergebnissen. Das IM hat zusammen mit der Unternehmensführung kontinuierlich zu prüfen und zu entscheiden, ob und in welchen Ausprägungen Outsourcing vorgenommen werden soll. Aus den Überlegungen der Governance-Struktur folgt, daß im Zusammenhang mit Outsourcing-Kontrakten mehrere Aspekte, wie in Abbildung 3-79 dargestellt, relevant sind.

Das *Drei-Ebenen-Konzept der Kosten-/Nutzenbestimmung* für die Führungs- und Organisationsgestaltung der IV-Dienstleistungen geht vom Festlegen der Dienstleistungen und der Sicherung der Dienstleistungserbringung (untere Ebene) aus. Darauf aufbauend sind implizite sowie vertragliche Anreizsysteme zur Dienstleistungsdurchdringung zu finden. Die dritte Ebene umfaßt dann die Gestaltung des passenden organisatorischen Rahmens, also der Rollen, Verantwortlichkeiten, Entscheidungsstrukturen sowie der Koordinations- und Kommunikationsmechanismen.

Organisation und Management der Dienstleistungen

Rollen und Verantwortlichkeiten
Koordinations- und Kommunikationsmechanismen
Ort und Umfang der Entscheidungskompetenz

Anreizsysteme zur Dienstleistungsdurchdringung

Anreize für Service Level Erreichung
implizite Incentive Strukturen
vertragliche Anreizfunktionen
andere vertragliche und organisatorische Sicherungen

Sicherung der Leistungserbringung

Service Definition
Service Level Agreement (SLA) Spezifikation
SLA Messung und Verifikation

IV-Dienstleistungen

Abbildung 3-79: Outsourcing-relevante Bereiche des IV-Dienstleistungsmanagements
Quelle: In Anlehnung an *Mylonopoulos/Ormerod* (1995, S.758f.)

Zwei Überlegungen beschränken die Outsourcing-Euphorie. Erstens, sobald der Fremdbezug über einfache oder ersetzbare Komponenten hinausgeht, ähnelt er strategischen Allianzen, nur mit dem Unterschied, daß Unternehmen oder Geschäftsbereiche selten mehrere solcher Allianzen eingehen. Es ist dann zu prüfen, ob der Partner mit der eigenen Entwicklung Schritt halten kann. Obwohl Allianzen länger Bestand haben (sollen), werden sie doch oft - wie bei vielen strategischen Allianzen zu beobachten - beendet. Was passiert dann? Dies führt zur zweiten Überlegung: Wie wird sichergestellt, daß die Führungskompetenz im IM (oder bei Outsourcing besser Führungs- und Einkaufskompetenz zur Beurteilung von informationslogistischen Angeboten und Leistungen) nicht dem Unternehmen verloren geht?

Für jedes Unternehmen ist also genau festzulegen, was als Kern der IM-Aufgaben im Unternehmen verbleibt und langfristig gepflegt werden muß. Sonst wird in der „Erleichterung", daß die DV-Abteilung nicht mehr sämtliche DV-Aufgaben selbst erfüllen muß, auch die informationswirtschaftliche Führungskompetenz ausgelagert. Tabelle 3-16 und Tabelle 3-17 geben beispielhaft Outsourcing-Optionen für den Prozeß des IM und den IV-Produktionsprozeß unter Einschätzung des Outsourcing-Potentials, der Chancen und Risiken und zu beachtender Punkte wieder.

Komponente	Potential-Einschätzung	Bemerkung	Chancen (+) / Risiken (-)
1. Planung und Steuerung		• weitgehend Sache des externen Beraters	+ professionelles Management
1.1 Planung und Steuerung der Produktion	hoch	• Kernkompetenz (z.B. Anforderungen an die Sicherheit)	- Einflußnahme der Abnehmer
1.2 Festlegung von Standards und Richtlinien	mittel		
2. Betrieb Rechner		• Klassische RZ-Dienstleistungen professionell durch Externe abzuwickeln	+ Verlagerung des Investitionsrisikos (z.B. bei hoher Abhängigkeit von Verfügbarkeit, Sicherheit)
2.1 unternehmensweite Rechner	hoch		
2.2 bereichsspezifische Rechner	hoch	• Rechner in Anwendernähe kritisch	+ Verlagerung des Risikos von "Technologiesprüngen"
2.3 Arbeitsplatzrechner	niedrig		+ professionelle Abwicklung ("Energiezentrale")
			+ Verlagerung der Personalkosten
			- Koordinations-/ Kommunikationaufwand
			- Abhängigkeit
3. Betrieb Kommunikationssysteme			
3.1 unternehmensweite Netze	hoch		
3.2 bereichsspezifische Netze	mittel		
4. Betreuung Systemsoftware		• Inanspruchnahme von externen Profis	+ Personalkosten verlagern
4.1 Betriebssysteme	hoch		+ Aufbau teurer Spezialisten vermeiden
4.2 Kommunikationssoftware	hoch		- Abhängigkeit
4.3 Datenbanksysteme	hoch		
5. Betreuung Anwendersoftware		• Kernkompetenz	+ Personalkosten verlagern
5.1 Betreuung	mittel	• Inanspruchnahme von externen Profis	+ Aufbau teurer Spezialisten vermeiden
			- Abhängigkeit
5.2 Wartung	mittel		- fehlende Anwendernähe

Tabelle 3-16: Outsourcing-Optionen im Informationsverarbeitungs-Produktionsprozeß
Quelle: *Bongard* (1994, S.207)

Komponente	Potential-Einschätzung	Bemerkung	Chancen (+) / Risiken (-)
1. Planung und Steuerung		• Kernkompetenz des Unternehmens; Verknüpfung mit unternehmensweiten Planungsprozessen	- Fremdbestimmung
1.1 Planung und Steuerung von Informatikvorhaben	niedrig		
1.2 Festlegung von Standards und Richtlinien	niedrig	• Richtlinienkompetenz	- erschwerte Koordination
2. Konzeption		• Kernkompetenz zur Sicherung von Know-how für Organisations- und Informatikkonzepte im Unternehmen erforderlich	+ Know-how-Transfer (Methodik, Trends, Marktübersicht, Expertenwissen)
2.1 Informatikstrategie	mittel		
2.2 Rahmenkonzepte	mittel	• Primat der Organisation vor DV-technischer Umsetzung	
		• Know-how-Transfer durch externe Beratung	- Offenlegung von Strategien - konzeptionelle Fähigkeiten werden nicht aufgebaut/gehen verloren
2.3 Unternehmensmodellierung	mittel		
3. Anwendungsentwicklung		• Basiswissen als Kernkompetenz	+ professionelle Abwicklung durch Externe (Know-how, Methoden, Werkzeuge, etc.)
3.1 Auswahl / Anpassung von Standardsoftware	hoch	• Unterstützung durch kompetente Berater bei Auswahlprozessen	+ Vermeidung teurer Experten im Softwarebereich
3.2 Systementwurf / Erstellung von Individualsoftware	hoch	• Verlagerung an Softwarehäuser	
3.3 Datenmodellierung	mittel		- erhöhte Koordinationsbedarfe der externen Dienstleister
3.4 Systemeinführung	mittel		- Schnittstelle Anwender / Systempflege

Tabelle 3-17: Outsourcing-Optionen im Informationsmanagement
Quelle: *Bongard* (1994, S.206)

Bei Outsourcing geht es demnach nicht darum, ausschließlich die Kosten der Bereitstellung von Informationsleistungen zu beeinflussen, im Vordergrund steht die gesamte Gestaltung des Managements des IM.

3.4.6.2 Fall: Outsourcing bei der Motoren-Werke Mannheim AG

Die Motoren-Werke Mannheim AG (MWM) (Stand 1993) bildet mit ihren Beteiligungen in der KHD-Gruppe die strategische Geschäftseinheit (SGE) DEUTZ MWM. In der Produktpalette konzentriert sich das Unternehmen auf Mittel- und Großmotoren zwischen 400 und 7.500 KW. Dies betrifft in erster Linie Schiffsmotoren, Stromerzeugungsanlagen, Kraft-Wärme-Koppelungen und energietechnische Anlagen. Die SGE Deutz MWM beschäftigt rund 1.570 Mitarbeiter und hatte 1991 einen Umsatz von 984,2 Mio. DM. Das Vertriebs- und Servicesystem von Deutz MWM beinhaltet eine weltweit intensive Präsenz und Betreuung der Kunden durch zahlreiche Tochtergesellschaften und Vertretungen.

Der Outsourcing-Partner EDS Electronic Data Systems ist ein großes Dienstleistungsunternehmen der Informationstechnologie mit weltweit 70.500 Mitarbeitern und einem Umsatz von 7,1 Mrd. US$ in 1991. Den Betrieb der gesamten DV von Deutz MWM hat die EDS Deutschland GmbH seit März 1990 im Rahmen eines Facilities Management-Vertrages übernommen. Unter Facilities Management wird in diesem Zusammenhang die Übernahme operativer Tätigkeiten des IM bei strategischer Leitung durch den Auftraggeber verstanden.

Als 1989 eine Reihe strategischer Projekte geplant wurden, führte eine Analyse und Optimierung der Geschäftsprozesse sowie der kompletten Logistikkette zu neuen Soll-Prozessen auch für die DV. Diese neuen Anforderungen konnten mit der vorhandenen batch-orientierten Systemlandschaft der Betriebswirtschaft, der unzureichenden softwaretechnischen Ausstattung der F&E (z.B. zu wenig CAD-Arbeitsplätze) und der zu niedrigen Investitionsbereitschaft in der IV nicht bewältigt werden.

Da eine interne Lösung der technologischen und strategischen Lücke nicht realisierbar war, entschloß sich die Konzernleitung, externe Unterstützung in Anspruch zu nehmen. Ein durch die Konzernstrategie begründeter Anforderungskatalog an die zukünftigen Aufgaben der DV führte nach Prüfung unterschiedlicher Angebote zu der Partnerschaft zwischen Deutz MWM und EDS. Diese Partnerschaft konnte nur unter der Bedingung der Übernahme von Mitarbeitern aus der bestehenden DV von MWM realisiert werden. So wechselten im März 1990 17 Mitarbeiter in die neu gegründete Outsourcing-Gesellschaft MWM-Account.

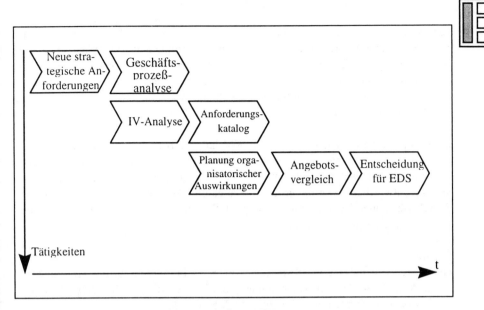

Abbildung 3-80: Der Weg zum Outsourcing bei MWM

Die neue Form der Kooperation im Outsourcing baut auf der in der Konzeption des Facilities Managements definierten gemeinsamen verantwortlichen Zusammenarbeit zwischen den Vertragspartnern auf. Diese trennt zwischen fachlicher Verantwortung, die hier in den MWM-Fachbereichen liegt, und der operativen Durchführung von Aufgaben wie

- Betrieb des Rechenzentrums, der Netzwerke und der Systementwicklung,
- Applikations- und Anwenderunterstützung,
- Einbringen von DV-Know-how bei neuen Projekten,
- Bestandsverwaltung der Front-end-Geräte,
- Schulung der MWM-Mitarbeiter sowie
- die Einführung von CAD, CAM, SAP oder BDE,

die bei EDS liegen.

Die Aufgaben der Fachbereiche bei MWM bestehen z.B. aus

- der Umsetzung der MWM-Strategie in die DV-Strategie,
- der Erstellung von Lastenheften oder
- dem Management von Planung, Steuerung und organisatorischer Umsetzung innerhalb der Zusammenarbeit zwischen EDS und MWM.

Diese Aufgabenverteilung spiegelt sich in der täglichen Projektarbeit wider. Ein Projektteam und die Projektleitung setzen sich aus Mitarbeitern von MWM und

EDS zusammen. Beide Projektleiter lösen gemeinsame Aufgaben wie Projektplanung, Steuerung und Kontrolle der Ressourcen, Termine und Aktivitäten sowie die
Informationspflicht gegenüber Verantwortlichen beider Unternehmen, die in einem
regelmäßig tagenden Lenkungsausschuß organisiert sind. Nach der Einführung
eines neuen IV-Produktes erfolgt die schriftliche Abnahme durch alle betroffenen
Fachbereichsverantwortlichen.

Die Kooperation zwischen EDS und MWM hat sich bereits in mehreren Projekten
bewährt, wobei Vorteile wie Kosteneinsparungen durch feste Preise und Termine
oder die Risikoabwälzung auf EDS realisiert werden konnten. Die klare Definition
von Verantwortlichkeiten bei größeren Projekten, verbunden mit der vertraglichen
Zusicherung über Leistung und Termin, stellen die wesentlichen Erfolgsfaktoren
einer Ausgliederung der DV dar.

Quelle:
Genné, K.: Outsourcing bei SAP-Anwendungen - IT-Service für die Motorenwer-
    ke Mannheim AG. In: Unabhängiges SAP-Anwender-Forum. Hrsg.: Compu-
    terwoche Verlag GmbH. München 1993, S. 199-207.

3.4.6.3 *Organisation des Informationsmanagements als Institution*

Bei der organisatorischen Verankerung der Aufgaben des IM im Unternehmen
ergeben sich Fragen der aufbauorganisatorischen Gestaltung in zweierlei Hinsicht:
Einmal die Stellung der IM-Funktion im Unternehmen und zum zweiten die Aufbauorganisation dieser Funktion selbst.

3.4.6.3.1 *Die Stellung der Informationsmanagementfunktion im Unternehmen*

Auch wenn die Ressource Information schon immer Gegenstand der Unterneh-
mensaktivitäten war, ist die Herausbildung einer entsprechenden Unternehmens-
funktion, ja sogar einer IM-Abteilung eine Erscheinung der neueren Zeit. Zur
Darstellung der historischen Entwicklung mit wachsender Bedeutung des IM werden im allgemeinen sogenannte Phasenmodelle herangezogen wie beispielsweise
das Modell von *Nolan* (1979), *Rockart* (1988) oder *Heinrich* (1996). So unterscheidet *Rockart* die Phasen Accounting Era, Operational Era, Information Era
und Wired Society.

In der **Accounting Era** wurden kurz nach der Einführung der ersten Computer
Aufgaben für die automatisierte DV vor allem im Finanz- und Rechnungswesen
identifiziert. Dort fanden sich stark formalisierte betriebliche Aufgaben mit großen
Datenvolumina und vielen repetitiven Aufgaben. Die DV-Abteilung bestand in
diesem Fall im wesentlichen aus einer kleinen Gruppe von Spezialisten, die Anwendungen programmierten und existierende Anwendungen betreuten. Organisatorisch wurde diese DV-Abteilung dem Hauptkunden, dem Finanz- und Rechnungs-

wesen, unterstellt. Diese historisch gewachsene Strukturalternative ist in Abbildung 3-81 als „IV 1" dargestellt.

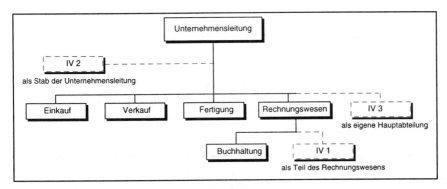

Abbildung 3-81: Das Informationsmanagement in der Organisationsstruktur des Unternehmens
Quelle: In Anlehnung an *Heinrich* (1996, S.41-42)

Mit der Zeit wuchs die DV im Unternehmen über das Finanz- und Rechnungswesen hinaus und unterstützte immer mehr auch andere betriebliche Aufgaben mit hohem Formalisierungsgrad und vielen anfallenden Daten. Daraus erwuchs eine stark wachsende Bedeutung der DV-Abteilung für das Unternehmen insgesamt und die DV-Abteilung bewegte sich in eine Phase starken Wachstums. Dieses Wachstum war jedoch größtenteils unkoordiniert und unkontrolliert und führte zu einer Vielzahl von Anwendungssystemen, woraus sich ein stärker werdender Zwang zur allgemeinen Integration ergab. Integrative betriebliche Betrachtungen, die Durchdringung aller Bereiche des Unternehmens und immer stärkere Verflechtung mit der Organisationsplanung ließen eine Unterordnung der DV-Abteilung unter das Finanz- und Rechnungswesen nicht mehr zeitgemäß erscheinen. Damit ergaben sich die Möglichkeiten einer Zuordnung der DV-Abteilung als Stab direkt zur Unternehmensleitung oder der Einrichtung einer eigenen Hauptabteilung IV. Beide Strukturalternativen verdeutlichen die wachsende Bedeutung der Informationsfunktion für das gesamte Unternehmen, wobei die Alternative „IV 2" die Querschnittsfunktion des IM stärker betont als die Alternative „IV 3".

Mit dem Siegeszug der individuellen DV begann auch ein Übergang von der **Operational Era** zu der nächsten Phase der IM-Entwicklung, der **Information Era**. Die Kennzeichen dieser Phase sind die Ergänzung bisher dominierender Transaktionsaufgaben in der DV mit Planungs- und Steuerungsaufgaben, die zunehmende Bedeutung des PC und damit ein steigender Einfluß des PC-Nutzers auf die Informationsnutzung sowie die Entstehung von Entscheidungsunterstützungssystemen und Management Information Systemen. Im Gegensatz zu früheren Phasen der DV wurden damit erstmals unstrukturierte oder nur schwach strukturierte Aufgaben informationstechnisch unterstützt.

Für die Aufgaben des IM bedeutete dies eine Zunahme von Koordina-
tionsaktivitäten, die sich in der Institutionalisierung von Lenkungsausschüssen
manifestierten. Diese Maßnahmen griffen jedoch zu kurz, so daß sich immer deutlicher die Notwendigkeit einer ganzheitlichen Betrachtung der IM-Funktion in
verschiedenen Bereichen des Unternehmens herauskristallisierte.

In Abbildung 3-82 ist dargestellt, wie sich in einer Abteilung, die im unteren Teil
Informations- und Kommunikationssysteme genannt wird, die IM-bezogenen Aufgaben zusammenführen lassen, die in einer traditionellen Gliederung der DV-
Abteilung, der Abteilung Organisation und Verwaltung und der technischen Abteilung zugeordnet wurden.

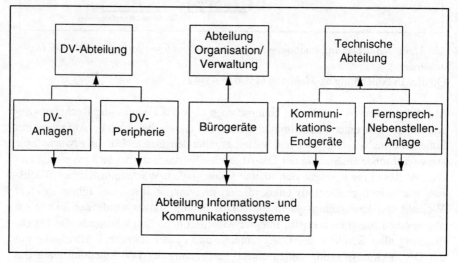

Abbildung 3-82: Traditionelle und ganzheitliche Zuordnung der Aufgaben des Informa-
tionsmanagements
Quelle: In Anlehnung an *Groß* (1985, S.62)

Durch die Vielfältigkeit der in den Abschnitten 3.1 bis 3.3 besprochenen Aufgaben
des IM wird klar, daß in der Information Era zentrale und dezentrale Elemente
nebeneinander existieren, wodurch sich für das IM sowohl die Koordination dezentraler Elemente aus einer ganzheitlichen Perspektive heraus als auch die zentrale Gestaltung, Planung und Kontrolle übergreifender IM-Aspekte ergibt.

An der Schwelle zur vierten Phase der Entwicklung des IM zu einer **Wired Society** nach *Rockart* (1988) wird die Vernetzung dezentraler Elemente immer weiter
zunehmen. In der Wired Society der Zukunft liegt die IV-Verantwortung direkt
beim Benutzer und die DV-Abteilung bietet nur technische Lösungen an, die den
Bedarf der Endnutzer befriedigen. In dieser Phase wird die IV die traditionelle

Unternehmensgrenze durchbrechen und zwischenbetriebliche IV wird zur Selbstverständlichkeit.

Zusammenfassend läßt sich feststellen, daß die wachsende Bedeutung des IM nicht alleine an der organisatorischen Verankerung auf einer möglichst hohen Ebene des Unternehmensorganigramms abzulesen ist, sondern daß auch ein gewisses „Einflußmanagement" erfolgt. Wie in verschiedenen Untersuchungen empirisch bestätigt wurde, wird die Verantwortung für die DV- oder IM-Funktion zumeist auf der zweiten Ebene im Unternehmen angesiedelt, während die erste Ebene (Vorstand bzw. Geschäftsführer) und die vierte Ebene (Gruppenleiter) eher selten für das IM verantwortlich zeichneten.

Informationsverarbeitungs-verantwortung	1980	1984	1988
Vorstand	4 %	6 %	7 %
Bereichsleiter	42 %	62 %	59 %
Abteilungsleiter	50%	30 %	31 %
Gruppenleiter	4 %	2 %	3 %

Tabelle 3-18: Die organisatorische Einordnung der Informationsmanagementverantwortung im Unternehmen
Quelle: *Streicher* (1988, S.54f.)

In Tabelle 3-18 zeigt sich eine gewisse Verschiebung in der IM-Verantwortung in die höheren Ebenen der Organisationsstruktur, so daß die IM-Verantwortung auf Abteilungsleiterebene von 50% im Jahre 1980 auf 31% im Jahre 1988 abgenommen hat, während gleichzeitig in 59% der Unternehmen nach 42% im Jahre 1980 und 62% im Jahre 1984 der Bereichsleiter für das IM im Unternehmen verantwortlich zeichnete. Auch konnten immerhin 7% der Informationsmanager auf die Vorstandsebene rücken, nachdem es 1980 nur 4% waren. Mit dem Übergang zur *Wired Society* im Laufe der 90er Jahre wird sich diese Entwicklung weiter fortsetzen.

3.4.6.3.2 Aufbauorganisation des Informationsmanagements

Neben der organisatorischen Einordnung der IM-Funktion im Unternehmen stellt sich auch die Frage der **Aufbauorganisation** innerhalb der EDV-Abteilung, Organisationsabteilung oder IM-Abteilung. Die Größe dieser Abteilung hängt natürlich vom Unternehmen selbst ab, so daß von dem einen Mitarbeiter, der IM nebenbei betreibt, bis zur 1.000 Personen umfassenden IV-Zentrale in großen Banken oder anderen informationsverarbeitenden Unternehmen alle Möglichkeiten existieren. Die Möglichkeit einer kleinen IV-Abteilung ist in Abbildung 3-83 dargestellt, in der sich zwei Hauptaufgabenbereiche trennen lassen: einmal der Betrieb der zentralen Anlage und zum anderen die Auswahl und Anpassung der in kleinen Unternehmen hauptsächlich verwendeten Standard-Software.

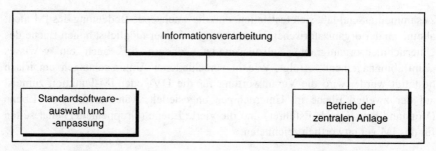

Abbildung 3-83: Beispielhafte Aufbauorganisation einer kleinen IV-Abteilung
Quelle: *Heilmann* (1990, S.697)

Die in Umfang und Komplexität mit der Unternehmensgröße wachsenden Aufgaben der IV-Funktion im Unternehmen führen zu einer Aufbauorganisation, wie sie in Abbildung 3-84 dargestellt ist.

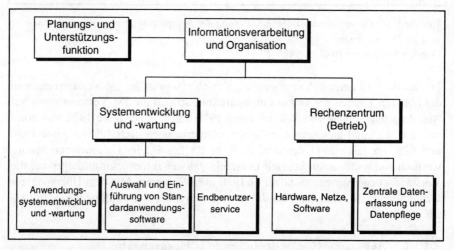

Abbildung 3-84: Beispielhafte Aufbauorganisation einer mittleren IV-Abteilung
Quelle: *Heilmann* (1990, S.696)

Der Leiter der IV-Abteilung trägt die Verantwortung für seinen Bereich, vertritt das IM in oder gegenüber der Geschäftsleitung und wird von Planungs- und Controllingstäben unterstützt. Unterhalb der Leitungsfunktion des IM ist eine Zweiteilung vorzufinden, in der einerseits Systeme entwickelt und gewartet werden und andererseits das existierende Rechenzentrum betrieben wird. In den Bereich der *Anwendungssystembetreuung* fallen sowohl Eigenentwicklungen als auch Standard-Software, die im allgemeinen und auch im speziellen für kleine Unternehmungen stark an Bedeutung gewonnen hat. Im Gegensatz zu eigenen Entwicklungen liegt der Schwerpunkt bei Standard-Software auf der Auswahl, der Einführung und dem sogenannten Endbenutzerservice.

Auf der anderen Seite läßt sich der *Betrieb des Rechenzentrums* einordnen, der die gesamte informationstechnische Infrastruktur von der Hardware über die Netze bis zur System-Software umfaßt. Je nach Größe des Unternehmens und des Rechenzentrums sind hier noch sehr viel komplexere aufbauorganisatorische Lösungen denkbar.

Seit den 80er Jahren ist jedoch ein Trend weg von großen zentralen Rechenzentren und hin zu endbenutzerorientierten dezentraleren Strukturen festzustellen. Damit rücken die Endbenutzerservicekonzepte, die als „Information Center" bezeichnet werden, in den Mittelpunkt des Interesses. Mit dem Schlagwort „*Information Center*" verbinden sich die Gedanken der „Hilfe zur Selbsthilfe der Benutzer" und der Wandel von einer „Bringschuld" des Rechenzentrums hin zur „Holschuld" der Fachabteilungen. Das Konzept des Information Centers hat in der zweiten Hälfte der 80er Jahre einen großen Popularitätsaufschwung erfahren und sich inzwischen durchgesetzt. Die Aufgaben des Information Centers sind in im Überblick dargestellt.

Steuerung der individuellen Datenverarbeitung (IDV)	• Standardisierung der eingesetzten Hardware und Software • Standardisierung von Vorgangsweisen bei der Anwendungsentwicklung • Steuerung und Kontrolle des Datenaustausches • Erteilung und Verwaltung von Zugriffsberechtigungen • Kostenverrechnung für erbrachte Leistungen • Beurteilung der Eignung bestimmter Projekte für IDV
Service für Endbenutzer	• Beratung bei der Auswahl geeigneter Hardware und Software • Unterstützung bei der Beschaffung, Installation und Wartung von Hardware, Software und Verbrauchsmaterial • Nutzerschulungen • Bereitstellung von Kopien aller zentraler Datenbestände • Beratung bei auftretenden Problemen, z. B. bei der Fehlersuche • Vertretung der Endbenutzerinteressen gegenüber der IV-Abteilung
Marketingaktivitäten für die individuelle Datenverarbeitung	• Werbung für das Konzept der IDV • Durchführung und Betreuung von Pilotprojekten • Publikation von erfolgreichen EDV-Projekten • Organisation und Förderung des Erfahrungsaustausches zwischen Endbenutzern
Technisch-administrative Aufgaben	• Allgemeine Marktbeobachtungen, Test, Auswahl und zentrale Beschaffung von Hardware, Software und Software-Tools • Bereitstellung von Methoden zur Beschaffung von Daten aus internen und externen Quellen • Kostenermittlung und Verrechnung • Koordinationsaufgaben zwischen Information Center und traditioneller IV

Tabelle 3-19: Aufgaben des Information Centers
Quelle: In Anlehnung an *Knolmayer* (1988, S.140ff.); *Heilmann* (1990, S.692)

Heftig diskutiert und weiterhin in Veränderung befindlich ist die Frage, in welchem Ausmaß der Benutzer-Support eine Kernaufgabe des IM-Bereichs sein soll und wie diese im Umfang weiter wachsende Aufgabe gestaltet werden soll. Im Information Center Konzept stellt die geeignete Unterstützung der Endbenutzer (zusammengefaßt in Tabelle 3-19 unter „Service für Endbenutzer") eine Kernaufgabe dar. Als eine Umsetzungsmöglichkeit haben sich sogenannte **Help-Desk-**

Systeme etabliert (*Knolmayer* 1996). Ein Help-Desk oder User-Help-Desk ist ein *Anfragesystem*, das Probleme von (IKT-) Nutzern entgegennimmt, sammelt und bei der Beantwortung entweder durch Angabe des Aufbewahrungsortes bzw. durch Bereitstellung der benötigten Information oder durch Weiterleitung an den zuständigen Experten hilft (*Schubert/Back-Hock* 1996, S.55). Daneben existieren Definitionen, die Help-Desk-Systeme auf die Schnittstelle Kunde-Unternehmen zur Bearbeitung von Kundenproblemen beziehen (z.B. *Schröder* 1993, S.280).

Eine Möglichkeit der Arbeitsteilung innerhalb des Benutzer-Supports stellt das **mehrstufige User-Help-Desk-Konzept** dar (Abbildung 3-85). In Abhängigkeit von der Komplexität der zu unterstützenden Anfrage wird das Problem an fachlich kompetentere Organisationseinheiten und Personenkreise weitergereicht (*Knolmayer* 1996, S.16).

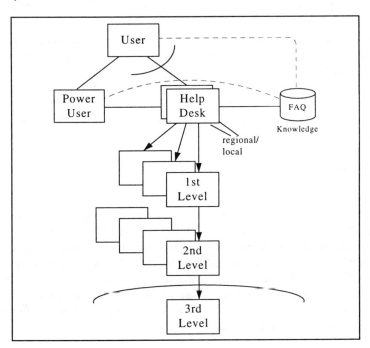

Abbildung 3-85: Mehrstufiges User-Help-Desk-Konzept

Dieses Konzept ist bei sehr heterogenen Benutzeranforderungen sinnvoll, da einfache Anfragen zunächst durch Datenbanken, die Antworten auf *Frequently Asked Questions (FAQs)* bereithalten, oder durch einen definierten *Power User*, d.h. einen besonders versierten Benutzer, beantwortet werden können, bevor sie zum „*First-Level*"-Personenkreis weitergeleitet werden, der nicht aus Nutzern innerhalb der Fachabteilungen besteht, sondern aus Personen, die explizit vollzeitlich oder teilweise dem Benutzer-Support zuzuordnen sind. Der „*Second-Level*"-Support

besteht demgegenüber aus Personen, die voll dem Aufgabenbereich des Informa–
tion Center angehören oder die für bestimmte Problembereiche einen Experten-
status innerhalb der Unternehmung innehaben. Als letzte Stufe kann ein „*Third-
Level*"-Support vorgesehen sein, der aus einem Expertenkreis außerhalb der Unternehmung (z.B. Lieferanten, System-Berater, Schulungsfirmen etc.) besteht. Da
von höheren Opportunitätskosten oder bei Third-Level-Support von höheren Kostensätzen auszugehen ist, je komplexer sich eine Anfrage gestaltet, bietet sich das
mehrstufige Konzept für eine effiziente Unterstützungsbedarfsdeckung an.

Die **Aufbauorganisation des IM im Konzern** ist weitaus komplizierter, da zu
entscheiden ist, welche Fachleute bzw. Instanzen nur auf Konzernhauptverwal-
tungsebene, welche nur auf Tochtergesellschaftsebene und welche auf beiden
Ebenen vorhanden sein sollen. Auf Konzernebene können IM-Instanzen führende,
koordinierende und beratende Tätigkeiten ausüben. Geht es um IM-Aktivitäten,
die die Konzernleitung als solche unterstützen, handelt es sich um Tätigkeiten, für
die IM-Instanzen des Konzern die Führung übernehmen. Koordinierende Tätigkeiten sind durchzuführen, wenn Aktivitäten, die nicht in allen Tochtergesellschaften durchgeführt werden müssen, anfallen, Doppelarbeit jedoch vermieden
werden soll. Müssen neue Aufgaben in den Tochtergesellschaften, vor allem in
ihrer Anfangsphase, durch hochqualifizierte Spezialisten unterstützt werden, bietet
sich eine beratende Tätigkeit durch Spezialisten des Konzerns an (*Mertens* 1985,
13f.; *Mertens/Knolmayer* 1995, S.50ff.).

3.4.6.4   Fall: Benutzer-Support bei der Hilti AG

Die Hilti AG, gegründet 1941, erwirtschaftete 1990 mit über 12.000 Mitarbeitern
einen Umsatz von fast 2 Mrd. SFR. Die Produktpalette reicht von Befestigungse-
lementen (u.a. zum Bergen von Schiffen) über Schwerlasttanker, elektropneumati-
sche Hämmer bis hin zu Klebe- und Trennmaterialien. Das Unternehmen ist darüber hinaus auch im Bereich der Bauchemie und Fassadensysteme tätig. Immer
legt die Hilti AG Wert auf Kundenorientierung und bietet ein Komplettsystem an,
das alle benötigten Materialien und Verbrauchsstoffe enthält. Insgesamt ist der
Konzern auf 10 Produktionsstätten (u.a. Liechtenstein, Schweiz, Österreich,
Deutschland, Großbritannien und USA) verteilt.

Bei der Hilti AG/Liechtenstein, auf die sich die folgenden Ausführungen beziehen,
besitzt fast jeder Mitarbeiter einen PC oder ein Terminal, das an den Zentralrech-
ner (IBM-Host) oder einen Abteilungsrechner angeschlossen ist. Alle Geräte sind
untereinander vernetzt. Auf den PCs werden eher bürotypische Anwendungen wie
Textverarbeitung oder Datenbanken eingesetzt, während Host und Abteilungsrechner hauptsächlich kaufmännische Programme und Systeme zur Produktion
bereitstellen. Diese heterogene Systemumgebung, die zudem international ausgerichtet ist, erfordert eine intensive Betreuung aller EDV-Anwender durch die In-
formatikabteilung.

Hilti beschloß 1992 ein Konzept zu entwickeln, mit dem der Benutzer-Support für den Standort Liechtenstein optimiert werden kann. Wichtigstes Ziel für die Hilti AG war dabei die Erhöhung der Benutzerzufriedenheit. Auf der Basis von Interviews, Umfragen und Beobachtungen unabhängiger Personen wurde eine Ist-Situationsanalyse angefertigt, an die sich eine Schwachstellendiagnose anschloß. Diese „State-of-the-Art" diente als Grundlage zur Anfertigung eines Soll-Konzepts.

Der Benutzer-Service (BS), der innerhalb des Fachbereichs Finanzbuchhaltung (FiBu) angesiedelt ist, bezeichnet alle Dienstleistungen, die einem internen Kunden zur Verfügung gestellt werden. Der Benutzer-Support, der einen Teil davon darstellt, beinhaltet die konkrete Unterstützungsleistung. Dazu gehört insbesondere die Betreuung der Anwender bei Problemen und die Systemverwaltung.

Die interne Supportstruktur bei Hilti ist nach Rechnertypen (Host, Abteilungsrechner, PC) und Fachgebieten untergliedert. Die Host-Betreuung besitzt keine klare Struktur und wird über Telefon abgewickelt. Der Support für die Abteilungsrechner erfolgt nach einem fest definierten Konzept, das insbesondere im CAD-Bereich stark ausdifferenziert ist. Die Supportorganisation für PC-Anwender besitzt seit 1991 eine neue Struktur, die als Vorbild für das Soll-Konzept diente.

Das User-Help-Desk (UHD) ist die Anlaufstelle bei Problemen mit der EDV. Primär soll es die Anfragen an die richtige Stelle weiterleiten, aber wenn möglich, auch Unterstützung leisten. Die UHD-Abteilung kämpft mit mehreren Problemen:

- Zeitdruck bei gleichzeitig schwindendem Know-how (DV-Vielfalt),
- zuwenig Rückmeldungen an Endanwender,
- Verringerung des UHD-Personals und
- Informationsverlust durch mündliche Weiterleitung.

Ausgangspunkt für ein Soll-Konzept waren einige Visionen, die den Benutzer-Support der Zukunft charakterisieren. Zum einen sollen Synergien so oft wie möglich genutzt, zugleich aber auch Wert auf eine hohe Akzeptanz gelegt werden. BS ist eine Dienstleistung mit eigenem Marketing, die als Profit-Center geführt wird.

Der BS sollte als Stabsstelle innerhalb des Fachbereichs Informatik organisiert sein, da er strategischen Charakter besitzt. Er kommuniziert mit den Bürokommunikationseinheiten in den einzelnen Fachabteilungen. Vorrangiges Ziel sollte die Effizienzsteigerung innerhalb des BS sein. Zugleich sollten die Personalkapazitäten nicht ausgeweitet und die grundsätzliche Systemarchitektur nicht verändert werden.

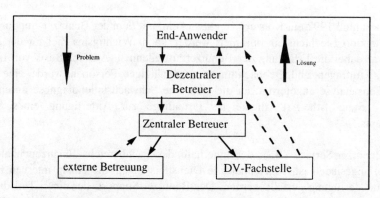

Abbildung 3-86: Kommunikationswege im Benutzer-Support

Abbildung 3-86 zeigt links die Kommunikationswege und rechts den Aufbau des neu strukturierten Bereichs BS. Ein Anwender befragt zuerst einen dezentralen Betreuer, der je nach Größe der Abteilung auch direkt aus dieser kommen kann. Kann er das Problem nicht lösen, wird es an einen zentralen Betreuer weitergeben, der zugleich zentraler Ansprechpartner der Hotline ist. Dieser entscheidet, ob das Problem in einer der unternehmenseigenen DV-Fachabteilungen gelöst werden kann oder ob ein externes Unternehmen damit beauftragt wird (Abbildung 3-87).

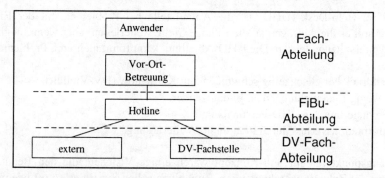

Abbildung 3-87: Organisation des Benutzer-Support

Innerhalb des BS werden die Aufgaben in einen primären und einen sekundären Bereich unterteilt, die beide nicht notwendigerweise im eigenen Unternehmen angesiedelt sein müssen. Der primäre Bereich betrifft die originären Aufgabengebiete wie Systemplanung und -betrieb, Datensicherung, Hotline und Trouble Shooting, der sekundäre übergreifende wie das Marketing oder Beratungen für Arbeitsplatzausstattungen. Schulungen sollten an die Personalabteilung übergeben werden. Die Hotline sollte teilweise an einen externen Anbieter outgesourced werden.

Die Vorteile dieser neuen Organisation liegen in der hohen Verfügbarkeit, da der gesamte Support auf mehrere Stellen verteilt wird. Der zentrale Support wird entlastet und kann auch weiterhin mit geringer Personalstärke betrieben werden. Da so oft wie möglich auftretende Probleme am Arbeitsplatz gelöst werden, ist eine hohe Akzeptanz zu erwarten. Zusätzlich lernen die Anwender, kleinere Probleme selbst zu lösen. Durch die zentrale Hotline kann der Supportaufwand gemessen und eine Wissensdatenbank aufgebaut werden.

Wichtigstes Element bei Verbesserung des Benutzer-Supports ist die Einführung eines zentralen User-Help-Desk-Systems, mit dem eine strukturierte Problemverwaltung durchgeführt werden kann. Als weitere Maßnahmen kommen Computer Based Training und Workshops in Frage.

Quelle:
Böhm, D.: Erarbeitung eines Lösungsvorschlages zur Optimierung des Benutzer Supports bei der Hilti AG im Standort Liechtenstein/Schweiz. Diplomarbeit, Fachbereich Informatik, Fachhochschule Konstanz, Konstanz, 1992.

3.4.6.5 Globales Informationsmanagement

Zwei Entwicklungen sind für den zukünftigen Fortbestand der Unternehmen von besonderer Bedeutung: die Fortschritte im Technologiebereich und die Globalisierung der Märkte. Die IKT spielt in diesem Zusammenhang nicht nur die Rolle eines Katalysators für eine weitere Globalisierung der Märkte, sondern sie bietet auch Lösungsansätze für internationale Managementprobleme, die aus der Globalisierung resultieren. Je mehr die Unternehmen zu komplexen globalen Netzwerken werden, desto bedeutsamer wird der Einsatz von IKT. Ihr Einsatz bildet die Voraussetzung für die angestrebte Koordination der unternehmerischen Aktivitäten auf weltweiter Ebene.

Im Zusammenhang mit Fragen des Technologieeinsatzes in Multinationalen Unternehmen (MNU) traten immer häufiger Begriffe wie „global information management", „global information systems" oder „global information technology" auf. Die Forderung nach einem **globalen IM (GIM)** resultiert aus der Notwendigkeit, IV-bezogene Fragestellungen, die sich aus der länderübergreifenden Unternehmenstätigkeit ergeben, auf internationaler Ebene zu behandeln. Nur wenn eine Abstimmung der IV-Aktivitäten auf internationaler Ebene erfolgt, werden die MNU Vorteile aus dem Einsatz der IKT schöpfen können.

Vor diesem Hintergrund erstaunt es, daß Fragen der IV in MNU in der Vergangenheit wenig Beachtung in Theorie und Praxis geschenkt wurde. Bis heute ist keineswegs geklärt, ob GIM nur ein neuer Begriff für schon bekannte Inhalte, eine Erweiterung des bisherigen IM oder etwas völlig Neues ist. Zwei Fragestellungen sind in diesem Zusammenhang von besonderer Bedeutung: Erstens, die Frage nach den zusätzlichen Einflußfaktoren auf das IM, die aus der Globalisierung der Aufgabe resultieren. Zweitens, die Frage nach Möglichkeiten der Gestaltung eines GIM.

3.4.6.5.1 Einflußfaktoren auf das Globale Informationsmanagement

Aufgrund der größeren Umwelt- und Eigenkomplexität der MNU unterscheidet sich das GIM in multinationalen Unternehmen von dem IM in national operierenden Unternehmen in seiner Komplexität. Die größere Komplexität des GIM ist auf eine Vielzahl von Einflußgrößen (Tabelle 3-20) im internationalen Umfeld zurückzuführen, die zusätzliche Nebenbedingungen bei der Aufgabenerfüllung darstellen (*Cash/McFarlan/McKenney* 1992, S.548ff.). Diese Einflußgrößen führen nicht zu völlig neuen Aufgaben des IM, sondern erschweren die Problemlösung sowohl auf der Ebene des Managements der IS als auch auf der Ebene des IKT-Managements.

So sind zum Beispiel bei der Gestaltung globaler Systeme unterschiedliche Sprachen zu berücksichtigen oder verschiedenartige Abrechnungsverfahren in den einzelnen Ländern, die landesspezifische Anpassungen erforderlich machen. Durch diese beiden Faktoren wird die Aufgabe nicht verändert, aber es sind zusätzliche Nebenbedingungen bei der Aufgabenerfüllung zu berücksichtigen. Das gleiche gilt auf der Ebene des IKT-Managements. Dort wird die Aufgabenerfüllung des IM, z.B. durch die (Nicht-)Verfügbarkeit von Hardware in einzelnen Ländern, erschwert, da dadurch keine weltweit einheitliche Infrastruktur geschaffen werden kann. Auch der technologische Reifegrad der Tochtergesellschaften kann die Implementierung einheitlicher Infrastrukturen behindern.

Unterschiede zwischen Ländern
Soziopolitische Faktoren
Sprache
Örtliche Behinderungen/Beschränkungen
Wirtschaftliche Situation des Landes
Nationale Infrastruktur (Transport/Kommunikation)
Nationale IT-Umgebung
Verfügbarkeit von Fachkräften und Spezialisten
Preis und Qualität der Telekommunikationsversorgung
Nationale IT-Strategie der Regierung
Größe des lokalen Marktes
Kontrollen und Beschränkungen des Datenexports
Allgemeines Entwicklungsniveau der IV
Gesamtunternehmensspezifische Faktoren
Tätigkeitsfeld des Unternehmens
Größe des Unternehmens
Geographische Streuung

Tabelle 3-20: Einflußfaktoren auf das Informationsmanagement in Multinationalen Unternehmen
Quelle: In Anlehnung an *Cash/McFarlan/McKenney* (1992, S.548ff.)

Die zahlreichen Einflußfaktoren im internationalen Umfeld führen zu einer Erhöhung der Komplexität des GIM. Der fachliche Kern des GIM ist von den gleichen Zielen und Aufgaben geprägt, die auch im nationalen IM verfolgt werden (*Griese* 1990, S.140). Sämtliche Aufgaben, die auf nationaler Ebene zu erfüllen sind, besitzen auch für das GIM Bedeutung, allerdings sind sie zum Teil erheblich auszuweiten. Eine Übertragung nationaler IM-Konzepte auf MNU wird nicht zu befriedigenden Lösungen führen, da sie der Komplexität nicht gerecht werden. Nicht verschiedene Sprachen, Aufgaben oder Ziele unterscheiden das GIM vom nationalen IM, sondern die Ausgestaltung der Problemlösungsansätze für das Management grenzüberschreitender IV.

3.4.6.5.2 Gestaltung des Globalen Informationsmanagements

Von außerordentlich hoher praktischer Relevanz für die Unternehmen ist die Frage nach der Gestaltung des GIM. In der Literatur beschriebene Ansätze zur Ausgestaltung des GIM basieren auf dem Gedanken, daß Unternehmenserfolge nur zu erzielen sind, wenn eine optimale Übereinstimmung zwischen Wettbewerb, Internationalisierungs- und IT-Strategie bzw. -Struktur gegeben ist (z.B. *Alavi/Young* 1992). Der wohl bekannteste Ansatz zur Erklärung stammt von *Ives/Jarvenpaa*

(1991, S.39ff.), die aufbauend auf *Bartlett/Ghoshal* (1990) folgende Internationalisierungsstrategien für Unternehmen unterscheiden:

- Die **multinationale Strategie**, die auf lokale Anpassung abzielt,
- die **globale Strategie**, die globale Effizienz anstrebt und landesspezifische Besonderheiten nicht berücksichtigt,
- die **internationale Strategie**, die sich auf die Entwicklung und Verbreitung von Innovationen konzentriert und
- die **transnationale Strategie**, mit der eine Kombination der drei vorstehend beschriebenen Zielsetzungen angestrebt wird.

Für jede der vier Internationalisierungsstrategien wird eine korrespondierende IT-Strategie/-Struktur beschrieben (Tabelle 3-21). Zur Charakterisierung der einzelnen IT-Strategie/-Struktur-Konfigurationen werden fünf Kriterien herangezogen: Ort der Entscheidungsfindung, Anzahl der gemeinsamen Systeme, Systembetrieb, Entwicklungsansatz und Berichtsstrukturen zwischen dem IM in der Zentrale und den Tochtergesellschaften.

Geschäftsstrategie		GIM-Strategie
Multinationale Strategie	< = >	Independent Strategy
Globale Strategie	< = >	Headquarter Driven Strategy
Internationale Strategie	< = >	Intellectual Synergy Strategy
Transnationale Strategie	< = >	Integrated Global Strategy

Tabelle 3-21: Strategie-Struktur-Paare
Quelle: *Ives/Jarvenpaa* (1991, S.39ff.)

Die „Independent Strategy" überläßt den Tochtergesellschaften alle Entscheidungen und diese tragen auch die Verantwortung für Entwicklung und Systembetrieb. Diese Strategie maximiert die lokale Anpassungsfähigkeit und korrespondiert daher mit der multinationalen Strategie. Die „Headquarter Driven Strategy" ist durch starke Zentralisierung gekennzeichnet. Entscheidungen werden in der Zentrale getroffen mit dem Ziel, weltweit Economies of Scale zu erzielen. Die Tochtergesellschaften können nur wenig Einfluß nehmen. Diese Konstellation ist typisch für die globale Strategie. Im Rahmen der „Intellectual Synergy Strategy" werden den Tochtergesellschaften weitgehende Freiheiten zugestanden, es findet jedoch ein reger Informationsaustausch mit der Zentrale statt. Dadurch soll weltweite Lernfähigkeit erzielt werden, die die internationale Strategie kennzeichnet. Die Erfordernisse der transnationalen Strategie können am wirkungsvollsten durch eine „Integrated Global Strategy" abgedeckt werden. Im Rahmen dieser wird eine weltweite Integration der Kernaktivitäten angestrebt, wobei jeweils die beste Lösung auf weltweite Ebene übertragen wird.

Eine Untersuchung der Strategie-Struktur-Kombinationen in der Praxis (*Ives/Jarvenpaa* 1991) ergab, daß 1985 nur 35% der untersuchten Unternehmen einen Fit hatten, 1990 schon 56% und für 1995 65% eine bewußte Ausrichtung der IT-Strategie an der Internationalisierungsstrategie planten. In der Praxis zeichnet sich offensichtlich eine zunehmende Abstimmung der Strategien und damit eine stärkere Einbindung des GIM in die Unternehmen ab. Dieses wird auch daran erkennbar, daß immer mehr Unternehmen Positionen mit internationaler Verantwortung im IM-Bereich schaffen und gezielt eine internationale Koordination der Aktivitäten anstreben.

So plausibel die Ansätze zur Organisation des GIM auf den ersten Blick auch sein mögen, so erscheinen dennoch einige kritische Überlegungen angebracht. Die Ansätze suggerieren einen Handlungsbedarf, um vermeintliche oder tatsächlich vorhandene Vorteile des IT-Einsatzes durch Abstimmung der Strategien auszuschöpfen. Dieser Handlungsbedarf wird aus dem Gedanken eines „Fit" hergeleitet, der jedoch nicht operationalisiert wird. Genausowenig wird der durch den Fit zu erzielende „Erfolg" definiert. Der den Ansätzen zugrundeliegende Gedanke, daß verschiedene Strategien/Strukturen zu unterschiedlichen Anforderungen führen und eine Abstimmung der IT-Gestaltung mit den Anforderungen zu besseren Ergebnissen führt, ist durchaus einsichtig. Eine empirische Fundierung für diese Zusammenhänge existiert bisher jedoch nicht. Belege für die Notwendigkeit oder Vorteilhaftigkeit eines Fit auf internationaler Ebene liegen nicht vor.

Des weiteren basieren die Fit-Ansätze auf der Annahme, daß die IV im MNU anhand einer Strategie beschrieben werden kann. Aufgrund der unterschiedlichen nationalen Bedingungen sowie der Unterschiede zwischen den einzelnen Funktionsbereichen erscheint es unwahrscheinlich, daß eine einzige Strategie die unterschiedlichsten Anforderungen auf internationaler Ebene adäquat abdecken kann, da nicht alle Unternehmensbereiche gleichermaßen von IKT in ihrer Aufgabenerfüllung abhängig sind.

3.4.6.5.3 Fragen des Globalen Informationsmanagements

Auch auf internationaler Ebene gilt, daß die Anforderungen an die IV aus den fachlichen Aufgabenerfüllungsprozessen abzuleiten sind. *Kommunikations-, Daten- und Applikationsarchitektur* müssen so gestaltet und durch IKT implementiert werden, daß die länderübergreifende Aufgabenerfüllung bestmöglich unterstützt wird.

In der Literatur wird die Gestaltung einer länderübergreifenden IKT-Plattform diskutiert, um die Anforderungen an die IV auf internationaler Ebene abdecken zu können. Die Gestaltung einer derartigen Plattform bereitet den Unternehmen zum Teil erhebliche Probleme, weil die Produkte verschiedener Hersteller nicht kompatibel sind und kein Hersteller alle Anforderungen zu einem angemessenen Preis-Leistungs-Verhältnis erfüllt. Auch stellt der Versuch, länderübergreifende Einheitlichkeit zu erzielen, einen Eingriff in die Unabhängigkeit ehemals selbständiger Unternehmensteile dar. Diesen Eingriffen werden starke Widerstände von den „Landesfürsten" entgegengesetzt. Des weiteren fehlt in vielen Unternehmen dem Top-Management noch die Vision einer länderübergreifend integrierten IKT-Plattform.

Besondere Bedeutung wird auch der Datenarchitektur zugemessen. Schon auf nationaler Ebene ist das Datenmanagement zum Teil mit erheblichen Problemen verbunden, da die Datenbestände eher gewachsen als geplant sind. Daraus resultieren Unterschiede in Datendefinitionen und Attributen, die auf internationaler Ebene noch gravierender sind als innerhalb der einzelnen Länder. Durch diese Unterschiede wird der Austausch von Daten erheblich behindert. Wenn er nicht sogar unmöglich gemacht wird, so entsteht durch die Inkompatibilität zumindest zusätzlicher personeller, technischer und finanzieller Aufwand. Je stärker die internationale Verflechtung wird, desto mehr werden weltweit einheitliche Datendefinitionen zu einem kritischen Erfolgsfaktor.

Bei der Entwicklung von Applikationen ist zu berücksichtigen, ob die zu unterstützenden Aufgaben nur in einem Land, in mehreren Ländern, aber getrennt, oder gemeinsam in mehreren Ländern durchgeführt werden sollen. Am Beispiel eines CAD-Systems können diese drei Varianten verdeutlicht werden. Im ersten Fall wird nur in einem Land Entwicklung betrieben, das System wird nur einmal benötigt. Im zweiten Fall wird in mehreren Ländern entwickelt, aber die Entwicklungen laufen unabhängig voneinander. Das System wird mehrfach benötigt, wenn es lokal in den einzelnen Ländern implementiert werden soll. Im letzten Fall entwickeln Mitarbeiter in verschiedenen Ländern gemeinsam an einem länderübergreifenden System.

Soll ein System nur in einem Land eingesetzt werden, so erscheint es sinnvoll, dem jeweiligen Land die Entwicklung zu überlassen, da dann die landesspezifischen Anforderungen am besten erfüllt werden können. Bei Systemen, die in mehreren Ländern eingesetzt werden sollen, stellt sich die Frage, ob weltweit standardisierte Anwendungen verwendet werden sollen oder ob den Tochtergesellschaften in diesem Bereich weitgehende Freiheit gewährt wird.

Aus diesen Überlegungen zu Kommunikations-, Daten- und Applikationsarchitektur ist zu schließen, daß bei der Gestaltung der IV ein sehr differenzierter Ansatz gewählt werden muß, um die unterschiedlichen Anforderungen zu erfüllen.

Während der Notwendigkeit einer zentralen Gestaltung der Kommunikationsarchitektur und ihrer Umsetzung in Netzwerken wenig entgegenzustellen ist, erscheint eine zentrale Gestaltung aller Applikationen wenig zweckmäßig, da, erstens, der Aufwand in der Zentrale extrem hoch wäre und, zweitens, die Entfernung zum Nutzer (bei ausschließlich lokalen Anwendungen) zu groß wäre. Ähnliche Überlegungen lassen sich auch für die Gestaltung der Datenbanken anstellen. In der Literatur findet sich daher immer wieder die Auffassung, daß eine zentrale Steuerung in allgemeinen Fragen wie Standards und Netzwerken mit dezentralen Freiheiten bei der Gestaltung der Systeme und Datenbanken verbunden werden sollte.

3.4.6.6 Fall: Informationsmanagement in einem internationalen Pharma-Unternehmen

Das Unternehmen ist in vier Divisionen aufgegliedert, von denen die Pharmadivision 60% des jährlichen Gesamtumsatzes beiträgt. Das Unternehmen ging vor einigen Jahren aus der Verschmelzung von zwei Pharmaunternehmen hervor und hat heute weltweit ca. 53.000 Mitarbeiter. Im Jahre 1993 gab das Unternehmen rund 862 Mio. $ für F&E aus, von denen 86% auf die Pharmadivision entfielen.

Konfrontiert mit der Verschärfung des Wettbewerbs wurde der Unternehmenszusammenschluß als Chance für einen völligen Neubeginn begriffen. Im Mittelpunkt der organisatorischen Neugestaltung standen die Globalisierung sämtlicher Aktivitäten und die konsequente Prozeßorientierung. In der Pharmadivision wurden sechs Geschäftsprozesse (product discovery, product development, product launch, sales and marketing operations, product line extensions und supply chain) auf internationaler Ebene definiert. Die Verantwortung für länderübergreifende Aufgaben wurde in der Hierarchie so weit wie möglich nach unten auf die operative Ebene verlagert. Weltweit gibt es jeweils einen Verantwortlichen für den jeweiligen Prozeß, an den alle Länder berichten.

Bei der Gestaltung des GIM wurden zentrale wie dezentrale Elemente aufgenommen. Die Zentralabteilung ist direkt dem Vorstand unterstellt und der ihr vorstehende Chief Information Officer (CIO) ist gleichzeitig Senior Vice President. Das Aufgabenspektrum der Abteilung umfaßt die Ausarbeitung eines IS-Konzepts, das für alle dezentralen Einheiten als Richtlinie gilt, die Bewertung neuer Technologien, Bürokommunikation, betriebswirtschaftliche Systeme, Netzwerke, Telekommunikation und Datencenter. In den einzelnen Divisionen gibt es dezentrale DV-Abteilungen, die an den Prozessen ausgerichtet sind, wie das Beispiel aus der Pharmadivision zeigt (Abbildung 3-88).

Am Beispiel der DV-Abteilung für F&E soll die Organisation der prozeßorientierten DV-Abteilungen verdeutlicht werden: Weltweit gibt es einen DV-Verantwortlichen für das F&E-IM, der an den Vorstand für F&E berichtet. Um die

Einbindung des IM in die F&E-Aktivitäten sicherzustellen, ist der DV-Verantwortliche gleichzeitig für die Klinische Forschung zuständig. Innerhalb der prozeßorientierten DV-Abteilungen sind länderübergreifende Anwendungsteams für die Unterstützung der Prozesse zuständig. Daneben gibt es eine Mitarbeiter-gruppe, die für die im F&E-Bereich verwendeten Netze und Telekommunika–tionseinrichtungen zuständig ist. Nach Aussagen des CIO ist diese Organisation sehr viel besser in der Lage, die neuen Anforderungen an die IV zu erfüllen, als dies in der Vergangenheit mit der traditionellen bereichs- und länderorientierten Organisation der Fall war. Sowohl die explizite Ausrichtung an Prozessen als auch die Verankerung von länderübergreifender Verantwortung auf unteren Ebenen der Hierarchie haben zu verstärkter Kooperation und enger Abstimmung zwischen den verschiedenen Bereichen und Ländern geführt. Damit sind seiner Auffassung nach die Voraussetzungen für eine erfolgreiche Implementierung der globalen Ge-schäftsstrategie geschaffen.

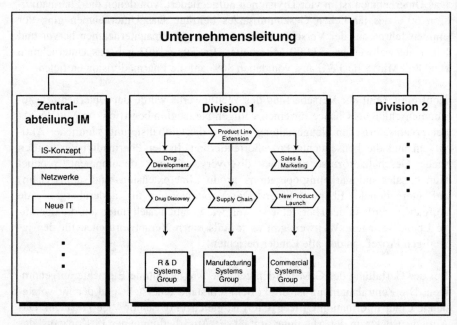

Abbildung 3-88: Organisation des Informationsmanagements
Quelle: In Anlehnung an *Schwarzer* (1995, S.11)

Das Unternehmen hat seine Geschäftsstrategie verändert, um den Veränderungen des Wettbewerbs zu genügen (Abbildung 3-89). Um die neue Strategie zu imple-mentieren, hat das Unternehmen grundlegende Veränderungen seiner organisatori-schen Struktur eingeführt, wobei die Veränderungen sowohl die Management- als auch die operative Ebene betrafen, da die Verantwortung für funktionsbereichs- und länderübergreifende Fragen in der Hierarchie nach unten verlagert wurde. Um die Prozeßorientierung zu realisieren, wurden die Aktivitäten entlang der Geschäftsprozesse dezentralisiert.

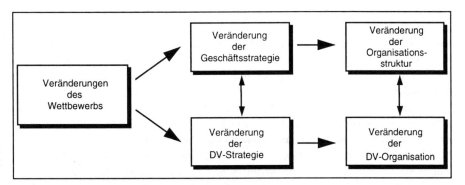

Abbildung 3-89: Reihenfolge der Veränderungen im Unternehmen.
Quelle: In Anlehnung an *Schwarzer* (1995, S.7)

Darüber hinaus wurde auch die DV-Organisation grundlegend verändert, um sowohl zu der neuen Geschäftsstrategie als auch der neuen Organisationsstruktur zu passen. Durch die Ausrichtung des IM an den Geschäftsprozessen sollen genau die Probleme überwunden werden, die den anderen Unternehmen zur Zeit Schwierigkeiten bei der Realisierung eines GIM bereiten. Das Unternehmen hat bewußt einen völlig neuen Ansatz für die Organisation des GIM gewählt, um damit die Probleme der Vergangenheit zu überwinden. Bemerkenswert ist weiterhin die Reihenfolge der Veränderungen. Die Organisation der DV-Abteilung wurde sehr früh, zum Teil sogar vor den Anpassungen der Organisationsstruktur, verändert. Dadurch sollte sichergestellt werden, daß die Voraussetzungen für die Implementierung der neuen Organisationsstrukturen rechtzeitig vorhanden sind.

Quelle:
Schwarzer, B.: Organizing Global IS Management to Meet Competitive Challenges - Experiences from the Pharmaceutical Industry. In: Journal of Global Information Management, Vol. 3 (1995) No. 1, S. 5-16.

3.4.7 Management der Mitarbeiter

Qualifizierte Mitarbeiter sind die Ressource im Unternehmen schlechthin. Die Mitarbeiter und das Mitarbeitermanagement werden damit zu entscheidenden Erfolgsfaktoren. Diese Ansicht behält auch für die Mitarbeiter des IM einer Unternehmung ihre Gültigkeit. Im folgenden wird aber vorwiegend auf personelle Aspekte des Bereichs IM mit seiner „Querschnittsfunktion" im Unternehmen und seiner Beziehung zur Technologiedynamik eingegangen. Im Zusammenhang damit werden einzelne Aufgaben und wichtige Instrumente des Personalmanagements gesondert herausgestellt.

3.4.7.1 Anforderungen an Informationsmanagement-Mitarbeiter

Die Abgrenzung der Mitarbeiter im IM von anderen Mitarbeitern ist eine schwierige Aufgabe. Versteht man darunter nicht nur das Personal der DV-Abteilung, sondern auch das Personal der gesamten Informations-Infrastruktur im Unternehmen, fallen neben den „Bearbeitern" von IS auch Mitarbeiter aus Fachabteilungen und Projektgruppen, die bei der Systemplanung beratend mitwirken darunter. So arbeitete bereits 1989 etwa ein Drittel der Beschäftigten in Deutschland mit Computerunterstützung, während nur ein Prozent davon einen Computerberuf im engeren Sinn ausübte (*Dostal* 1990, S.762). Der überwiegende Teil der Computerbenutzer verfügt damit nur über technologische Grundkenntnisse oder einzelne computerbezogene Detailkenntnisse. Die **Anforderungen an Mitarbeiter des IM** hängen demnach davon ab, welche Gruppe, beispielsweise alle Mitarbeiter, IM-Mitarbeiter oder der Informationsmanager, betrachtet wird.

Der Einsatz von IKT in Unternehmen ist in stetigem Wachstum begriffen und hat inzwischen alle wesentlichen Bereiche erfaßt und deren organisatorische Ausgestaltung deutlich verändert. Die für die Zukunft zu erwartende rasante Weiterentwicklung verlangt von *allen Beschäftigten* im Unternehmen eine stetige Erhöhung ihrer computerbezogenen Qualifikationen, woraus sich ein hoher Weiterbildungsbedarf ableiten läßt. Für die *IM-Mitarbeiter* im engeren Sinne[18] gilt dies in verschärftem Maße: Die zunehmende Integration der Systeme fordert von ihnen hohes Abstraktionsvermögen, überdurchschnittliche Lernbereitschaft und Belastbarkeit, um sich die neuen technischen Kenntnisse anzueignen. Gleichzeitig erfordert die zunehmende Bedeutung der Projektorganisation sowie der Wandel der DV-Abteilungen hin zu kundenorientierten Information Centers von den Mitarbeitern allgemeine Kommunikations-, Schulungs- und Teamfähigkeiten, um Systeme im Team zu entwickeln und Benutzer mit wachsendem IT-Know-how angemessen zu beraten und weiterzubilden.

Typische **Berufsbilder** innerhalb dieser „engen" Abgrenzung des IM sind neben dem *Leiter* des IM *Systemanalytiker, Systementwickler, EDV-Organisatoren* und *Informatik-Berater*. Die Aufgaben und **Qualifika–tionsanforderungen** des IM wandeln und erweitern sich jedoch und führen zu vielen Variationen des „Typus" IM-Mitarbeiter. Für den Manager der Informationsfunktion, den „Informationsmanager" selbst, gilt, daß er über weitreichende soziale Kompetenz verfügen muß, Führungskraft und Schiedsrichter zugleich, d.h. eine integrierende Persönlichkeit ist, die die Selbstorganisation seiner Mitarbeiter fördern muß, und

---

[18] Unter IM-Mitarbeitern im engeren Sinne sind diejenigen zu verstehen, die direkt in einer IM-Abteilung beschäftigt sind.

daß er seine Aufgabe als *interdisziplinäre Herausforderung* zwischen Technik und Betriebswirtschaft sieht. Dafür muß er nicht notwendigerweise ein Informatiker sein, er benötigt jedoch ausgeprägtes Organisationsgeschick, den Charakter eines „proaktiven Futuristen" (*Macharzina* 1995, S.709), hohes analytisches Denkvermögen, Abstraktionsfähigkeit, ausgewogene Kenntnisse und Fähigkeiten der Betriebswirtschaft, der IKT, des IM und insbesondere der Führung von Mitarbeitern als Individuen und in Teams. Damit steht bei diesem eigentlichen „Supermann" die Kommunikationsfähigkeit im Mittelpunkt (*Heinrich* 1992, S.54).

3.4.7.2 Anforderungen an das Mitarbeitermanagement im Informationsmanagement

Grundsätzlich verfolgt das **Mitarbeitermanagement** das Ziel, die Mitarbeiter effektiv einzusetzen, d.h. ein optimales Verhältnis von Arbeits-Input und -Output zu minimalen Kosten zu erreichen. Des weiteren verfolgt es soziale Ziele, die sich aus der personalen Gebundenheit des „Produktionsfaktors Arbeit" ergeben und die den Erwartungen, Bedürfnissen und Interessen der Mitarbeiter versuchen entgegenzukommen (*Domsch* 1993, S.524).

Bezogen auf die Anforderungen an IM-Mitarbeiter steht konkret das Ziel der zukunftsbezogenen, dem permanenten technologischen Wandel entsprechenden Qualifikation der Mitarbeiter im Vordergrund. Hier muß geprüft werden, inwieweit der Personalbestand sowohl dem aktuellen als auch zukunftsbezogenen Qualifikationsbedarf entspricht und welche *Maßnahmen der Weiterbildung* oder der *Personalveränderung* eingeleitet werden müssen. In der Praxis wird der „*Enabling-Funktion*" der Qualifikation und Weiterbildung der Mitarbeiter für die Erfüllung der Informationsfunktion noch nicht ausreichend Rechnung getragen, da sie nicht als Investition in einen immateriellen Produktionsfaktor „Wissen" betrachtet wird.

In diesem Zusammenhang wird eine weitere zentrale Herausforderung an das Personalmanagement auch im Rahmen des IM relevant: Die Personalführung entsprechend der „Motivstruktur gegenwärtiger und zukünftiger Mitarbeiter" (*Scholz* 1993, S.4), die auch sich wandelnde Gesellschafts- und Individualwerte berücksichtigen muß. Denn die Erfüllung hoher Anforderungen, wie sie das IM stellt, setzt ein hohes Maß an *Motivation der Mitarbeiter* voraus. Wichtig ist hier, inwieweit die Anreizsysteme und das Führungsverhalten der Organisation auf die Bedürfnisstruktur der Mitarbeiter ausgerichtet sind; etwa, ob Mitarbeiter primär über *materielle* Anreize (Entgelt) oder über *post-materielle* Anreize (Sinn der Arbeit) zu motivieren sind. Bei einer dem Mitarbeiteranspruch entsprechenden Werteorientierung kann das Unternehmen auch Spitzenkräfte und Mitarbeiter in Engpaßbereichen anwerben und halten.

Der Status Quo der Personalarbeit im IM entspricht diesen Herausforderungen der Mitarbeitermotivation und -weiterbildung nicht: Im Rahmen der *Qualifizierung* können Kurse nur einen Teil der individuell und situativ unterschiedlichen Weiterbildungsbedarfe bedienen. Die Aneignung des zusätzlich erforderlichen Wissens bleibt - insbesondere in kleinen Unternehmen - den Mitarbeitern vielfach selbst überlassen. Arbeitsaufgaben werden dabei oft zu einer Art ungeplantem „Training on the Job", wobei die Qualität dieser Ausbildung vom zufälligen (meist literarischen) Dokumentationsangebot, dem Engagement und den Vorlieben des jeweiligen Mitarbeiters abhängen. Der Transfer von Gelerntem in die Arbeitspraxis bleibt unsystematisch und lückenhaft, Erfahrungswissen der Mitarbeiter bezieht sich immer nur auf die eigene Erfahrung, die Expertise erfahrener Anwender kann so nicht genutzt und weitergegeben werden. Das Management des Wissens der IM-Mitarbeiter muß verbessert und die Weiterbildung als fortwährender Bestandteil ihrer Arbeit etabliert werden, beispielsweise in einer Mischung aus Kursen und Selbststudium am Arbeitsplatz und „Computer Based Training"-Elementen.

Hinsichtlich der *Motivation* ist anzumerken, daß IM-Manager Teams bilden, in denen Mitarbeiter mit möglichst komplementären Qualifikationen den Bedarf der Organisation auch erfüllen können. Dazu sollte eine Arbeitskultur mit Anreizen entwickelt werden, durch die Informationen eher als Vermögen des Teams und nicht als individueller Vorteil behandelt werden.

Die bisher geschilderten Veränderungen haben nicht zuletzt auch unmittelbar Einfluß auf die Organisation der Unternehmen und führen zu einem weiteren wichtigen Aspekt des Mitarbeitermanagements: Der Trend zu flacheren Hierarchien, effizienteren Entscheidungswegen und flexibleren Organisationsformen verlangt nach neuen Kontrollsystemen, um trotz der Autonomie möglichst unabhängiger Einheiten die Kompatibilität zur Gesamtzielsetzung herzustellen. Eine Konsequenz für das Personalmanagement daraus kann sein, den Personalbedarf weder quantitativ noch qualitativ von einer zentralen Instanz zu bestimmen, noch die Personalentwicklung und den Personaleinsatz zentral zu organisieren, sondern durch die Fachbereiche initiieren zu lassen. Trotz dieser Dezentralisierung des Personalmanagements muß durch Schulung der personalverantwortlichen Mitarbeiter eine unternehmensweite Einheitlichkeit gewährleistet werden.

3.4.7.3 *Aufgaben des Mitarbeitermanagements im Informationsmanagement*

Die personalwirtschaftlichen Aufgaben werden hier am **Prozeß des Personalmanagements** skizziert (*Scholz* 1993, S.45):

1. Die **Personalbestandsanalyse** schafft die informatorische Basis für die Personalarbeit. Ihr Ziel ist die quantitative und qualitative Erfassung des bestehenden Mitarbeiterpotentials und die bereits absehbare Veränderungen berücksichtigende Projektion dieses Potentials in die Zukunft.

2. Hierarchisch gleichrangig zur Bestandsanalyse steht die **Personalbedarfsbestimmung** als Ermittlung des jeweils erforderlichen Soll-Personalbestandes. Es wird dabei differenziert nach unterschiedlichen Perioden des Planungszeitraums, nach Qualifikationsgruppen bzw. nach Arbeitsplätzen.

3. Übersteigt der Bedarf in einem Teilbereich den Bestand und soll die Differenz über eine Bestandsänderung ausgeglichen werden, kommt es zur **Personalbeschaffung**. Ihr Ziel ist die Anpassung des Personalbestandes an den aktuellen Personalbedarf durch Neueinstellung oder interne Rekrutierung.

4. Übersteigt der Bedarf in qualitativer Hinsicht den Bestand, so wird je nach Sachlage entweder eine Verbindung aus **Freisetzung** und **Beschaffung** oder aber (im Normalfall) eine Anpassung der Qualifikation der Mitarbeiter über eine **Personalentwicklung** realisiert.

5. Liegt der Bedarf in qualitativer oder in quantitativer Hinsicht unter dem Bestand, so gibt es überqualifizierte bzw. zu viele Mitarbeiter im Betrieb. Speziell im letzten Fall kann es zur **Personalfreisetzung** kommen.

6. Zusammenfassen und integratives Abstimmen der Personalbeschaffungs-, Personalentwicklungs- und Personalfreisetzungsplanung erfolgt im **Personalveränderungsmanagement**. Hier stehen Koordination und das Setzen von Prioritäten im Vordergrund.

7. Im **Personaleinsatzmanagement** wird festgelegt, wie vorhandene Mitarbeiter existierenden Stellen zugeordnet werden. Berücksichtigt werden dabei Qualifikationen und Fähigkeiten der Mitarbeiter sowie die Anforderung der zu besetzenden Stelle.

8. Während sich das Personaleinsatzmanagement auf das formalisierte Zusammenspiel von Stellenanforderungen und Mitarbeiterfähigkeiten konzentriert, geht die **Personalführung** von bereits erfolgter Zuordnung aus und konkretisiert das Verhältnis zwischen Vorgesetzten und Untergebenen. Bei der unmittelbaren Interaktion zwischen ihnen handelt es sich um einen Prozeß der zielgerichteten Beeinflussung von Personen durch Personen (*Macharzina* 1995, S.430).

9. Das **Personalkostenmanagement** verbindet das Personalmanagement mit den übrigen Teilen der Unternehmensplanung, vor allem mit der Finanz- und Budgetplanung. Im Personalkostenmanagement schlagen sich neben den unmittelbaren Kosten des Personalmanagements auch die Kosten für die geplanten bzw. durchgeführten Veränderungsmaßnahmen nieder.

Es ist festzuhalten, daß alle erläuterten Personalmanagementaufgaben für die IM-Personalarbeit wichtig sind. Für die durch das IM wahrzunehmenden Aufgaben stellen sie die notwendigen Informationen und Instrumente zur Verfügung. Nachfolgend werden jedoch nur die Instrumente erläutert, die im IM selbst angewendet werden können.

3.4.7.4 Instrumente des Mitarbeitermanagements für das Informationsmanagement

Im folgenden werden Instrumente für die Bereiche **Personalentwicklung** und **Personalführung** innerhalb des IM näher erläutert.

Adäquate Weiterbildungsgestaltung: Unter adäquater Weiterbildungsgestaltung ist innovative, effektive und kundenorientierte Gestaltung der Mitarbeiterschulung zu verstehen. *Kundenorientierung* bedeutet die flexible und spezifische Ausrichtung auf den „Kunden" (Mitarbeiter, Arbeitsgruppe oder Betrieb als Einheit). Lerninhalte müssen integriert werden, d.h. fachliche, methodische und soziale Kenntnisse und Fähigkeiten müssen in Verbindung miteinander vermittelt werden. *Effektive Lernmethoden* qualifizieren die Mitarbeiter für die kooperative Arbeit unter Einsatz von Technik, anstatt wie bisher Technikbedienungswissen zu vermitteln. Gleichzeitig muß die Gleichwertigkeit von allgemeiner Bildung und beruflicher Weiterbildung für die betriebliche Laufbahn anerkannt werden, damit „lebenslanges Lernen" einen Sinn hat. Durch Zugangsmöglichkeiten zu den Schulungsmaterialien über multimediale Kommunikation und Datenübertragung kann der Lernort sowohl am Arbeitsplatz als auch zu Hause sein.

Verfolgung von Qualifizierungsstrategien: Für Qualifizierungsstrategien erforderliche Informationen über den Qualifikationsbestand und -bedarf können über Szenario-Analyse, Umfeld-Scanning, Anforderungsprofile und Fähigkeitsprofile ermittelt werden (*Scholz* 1992, S.172-175):

- **Szenario-Analyse** für die Prognose zukünftiger Fähigkeitsprofile und Umfang der benötigten Qualifikationen (Anforderungsprofile) auf Basis einer hypothetischen Sequenz von Ereignissen.
- **Umfeld-Scanning** für systematische Suche nach für die IM-Mitarbeiterqualifikation relevanten Informationen in den Bereichen Wertewandel, neue Technologien und Arbeitsweisen.
- **Anforderungsprofile**, die unabhängig von den aktuellen Stelleninhabern Aussagen über Art und Höhe mehrerer Anforderungsmerkmale einer Stelle machen und auch die für die Karriere des Mitarbeiters relevanten Aspekte beinhalten sollten. Wird das Anforderungsprofil einer Stelle durch den Mitarbeiter nicht erreicht, stellt es das Ziel der Qualifikationsmaßnahmen dar, die Lücke zwischen Anforderungs- und Fähigkeitsprofil zu schließen.
- **Fähigkeitsprofile** orientieren sich am aktuellen Leistungspotential der Mitarbeiter und bestehen aus einer Liste von Fähigkeiten, denen die individuellen Merkmalsausprägungen gegenübergestellt werden. Sie spielen bei der Bewerberauswahl eine wichtige Rolle.

Maßnahmen der Qualifikation versuchen potentialorientiert vernetztes Denken zu schaffen, denn das komplexe System IM ist von der Mitarbeiterqualifikation hinsichtlich Effektivität und Effizienz abhängig. Der Vorgesetzte als Personalentwickler ist an der Bestimmung der Fähigkeitslücke, den Entwicklungspotentialen des notwendigen Entwicklungsvolumens, der Festlegung einzelfallspezifischer Adressaten von Qualifikationsmaßnahmen, der Kontrolle dieser Maßnahmen und der Personalentwicklung insgesamt beteiligt. So versteht man die Personalentwicklungsstrategie als zielorientierte Weiterentwicklung der Fähigkeiten der eigenen Mitarbeiter (Potentialkonzentration) mit langfristiger summarischer Entwicklung in Richtung zukunftsträchtiger Berufsbilder mit hoher Bandbreite der Bildungsinhalte und meist von den Mitarbeitern mitbeeinflußt.

Motivationsermittlung und -gestaltung: Informationen über die Motivation der Mitarbeiter können mit Hilfe der folgenden Techniken ermittelt werden (*Scholz* 1992, S.164-167):

- **Mitarbeiterbefragungen** zur aktuellen Motivationslage und potentiellen Motivationsfaktoren. Wichtig für die Aussagenqualität ist der professionelle Ansatz (exakte Fragestellungen) und die Wahrung der Anonymität der Befragung. Ableitbar sind zusätzliche Informationen über die Mitarbeiterstruktur, Erwartungen an das IM, Arbeitsplatzgestaltungsideen, unerfüllte Informationswünsche und Führungsleistungen der Vorgesetzten.
- **Aufwärtsbeurteilungen,** d.h. die anonyme Beurteilung der Vorgesetzten durch die Mitarbeiter, als eine professionell durch Externe durchgeführte sehr individuelle Informationsermittlung. Verglichen wird das Perzeptionsprofil der Mitarbeiter mit der Selbsteinstufung der Führungskraft.
- **Imageanalysen** des Unternehmens, die indirekt auch Aussagen über Aufstiegsperspektiven, Führungsstil und Betriebsklima ermitteln.
- **Mitarbeitergespräche** als die zentrale Informationsquelle, um die Motivstruktur der Mitarbeiter zu ermitteln. Vorgesetzte sollten entsprechend geschult werden, weil häufig unterschätzt wird, wie schwierig die tatsächliche Bedürfnisstruktur der Mitarbeiter zu ergründen ist. Die Gefahr dabei ist, daß sich Mitarbeiter und Vorgesetzte schnell auf eher vordergründige Argumente wie Bezahlung oder restriktive Unternehmenspolitik einigen.

Maßnahmen zur höheren Motivation sind:

- **Führungsseminare** für kleine Gruppen von Mitarbeitern, um das situative Führungsverhalten, das Kommunikationsverhalten, das Zeitmanagement, die Arbeitsorganisation und das Verhandlungsverhalten zu verbessern.
- **Unternehmenskulturermittlung** sowie **-erhalt** oder **-wandel** zu einer motivationsförderlichen Kultivierung der Verhaltensgrundlagen und -einflüsse auf Mitarbeiter und Vorgesetzte.
- **Karriereplanungen,** die in vielen Untersuchungen als wichtige Impulsgeber für die Mitarbeitermotivation genannt werden. Im engeren Sinne wird ein Entwicklungspfad für den Mitarbeiter konkret ausformuliert. Soll daraus ein

Motivationseffekt resultieren, dürfen Erwartungen und geweckte Hoffnungen später nicht enttäuscht werden.

- **Arbeits- und Arbeitsumfeldgestaltung** mit erhöhter Transparenz der Unternehmens- und IM-Strategie, angemessenen Kontrollausmaßen und motivierenden Anreizsystemen (*Scholz* 1992, S.168-171).

Teambuilding, Moderation und Training: Aus der Sicht des Personals als Träger von neuen Formen der Arbeitsorganisation sind Teams und Verteilung von Managementautorität und Verantwortlichkeit wichtige Aspekte des Personalmanagements im IM:

- **Teambuilding:** In jedem Team sollten nach *Davis et al.* (1992, S.150ff.) die folgenden Rollen vertreten sein: *Driver*, der Ideen entwickelt, Richtungen aufzeigt und innovatives Handeln initiiert; *Planer*, der Bedarfe abschätzt, Strategien plant und Zeitmanagement übernimmt; *Enabler*, der Ressourcen managt, Ideen unterstützt und verhandelt; *Executer*, der produziert, koordiniert und das Team erhält und pflegt und der *Controller*, der aufzeichnet, beobachtet, zuhört und Programme evaluiert und Korrekturmöglichkeiten vorschlägt. Aus jeder Rolle heraus ist die Leitung des Teams möglich und in der Teambildung eher sekundär. Bei der Gestaltung von neuen Teams muß man auf die Besetzung der Rollen, bei existierenden auf die Ergänzung fehlender Rollen durch Mitarbeiter achten.
- **Moderierende Führung:** Bedeutet vor allem informale Kommunikation, soweit es die Organisationskultur erlaubt, d.h. die offene Diskussion von Interessenkonflikten zwischen Interessengruppen im Team sowie die Akzeptanz und Ausübung konstruktiver Kritik.
- **Teamtraining:** Eine wichtige Funktion im Team hat der *Coach*, der die Teammitglieder - während ihrer Arbeit und beim Lösen realer Probleme - als Trainer beim Erlernen individueller Fähigkeiten und Techniken unterstützt.
- **Managementautorität und Verantwortlichkeit:** In erfolgreichen Teams ist, laut *Davis et al.* (1992), Autorität und Verantwortlichkeit ein theoretischer Aspekt, keine wahrgenommene Zuständigkeit, denn Autorität im Team von Gleichberechtigten könne nur destruktiv wirken. Zudem gilt der Gruppendruck als ein stärkerer disziplinierender Faktor als Anweisungen formaler Autoritäten.

3.4.8   IV-Controlling

Das Informationsverarbeitungs-(IV)-Controlling soll für die Informationswirtschaft und den IKT-Einsatz im Unternehmen die Transparenz herstellen, die unternehmerische Entscheidungen über den Technologieeinsatz erlaubt. Es stellt ein funktions- und bereichsübergreifendes Koordinationssystem für den IV-Bereich und die Informationswirtschaft dar. Angesichts des Ausmaßes der Technologiedurchdringung in Unternehmen kann ein IV-Controlling nicht nur die

DV-Abteilung begleiten. Erforderlich ist eine Controllingunterstützung aller informationswirtschaftlichen Aktivitäten im Unternehmen. Für das IM läßt sich daher eine Controlling-Aufgabe formulieren, die als DV- oder IV-Controlling bezeichnet wird (*Horváth/Seidenschwarz* 1988, *Krcmar* 1990). Sie entwickelte sich von einem projektorientierten Controlling zu einem Controlling des gesamten Systemlebenszyklus von DV-Anwendungen.

Dabei ist klar herauszuarbeiten: IV-Controlling ist das Controlling der IV im Unternehmen, nicht die Unterstützung des Controllings durch IS selbst. IM und allgemeines Controlling stellen beide Querschnittsfunktionen der betrieblichen Führung dar und bauen auf die Ressource Information auf. Dabei benutzt das Controlling zur Erfüllung seiner Aufgaben die IV, diese stellt aber gleichzeitig ein Controlling-Objekt dar (*Heilmann* 1989, S.158; *Szyperski* 1989, S.11). So ergibt sich das IV-Controlling als Konkretisierung einer allgemeinen Controlling-Konzeption für das IM, die den Unternehmensprozeß durch Koordination seiner Teilfunktionen auf seine Effektivität hin unterstützt. Bevor die Ziele und Aufgaben des IV-Controllings näher erläutert und in eine Konzeption für das IV-Controlling überführt werden, zeigt ein Exkurs zum Thema IV-Nutzenbewertung, welche Schwierigkeiten überhaupt bestehen, wirtschaftliche Planungs- und Steuerungsgrößen für das Informationsmanagement bereitzustellen.

3.4.8.1 IV-Nutzenbewertung als Grundlage

3.4.8.1.1 Überblick

Der **Einsatz von IKT** stellt **ein ökonomisches Entscheidungsproblem** dar. Sowohl *ob* als auch *wie* ein Problem mit IKT gelöst werden soll, ist nach betriebswirtschaftlichen Kriterien zu bemessen. Das bedeutet einen Vergleich von Nutzen und Kosten, wobei die Problematik darin besteht, daß Nutzen oft weitaus schwieriger einzuschätzen ist als die Kosten. Natürlich ist das *Wie* des IKT-Einsatzes genauso eine technische Frage; im Planungsregelkreis jedoch stehen die betriebswirtschaftlichen Regler über den technischen. Konkret würde ein durch technische Probleme verteuertes Informationssystemprojekt nicht allein dadurch zu Ende geführt, daß die technischen Schwierigkeiten gelöst wurden, sondern nur dann, wenn weiterhin die betriebswirtschaftlichen Ziele erreichbar sind – beispielsweise ein angemessener Deckungsbeitrag oder die Kundenakzeptanz.

Das Thema IV-Nutzen wurde schon in **zahlreichen Untersuchungen** behandelt. Einen umfassenden Überblick bietet *Potthof* (1998). Dabei gibt es eine Varietät an Bezeichnungen, so z.B. „IV-Produktivität“ oder „Value of Information Technology“. Von 1979-1981 wurde das Forschungsprojekt „Nutzen und Schaden der Informationsverarbeitung (NSI)“ (*Anselstetter* 1986) durchgeführt, in welchem über 1800 Berichte zu Kritik und Nutzeffekten der IV ausgewertet wurden. 1998 wurde in der Schweiz die ITEE-Studie durchgeführt. Befragt nach Ist-, Optimal- und realistischem Zustand sollten die Teilnehmer eines von sieben vorgegebenen IV-Nutzen-Bewertungsverfahren wählen. Es ergab sich ein Trend hin zu analytischeren Verfahren (*Reb/Krcmar* 1998, 69).

Ein oft verwendeter Ansatz besteht darin, den IV-Kosten den **Unternehmenserfolg** gegenüberzustellen (*Potthof* 1998, S. 55). Ob dieser Unternehmenserfolg über Rentabilität, Gewinn, Umsatz, Absatz, Kundenzahl oder Produktivität konkretisiert wird, kann je nach Untersuchungsziel mehr oder weniger Sinn machen; es ändert nichts daran, daß es Hilfsgrößen in Ermangelung einer „wahren" IV-Nutzengröße sind. Die genannten Unternehmenserfolgsgrößen sind zudem von allen Unternehmensressourcen und -aktivitäten abhängig, nicht nur von der IV. Dies gilt auch für Ansätze, in denen auf Inputseite (*Brynjolfsson/Hitt* 1993) oder Outputseite (*Weill/Olsen* 1989) stärker differenziert wird. Der Versuch, entsprechende Korrelationen unkommentiert als Erklärung für IV-Wirtschaftlichkeit heranzuziehen, vernachlässigt andere Unternehmensbereiche. Dieser Ansatz integriert zum Teil auch volkswirtschaftliche Überlegungen, wenn beispielsweise neben die klassischen Produktionsfaktoren der Faktor Computerkapital gestellt wird.

Insbesondere, wo es um die Belegung oder Widerlegung des Produktivitätsparadoxons geht, kommen Korrelationsuntersuchungen zwischen IKT-Einsatzgrößen und Unternehmenserfolgsgrößen zur Anwendung. Das **Produktivitätsparadoxon** besagt, daß kein positiver Zusammenhang zwischen Investitionen in IKT und der Produktivität auf volkswirtschaftlicher oder Firmenebene besteht. Einen Überblick über Befunde dazu gibt
Abbildung 3-90.

Studien zur empirischen Überprüfung des Produktivitätsparadoxons		
	Ergebnis: Produktivitätsparadoxon...	
Typ der Studie	...bestätigt *(d.h. keine / negative Relation zwischen IT - Einsatz und Produktivität, Rentabilität etc.)*	...abgelehnt *(d.h. positive Relation zwischen IT - Einsatz und Produktivität, Rentabilität etc.)*
Volkswirtschaft, Sektor	Roach (1987) Roach (1991)	Antonelli (1995) Bresnahan (1986) Brynjolfsson (1994) Cohen (1995) Kraemer / Dendrick (1994) Morrison (1997) Siegel (1997)
Branche	Berndt / Morrison (1991, 1995) Brooke (1992)	Siebe / Graskamp (1995) Siegel / Griliches (1991)
Unternehmen	Cron / Sobol (1983) Gimlin / Rule (1994) Strassmann (1991, 1994, 1996b, 1996c, 1997) Weill (1988)	Alpar / Kim (1992) Brynjolfsson / Hitt (1995, 1996, 1997, 1998) Gründler (1997) Harris / Katz (1991) Kwon / Stoneman (1995) Lichtenberg (1995, 1998) Rai et al. (1997)
Unternehmensteile	Barua et al. (1995) Loveman (1994) Szyperski / Pulst (1988, 1994)	Black and Lynch (1996) Lind / Zmud (1995) Mukhopadhyay et al. (1995) Pentland (1994) Venkatraman / Zaheer (1994)

Abbildung 3-90: Befunde zum Produktivitätsparadoxon

Entscheidungen auf dem Gebiet der Informationsverarbeitung generieren ebenso wie betriebswirtschaftliche Entscheidungen auf anderen Gebieten Kosten (Input) und Nutzen (Output), die einander gegenüberzustellen sind. Während die Kosten sich noch relativ einfach über die einzelnen IV-Kostenarten oder IV-Investitionen bestimmen lassen, ist ein Großteil der IV-Nutzeffekte qualitativer Art (*Nagel* 1988, 28f.) und kann daher eher über Kriteriensysteme und Punktebewertung angemessen eingestuft werden. Dies gilt umso mehr, je strategischer die zu bewertenden IKT-Objekte sind, wie die Analyse der **Nutzenkategorien** in Abbildung 3-91 zeigt, da dann die Nutzeffekte nicht mehr in leicht rechenbaren Kosteneinsparungen bestehen. Da die IV früher in erster Linie zu Rationalisierungszwecken eingesetzt wurde, ihr Einsatz heute jedoch darauf abzielt, Wettbewerbsvorteile zu erzielen, wird sich diese Problematik weiter verschärfen.

Nutzenkategorien Kriterien	Strategische Wettbewerbsvorteile	Produktivitätsverbesserung	Kostenersparnis
Zuordnung zu Unternehmensebenen	Strategische Ebene	Taktische Ebene	Operative Ebene
Anwendungen	Innovative Anwendungen	Komplementäre Anwendungen	Substitutive Anwendungen
Bewertbarkeit	Entscheidbar	Kalkulierbar	Rechenbar
Methodeneinsatz	Neuere Verfahren	Mehrdimensionale neuere Verfahren	Wenigdimensionale Verfahren

Abbildung 3-91: Nutzenkategorien
Quelle: *Nagel* (1988, 31)

Die **Problematik der Nutzenbewertung** läßt sich in vier Punkten zusammenfassen:

- Nutzenbewertung *muß sein*, weil sich Kosten alleine nicht rechtfertigen können.

- IV-Nutzen sind zum großen Teil *qualitativer Natur*. Sie sind also anders dimensioniert als die überwiegend wertmäßigen Kosten.

- Je *strategischer* eine Investition wird, desto schlechter wird sie bewertbar.

- Aufgrund des Charakters einer *Querschnittsfunktion* fällt es zusätzlich schwer, den IV-Nutzen zu fassen, denn die IV-Leistung fällt hauptsächlich indirekt, unterstützend an und wird zumeist nicht am Markt veräußert.

Im Idealfall wären resultierende Kosten-Nutzen-Daten für alle Entscheidungen und alle Fristigkeiten bekannt. Erkenntnisse, die zumindest eine Verbesserung der IV-Nutzenbewertung erzielen, fördern erstens tendenziell bessere Entscheidungen des Managements und in der Folge eine bessere Performanz und erlauben zweitens eine fundiertere Managementbeurteilung – nämlich an der Nutzenschaffung.

3.4.8.1.2 Ansätze zur Kategorisierung von IV-Nutzen

Um Nutzenbewertungen durchführen zu können, müssen zunächst die Nutzenkategorien festgelegt werden. Je nach Anwendungsfall und Sichtweise lassen sich nämlich unterschiedliche Nutzenkategorisierungen finden. Eine umfassende Abhandlung enthält *Geier/Krcmar* (1999). Handelt es sich um arbeitsteilige Systeme auf Basis von Austauschbeziehungen, so eignet sich der **Transaktionskostenan-**

satz zur Untersuchung der IKT-Auswirkungen. IKT-Nutzeffekte aus dieser Sicht sind unter anderem die Beseitigung von Informationsungleichgewichten oder die Senkung der Transaktionskosten. Er konzentriert sich ähnlich dem prozeßorientierten Ansatz auf „Reibungsverluste" (*Hanker* 1993, 332).

Aus Sicht der **Wertschöpfungskette** (*Porter/Millar* 1985) lassen sich die IKT-bedingten Nutzeffekte den einzelnen wertschaffenden primären und sekundären Aktivitäten zuordnen. Im Bereich des Kundendienstes kann der gezielte Einsatz des Wartungspersonals unterstützt werden, in der Entwicklung läßt sich das vorhandene interne und externe Wissen besser verfügbar machen. Während der Transaktionskostenansatz aufzeigt, *was* mit IKT erreichbar ist, zeigt die Wertschöpfungskette an, *wo* die Vorteile entstehen. Als nachteilig ist anzusehen, daß die Betrachtung einer durchgängigen Unterstützung mittels integrierter Systeme unterbleibt. Gerade darin wird allerdings ein Großteil des Wirtschaftlichkeitspotentials gesehen (*Schumann* 1992, 94f.).

Mit den **IKT-Potentialen** nach Davenport besteht ein breit einsetzbarer Ansatz auf Basis von neun generischen IKT-Potentialen. Diese Potentiale können direkt mit organisatorischen Auswirkungen verbunden werden (Tabelle 3-22) und für die organisationseinheitenübergreifende Analyse bestimmt sind (*Davenport/Short* 1990, 16). Eine detaillierte Beschreibung der einzelnen Potentiale findet sich bei *Geier* (1999, 79ff.). Ein weiterer Vorzug erwächst aus dieser Sicht, daß die Potentiale in reale Systeme umsetzbar sind.

IT-Potential	Organisatorischer Einfluß/Nutzen
Automatisch	Reduktion manueller Eingriffe und Standardisierung der Prozesse
Informativ	Verfügbarkeit großer Mengen detaillierter Informationen
Sequentiell	„Natürliche" Reihenfolge der Aktivitäten bis zur Parallelisierung
Zielorientiert	Kontinuierliche Verfolgung des Prozeßstatus
Analytisch	Komplexe Auswertung vorhandener Informationen
Geographisch	Unabhängigkeit von räumlichen Gegebenheiten
Integrierend	Zusammenfassung auch heterogener Aktivitäten
Wissen schaffend	Flächendeckende Verfügbarkeit von Wissen und Expertise
Vereinfachend	Entfernung von Intermediären aus dem Prozeß

Tabelle 3-22: IKT-Potentiale und organisatorische Auswirkungen
Quelle: In Anlehnung an *Davenport* (1993, 51)

Abbildung 3-92 zeigt die Anwendung der IKT-Potentiale im Bereich des BPR. Deutlich kommen darin mögliche Einsatzbreite, Umsetzbarkeit und Differenzierungsspielraum zum Ausdruck.

Gestaltungsfelder des BPR Beschreibungsmerkmale	Automatisch	Informativ	Sequentiell	Zielorientiert	Analytisch	Geographisch	Integrierend	Wissen Schaffend	Vereinfachend
Ablauforganisation									
Trigger									
Anfangs-/Endzeitpunkt									
Aktivitäten									
Reihenfolge									
Schnittstellen									
Aufbauorganisation									
Spezialisierung									
Koordination									
Konfiguration									
Delegation									
Formalisierung									
Leistungen									
Menge									
Vielfalt									
Bestandteile/Merkmale									
Organisationskultur / Personalstruktur									
Nähe zur Vertrauensorganisation									
Leistungsfähigkeit									
Leistungsbereitschaft									
Leistungsanforderungen									
Leistungsbedingungen									
Prozeßmanagement									
Meßgrößendefinition									
Meßpunkte									
Meßgrößeninterpretation									

Abbildung 3-92: Bewertungsmatrix auf Basis der IKT-Potentiale
Quelle: *Geier/Krcmar* (1999)

3.4.8.1.3 Nutzen-Bewertungsverfahren

Nach der Festlegung, welche Nutzentypen herangezogen werden, gilt es den anfallenden Nutzen zu bewerten. Auf die dabei bestehenden Schwierigkeiten wurde schon hingewiesen. Abbildung 3-93 gibt einen Überblick über die Bewertungsverfahren.

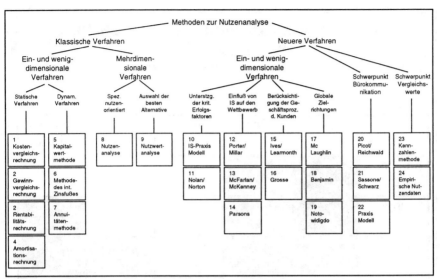

Abbildung 3-93: Übersicht Verfahren zur Nutzenbewertung
Quelle: In Anlehnung an *Nagel* (1988, 41)

Zum einen sind auch auf dem Gebiet der IKT-Nutzenmessung die klassischen statischen und dynamischen Verfahren der Investitionsrechnung bekannt. Gerade für die qualitativen Nutzeffekte greifen diese jedoch zu kurz. Mit den mehrdimensionalen Verfahren lassen sich solche Effekte miteinbeziehen, wobei der Nutzwertanalyse aufgrund ihrer geringeren Komplexität häufig vorzuziehen ist. Aus der Fülle an „Neueren Verfahren" seien das Ebenenmodell der Wirtschaftlichkeitsanalyse und das Performance Measurement herausgegriffen.

Picot/Reichwald (1985) wandten ein solches **Ebenenmodell** auf den Bürokommunikationsbereich an. Abbildung 3-94 zeigt ein Beispiel aus dem Bereich der Evaluation des IKT-Einsatzes für die Gemeinderatsarbeit im Rahmen des Projektes Cuparla (Schwabe/Krcmar 1999). Dort werden die Nutzenkategorien Zeit, Qualität, Flexibilität und Humansituation auf die Ebenen Arbeitsplatz, Gruppe, Prozeß und Organisation verteilt und die Auswirkung farblich angezeigt. Im Beispiel zeigt sich eine tendenziell schlechtere Kostensituation der eine Qualitätssteigerung auf allen Ebenen gegenübersteht. Ebenso ist erkennbar, daß auf Arbeitsplatzebene die meisten Nutzeffekte eintreten, während auf Organisationsebene kaum Veränderungen auszumachen sind.

Weiter kann unterschieden werden, ob entweder ein einzelnes IV-Objekt, z.B. ein Anwendungssystem, oder die gesamte IV betrachtet werden (*Potthof* 1998, 55). Nicht zuletzt durch diese vielfältigen Betrachtungsebenen ist die Literatur reich gefüllt mit einschlägigen Untersuchungen.

Wirkungen auf Gemeinderatsarbeit
Endevaluation

	Kosten	Zeit	Qualität	Flexibilität	Humansituation
Arbeitsplatz	■	▨			
Gruppe	■	▨			▨
Prozeß	▧	▦		▨	
Organisation	▨	▨	▦	▨	▨

Verschlechtert	leicht verschlechtert	unverändert	leicht verbessert	verbessert

Abbildung 3-94: Beispiel Ebenenmodell
Quelle: *Schwabe* (1999, 629)

Qualitative, mehrdimensionale **Performance Measurement-Konzepte** (siehe *Gleich* 1997), wie z.B. die Balanced Scorecard (*Kaplan/Norton* 1992) eignen sich besonders, wenn harte Kosten-Nutzen-Daten fehlen. Dabei werden Informationen bzw. Kennzahlen in verschiedene Dimensionen gruppiert, die in ihrer Gesamtheit ein umfassendes Bild des Untersuchungsobjekts abgeben. Der Bedarf an eingehenden Informationen läßt sich z.B. über eine Analyse kritischer Erfolgsfaktoren bestimmen. Information Management Performance Indicators stellen eine Übertragung für Zwecke der Management-Beurteilung dar.

3.4.8.2 Ziele und Aufgaben des IV-Controllings

Die steigende Komplexität der Unternehmensprozesse und die damit wachsende Informationsintensität unterschiedlicher Tätigkeiten haben in den vergangenen Jahren die Informationswirtschaft zu einem zentralen Erfolgsfaktor im Unternehmen gemacht. Dies hatte zu einer Reorganisation der DV weg von einer zentralen DV-Abteilung für die gesamte Informationswirtschaft hin zu dezentralen Organisationseinheiten geführt. Der so stark angestiegene Koordinationsbedarf innerhalb der unternehmensweiten Informationsversorgung erfordert neben einem effektivem IM auch ein integriertes IV-Controlling. Deshalb lassen sich als **Ziele für das IV-Controlling** die Wirtschaftlichkeit und Effektivität der Planung, Steuerung und Kontrolle aller IV-Prozesse, deren Ressourcen und der Infrastruktur im Unternehmen definieren (*Krcmar* 1990, S.9). Die Ziele des IV-Controllings sind in der in Abbildung 3-95 dargestellten Konzeption oben dargestellt.

Eine wichtige Bedeutung kommt dabei der *Einbindung* der strategischen Ziele der Informationswirtschaft in die strategische Planung der Unternehmung zu, da nur so die Effektivität des IM gesichert werden kann. Wesentlich für das IM ist die Kontrolle der *Wirtschaftlichkeit* der IV sowie eine adäquate *Bereitstellung* relevanter Informationen, welche sich an der Struktur der Informationsprozesse im Unternehmen orientiert. Zu diesem Zielbereich gehören des weiteren die *Qualitätssicherung* der sensiblen Ressource Information, die Erhaltung der *Funktionalität* verwendeter Anwendungen und die *Termineinhaltung* angesichts wachsender Bedeutung des Faktors Zeit. Sie orientieren sich damit an den Gesamtzielen der Unternehmung und stellen so die Unterstützung der Unternehmensstrategie sicher. Für diese Ziele, die als externe Ziele des IV-Controllings zu betrachten sind, muß zur Erhaltung der Akzeptanz des IV-Controllings die eigene Kontrolle von Aufwand und Nutzen als begleitende, interne Kenngröße an Gewicht gewinnen.

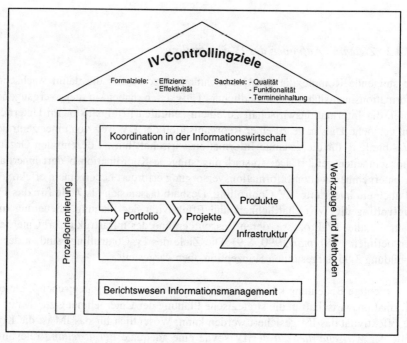

Abbildung 3-95: IV-Controlling im Unternehmen
Quelle: *Krcmar/Buresch* (1994, S.296)

Die **Aufgaben des IV-Controllings** ergeben sich aus der Zusammenführung von Aufgaben des IM und den Zielen allgemeiner Controlling-Konzeptionen sowie des IV-Controllings. Das Controlling der *Anwendungssysteme* kann - angelehnt an den Lebenszyklus von IS - in die Aufgabengebiete Ideen-Controlling, Projekt-Controlling und Produkt-Controlling unterteilt werden (*Sokolovsky* 1990, S.309f.). Das *Ideen-Controlling* stellt durch die Betrachtung aller im Unternehmen geplanten und vorhandenen Anwendungen deren strategische Relevanz und die Wirtschaftlichkeit sicher. Das *Projekt-Controlling* bezieht sich auf jede einzelne Maßnahme und überwacht Wirtschaftlichkeit, Qualität, Funktionalität und Termine. Das *Produkt-Controlling* begleitet die fertiggestellten Anwendungssysteme über den Rest des Lebenszyklus der Applikationen und gewährleistet für diese Zeit Qualität und Funktionalität. An dieses angelehnt wird im *Infrastruktur-Controlling* die Verfügbarkeit und Weiterentwicklung einer geeigneten Plattform für die Produkte gesteuert.

Die *Koordinationsfunktion* des Controllings stellt auch für das IV-Controlling die Hauptaufgabe dar (Abbildung 3-95). Diese *„Koordination der Informationswirtschaft"* bezieht sich im Licht der Gesamtziele der Unternehmung auf den Lebenszyklus der IS, die DV-Infrastruktur und den Einsatz der Ressource Information. Als Querschnittsfunktion innerhalb des IV-Controllings umfaßt es im Sinne einer

Prozeßorientierung die Bereitstellung einheitlicher *Methoden* der Informationsbeschaffung und rechnergestützter *Werkzeuge* zur Gestaltung und Abstimmung von Geschäftsprozessen in den Geschäftsbereichen.

Ein *Berichtswesen für das IM* erfüllt zusätzlich die Servicefunktion des Controllings im Hinblick auf die Entscheidungsunterstützung des Managements. Es bildet den gesamten IV-Controlling-Prozeß anhand geeigneter Kenngrößen in komprimierter Form ab und ermöglicht damit die laufende Steuerung und Kontrolle der IM-Funktionen. Im folgenden werden einzelne Elemente des IV-Controllings weiter vertieft.

3.4.8.3 *Ideen-Controlling*

Die wichtigste Funktion des Controllings bei der strategischen Planung von IS-Projekten ist die Unterstützung des IM mit geeigneten Planungsverfahren und Instrumenten. Die **Portfolio-Analyse** stellt hierzu ein geeignetes Instrument dar. Der Prozeß der Bewertung und Auswahl von neuen, geplanten oder laufenden DV-Projekten soll durch ein Ideen-Controlling transparenter gestaltet werden. Neben der Bereitstellung einer umfassenden Projektdatenbank ist damit auch die Bildung geeigneter Dimensionen und Meßgrößen zur Kennzeichnung des Gesamtnutzens, des Gesamtrisikos und des Gesamtfits einzelner IV-Projekte gefragt. Der Teilbereich des Ideen-/ Portfolio-Controlling ist in Abbildung 3-96 skizziert.

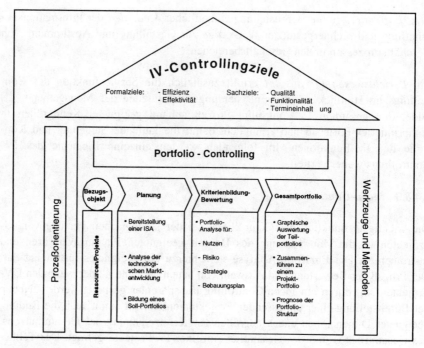

Abbildung 3-96: Portfolio-Controlling
Quelle: *Krcmar/Buresch* (1994, S.298)

Als Maßgrößen für eine Portfolio-Bewertung können über die in der traditionellen Portfolio-Analyse verwendeten Dimensionen *„Risiko"* und *„Nutzen"* hinaus weitere Daten eingebettet werden, die ein *„Projekt-Strategie-Fit"* und ein *„Projekt-Technologie-Fit"* abbilden. In der Größe Projekt-Strategie-Fit wird die Unterstützung der Geschäftsstrategie und der IKT-Strategie durch die Projekte gemessen, indem eine Einordnung bezüglich Kundenorientierung, Konkurrenzorientierung, Prozeßorientierung und Effizienz der Abwicklung erfolgt. Projekt-Technologie-Fit hingegen beschreibt die Konvergenz mit innovativer und verfügbarer IKT in Annäherung an den „Soll-Bebauungsplan" der Unternehmung.

Durch eine Normierung der einzelnen relativen Zahlen kann dann in einem Gesamt-Portfolio die erreichte Abstimmung des IS-Projekt-Ist-Zustands mit dem Soll-Zustand dargestellt werden und zur Entscheidungsgrundlage für die Neuplanung und Weiterführung von Projekten genutzt werden.

3.4.8.4 Projekt-Controlling

Nachdem die Entscheidung für die Durchführung eines Projekts gefallen ist, ist es Aufgabe des **Projekt-Controllings** (Abbildung 3-97), das Management mit adäquaten Methoden, Instrumenten und Informationen zu versorgen, die für eine erfolgreiche Projektabwicklung notwendig sind. Die Besonderheit eines Projekts besteht in der Erledigung einer Aufgabe innerhalb eines vorgegebenen Zeit- und Ressourcenrahmens sowie eines bestimmten Organisationskonzepts. Projekt-Controlling versteht sich deshalb als integriertes System zur Planung, Steuerung und Kontrolle von Kosten, Terminen und Leistungen eines Projekts. Dabei kann man unterschiedliche Arten unterscheiden. Es kann sich um reine Software-Entwicklungsprojekte, Wartungsprojekte, traditionelle bzw. strategische IS usw. handeln. Alle IS-Projekte unterliegen jedoch einem Lebenszyklus, welcher - den einzelnen Projekttypen entsprechend - durch unterschiedliche Instrumente unterstützt werden kann. Der Ablauf eines Projekt-Controllings kann anhand von Projektphasen beschrieben werden, die Anforderungsanalyse, Fachspezifikation, DV-Spezifikation, Realisierung, Systemintegration und Einführung umfassen (*Sokolovsky* 1987, S.262), bevor ein Übergang in den operativen Zustand und damit in das Projekt-Controlling erfolgt.

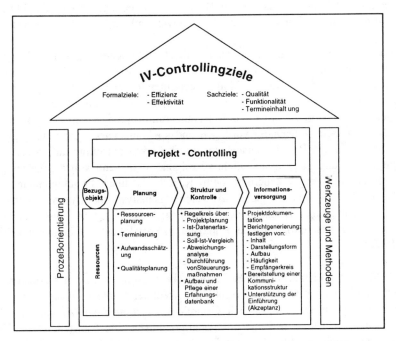

Abbildung 3-97: Projekt-Controlling
Quelle: *Krcmar/Buresch* (1994, S.299)

Aufgaben des Projekt-Controllings sind die *Projektplanung, Projektsteuerung* und *-kontrolle* sowie der *Aufbau einer Erfahrungsdatenbank* und die *Durchführung von Wirtschaftlichkeitsanalysen.* Betrachtet man die in der Projektvorstudie und der bereits im Ideen-Controlling erarbeiteten Projektziele, so stellen diese die Zielgröße des Projekt-Controllings dar.

Projektplanung als erste Aufgabe innerhalb des Projekt-Controllings umfaßt die gesamte planerische Tätigkeit im Projekt. In der Grobplanung wird der gesamte Phasenablauf des Software-Entwicklungsprozesses festgelegt, während die Detailplanung, die aktuelle und jeweils nachfolgende Phase zum Inhalt hat. Bei der Projektplanung handelt es sich demnach um einen dynamischen projektbegleitenden Prozeß. Dies ist deshalb erforderlich, da der Wissenszuwachs mit dem Ablauf des Projekts die laufende Aktualisierung der Pläne erforderlich macht.

Zur Durchführung der Projektplanungsaufgaben stehen viele Instrumente zur Verfügung. Die Netzplantechnik ist darunter die bekannteste und auch verbreitetste Methode, die nach DIN 69900 alle Verfahren zur Analyse, Beschreibung, Planung, Steuerung und Überwachung von Abläufen auf der Grundlage der Graphentheorie beinhaltet. Einflußgrößen wie Kosten, Betriebsmittel etc. können zusätzlich berücksichtigt werden. Im Rahmen des Projekt-Controllings unterstützt die Netzplantechnik neben der Projektplanung ebenso die Steuerung, Kontrolle und Disposition von Terminen, Kapazitäten und Kosten während der Projektabwicklung.

Auf die Projektplanung aufbauend, stehen die **Projektsteuerung** und die **Projektkontrolle** im Mittelpunkt des Projekt-Controllings, die sich auf die Beratung, Systemvorbereitung und Entscheidungsunterstützung im Projektmanagement erstrecken. Darüber hinaus muß das Projekt-Controlling von Software-Entwicklungen berücksichtigen, daß Benutzeranforderungen am Projektanfang oftmals noch nicht vollständig vorliegen und so Plananpassungen unumgänglich sind. Daher müssen Projektmanagement und Projekt-Controlling aufeinander abgestimmt sein und gemeinsame Ziele verfolgen. Ausgehend von der Projektplanung folgt die Projektsteuerung dem Regelkreis über Projektplanung, Ist-Datenerfassung, Soll-Ist-Vergleich, Abweichungsanalyse und Durchführung von Steuerungsmaßnahmen. Bezugsobjekte der Projektsteuerung sind dabei Projektfortschritt (Meilensteine), Termine, Kapazitäten, Projektkosten, Qualität und Wirtschaftlichkeit.

Die Steuerung und Kontrolle des Projektfortschritts ist mit Hilfe von Berichten der Projektmitarbeiter, z.B. durch Formblätter (rechnergestützt), zu regelmäßigen Terminen möglich. Der Controller legt durch Auswertung der Ist-Daten dann den jeweiligen Projektstatus fest und dokumentiert diesen. Die Feststellung der Terminsituation eines Arbeitspakets erfolgt ebenfalls, jedoch bedarf die Leistungsmessung, d.h. die Feststellung des Zielerreichungsgrades z.B. eines Software-Moduls genauerer Untersuchung, da hier oftmals Anforderungen auch ohne Einhaltung der Qualitätsstandards als erreicht bezeichnet werden. Hier empfiehlt sich die Anwendung sogenannter Walk-Throughs oder Reviews zur objektiven Beurteilung der Ergebnisse. Zur Feststellung des Kapazitätenverbrauchs werden unterschiedliche Verfahren zur Messung von Personalkapazitäten und der Rechnerbenutzung verwendet. Dabei sind Berührungspunkte mit der Betriebsverfassungs- und der Arbeitsgesetzgebung zu berücksichtigen. Die Überwachung der Projektkosten kann mit Hilfe einer prozeßorientierten Projektkalkulation vorgenommen werden. Sie unterstützt neben der internen Kostenrechnung auch die Preisbildung. Durch ihren Zielanspruch der Genauigkeit und hohen Kostentransparenz trägt sie zur Entscheidungsfindung und Effizienz des Projektmanagements bei (*Riedl* 1990, S.99).

Für das IV-Controlling ist in diesem Zusammenhang der Aufbau einer **Erfahrungsdatenbank** von wesentlicher Bedeutung. Sie dient als Unterbau für die verschiedenen Entscheidungsfelder des IV-Controllings und ist insbesondere für die Planungsunterstützung des IM unabdingbar. Außerdem wird das Berichtswesen für das Führungssystem aus dieser Datenbank generiert. Im Rahmen der Qualitätssicherung bei IS-Projekten ergibt sich für das IV-Controlling die Bereitstellung einheitlicher Qualitätsstandards, die projektbegleitend an den Arbeitsergebnissen einzelner Projektphasen angelegt werden sollen. Die Qualitätssicherung muß dabei unter Wirtschaftlichkeitsaspekten durchgeführt werden, d.h. der Grad an qualitativer Verbesserung eines Produkts muß den Qualitätskosten, wie z.B. Fehlerverhütungskosten, Prüfkosten oder Fehlerkosten, gegenübergestellt werden. Ein weiteres wesentliches Element der Projektsteuerung und -kontrolle ist die Überwachung der **Wirtschaftlichkeit** im laufenden Software-Entwicklungs- oder -Wartungsprozeß. Dabei wird eine rollierende, projektbegleitende Wirtschaftlichkeitsanalyse vorgeschlagen, die auf dem rechnerischen Ansatz zur Ermittlung des wirtschaftlichen Erfolgs eines DV-Projekts aufbaut (*Sokolovsky* 1987, S.264). Solche Wirtschaftlichkeitsanalysen sind insbesondere im Rahmen einer Projektrückbetrachtung für die Ermittlung von Kennzahlen und zur Ergänzung der oben erwähnten Erfahrungs-/ Projektdatenbank für den IV-Controller von besonderer Bedeutung.

Auf die Projektdatenbank aufbauend, gelten die Informationsversorgung, Berichtsgenerierung und Projektdokumentation ebenso als wichtige Elemente des Projekt-Controllings. Sie bildet einen wesentlichen Bestandteil des Berichtswesens für das Führungssystem im Rahmen der umfassenden IV-Controlling-Konzeption. Dabei ist auf die bedarfsgerechte Versorgung des Managements, der Projektleitung und des Projektteams zu achten (*Horváth* 1994, S.709ff.; *Küpper* 1990, S.828ff.). Mit der Systemintegration und der Einführung des Produkts endet die Phase der Projektrealisierung. Die umfassende Darstellung eines begleitenden Projekt-Controllings für den Software-Erstellungsprozeß muß je nach Art eines IV-Projekts, seien es Wartungsprojekte, der Kauf von Hardware bzw. Software oder Zwischenformen wie Kauf von Software mit notwendiger Anpassungsprogrammierung, entsprechend angepaßt werden.

3.4.8.5 Produkt-Controlling

Nach Fertigstellung und Einführung des „Produkts" ist die effektive und effiziente Nutzung vorrangiges Koordinationsziel des IV-Controllings. Daraus ergibt sich als Aufgabe für das **Produkt-Controlling** die laufende Begleitung der Produktverwendung über den gesamten restlichen Teil des Produktlebenszyklus'. Es ist darauf zu achten, daß im Hinblick auf die gegebenen Ziele und Aufgaben die Funktionen des IM bei Tätigkeiten der Betreuung, Wartung, Weiterentwicklung, Anpassung an neue Systemumfelder oder ähnliches berücksichtigt bleiben. Insbesondere vor dem Hintergrund hoher Projektfolgekosten, die häufig über den eigentlichen Projektkosten liegen, ist die Begleitung dieser Prozesse durch geeignete Koordinationsinstrumente des IV-Controllings von besonderer Wichtigkeit. Auswirkungen auf die Ablauforganisation bzw. bestehende Geschäftsprozesse müssen ebenso durch das IV-Controlling analysiert und aktualisiert werden (Abbildung 3-98).

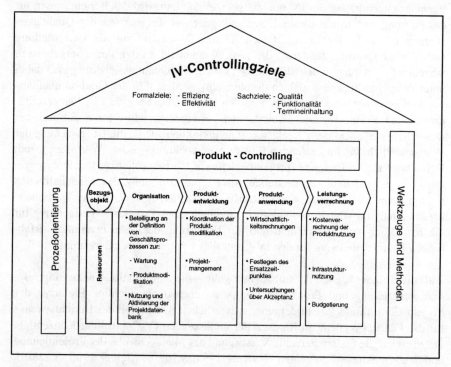

Abbildung 3-98: Produkt-Controlling
Quelle: *Krcmar/Buresch* (1994, S.300)

Die Kosten der Produktmodifikation betragen teilweise über 50% der Lebenszykluskosten. Im Rahmen dieser Tätigkeiten, die sich in Korrekturen, Anpassungen und Weiterentwicklungen einteilen lassen, kommen dem IV-Controlling Aufgaben im Bereich der einzusetzenden Methoden, Werkzeuge und Vorgehensweisen zu (*Sokolovsky* 1990, S.316). Damit eine Überwachung der Folgekosten überhaupt möglich ist, sollte das IV-Controlling an der Definition von Geschäftsprozessen beteiligt sein, die Tätigkeiten im Bereich der Wartung und der oben angesprochenen Produktmodifikation für eine Kostenkontrolle greifbar machen. Auf eine Miteinbeziehung der bereits im Projekt-Controlling eingeführten Erfahrungsdatenbank ist zu achten. Die Zugriffsmöglichkeit auf Problemstellungen vergangener IV-Projekte, Produktspezifikationen, Hardware-Eigenschaften oder Schnittstellenproblematiken hilft so, Wartungszeiten bzw. Modifikationsprojekte zu verringern. Eine fortlaufende Kontrolle der Kosten-Nutzen-Relationen bei Modifikationsprojekten, d.h. eine begleitende Kalkulation, dient der Entscheidungsunterstützung des Produktmanagements durch die Quantifizierung der Erträge bzw. Kostenminderungen, die durch die Produktnutzung entstehen. Projekte der Produktmodifikation unterliegen damit wieder dem Regelkreis des IV-Controllings. Budgetierungsprobleme oder Verrechnungsprobleme beim Einsatz in bereichsübergreifenden Sektoren werden durch die Verrechnung von Kosten gelöst. Ein weiterer Aspekt ist die Überwachung der Wirtschaftlichkeit des Anwendungseinsatzes und einer begleitenden Untersuchung über die Akzeptanz eines neuen Systems. Die Akzeptanz stellt dabei ein wesentliches Kriterium für einen Projekterfolg bzw. den effektiven Einsatz eines Systems dar. Die Vorbereitung von Entscheidungen über den Ersatz eines Produkts und den Ersatzzeitpunkt ist ebenfalls eine Aufgabe des Produkt-Controllings und sollte auf der Basis der in der Projektdatenbank abgelegten Daten der Portfolio-Planung und den Wirtschaftlichkeitsrechnungen bei der Produktnutzung errechnet werden.

3.4.8.6 IV-Infrastruktur-Controlling

Das **Controlling der IV-Infrastruktur** beschäftigt sich mit der Gesamtheit aller IS-Anwendungen im Unternehmen. Die Planung der langfristigen technologischen Versorgung des Unternehmens und die Unterstützung der Umsetzung stehen im Zentrum des Infrastruktur-Controllings. Konkret kennzeichnen die *Verrechnung entstandener Kosten* sowie die Erstellung des *IV-Infrastruktur-Budgets* die wesentlichen Eckpunkte der kalkulatorischen Begleitung der Aktivitäten im Bereich der Infrastruktur.

Die Unterstützung des IM bei der Planung der IS-Infrastruktur erfolgt im wesentlichen durch die Bereitstellung geeigneter *Planungsverfahren*, die *Abstimmung* unterschiedlicher Zielvorstellungen und die *Informationsbereitstellung* hinsichtlich technologischer Entwicklungen und Benutzeranforderungen. Diese Informationen fließen in die Gesamtplanung der IV-Infrastruktur ein und werden mit den durch die Unternehmensführung festgelegten Unternehmensprozessen in den Rahmen einer strategischen Gesamtplanung eingebunden. Dabei spielen die geplanten Lebenszyklen der Infrastrukturressourcen eine zentrale Rolle. Neben der Einbeziehung strategischer Auswirkungen von Infrastrukturentscheidungen eignen sich hier investitionstheoretische Rechenverfahren zur Entscheidungsvorbereitung. Die Aufstellung eines Gesamtbudgets „IV-Infrastruktur" mit ihrer Untergliederung in die einzelnen Unternehmenssektoren gehört ebenfalls zu den Aufgaben des IV-Controllings, die in Abbildung 3-99 für die Infrastruktur spezifiziert sind.

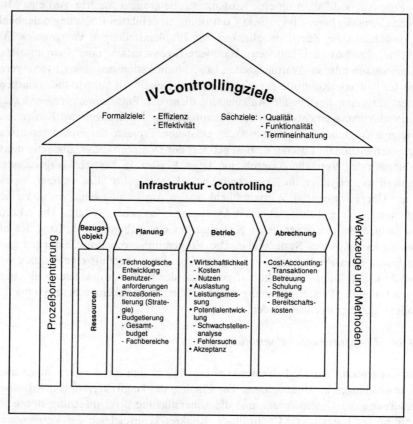

Abbildung 3-99: Controlling der IV-Infrastruktur
Quelle: *Krcmar/Buresch* (1994, S.302)

Im laufenden Betrieb der Rechneranlagen, Netze und des Rechenzentrums stehen begleitende Kontrollen der Wirtschaftlichkeit, d.h. die Kosten- und Nutzenentwicklung im Mittelpunkt des Controllings. Diese können durch die Definition von Arbeitsprozessen in den Tätigkeitsbereichen unterstützt werden. Als Beispiele seien hier nur Prozesse der Betriebsdatenerfassung, Installation/Instandhaltung, Pflege/Wartung, Systementwicklung, Beratung und viele mehr genannt.

Zur Messung der Leistungsfähigkeit werden unterschiedliche Methoden und Systeme eingesetzt. Benchmarkverfahren werden dabei vor allem bei der Auswahl und Bewertung alternativer Hardware- und Software-Konfigurationen herangezogen. Sie eignen sich weiterhin zur Simulation unterschiedlicher Szenarien zur Leistungsverbesserung und damit auch zur Schwachstellenanalyse (*Seibt* 1983). Mit Hilfe von Monitoringsystemen kann das zeitliche Ablaufgeschehen in IV-Systemen beobachtet und damit die Geschwindigkeit der Verarbeitung definierter Tätigkeiten gemessen werden. Sie dient der Optimierung von Hardware und Software, der Fehlersuche sowie der Planung und Konfiguration von IS-Architekturen. Neben diesen begleitenden Aufgaben der Kostenrechnung ist die Auslastung der Infrastruktur ein weiterer Faktor bei der Abstimmung der Ziele, Budgets und Projektneuplanungen, so daß deren Messung ebenfalls zur laufenden Betreuung des Systembetriebs gehört. Damit eng verknüpft sind Fragen der Akzeptanz der eingesetzten Systeme bei den Anwendern für eine effiziente und effektive Nutzung der Systeme. Die Integration der Nutzer bedeutet einen wesentlichen KEF für die Arbeit des IV-Controllings, da Koordination nur in einem Regelkreis zwischen Planung, Management und Feedback durch die Anwender zu einer den Gesamtzielen der Unternehmung kongruenten Führungsteilfunktion zusammenwachsen kann.

Die innerbetriebliche Leistungsverrechnung der IV-Infrastrukturkosten bildet den dritten Schwerpunkt eines Controllings der IV-Infrastruktur. Sie umfaßt die den einzelnen Teilleistungen des Rechenzentrums bzw. des DV-Bereichs zurechenbaren Leistungen. Leistungsbereiche der Verrechnung sind:

- Transaktionen, hierfür stehen vielfältige Instrumente und Software-Tools, z.B. Accounting- und Job-Accounting-Systeme zur Verfügung,
- Betreuung, beinhaltet Kosten aus dem Bereich Installation, laufende Unterstützung bei der Systemnutzung usw.,
- Schulung,
- Pflege (Systempflege, Updates, Wartung der Vernetzung usw.) und
- Bereitschaftskosten, die als Gemeinkosten im DV-Bereich zu sehen sind und im wesentlichen aus Personalkosten des täglichen Betriebs des Rechenzentrums bestehen.

Die Art der Verrechnung, d.h. die Wahl zwischen Verrechnungspreisen bei der Bildung eines Profit-Center oder der herkömmlichen Kostenverrechnung bei einer Cost-Center-Struktur müssen der Unternehmensstruktur angepaßt werden und betreffen so die Entscheidungskompetenz von Linienmanagement und zentralem Controlling.

3.4.8.7 IV-Controlling: Organisation, Erfolgsfaktoren, Entwicklungstrends

Die **Integration eines IV-Controllings** in das IM und seine interne **Aufbauorganisation** sind Themengebiete, die in der Praxis bisher zu den wichtigsten Einführungshemmnissen für ein IV-Controlling gezählt haben. So beantworteten 52,5% aller Probanden auf die Frage „Was könnte Sie von der Einführung einer IV-Controllingstelle abhalten?" mit Problemen der organisatorischen Eingliederung (*Krcmar* 1992, S.15). Das hier vorgestellte Konzept für ein IV-Controlling versteht sich als Querschnittsfunktion, welche unternehmensweit das ebenfalls als Querschnittsfunktion zu bezeichnende IM unterstützt. In diesem Fall sind Schnittstellen bzw. Überschneidungen mit zentralem Controlling und Linienmanagement zu bilden. Diese Position im Unternehmen entspricht jedoch der anderer Controlling-Bereiche bzw. der eines zentralen Controllings, so daß hier traditionelle Ansätze der organisatorischen Einbindung von Controllingstellen verwendet werden können. D.h., die Einrichtung einer Stabstelle, Parallelorganisationen zu vorhandenen Organisationsstrukturen wie auch Kombinationsformen (z.B. Stab-Linienorganisation) sind praktikabel.

Es bietet sich eine Kombination einer Anbindung an das zentrale Controlling und an dezentrale Controllingeinheiten an. So beinhaltet nach *Doranth* (1990, S.283ff.) ein zentrales Controlling die Koordination der gesamten strategischen Planung mit den Strategien des IV-Bereichs, dessen Planung und Entscheidungen. Das dezentrale Controlling beschäftigt sich demgegenüber mit der Umsetzung der im Unternehmen angewandten Controlling-Konzeption innerhalb des IV-Bereichs. Es hat darauf zu achten, daß die Unterstützungsfunktion des Controllings als wesentliche Zwecksetzung des Controllings erhalten bleibt. Die Entscheidung hinsichtlich der vertikalen Einordnung des Teilbereiches hängt dabei davon ab, inwieweit die IV-Controllingaufgabe delegierbar ist. Da bei der IV immer öfter bereichsübergreifende DV-Anwendungen entstehen, ist auch nach einer bereichsübergreifenden Lösung für das IV-Controlling zu suchen. In der Praxis wird das Problem der Eingliederung des IV-Controllings oftmals durch das Zusammenfallen von IV-Controlling-Aufgaben und IM-Aufgaben auf eine Stelle bzw. eine Person erleichtert.

Für die Einführung des IV-Controllings lassen sich mehrere **Erfolgsfaktoren** über die organisatorische Eingliederung hinaus ausmachen: Von besonderer Bedeutung ist die *klare Aufgabenabgrenzung* zwischen dem IV-Controlling, dem generellen Controlling und dem IM. Darüber hinaus ist das *richtige Verständnis* des Controllings der Informationswirtschaft des Unternehmens von Bedeutung. Dies bedeutet, daß ein Teil der Aufgaben des IV-Controllings in der Fachabteilung angesiedelt werden kann. Ein weiterer Erfolgsfaktor für ein erfolgreiches Controlling der Informationswirtschaft ist die *Nutzenorientierung*. Für den IV-Controller bedeutet das, daß besonders wegen der Innovationskraft der IKT nicht die Kostenreduktion, sondern die Nutzenerhöhung im Vordergrund stehen sollte. In diesem Zusammenhang ist es eine Aufgabe auch des IV-Controllers, wirtschaftliche Potentiale der IKT zu identifizieren. Gleiches gilt für die *Produktorientierung* des IV-Controllings. Es ist die Betrachtung des gesamten Lebenszyklus einer informationswirtschaftlichen Anwendung zu fordern. Darüber hinaus hat das IV-Controlling dafür zu sorgen, daß im Sinne der *Verantwortung für die Planungsprozesse* die formalen Kriterien für die IS-Planung erfüllt sind. Beispiele sind schriftliche Standardanträge, rollierende Planungsweise oder das Existieren von Ansprechpartnern. Weiterhin hat das IV-Controlling, vor allem wegen der Aufgabe des Hinweises auf die Einsatzpotentiale, eine *Beratungsfunktion*, die speziell bei Einsatz der IDV zur Sicherung des Einflusses des IV-Controllings beiträgt.

Neben der Aufgabe, die Einführung des IV-Controllings selbst zu bewerkstelligen, muß das IV-Controlling demnach folgende **vier Entwicklungstrends** bewältigen: Die *Dezentralisierung* der IV und der Rechner selbst stellt hohe Anforderungen sowohl an die Methodik des IV-Controllings, insbesondere was den Bereich der Infrastrukturinvestitionen betrifft, als auch an die Erfassung der Kosten- und Leistungsgrößen (*Aurenz* 1997). Der Hinwendung zu *prozeßorientierten Organisationsformen* muß durch die Kostenrechnung entsprochen werden. Auch die Debatte um die DV-spezifischen „*Sizing-*" und „*Sourcing-*"Entscheidungen fordert eine verbesserte Informationsbasis ein. Dabei sind zusätzlich Komplexitätskosten zu erfassen. Leistungs- und Kostendaten müssen so bereitgestellt werden, daß sie mit marktgängigen Preisen verglichen werden können. Schließlich machen auch die Bemühungen um „*lean organisation*" vor der Informationsversorgung nicht halt.

Um mit diesen Herausforderungen fertig werden zu können, zeigt sich das **Benchmarking des IM** als ein potentes Werkzeug (*Rehäuser/Krcmar* 1995, *Rehäuser* 1999). Gründe für die Durchführung von Benchmarking sind beispielsweise das Aufdecken von Leistungslücken, das Aufzeigen von Ideen zur Beseitigung von Leistungsschwächen, das Aufdecken von neuen Praktiken und neuen Technologien und das Aufbauen einer Basis von Leistungsdaten und -zielen als Maßstab für die eigene Leistungsverbesserung. Betrachtet wird zum einen der Leistungserstellungsprozeß des IM, weshalb vom „*IM-internen-Benchmarking*" gesprochen wird. Werden Produkte und Dienstleistungen des IM und damit die Unterstützungsfunktion des IM anderer betrachtet, so wird dies als „*IM-Umfeld-Benchmarking*" bezeichnet (*Rehäuser* 1999).

3.4.9   Fall: IV-Controlling bei der Deutschen Bank AG

Die Deutsche Bank AG (Stand 1996) ist eine weltweit tätige Bankgesellschaft mit 540 Mrd. DM Anlagevermögen, einem Ergebnis von 6,4 Mrd. DM aus gewöhnlichem Geschäftsbetrieb, 73.600 Beschäftigten und 2.434 Geschäftsstellen im Oktober 1993. Die wachsende internationale Verknüpfung der Geschäftsverbindungen, der steigende Wettbewerbsdruck und das steigende Geschäftsvolumen verursachten steigende Anforderungen an die DV-Unterstützung im Unternehmen. Für das IV-Management ergaben sich daher bereits Mitte der 80er Jahre schwerwiegende Probleme, die als Auslöser für die Gestaltung eines IS-Controllings bei der Deutschen Bank AG anzusehen sind. Steigerungen der IV-Kosten von teilweise 20% p.a. waren keine Seltenheit. Zudem durchdrang die IV mehr und mehr alle Unternehmensbereiche, was zu einer wachsenden Intransparenz des IV-Bereichs führte und die traditionellen Controlling-Methoden und -Instrumente überforderte. Dies führte zu Kritik an der Effizienz und Effektivität der IV.

In bezug auf die in Abschnitt 3.4.8 erläuterte IV-Controlling-Konzeption wurden in der Deutschen Bank die wesentlichen Schwerpunkte des IV-Controllings in den Themen strategische Planung, Informationsversorgung des IS-Managements, Budgetierung, Kosten- und Leistungsverrechnung und Projekt-Controlling gesehen und dementsprechend implementiert (Abbildung 3-100).

Diese Schwerpunkte bilden den Rahmen für die Bereitstellung eines IS, welches z.B. mittels Kennzahlen Analysen und die Steuerung des IS-Bereichs möglich macht. Bezugspunkte des Management sind: Entwicklung, Betrieb, Netzwerk, Organisation und Nutzer.

Im Mittelpunkt des IS-Controllings bei der Deutschen Bank AG steht das Kostenmanagement des IS-Bereichs. Ausgehend von einer Planung der Budgets wird eine Kostenkontrolle mittels Budgetkontrollen, Kostenanalysen, Abstimmungsverfahren und Kosten-/Nutzen Kalkulationen durchgeführt, die eine Kostenverrechnung über Job-Accounting-Systeme, direkte Leistungsverrechnung und Preiskalkulationen ermöglichen. Für den effektiven Einsatz solcher Verrechnungsmethoden ist es jedoch erforderlich, daß als Basis eine genaue Festlegung über die Definition von Kostenarten/-stellen, Ermittlungsverfahren/Kontierung und ein Kostenrechnungssystem erfolgt. Tabelle 3-23 zeigt einige der verwendeten Kostenarten bei der Deutschen Bank AG.

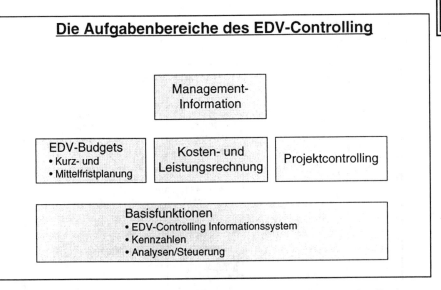

Abbildung 3-100: Die Aufgabenbereiche des IV-Controllings bei der Deutschen Bank
Quelle: *Deutsche Bank* (1994)

Kostenarten in der IV	
Personal	Personalkosten der IS-Abteilungen
Hardware	Miete, Leasing, Wartung, Abschreibung
Software	Miete, Wartung, Abschreibung
Informations-Dienstleistungen	z.B. Reuter, VWD etc.
Externe Rechenzentren	externe Dienstleistungen
Beratung/Programmierung	
Kommunikation/Netzwerk	
Zubehör	Papier, Magnetbänder, Kassetten, Discs
Andere IS-Kosten	Raumnutzung, Strom, etc.

Tabelle 3-23: Kostenarten des IS-Bereichs bei der Deutschen Bank

Die Verrechnung der IS-Kosten erfolgt nach einem dualen Kostenverrechnungssystem, bei dem in der Kostenermittlung Standard-Bankanwendungen und Sonderjobs unterschieden werden. Standard-Bankanwendungen sind dadurch gekennzeichnet, daß sie im täglichen Betrieb durchgeführt werden müssen und die Preisbildung nur indirekt durch den Nutzer selbst mitbestimmt werden kann. In diesem Fall erfolgt die Kostensteuerung durch die Zentrale. Im Falle von sogenannten Sonderjobs findet eine freie Entscheidung der Nutzer bezüglich der Durchführung, d.h. eine direkte Beeinflussung, statt. In diesem Fall erfolgt deshalb eine Kostensteuerung durch den Nutzer. Entwicklungs- und Testkosten werden direkt den Projekten bzw. Entwicklern in TDM/MM zugerechnet. Die Verrechnung von Endgerätekosten erfolgt nach der Ermittlung des Standardpreises je

Endgerätetyp und einer anschließenden Gerätebewertung direkt auf den Anwender (Abbildung 3-101).

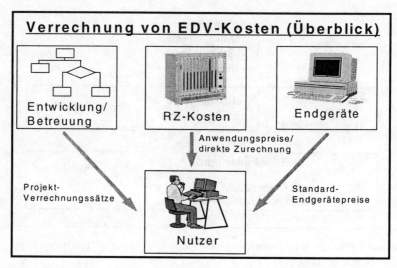

Abbildung 3-101: Vorgehensweise bei der Verrechnung von EDV-Kosten

Das Projekt-Controlling bei der Deutschen Bank orientiert sich am Lebenszyklus von IS. In dem verwendeten System SAP RK-P(rojekt) wird der Projektverlauf anhand von Meilensteinen dokumentiert, Abweichungsanalysen durchgeführt und in monatlichen Berichten aufgearbeitet. Die Auswertung der Daten aus RK-P in Management-Reports wird mittels Microsoft (MS)-Excel und MS-Project in Trendanalysen und Balkendiagrammen durchgeführt und im Executive Informa–tion System PuS (ECIS) den Entscheidungsträgern zur Verfügung gestellt. ECIS ermöglicht Standardauswertungen wie auch individuelle Abfragen über Daten aus den Bereichen (Datenquellen/-systeme in Klammern):

*   EDV-Budget der Deutschen Bank-Gruppe   (MS-Excel)
*   Abteilungskosten (IS-Bereiche)   (SAP-RK-P)
*   IS-Leistungsverrechnung (nutzerbezogen)   (SAS)
*   persönliche Zielplanung   (MS-Excel)
*   Projektdaten   (MS-Access)[19]

Die so in ECIS bereitgestellten Daten werden in einem Kennzahlensystem weiter aufbereitet und bieten so einen Überblick über Projekte, Leitung (Organisation und

---

[19]   MS gekennzeichnete Software-Produkte sind von der Microsoft AG: MS-Excel ist eine Spreadsheet-Software; MS-Project eine Projektmanagement-Software; MS-Access eine Datenbank-Software.

Betrieb), Geschäftsstellen (Organisation und Betrieb), Bankvergleiche, Benchmarking und die Deutsche Bank-Unternehmensgruppe.

Durch dieses integrierte IS-Controlling-System wird ein effektives IS-Controlling möglich gemacht, in welchem

- alle IS-Abteilungen als Cost-/ bzw. Profit-Center geführt werden können,
- jede einzelne IS-Dienstleistung verrechnet,
- keine Investition ohne ein Budget genehmigt,
- kein Projekt ohne einen Kunden begonnen und
- der Kunde in die Projekte mit einbezogen wird.

Offene Punkte im Konzept der Deutschen Bank sind derzeit noch die Unterstützung der IV-Planung durch geeignete Werkzeuge, die das Portfolio-Management der Anwendungssysteme unterstützen sowie der große Bereich des Produkt-Managements. Der effektive und effiziente Einsatz im Betrieb befindlicher Systeme, die Bestimmung eines optimalen Ersatzzeitpunktes, der in Abstimmung mit der Portfolio-Planung das Lebenszyklusmanagement bestimmt sind die ausschlaggebenden Gründe für ein Continuous Improvement.

Im Rahmen der langfristigen, expansiven Marktstrategie der Deutschen Bank ist eine Zusammenlegung der Rechenzentren aus den verschiedenen Ländern und Tochtergesellschaften geplant. Dies bedeutet eine neue Herausforderung an das IV-Controlling und eröffnet gleichzeitig die Möglichkeit einer umfassenden Unterstützung des IM durch das IV-Controlling. Das IV-Controlling bei der Deutschen Bank stellt damit den „State of the Art" eines erfolgreich implementierten IV-Controlling Ansatzes, der die bisher zögerliche Haltung der Praxis Lügen straft, dar und beweist wie durch praktische Ideen und Gestaltungswillen theoretisch schwierig anmutende Probleme erfolgreich gelöst werden können.

Quellen:

Deutsche Bank AG (Hrsg.): Informationsverarbeitung in der Deutschen Bank. Frankfurt am Main, Stand März 1994.

Ochß, V.: Action Planning and Control - Case Study. In: Effective and Efficient Information Systems. Hrsg.: EURASE. Working Group 2, Final Report, o.O., 08 June 1995, S. 58-63.

3.4.10   Gestaltung des Informationsmanagements[20]

Die Aufgaben der Gestaltung des IM sind Aufgaben, die der Rahmensetzung für alle IM-Aktivitäten dienen. Anders als in einem reinen Top-Down-Ansatz wird hier von einer Rückkopplung ausgegangen: Zum einen bilden die Aktivitäten in diesem Bereich die Voraussetzung für alles Handeln im IM, zum anderen hängt das, was vorgegeben wird, auch von den Fähigkeiten und Absichten im IM selbst ab. Die in diesem Abschnitt angesprochene Aufgabe ist demnach als **Rahmensetzung** zu verstehen und wirkt sich deshalb *mittelbar* auf den im Unternehmen stattfindenden Prozeß des IM als solchen aus.

Ziel des Managements des Gestaltungsprozesses ist es, die Stimmigkeit zwischen der Unternehmenskultur, den Organisationsprinzipien und der tatsächlichen Organisationsstruktur im Unternehmen und den spezifischen Chancen, die IKT für die Bewältigung der Marktanforderungen in der Branche bietet, herzustellen. Weiterhin ist es Ziel, die Stimmigkeit der Komponenten innerhalb des IM, also der Informationswirtschaft, den IS, der IKT und den Führungsaufgaben des IM selbst, sicherzustellen.

Die Gestaltung des IM muß als Teilaufgabe der Unternehmensplanung gesehen werden. Nach *Szyperski/Winand* ist **Planung** „ein willensbildender, informationsverarbeitender und prinzipiell systematischer Entscheidungsprozeß mit dem Ziel, zukünftige Entscheidungs- oder Handlungsspielräume problemorientiert einzugrenzen und zu strukturieren" (*Szyperski/Winand* 1980, S.32). Im Gegensatz zur operativen und strategischen (Basis-) Planung wird die Gestaltung des Planungssystems **Metaplanung** genannt (*Gamer* 1994, S.25). Hier wird festgelegt, welche Pläne mit welchen Zielen auf Basis welcher Informationen in welchen Prozessen (Steuerung des Basisplanungsprozesses) unter Zuhilfenahme welcher Methoden zu erstellen sind. Mit anderen Worten: Die Aufgabe der Metaplanung des IM ist es, ein Gestaltungs- und Führungssystem für das IM zu entwickeln, einzuführen und laufend weiterzuentwickeln. Ein solches IM-Planungssystem stellt einen Bezugsrahmen dar, der es ermöglicht, die Elemente, Strukturen und Prozesse der Planung des IM zu beschreiben. Die allgemeinen Gestaltungselemente eines Planungssystems sind:

---

[20]   Der „Managementprozeß der Führungsaufgaben des Informationsmanagements" wurde der Einfachheit und Kürze halber „Gestaltung des Informationsmanagements" genannt.

- Planungsträger,
- Planungs- und Kontrollfunktionen,
- Planungsprozesse,
- Pläne,
- eine Informationsbasis und Verteilungsstruktur der Informationen,
- Verfahren, Methoden, Modelle,
- Struktur, also Beziehungen zwischen Elementen des Planungssystems, und
- Regelungen.

In diesem Abschnitt werden diese Elemente bezogen auf die Gestaltung und Führung des IM näher erörtert. Aus der Sicht der Planungstheorie sind bei der Gestaltung des IM-Prozesses die gleichen Entscheidungen zu treffen wie bei der Gestaltung eines **Planungsverfahrens** im allgemeinen (*Szyperski/Winand* 1980). Diese beziehen sich auf die *Ausrichtung des Planungsverfahrens*, den *Partizipationsgrad* und den *Formalisierungsgrad*. Damit ist festzulegen, auf welche Art und mit welcher Schnelligkeit vorgegangen wird, wie groß das Ausmaß der Vorplanungen ist und welche internen und externen Stellen partizipieren. Grundlage für diese Entscheidungen ist die relative Gewichtung von Information und ihrer Genauigkeit und Aktualität für die einzelnen Bereiche im Unternehmen. Welche Vorgehensweise sich für ein Unternehmen am besten eignet, hängt von der Größe des Unternehmens, dem Führungsstil, dem (theoretischen) Sachverstand der Entscheider und der Einbeziehung anderer Verantwortungsträger ab.

Allgemein werden Strategieauswahlentscheidungen in Branchen mit hohem Einfluß der Technologie als besonders problematisch angesehen, da einerseits Stand und Entwicklungsgeschwindigkeit der Technologie die Strategie mit prägen, andererseits aber Annahmen über die Technologieentwicklung und ihre Auswirkungen für das Unternehmen mit einem hohen Unsicherheitsfaktor behaftet sind. Wie in anderen Branchen sind Grundsatzentscheidungen darüber hinaus mit einem Wirkungs-Lag versehen, d.h. die Wirkungen in der Gegenwart gewählter Strategien zeigen sich erst in naher oder ferner Zukunft. Die Planungsgenauigkeit wird des weiteren dadurch beeinträchtigt, daß eine Vielzahl verschiedener Einflußfaktoren zu berücksichtigen ist.

Diese Probleme fallen auch für Gestaltungsentscheidungen im IM an, jedoch kann in bezug auf einige Komponenten des IM etwas konkreter vorgegangen werden. Das Management des IM-Gestaltungsprozesses setzt vor allem einen **Rahmen** für die Aufgaben des IM. Mit Bezug auf das Modell des IM läßt sich demnach feststellen, daß Rahmen zu setzen sind für die Bestimmung der *strategischen Bedeutung* des IM, die Behandlung der Ressource *Personal*, die *Organisation* des IM, die Gestaltung des *IV-Controllings*, die *Informationswirtschaft*, die *IS* und die *IKT*.

Der Begriff der Rahmenfestlegung steht in engem Zusammenhang mit der Diskussion von **Leitbildern**. Gegebenenfalls lassen sich Leitbild und Rahmenfestsetzung auch synonym verwenden, obwohl im allgemeinen Rahmensetzung gern technisch im Sinne von Standardfestlegungen für Anwendungen verstanden wird, während Leitbilder die Aura des Visionären und Allgemeinen umgibt, wenn beispielsweise Unternehmensziele mit allgemeinen grundsätzlichen Absichtserklärungen geschmückt werden. Wenn man diese Abgrenzung weniger streng ausgestaltet, läßt sich das Management des IM-Prozesses auch als die Gestaltung und Adaptierung von Leitbildern auf der Unternehmensebene und in den einzelnen Bereichen des Unternehmens verstehen. Abbildung 3-102 verdeutlicht diesen Gedankengang: Die Rahmenaussagen für das IM (als Ergebnis des Prozesses der Gestaltung des IM) werden einerseits vom Unternehmensleitbild und den Bereichsleitbildern abgeleitet, andererseits aber werden diese auch wieder von der konkreten Gestaltung des IM beeinflußt. Diese gegenseitige Beeinflussung wird durch die Pfeile sowohl in Richtung der Rahmenaussagen zum IM als auch in Richtung der Leitbilder des Unternehmens und der Bereiche versinnbildlicht.

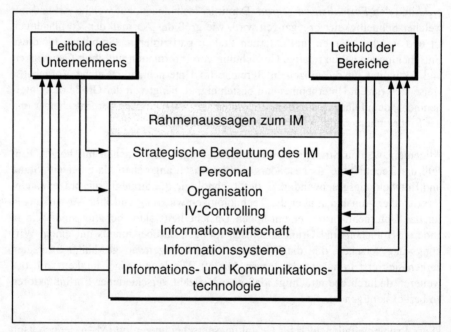

Abbildung 3-102: Gestaltung des Prozesses des Informationsmanagements durch Festlegung von Rahmenaussagen

Im unteren Teil der Abbildung wird hingegen auf die Richtung des Einflusses in bezug auf die unterschiedlichen Komponenten des IM abgehoben. Während die strategische Bedeutung und die organisatorische Gestaltung des IM tendenziell eher vom Leitbild des Unternehmens als ganzem geprägt werden, wirken sich die bereichsspezifischen Leitbilder stärker auf das Personal und das IV-Controlling aus. Wie ganz unten in Abbildung 3-102 dargestellt wird, stehen auch die Ebenen der Informationswirtschaft, der IS und der IKT im gegenseitigen Einfluß mit den Leitbildern des Unternehmens und der Bereiche. Die Rahmensetzung findet zum Teil aber auch auf der Seite des IM statt, insbesondere hinsichtlich vergangener Entscheidungen auf der Ebene der IKT und der IS, die längerfristigen Bindungscharakter aufweisen. Zum anderen Teil werden für das IM im allgemeinen und die Informationswirtschaft im speziellen bereits vorhandene Aussagengefüge im Bereich des Unternehmensleitbildes und der Bereichsleitbilder zusammengefügt und für den Kontext des IM adaptiert. Im folgenden werden die möglichen Rahmensetzungen je Bereich skizziert.

Prinzipiell eröffnen sich bei der Festlegung des Rahmens für die **strategische Bedeutung des IM** im Unternehmen die Möglichkeiten der isolierten Betrachtung der Unternehmensbereiche, d.h. keine Rückkopplung der vorhandenen oder geplanten IS auf die Strategie des Unternehmens oder der ständigen Rückkopplung zwischen den beiden Bereichen und der Einbeziehung des IM in die Unternehmensplanung.

Der Prozeß der Strategiebestimmung kann in Anlehnung an *Szyperski* (1981) wie folgt ablaufen: Es wird zunächst die *strategische Grundhaltung* der Unternehmung zwischen *Expansion, Erhaltung* und *Redimensionierung* festgelegt. Nach der Konkretisierung der Entwicklungsziele je Geschäftsbereich und der Bestimmung der Vertrautheit mit der Technologie in jedem Geschäftsbereich erfolgt die Festlegung der *informationstechnologischen Grundhaltung*. Diese bewegt sich zwischen den Alternativen *Momentumstrategie, aggressive und moderate Entwicklungsstrategie* oder *Defensivstrategie*.

Die technologischen Strategien haben folgende Ausgestaltung:

- **Momentumstrategie:** Es wird davon ausgegangen, daß die im Einsatz befindlichen IS den zukünftigen strategischen Anforderungen genügen. Diese Strategie wird von einem Beibehalten der bisherigen Verhaltensweisen, bei aufmerksamer Beobachtung der IKT-Entwicklung geprägt.

- **Aggressive Entwicklungsstrategie:** Diese Strategie wird angewandt, wenn die IKT-Entwicklung für die Sicherung der geschäftlichen Erfolgspotentiale von strategischer Wichtigkeit ist. Merkmal dieser Strategie ist das gezielte Streben, als Anwender an der vordersten technologischen Front zu operieren und Entwicklungen voranzutreiben.

- **Moderate Entwicklungsstrategie:** Die moderate Entwicklungsstrategie befindet sich zwischen der Momentumstrategie und der aggressiven Entwicklungsstrategie, indem sie die IKT-Entwicklungen als eine Komponente im Gesamtkontext einer Unternehmung betrachtet. Umgesetzt wird die Strategie mit Pi

310 *Die Aufgaben des Informationsmanagements*

lotprojekten und begleitenden strategischen Analysen sowie Wirkungs- und Implementierungsstudien.

- **Defensivstrategie:** Ergebnis dieser Strategie ist der Versuch sich ganz oder teilweise den IKT-Entwicklungen zu entziehen bzw. den IKT-Einfluß zurückzudrängen.

Bei der Bestimmung des *strategischen Gestaltungsrahmens* auf dem Gebiet der IKT werden Technologieattraktivität und Ressourcenstärke ebenso wie die Möglichkeiten der Kooperation mit anderen Unternehmen berücksichtigt. *Technologieattraktivität* bezeichnet dabei das Potential der Kosten- und Leistungswirkungen des Einsatzes von IKT, die Höhe der Bedarfsrelevanz für das Unternehmen sowie die Akzeptanz beziehungsweise das Widerstandsverhalten gegenüber der IKT. Unter *Ressourcenstärke* versteht man die Summe des Anwenderwissens über Anlagen und Systeme sowie über Nutzung der IKT einerseits und Finanzstärke in bezug auf Höhe und Kontinuität des IKT-Budgets andererseits.

Für diesen Prozeß können verschiedene Formen der Zusammenarbeit unterschieden werden. Wie bei jedem anderen Planungsprozeß ist hier die Frage relevant, wer neben den Strategieplanern aus den verschiedenen Fachbereichen und der IM-Abteilung in welchem Ausmaß in den Planungsprozeß einbezogen wird.

Bei der Festlegung des Rahmens für die **Behandlung der Ressource Personal** im Bereich des IM und im restlichen Unternehmen kann neben der klassischen Betrachtung der Mitarbeiter auch eine stärkere Orientierung am Potentialgedanken erfolgen, d.h. die Ausbildung der Ressource Personal in bezug auf IS und IKT-Nutzung richtet sich stärker am gesamtunternehmerischen Leitbild aus und wirkt wie ein „Enabler" für das Unternehmen.

Der Rahmen für die **Organisation des IM** leitet sich von der allgemeinen Organisationsstruktur des Unternehmens ab, wobei vor allem die Frage des Zentralisierungsgrades eine wichtige Rolle für die Ausgestaltung von Funktionen des IM spielt. Die Behandlung des IM als eigenständiger Bereich mit eigenen Organisationsprinzipien läßt sich aus der Synergiesuche innerhalb des IM heraus begründen. Als Mischform wird oft angestrebt, eine zentrale Koordinationskomponente zu erhalten.

Im Licht der Diskussion um das Outsourcing z.B. von Rechenzentren wird durch das Unternehmensleitbild auch ein Rahmen gesetzt für die „Make or Buy"-Entscheidung für Leistungen des IM. Da derartige Entscheidungen jedoch differenziert zu betrachten und neben der generellen Organisationskultur des Unternehmens noch andere Einflußfaktoren zu berücksichtigen sind, wird diese Frage als Querschnittsthema im nächsten Kapitel behandelt. Ähnlich wie die Frage des Make or Buy ist auch das Ausmaß der Prozeßorientierung im Kontext des Organisationsleitbildes zu sehen.

Versteht man das IV-Controlling als das Controlling des IM im Unternehmen, wird deutlich, daß die Grundsätze für das IV-Controlling aus Rahmenbedingungen der Controllingstruktur im Unternehmen abgeleitet werden. Darunter fallen die Konzeption als zentrales Controlling versus ein Controlling in jedem Bereich und die Frage des grundsätzlichen Selbstverständnisses des Controllings als Steuerung oder Kontrolle. Wird IV-Controlling jedoch als Teil des IM selbst gesehen, schwächt sich der Einfluß der generellen Controllingumgebung ab und eine gewisse Selbständigkeit in der **Gestaltung des IV-Controllings** ist die Folge. In jedem Fall muß zunächst eine *Hierarchisierung der IM-Prozesse* vorgenommen werden und darauf aufbauend, anhand der definierten Informationsströme, die *Beteiligten an den Entscheidungsprozessen*, die *Entscheidungspunkte* und die auftretenden *Informationsbedarfe* festgelegt werden.

Abbildung 3-103 nimmt eine hierarchische Aufteilung des IM-Prozesses in Basisprozeß, Teilprozeß der Detailstufe 1 und der Detailstufe 2 vor. In die IM-Prozesse sind eine Reihe von Rollen (Personen bzw. Gruppen mit bestimmten Funktionen und Aufgaben) involviert, aus deren Gesamtheit jene Rollen relevant sind, die sich mit der Koordination, Planung, Steuerung und Informationsversorgung innerhalb der IV befassen.

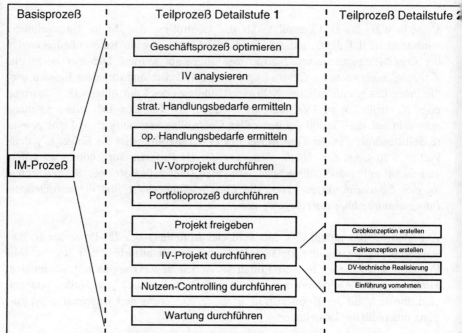

Basisprozeß	Teilprozeß Detailstufe 1	Teilprozeß Detailstufe 2
	Geschäftsprozeß optimieren	
	IV analysieren	
	strat. Handlungsbedarfe ermitteln	
	op. Handlungsbedarfe ermitteln	
IM-Prozeß	IV-Vorprojekt durchführen	
	Portfolioprozeß durchführen	
	Projekt freigeben	Grobkonzeption erstellen
	IV-Projekt durchführen	Feinkonzeption erstellen
		DV-technische Realisierung
	Nutzen-Controlling durchführen	Einführung vornehmen
	Wartung durchführen	

Abbildung 3-103: Hierarchie der Informationsmanagement-Prozesse

Als relevante Rollen lassen sich Hauptverantwortlicher, Fachbereich, Software-Kunde, Projektleiter, Projektteam und IV-Bereich festlegen (Abbildung 3-104).

HV:	Hauptverantwortlicher als Auftraggeber bzw. höchster Projektverantwortlicher
FB:	Fachbereich als Auftraggeber und Anwender
SK:	Software-Kunde als externer Kunde der IV
PL:	Projektleiter als Verantwortlicher für die Projektdurchführung
PT:	Projektteam als ausführende Projektmitarbeiter
IVB:	IV-Bereiche als Org./DV-Bereiche (Zentrale/Dezentrale Org./DV, Werks-Org./DV), Competence Center (Logistik, CAD),...

Abbildung 3-104: Relevante Entscheidungsrollen

Als nächstes sind die definierten Rollen an sogenannten Entscheidungspunkten mit dem IM-Prozeß zu verbinden. Ein Entscheidungspunkt ist eine Funktion, bei der ein oder mehrere Entscheidungen getroffen werden und bei dem planend, kontrollierend oder steuernd in den IM-Prozeß eingegriffen wird. Da für die Koordination der IM-Prozesse dem projektübergreifenden Koordinationsgedanken eine größere Bedeutung zukommt, werden rein projektinterne Entscheidungen, die durch den Projektleiter oder das Projektteam getroffen werden, nicht weiter berücksichtigt. Beispielsweise fallen im Teilprozeß operative Handlungsbedarfe zwei Entscheidungspunkte an. Zum einen „Ziele definieren" und zum anderen nach Zusammenführung der Ergebnisse die „Geschäftsprozeßoptimierung genehmigen" (Abbildung 3-105). Die Anzahl der Entscheidungspunkte ist von der Projektgröße abhängig und ist für kleinere Projekte gering zu halten. Weiterhin treffen der Projektleiter und das Projektteam im wesentlichen nur projektinterne und keine projektübergreifenden Entscheidungen. Um dem Koordinationsgedanken gerecht zu werden, bedarf es einer intensiven Einbindung eines Entscheidungsbefugten aus dem IV-Bereich, was durch eine hohe Anzahl von Entscheidungspunkten deutlich wird. Abbildung 3-105 bildet den konkreten Entscheidungsgegenstand „Was wird entschieden" ab.

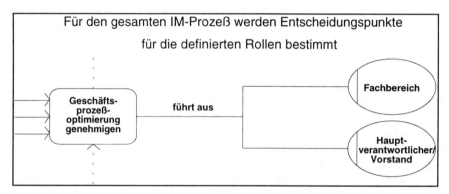

Abbildung 3-105: Entscheidungspunkte

Die für den Entscheidungsgegenstand notwendigen Informationsbedarfe („Welche Informationen braucht der jeweilige Entscheider") werden ebenfalls in den Entscheidungspunkten ermittelt (Abbildung 3-106). Für jeden Entscheidungspunkt wird für jede Rolle das Entscheidungsergebnis (Output) und die dazu notwendigen Informationen (Input) bestimmt. Die Informationsbedarfe werden für die Kerndatenbestimmung und im Berichtswesen für die Datenmodelle und Prozeßdefinitionen verwendet.

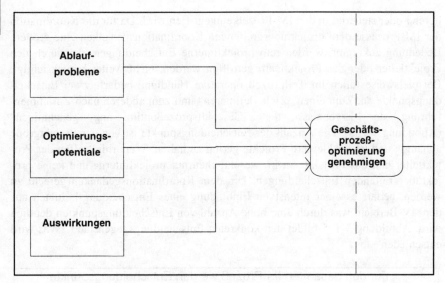

Abbildung 3-106: Informationsbedarfe der Entscheidungspunkte

Entsprechend der Aufgabengebiete des IV-Controlling in Abschnitt 3.4.8.2 lassen sich damit die in Tabelle 3-24 aufgeführten Informationsbedarfe für das Ideen-, Projekt-, Produkt-, Infrastruktur- und Strategien-Controlling festhalten.

In Anlehnung an das Konzept der Schnittmenge von Informationsbedarf, Informationsangebot und effektive Informationsnachfrage kann man auf der **Ebene der Informationswirtschaft** thematisieren, ob für die einzelnen Unternehmensbereiche eine *Holschuld* existiert oder die IM-Funktion als Service mit *Bringschuld* zu verstehen ist. Wie auch in der Fallstudie „Auswirkungsorientiertes Berichtswesen" zur Informationswirtschaft dargestellt wurde, kristallisiert sich die Installation des permanenten Begründungszwangs für alle Berichte als zentrale Steuerungsgröße einer effektiven Informationswirtschaft heraus. Damit rückt die Dichotomie zwischen allgegenwärtiger *Informationstransparenz* in der gesamten Unternehmenslandschaft und einer sorgfältigen Abwägung der Informationsflußgestaltung nach dem strengen „*need-to-know*-Prinzip" in den Vordergrund.

IV-Controlling-Bereiche	Informationsbedarfe
Ideen-Controlling	• Projektantrag: Plandaten für Fachkonzept, Termine, Kosten, Kapazitäten • Projektziele • Funktionsabbildung • Implementierungsalternativen • Wirtschaftlichkeitsbetrachtungen • Interne Realisierungskompetenz, Umsetzungsalternativen • Abhängigkeiten von anderen Projekten und externen Lieferanten • Konzeption für Hardware, Software, Betrieb und Wartung, Release • Einsetzbare Basissoftware • Schnittstellen • Referenzprojekte
Projekt-Controlling	• Vorprojektergebnisse • Zeitverhalten • Prototyp • Qualitätssicherungskonzept • Abnahmekonzept • Testprotokolle • Grobkonzeption • Feinkonzeption • Realisierungskonzeption • Pflichtenheft
Produkt-Controlling	• Zeitverhalten • Netzbelastung • Schnittstellen • Mängelliste • Verantwortlichkeiten • Wartungs- und Betriebsplan • Projekthistorie • Organisationskonzept • Verrechnungspreise • Projektkostengesamtaufstellung • Projektprüfbericht

Infrastruktur-Controlling	• Infrastrukturausbaupläne sowie erwartete Veränderungen • Auswirkungen von Infrastrukturveränderungen • Datenverteilungsstrategie • Ist-Kosten Systeme • Systemnutzung und -planung • Operative Ziele und operative Handlungsbedarfe • Operative und technische Lösungsmöglichkeiten • Aktuelle Hardware-, Software-Ausstattung sowie zukünftige Anforderungen • Mengengerüste • Systemschnittstellen • Systemnutzungszuständigkeiten • Verantwortlichkeiten
Strategie-Controlling	• Problemsituation, Optimierungspotentiale • Prozeßänderungsvorschläge • Änderungsrisiken und -auswirkungen • IV-Analyseergebnisse • Schwachstellenanalyse und -lösungsvorschläge • Neustrukturierungsvorschläge • Unternehmens-, Fachbereichs-, IV-Bereich-Strategien und -ziele • Nutzenpotentiale

Tabelle 3-24: IV-Controlling-relevante Informationsbedarfe

Eine generelle **Gestaltung der IS** im Unternehmen wird von der Grundsatzposition des Unternehmens, versinnbildlicht im Unternehmensleitbild, mittelbar mit beeinflußt. Neben der inhaltlichen Integration der Einzelanwendungen zu einem Gesamtkonzept, stellt die Festlegung der Software-Entwicklungsumgebung den zentralen Knotenpunkt auf der Ebene der IS dar, der vergangene und zukünftige Entwicklungsentscheidungen miteinander verknüpft. Ist man in den Bereich inhaltlich zusammenhängender Einzel-IS vorgedrungen, ist grundsätzlich zu unterscheiden und zu entscheiden zwischen einem Gesamtintegrationsansatz eines Unternehmensdatenmodells auf der Basis eines Datenmodells der Unternehmung als Ganzes (*Scheer* 1990, S.46ff.) und dem Ansatz der Teilintegration eigenständiger Lösungen für jeden Bereich durch die Spezifizierung eindeutiger und nachvollziehbarer Schnittstellen.

Grundsätzlich ist in Anlehnung an die Unternehmensstrategie und die Technologiesensitivität der Geschäftsfelder festzulegen, ob auf der **Ebene der IKT** die Position der *Technologieführerschaft* oder eher die Position eines *Followers* angestrebt wird. In engem Zusammenhang mit dieser Grundsatzentscheidung ist hier die Aktivitätenhäufigkeit zu sehen, die auf dem Kontinuum zwischen einem aktivem Scanning der technologischen Entwicklungen und daraus resultierender Möglichkeiten für das Unternehmen und einer eher abwartenden Haltung mit reaktivem Technologiemanagement ihre Position finden muß.

Wenn sich in diesem Abschnitt Elemente der vorherigen Abschnitte wiederfinden, so ist das auf die allgemeine Ausrichtung des Managements der IM-Gestaltung auf die Balance zwischen den einzelnen Elementen des IM zurückzuführen. So stellt sich hier die Gesamtaufgabe als Gestaltung der IM-Prozesse und ihres Zusammen-spiels und nicht der Inhalte der einzelnen Prozeßschritte dar, wie in Abbildung 3-107 dargestellt ist. Eine detaillierte Darstellung einzelner Prozeßschritte findet sich bei *Österle/Brenner/Hilbers* (1991) und bei *IBM* (1988).

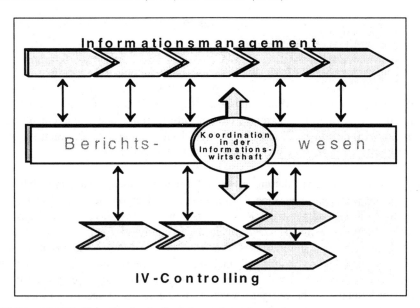

Abbildung 3-107: Koordination in der Informationswirtschaft

Bewegt man sich abschließend auf die Frage hin, wie der Prozeß der Gestaltung des IM selbst zu gestalten ist, rücken die Aspekte der Prozeßhäufigkeit und des Prozeßanstoßes in den Mittelpunkt der Betrachtung. Zuerst kann man sich eine episodische Einteilung vorstellen, beispielsweise einen neuen Gestaltungsprozeß alle 5 Jahre. Naheliegender als diese starre Orientierung an der Zeitachse erscheint es aber, Diskontinuitäten in der Organisation, z.B. im Laufe eine generellen Ge-schäftsreorganisation, nach gescheiterten Großprojekten, bei Technologiebrüchen oder größeren Marktanteilsverschiebungen, zum Anlaß für einen Neuaufwurf des IM-Gestaltungsprozesses zu nehmen. Wesentliches Kriterium für die Notwendig-keit der Umgestaltung ist hierbei die Gesamtstimmigkeit von Unternehmenskultur und organisatorischer Realität im generellen Sinne und den Führungsaufgaben des IM im speziellen.

Zusammenfassend läßt sich feststellen, daß das Management der Gestaltung des IM eine Gestaltungsaufgabe für die Führungsebene par excellence darstellt. Nicht nur die strukturellen und prozessualen Aspekte des Führungsprozesse IM sind zu gestalten, sondern all dies hat vor dem Hintergrund des umfassenden Wissens über Möglichkeiten und Grenzen der Nutzung der IKT im Unternehmen zu erfolgen. Um dem Ziel der Erreichung eines stimmigen Gesamtkonzepts für das IM innerhalb des Unternehmens und dem Beziehungsgeflecht zwischen Organisation und Branchenumfeld so nahe wie möglich zu kommen, sind neben den hier aufgezeigten Elementen auch noch sogenannte Querschnittsthemen zu berücksichtigen, wie sie im Kapitel 4 aufgearbeitet werden.

3.4.11 Fall: Die Entwicklung eines geschäftsgetriebenen IT Bebauungsplanes bei der Siemens AG

Die Siemens AG (Stand 1998) ist ein weltweit operierender Konzern, der an über 500 Produktionsstandorten in Europa, Nordamerika und Asien, Afrika und den GUS Staaten ca. 400 000 Mitarbeiter beschäftigt. Mit Produkten in den Arbeitsgebieten Industrie, Energie, Verkehr, Medizin, Informations- und Kommunikations-technologie, Bauelemente, Licht, Finanzdienstleistungen erzielte die Siemens AG im Geschäftsjahr 1997/98 einen Umsatz von 117 Milliarden DM.

Den Gestaltungsherausforderungen des Informationsmanagement stellt sich die Siemens AG im Rahmen eine Information and Communication Technology Roadmap (I&C Roadmap). Die Roadmap ist ein Konzept, das von der Konzern-zentrale in München mit der Zielsetzung der Weiterentwicklung der IV - Landschaft innerhalb eines definierten Zeitraums (2-3 Jahre) unter Einbeziehung der technologischen Trends erstellt und umgesetzt wird. Getrieben wird das Konzept einerseits von der Anforderung an die IKT, bestehende und neue geschäftliche Herausforderungen zu bewältigen. Andererseits beeinflussen technische oder organisatorische Innovationen die Ausgestaltung der Informationsverarbeitung.

Der Zusammenhang zwischen Geschäft und Informationsverarbeitung wird über eine prozessorientierte Sichtweise hergestellt, d.h. in die I&C Roadmap werden nur solche IV - Projekte mit aufgenommen, welche bestehende Geschäftsprozess-ketten unterstützen oder deren innovative Neuorganisation befördern.

Im Zentrum der Anforderungen an die IV steht bei Siemens derzeit die Problematik der Globalisierung und damit die Lösung von Problemen der Kundenbindung, die Erhöhung der Effizienz und die Verkürzung der Innovationszyklen. Aus diesen Anforderungen leitet die Konzernzentrale die Ziele des IT Bebauungsplanes ab. Insbesondere auf die Durchgängigkeit der Geschäftsprozesse, die organisatorische Flexibilität und die flächendeckende Kommunikationmöglichkeiten der Siemens Mitarbeiter wird besonderes Augenmerk gelegt. Nachfolgende Abbildung verdeutlicht den Zusammenhang zwischen IV und Geschäftsprozessen auf der einen sowie IV und Innovationen auf der anderen Seite.

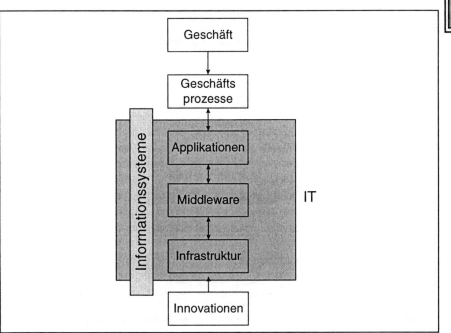

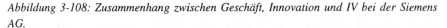

Abbildung 3-108: Zusammenhang zwischen Geschäft, Innovation und IV bei der Siemens AG.
Quelle: *Siemens AG* (1999)

Die Planung der I&C Roadmap erfolgt bei Siemens im Gegenstromverfahren: auf Basis des vorherigen Bebauungsplanes werden von der Konzernzentrale Top Down geschäftliche Anforderungen und Technologietrends dokumentiert. Innerhalb der einzelnen Geschäftsbereiche werden Bottom up ebenfalls auf Basis des alten Bebauungsplanes eine Istanalyse der IV im Unternehmen und Fortschreibungsideen entwickelt. Die beiden Planungslinien fliessen nach einem entsprechenden Abgleich in ein IT Rahmenkonzept ein, welches insbesondere die Ziele, die Architektur und die einzelnen Bausteine des neuen Bebauungsplanes enthalten. Hernach werden Projekte definiert, die dazu geeignet sind, die geplanten Bausteine umzusetzen.

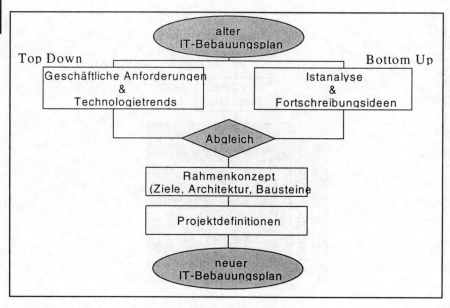

Abbildung 3-109: Vorgehensweise bei der Planung des IT Bebauungsplanes
Quelle: *Siemens AG* (1999)

In der Vorbereitungsphase zur Fortschreibung der I&C Roadmap nimmt die Analyse des alten Bebauungsplanes eine wichtige Rolle ein. Insbesondere die Dokumentation von „Lessons Learned" sollen aus dieser Analyse einen optimierten Planungs- und Implementierungsprozess für neue Projekte etablieren. Weiterhin werden Kommunikationskonzepte für die konzerninterne Diffusion der Projektideen generiert. Um eine einheitliche Beurteilung der Projektideen sicherzustellen, hat die Siemens AG Projekt - Auswahlkriterien definiert, die in jedem Projektantrag enthalten sein müssen. Insbesondere die Konzernrelevanz, Projektrisiken und Nutzen sowie eine Grobplanung und Aufwandsschätzung sind wichtige Auswahlkriterien für Projekte, die als „Baustellen" in der IV - Landschaft der „Großstadt" Siemens AG aufgesetzt werden sollen. Nach der Festlegung des neuen Bebauungsplanes im Rahmen eines Grob- und Feinplanungszyklus' durch die Abteilung Informations- und Kommunikationsstruktur in der Konzernzentrale wird im Rahmen einer Vorstandsvorlage über die neue Roadmap entschieden.

Im Rahmen der Entwicklung der I&C Roadmap 1, die im Zeitraum zwischen 1996 - 1999 geplant und als unternehmensweiter Standard umgesetzt wurde, standen für die Konzernzentrale innerhalb der Themenfelder „durchgängige Geschäftsprozesse", „organisatorische Flexibilität", „flächendeckende Kommunikation" und „Wissensbasiertes Unternehmen" v.a. nachfolgende Themenfelder auf der Agenda:

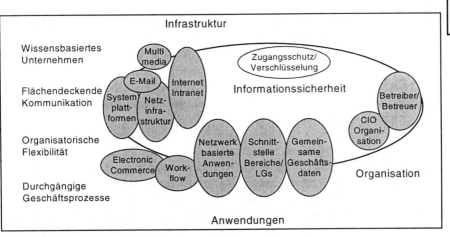

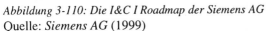

Abbildung 3-110: Die I&C I Roadmap der Siemens AG
Quelle: *Siemens AG* (1999)

Im Bereich der Netzwerkinfrastrukur werden für LANs eine Mindestbandbreite von 10Mbit/ s weltweit implementiert. Die zum Teil inoffiziellen IP Adressen von Siemens Client - Rechnern wurden weltweit durch offizielle NIC Adressen abgelöst. Als wichtigste Massnahme des Themenfeldes „flächendeckende Kommunikation" wurden alle 250.000 Siemensmitarbeiter, welche Emailkommunikation nutzen, in einen einheitlichen Adressdienst integriert, der die netzübergreifende Erreichbarkeit per elektronischer Post von jedem Punkt der Welt an jeden Punkt der Welt sicherstellt. Um die Sicherheit der Information- und Kommunikation zu gewährleisten, hat Siemens Standard - Verschlüsselungs- und authentifizierungstechnologien eingesetzt, welche die Nutzung gemeinsam genutzten Materials gegen unbefugten Zugriff von Mitbewerbern und unbefugten Dritten schützt. Insbesondere durch die Fusions- und Kooperationsbewegung der letzten Jahre ist die Notwendigkeit dieser Massnahme immer deutlicher zutage getreten: einerseits soll die Bildung virtueller Teams mit IKT als Enabler gemeinsam genutzter Geschäftsdaten unterstützt werden, andererseits liegt es im natürlichen Interesse der Kooperationspartner, Projektergebnisse ggf. vertraulich zu behandeln. Zur Unterstützung des inner- und zwischenbetrieblichen Austauschs strukturierter Geschäftsdaten im Sinne durchgängiger Geschäftsprozesse wurde als Siemens - Standard EDIFACT festglegt und implementiert. Für die Entwicklung netzwerkbasierter Applikationen wurde als Standard CORBA/DCOM festgelegt. Nicht zuletzt hat die Zentralabteilung Informations- und Kommunikationsstruktur gemeinsam mit den Fachbereichen einige Standard - Vorgehensweisen für die SAP Einführung entwickelt und als Konzernstandard verankert.

Quelle: *Siemens AG* (1999).

4 QUERSCHNITTSTHEMEN DES INFORMA-TIONSMANAGEMENTS

In diesem Kapitel widmen wir uns losgelöst von den einzelnen Aufgaben des IM und den Ebenen eines IM-Modells Themen, die querschnittsartig das gesamte Unternehmen durchziehen. In einem ersten Teilkapitel wird das Management der Prozesse aufgegriffen, das sein Augenmerk auf die Optimierung von Abläufen richtet. Sicherheitsüberlegungen überlagern alle Ebenen des IM-Modells und werden im darauf folgenden Kapitel behandelt. Im dritten Teil dieses Kapitels wird die Standardisierung und Verteilung von IS in Unternehmen und als Rahmen der häufig als Internetökonomie (*Zerdick* 1999) bezeichneten Rahmenbedingungen diskutiert. Abschließend wird auf die Problematik unterschiedlicher Entwicklungsgeschwindigkeiten und der Synchronisierung von Teilbereichen des IM eingegangen.

4.1 PROZESSORIENTIERUNG

In dem Bemühen, die heute vom Wettbewerb geforderte gleichzeitige Erschließung von Zeiteinsparungs- und Kostensenkungspotentialen zu realisieren, treten nach einer allgemeinen Abkehr vom tayloristischen Gestaltungsparadigma die Geschäftsprozesse und ihre gezielte Gestaltung in den Vordergrund des Interesses.

Allerdings ist die Aussage vieler Autoren, vor allem in Veröffentlichungen zum Business Process Reengineering, es gehe hier um gänzlich neue Fragestellungen, zu relativieren. Der Gedanke der Prozeßgestaltung hat seine Vorläufer in der frühen deutschen Organisationslehre. So hat bereits *Nordsieck* (1931) auf die Bedeutung der Gestaltung der Abläufe hingewiesen. Obwohl also schon in vorherigen Jahrzehnten die Ablauforganisation in etwa gleichbedeutender Bestandteil der Lehre und Forschung war, kann doch festgehalten werden, daß die Unternehmensprozesse seit Beginn der 90er Jahre in den Mittelpunkt des allgemeinen Forschungsinteresses gerückt sind. Jedoch stehen in der ideengeschichtlichen Entwicklung des Managements heute auch andere Ansätze im Vordergrund, die im Überblick von *Macharzina* (1995, S.113) aufgezeigt werden. Er betrachtet vor allem die Brücke zwischen den verschiedenen Managementansätzen als besonders hervorhebenswert. Die Prozeßorientierung sieht er als eher praktisch orientiertes Phänomen und weniger als ein vor allem ideengeschichtliches Ereignis.

Das **Business Process Reengineering (BPR)** kann als Gipfel einer Phase der Prozeßorientierung als Gegenbewegung zur Tradition des Taylorismus angesehen werden. Während der Taylorismus zu einem hohen Ausmaß an funktionaler Zerlegung und arbeitsteiliger Abwicklung der betrieblichen Aufgaben geführt hat, bemüht sich prozeßorientierte Gestaltung diese Zerlegung aufzuheben. In unterschiedlicher Radikalität vorgebracht, wurden die *Grundprinzipien des BPR* (oft mit „Business Redesign" bezeichnet) von *Hammer* (1990), *Davenport/Short* (1990), *Hammer/Champy* (1993) sowie *Davenport* (1993) formuliert und weithin bekannt gemacht. Das Ziel des BPR ist es, nachhaltige *Produktivitätssteigerungen* (im Gegensatz zu leichten, stetigen Produktivitätsverbesserungen) durch wesentliche Veränderungen der Prozesse zu erreichen, die typischerweise erst durch den Einsatz von IKT möglich werden. Hierzu werden alle organisatorischen Grundannahmen hinterfragt, um unnötige organisatorische und kulturelle Restriktionen bei der Neugestaltung abzubauen: „Instead of embedding outdated processes in silicon and software, we should obliterate them and start over. We should 'reengineer' our businesses: use the power of modern information technology to radically redesign our business processes in order to achieve dramatic improvements in their performance" (*Hammer* 1990, S.104). Die folgenden, teilweise schon lange vor dem BPR bekannten Grundprinzipien sind für das BPR charakteristisch (*Hammer* 1990):

- Reengineering bezieht sich nicht nur auf die Verbesserung von Prozessen innerhalb einer Arbeitsgruppe, sondern auf fundamentale Produktivitätssprünge aufgrund von radikaler Neugestaltung inter-funktionaler Kernprozesse der Unternehmung.
- Reengineering verlangt induktives, diskontinuierliches Denken und einen „clean-sheet of paper"-Ansatz, d.h., daß neue Möglichkeiten der Organisationsgestaltung vom potentiell Denkbaren, nicht vom derzeit Möglichen ausgehen.
- Die atomare Organisationseinheit ist das Prozeßergebnis, nicht die Prozeßeinzelaufgaben. Daraus folgt, daß eine Stelle verantwortlich für einen Prozeß zeichnet (Prozeßverantwortlicher).
- Kundenorientierung auf der Ebene des Prozeßergebnis-Lieferanten und -Kunden.
- Parallelisierung der IV-Prozesse mit den physischen Arbeitsprozessen, d.h. Verarbeitung der Informationen dort, wo die Aktivitäten anfallen und die Informationen entstehen.

Die Begriffe „Prozeß" und „Prozeßmodellierung" wurden bereits behandelt. An dieser Stelle soll darauf hingewiesen werden, daß die Praxis keine allgemeingültige, sondern eine stark unternehmensspezifische Definition für die Begriffe „Vorgang" und „Prozeß" hat (*Elgass* 1996). Das für den Erfolg von Reorganisationen so wichtige „Prozeßdenken" hat also oft unterschiedliche inhaltliche Bedeutungen.

Empirische Studien aus verschiedenen Branchen belegen z.B. die Verkürzung von Produktlebenszyklen und Marktausschöpfungsdauern sowie sinkende Restlaufzeiten von Patenten als drückende unternehmerische Probleme in der Pharmaindustrie (*Schwarzer/Krcmar* 1995). Daher wird heute die Verkürzung der Durchlaufzeit immer mehr zur zentralen Zielgröße. Eine Verkürzung der Durchlaufzeiten setzt aber in der Regel eine gezielte Gestaltung der Prozesse voraus. Hierin liegt die große Bedeutung der Prozeßbetrachtung. Ein fehlendes Prozeßdenken, insbesondere eine fehlende Prozeßwahrnehmung wirken sich negativ auf die betriebliche Aufgabenerfüllung aus. Eine Verankerung der Wahrnehmung und zwar nicht nur im Denken, sondern auch im Handeln, ist Grundvoraussetzung für die Verbesserung von Prozessen.

Prozeßorientierung wird häufig unter organisatorischen oder technischen Gesichtspunkten betrachtet. In der Praxis zeigt sich aber deutlich, daß der Faktor Personal eine entscheidende Rolle spielt, insbesondere die Rolle und das Verständnis sowie das (Prozeß-)Know-how der Mitarbeiter.

Aus diesen Gründen wird dem Begriff der **„Prozeßwahrnehmung"** eine zentrale Rolle beigemessen. Eine Untersuchung, welche sich unter anderem mit der Prozeßwahrnehmung befaßte, zeigte, daß zwei verschiedene Bedeutungen für diesen Begriff in den Unternehmen existieren (*Schwarzer/Krcmar* 1995). Einerseits wird damit die detaillierte Kenntnis der Abfolge der Aktivitäten bezeichnet, andererseits wird der Begriff eher allgemein für ein Denken in Zusammenhängen verwendet. Das in Forschung und Praxis vorherrschende Bild vom Verständnis der Prozeßbetrachtung, ist eines der Detailkenntnisse der Aktivitäten und ihrer Anordnung. Für die an einem Prozeß nicht direkt beteiligten Mitarbeiter ist dies aber gar nicht erforderlich. Es hat sich vielmehr gezeigt, daß die zweite Bedeutung des Wortes, nämlich ein generelles Denken in Zusammenhängen, für Reorganisationserfolge notwendig und ursächlich ist. Maßnahmen zur Prozeßwahrnehmung sollten daher weniger darauf zielen, Detailkenntnisse der Abläufe zu vermitteln, als vielmehr ein grundsätzliches Beachten der Zusammenhänge bei betrieblichen Entscheidungen zu erleichtern. In dieser Bedeutung liegt die Prozeßwahrnehmung in den Unternehmen noch in der Entwicklung. Ein entsprechender Wandel im Prozeßdenken sollte von der Ebene des Gesamtunternehmens, also von der Unternehmensleitung, ausgehen (gruppenübergreifend), um dann in die einzelnen Gruppen auf Mitarbeiterebene getragen zu werden.

Die Prozeßwahrnehmung kann in ein umfassenderes **Rahmenkonzept des BPR** eingebettet sein (Abbildung 4-1). Das gezeigte Konzept basiert auf den Ergebnissen einer Literaturübersicht zu BPR sowie zweier empirischer Untersuchungen in der Pharma- und Elektronikindustrie (*Schwarzer* 1994a, *Schwarzer/Krcmar* 1995). Der äußere Rahmen gibt Voraussetzungen für BPR-Projekte an: Es liegen Veränderungen des Wettbewerbs vor, die eine Reorganisation dringend geboten erscheinen lassen. Zudem muß das Top-Management diese Notwendigkeiten erkennen und entsprechende Projekte initiieren und unterstützen, damit BPR-Projekte trotz aller Widerstände durchgeführt werden können. Das Konzept setzt seine Schwerpunkte auf die Kernkomponenten *Wahrnehmung und Verständnis*, *Prozeß-Design*, *Methoden und Werkzeuge* sowie ein *prozeßorientiertes IM*.

Prozesse
Sicherheit
Standardisierung
Synchronisierung

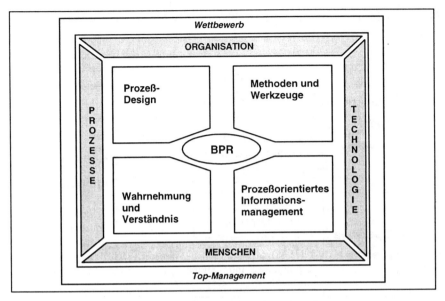

Abbildung 4-1: Gesamtkonzept für Business Process Reengineering
Quelle: *Schwarzer/Krcmar* (1995, S.179)

Die Komponente **Wahrnehmung und Verständnis** wurde schon angesprochen. Sie schließt neben dem Wahrnehmen der tatsächlichen Prozesse, das entgegen a priorischer Erwartungen nicht als gegeben angenommen werden kann, auch Aspekte wie „Rethinking the Company", also das unvoreingenommene und von den gegebenen Strukturen völlig unabhängige Suchen nach Alternativen mit ein. Meist sind personengruppenbezogene Unterschiede in der Prozeßwahrnehmung zu beobachten: Während zum Beispiel das Top Management und die DV-Abteilung operative Prozesse im F&E-Bereich als Prozesse wahrnehmen, sehen die Fachbereiche sich oftmals als Funktionsbereich und nehmen die Prozesse nicht als solche wahr (*Schwarzer/Krcmar* 1995, S.92). Diese Unterschiede zu erkennen, ist von genereller Bedeutung für das bei der Durchführung von BPR-Projekten erforderliche Umdenken und speziell für die Rolle des IM in diesen Projekten.

Die Kernaktivität des BPR ist das **Prozeß-Design** (Prozeßgestaltung), bei der nicht nur die Aktivitäten selbst, sondern auch die *Schnittstellen* zwischen den Prozessen gestaltet werden müssen. Hierzu ist eine Analyse der Daten- und Informations–flüsse zwischen den Akteuren und Aktivitäten, aber auch zwischen den Prozessen notwendig. Die verschiedenen Möglichkeiten der Modellierung der Prozesse zwischen den Akteuren (organisatorische Einheiten) und den Aktivitäten wurde im Abschnitt „Management der Prozesse" näher beschrieben. Um die Interdependenzen zwischen den Prozessen darzustellen, eignen sich *Prozeß-Architekturen*, die die Einordnung der Prozesse in das Unternehmensgefüge mit Über- und Unterordnungen sowie Abhängigkeiten aufzeigen. Abbildung 4-2 zeigt eine vereinfachte Prozeß-Architektur, die eine Unterscheidung zwischen operativen Prozessen und Managementprozessen trifft.

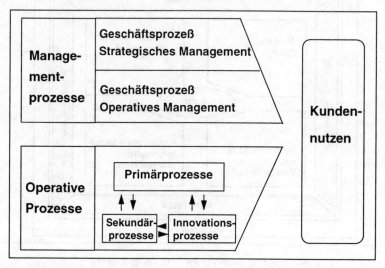

Abbildung 4-2: Prozeß-Architektur

Die Modellierung und Gestaltung komplexer Unternehmensstrukturen im Rahmen von BPR-Projekten ist heute kaum mehr mit Papier und Bleistift effizient durchführbar. Um die erforderlichen prozeßorientierten IS zur Unterstützung der leistungsbezogenen Aufgaben des Unternehmens zu gestalten, sind geeignete **Methoden und Werkzeuge** erforderlich, die den gesamten Modellierungsprozeß und die Handhabung sowie Pflege der Modelle unterstützen (*Krcmar/Schwarzer* 1994). Abzubilden sind Trigger, Input, Output, Funktion, Daten, organisatorische Einheit, Anwendungssystem, Schnittstellenspezifikation und Kenngrößen (Kosten, Zeit, Qualität und Flexibilität) eines jeden Prozesses. Die Werkzeuge zur Prozeßgestaltung entstammen meist einem der folgenden vier Herkunftsbereiche:

- Unternehmensgesamtmodelle,
- originäre BPR-Methoden,
- Computer Aided Software Engineering (CASE) und
- Workflow Computing.

Der Ansatz der Unternehmensgesamtmodelle stellt sich die Aufgabe, einen Gesamtüberblick über ein Unternehmen zu liefern und dabei von bestimmten für den Verwendungszweck nicht erforderliche Details zu abstrahieren.

Bei den Werkzeugen der originären BPR-Methoden steht die Unterstützung bei der Neugestaltung des Prozeßablaufs im Vordergrund.

Die aus dem Software Engineering stammenden CASE-Werkzeuge, z.B. die Semantische Objektmodell-(SOM-)Methode nach *Ferstl/Sinz* (1993), setzen die Software-Entwurfsprinzipien Modularität und Abstraktion, insbesondere das hierarchische Funktionsmodellierungsprinzip um.

Die aus dem Bereich des Workflow Computing kommenden Werkzeuge sind aufgrund der Produktvielfalt schwer einheitlich zu bewerten. Oft bleiben deren Prozeßmodellierungskomponenten allerdings einige der oben geforderten Eigenschaften schuldig. Wie bei CASE gilt auch hier, daß neben einer meist guten Visualisierung oder auch Animation, beispielsweise auf Struktogramme, gefärbte Graphen und Petrinetze zurückgegriffen wird, wohingegen meist aber nur wenige Prozeßkenngrößen einbezogen sind und darüber hinaus eine (verhandlungsgesteuerte) Gestaltung von Schnittstellen nicht möglich ist.

Die heute existierenden Methoden unterscheiden sich zum Teil erheblich. Im Groben sind Methoden zum geeigneten Vorgehen bei BPR-Projekten zu unterscheiden von mehr technischen Methoden zur detaillierten Modellierung der einzelnen Prozesse. Zur Methodencharakterisierung eignen sich die Kriterien *Abbildungsumfang* (welche Eigenschaften des Unternehmens können abgebildet werden), *Darstellungsqualität* (Verständlichkeit der Darstellungen), *Mächtigkeit* (Vorhandensein von Rahmen-, Referenz-, Analyse- und Simulationsmodellen), *Unterstützung des Modellierungsablaufs* (Werkzeugumfang für die Prozeßabbildung und Prozeßgestaltungsaktivitäten der BPR-Projektteams) sowie die *Modellierungsphilosophie (Zuordnung zu dem aktivitätsorientierten oder kommunikationsorientierten Methoden)*. Der letzte Punkt soll im folgenden genauer erläutert werden:

Aktivitätsorientierte Ansätze sind statische Ansätze, die sich auf die Modellierung der Input-Output Zusammenhänge eines Prozesses konzentrieren und vornehmlich die Daten- und Funktionsmodelle eines Prozesses gestalten. Die Ansätze basieren deshalb meist auf klassischen Methoden der Daten- und Funktionsmodellierung wie z.B. Strukturierte Analyse, Entity-Relationship-Modellierung und Modellierung von Funktionsbäumen.

Kommunikationsorientierte Ansätze konzentrieren sich nicht mehr auf die Modellierung von Einzelaktivitäten, sondern auf die Modellierung der *Koordinationsbeziehungen* zwischen den Prozeßbeteiligten und damit auf die Schnittstellen zwischen den Einzelaktiviäten und deren Zusammenwirken. Prozesse werden im Gegensatz zu den aktivitätsorientierten Ansätzen nicht als Folge von Aktivitäten sondern als Folge von Koordinationsbeziehungen definiert (*Elgass* 1996, S.46ff). Beispiele sind:

(1) Der **Action Workflow Ansatz** (*Medina-Mora/Winograd/R. Flores/F. Flores,* 1992) mit den Phasen *Proposal, Agreement, Performance* und *Satisfaction.*

(2) Das **Semantische Objektmodell** SOM (*Ferstl/Sinz,* 1993) mit den Phasen (*Anbahnung, Vereinbarung* und *Durchführung* für Verhandlungstransaktionen und *Steuerung, Kontrolle* für Regelungstransaktionen)

(3) Die **Kunden-Lieferanten Beziehungen** (KLB) (*Krcmar/Zerbe* 1996), die für die Leistungsübergabe die Phasen *Anbahnung, Verhandlung, Durchführung* und *Abnahme* betrachtet.

Stellvertretend für die kommunikationsorientierten Ansätze wird die KLB näher erläutert: Zur Darstellung flexibel anpaßbarer Prozesse, die auch Ausnahmefälle berücksichtigen können, werden verwendet. Eine KLB ist eine logische Verbindung zwischen einem *Leistungsnachfrager (Kunde)* und einem *Leistungsanbieter (Lieferant),* zwischen denen eine Transaktion erfolgt. Ein zentrales Konzept innerhalb dieser Modellierung ist der Verhandlungsprozeß zwischen den beteiligten Personen bei der Definition der KLB. Die Modellierung ist erst beendet, wenn eine Einigung zwischen Leistungsanbieter und Leistungsnachfrager erzielt ist. Neben den üblichen Verzweigungen können Konstrukte wie Streckengeschäfte oder Vertretungsverhältnisse wesentlich einfacher dargestellt werden als in EPK-Modellen.

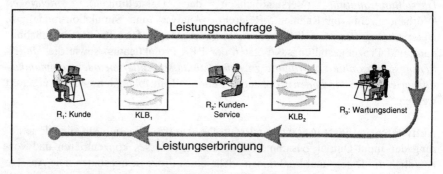

Abbildung 4-3: Prozeßmodell mit Kunden-Lieferanten Beziehungen

Abbildung 4-3 zeigt das Beispiel eines Serviceprozesses, für den zwei KLB modelliert wurden. Die erste KLB beschreibt die Transaktion zwischen dem Kunden (Rolle R_1) und dem Kundenservice (R_2). Der Kunde wendet sich mit einem Reparaturauftrag an den Kundenservice, der seinerseits den Auftrag in einer zweiten Transaktion an den Wartungsdienst (R_3) weitergibt. Der Wartungsdienst erbringt die Leistung und gibt sie zum Kundenservice, der sie dem Kunden aushändigt und berechnet. Zur genaueren Spezifikation einer KLB wird ihr Ablauf in die vier Phasen *Anbahnung, Verhandlung, Durchführung* und *Abnahme* unterteilt, die in der Abbildung als vier Pfeile dargestellt werden, welche die primäre Kommunikationsrichtung angeben. Die erfolgreiche Anbahnung eröffnet, die Abnahme der Leistung schließt eine KLB. Um eine größere Abstraktion von den beteiligten

Personen zu erzielen, wird der Rollenbegriff verwendet, wobei eine *Rolle* die Zuständigkeit für eine betriebswirtschaftliche Aufgabe ausdrückt. Alle Funk–tionen, die zur Erfüllung der Aufgabe erforderlich sind, werden im Sinne des *Information Hiding* in einer Rolle versteckt; dafür betont dieser Modellierungsansatz die Abhängigkeiten und Kommunikationsbeziehungen zwischen den Aufgabenträgern. Die KLB erleichtern die Modellierung der Leistungserstellung in unstrukturierten Prozessen sowie die arbeitsteilige Leistungserstellung in Netzwerkorganisationen und verteilt arbeitenden Teams.

Nachdem die Modellierungsphilosophie als ein wesentliches methodisches Detail der Prozeßmodellierung näher beschrieben wurde, wird in Abbildung 4-4 ein Überblick über die bekanntesten Methoden zur Modellierung von Prozessen gegeben. Dort wird gezeigt, ob die jeweilige Methode detaillierte Vorschläge zum Vorgehen in BPR-Projekten gibt (Spalte „Vorgehen"), ob verschiedene Eigenschaften und zu besetzende Rollen berücksichtigt wurden („Rollen"), ob Ergebnisse umfassend beschreibbar sind („Ergebnisse") und wie umfassend unterstützende Techniken vorliegen. Die Abbildung zeigt dann einen ausgefüllten Kreis, wenn die Methode:

- Ein konkretes *Vorgehen* zur Modellerstellung in Form eines Vorgehensmodells vorschlägt,
- anhand von *Rollen* zusammengehörige Aufgaben bündelt,
- klare Aussagen über die *Ergebnisse* trifft sowie
- *Techniken* mit einer detaillierte Anleitungen zur Modellierung und Generierung von Ideen enthält.

(linke Randbeschriftung senkrecht:) Prozesse   Sicherheit   Standardisierung   Synchronisierung

Methode \ Komponente	Vorgehen	Rollen	Ergebnisse	Techniken
Action	●	○	●	●
BCG	●	●	○	◐
CSC Ploenzke	●		○	◐
Davenport	●	◐	○	◐
Diebold	●	●	○	●
Eversheim	◐	○	●	●
Ferstl / Sinz	◐		●	●
Hammer	●	●	○	○
Harrington	●		●	●
IBM UBG	●	●	◐	●
Johansson	●	◐	●	●
Malone	◐	○	●	●
Manganelli / Klein	●	●	◐	◐
McKinsey	◐	○	○	◐
OSSAD	◐	○	●	◐
Österle	◐	●	●	●
Scheer	●		●	●

Abbildung 4-4: Methodenvergleich für das Business Process Reengineering
Quelle: *Hess/Brecht* (1996, S.119)

Obwohl die Bedeutung der IKT im Zusammenhang mit BPR in den meisten Publikationen zum Thema BPR hervorgehoben wird, ist die Rolle des für den IKT-Einsatz zuständigen IM in bezug auf BPR-Projekte bisher kaum behandelt. Mit dem Kernbestandteil des **prozeßorientierten IM** im Gesamtkonzept soll daher der Tatsache Rechnung getragen werden, daß das IM im Vergleich zur bisherigen Automatisierungsaufgabe vorwiegend bestehender Strukturen heute enorme Gestaltungspotentiale aufweist, so daß umgekehrt auch das BPR hohe Anforderungen an das IM stellt. Das IM sollte beispielsweise neben seiner Spezialistenfunktion für Analyse, Design und Implementierung oder als Technologieexperte eine „Lehrrolle" in bezug auf die Wahrnehmung der Prozesse im Unternehmen ausfüllen.

Der zentrale Zusammenhang zwischen IM und BPR besteht in der Rolle der IKT als *Enabler*, als *Facilitator* sowie als *Implementator* neuer Prozesse und Organisationsformen (*Schwarzer* 1994b). Der BPR-Erfolg und damit die Realisierung von Quantensprüngen hängt in vielen Fällen in hohem Maße vom IKT-Einsatz ab. IKT als Enabler drückt aus, daß IKT neuartige Prozesse oft überhaupt erst möglich macht, d.h. diese ohne neuartige Technologieunterstützung so nicht ablaufen könnten. IKT als Facilitator stellt auf die methodische und operative Unterstützung (z.B. durch Modellierungstools) des Prozeß-Designs ab und IKT als Implementator ergibt sich dadurch, daß anhand von informationsorientierten Abbildungen (Information Engineering) Unterstützungssysteme für die neuen Prozesse sehr effizient und schnell entwickelt und eingeführt werden können (

Abbildung 4-5).

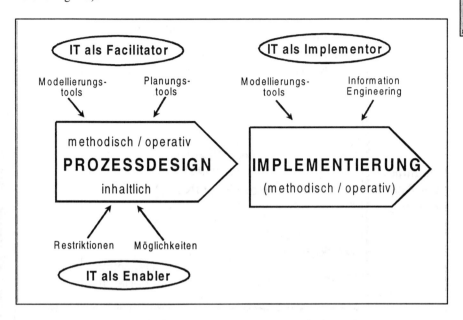

Abbildung 4-5: Informations- und Kommunikationstechnologien im Business Process Reengineering
Quelle: *Schwarzer* (1994b, S.32.)

Bei der Betrachtung von **IKT als Enabler** lassen sich in Abhängigkeit der *Häufigkeit der Ausführung eines Geschäftsprozesses* und in Abhängigkeit der *Routinisierbarkeit der Aufgabe* (Strukturierbarkeit und Formalisierbarkeit im vorhinein) die verschiedenen durch IKT realisierbaren GeschäftsprozeßUnterstützungsmöglichkeiten klassifizieren (*Krcmar/Zerbe* 1996).
Abbildung 4-5 zeigt, welche IKT für die Unterstützung von Geschäftsprozessen einer bestimmten Aufgabe vorgeschlagen wird. Ist sowohl die Routinisierbarkeit der Aufgabe als auch die Häufigkeit der Ausführung des Geschäftsprozesses niedrig, ist der Einsatz von Groupware zur Unterstützung der Teamorientierung für die Lösung von Aufgaben in der Workgroup angebracht. *Nastansky* (1993) nennt mehrere Merkmale, die Workflow-orientierte Groupware Produkte zu erfüllen haben. Sind beide Dimensionen in ihrer Ausprägung hoch, ist eine Vorabdefinition und damit eine zentrale Modellierung des Workflows des Geschäftsprozesses möglich. In diesem Bereich werden Workflow-Systeme eingesetzt. Der Bereich zwischen Groupware und Workflow-Systemen fällt dem **Negotiation Enabled Workflow (NEW)** zu, der über eine Modellierung mit Kunden-Lieferanten Beziehungen realisiert wird.

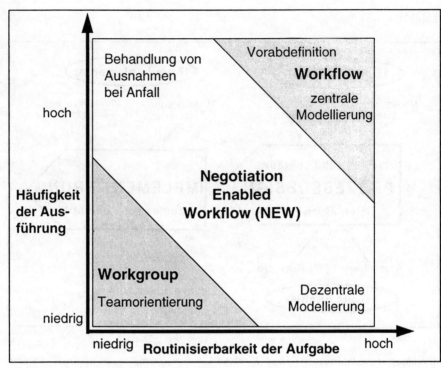

Abbildung 4-6: Prozeßunterstützung durch Informations- und Kommunikationstechnologie

BPR-Forschung befindet sich noch in einem Anfangsstadium, insbesondere was die Bewertung von BPR-Projekten betrifft. Das hier vorgestellte Gesamtkonzept weist Variablen auf, die einer weiteren Betrachtung unterzogen werden sollten, gerade auch um die Rolle der IKT besser beleuchten zu können.

4.2 SICHERHEIT

Die Sicherheit von Informationssystemen ist wichtig für die Akzeptanz bei den Nutzern während der Einführung und dem Betrieb, beispielsweise von eCommerce-Systemen. Schlagworte wie Information Warfare, Makroviren und Wirtschaftsspionage finden breite Resonanz in der Öffentlichkeit (*Heimbrecht/Schultze* 1998, *CERT* 1999, *Krompl* 1999). Weniger verbreitet sind Berichte über Schäden durch unabsichtliche Fehlbedienung oder übertriebenen Sicherungsaufwand. Die vielfältigen Aspekte der Sicherheit von Informationssystemen wird im folgenden zunächst aus einer technischen und daraufhin aus einer organisatorischen Perspektive betrachtet. Auf andere Bereiche, wie beispielsweise die Rechtssicherheit digitaler Signaturen, wird hier nicht näher eingegangen.

"Informationssicherheit umfaßt den Schutz sämtlicher Informationen – unabhängig vom Informationsträger – bei Verarbeitung, Speicherung und Transport sowie den Schutz aller technischen und organisatorischen Methoden und Hilfsmittel, welche dazu eingesetzt werden." (*Pongratz 1998*, 302). Es bestehen unterschiedliche **Formen** der Beeinträchtigung von IS. Diese sind

- technische Unzulänglichkeiten (z.B. durch fehlerhafte Software),
- bewußtes oder unbewußtes menschliches Fehlverhalten,
- höhere Gewalt oder
- Havarien (wie beispielsweise der Ausfall der Energieversorgung).

Vernetzte Informations- und Kommunikationstechnologien stellen aus der Sicherheitsperspektive besondere Anforderungen, insbesondere auch die Übertragungssicherheit im Internet. Betrachtet man die historische Entwicklung des Internet, so läßt sich daran auch die mit einer Nutzungsänderung einhergehende veränderte Zielsetzung an die Sicherheit eines Informationssystems darstellen.

Als das US-amerikanische Verteidigungsministerium im Jahre 1969 das ARPA-Netz (Advanced Research Projects Agency) als Vorläufer des Internet initiierte, stand vornehmlich die Ausfallsicherheit des Gesamtnetzes im Vordergrund (*Fuhrberg* 1999). Dadurch sollte bei Ausfall eines zentralen Netzknotens verhindert werden, daß die komplette Netzinfrastruktur betroffen sein würde. Man wählte deshalb einen dezentralen Aufbau des Netzes auf Basis des paketorientierten TCP/IP-Protokolls, bei dem Sender und Empfänger den physischen Übertragungsweg im allgemeinen nicht vorbestimmen können. Dies bedeutet jedoch auch, daß die einzelnen Pakete über die unterschiedlichsten Netzkomponenten verschiedener Betreiber geleitet werden und dort prinzipiell einseh- bzw. manipulierbar sind. Insbesondere das Auslesen der häufig ungeschützt übertragenen Zugangskennungen und Passwörter durch sogenannte "sniffer"-Applikationen fand aufgrund des 1994 herausgegebenen CERT Advisory mit dem Titel "Ongoing Network Monitoring Attacks" (*CERT* 1994) große Resonanz in der Presse. Desweiteren wurden Sicherheitslücken durch das sogenannte IP-Spoofing, bei dem die häufig lediglich auf der IP-Nummer basierende Zugangsauthentisierung zu Rechnersystemen genutzt wird, oder durch die durch abändern der IP-Paket-Informationen mögliche Wahl des Übertragungsweges mittels Source Routing, bekannt (*Fuhrberg* 1999).

Während die Konzeption des Internet damaligen **Sicherheitszielsetzungen** des vornehmlich wissenschaftlich genutzten Netzes genügte, stellt dieser Aufbau heutige Nutzungsszenarien vor vielfältige Sicherheitsprobleme.

Insbesondere beim elektronischen Geschäftsverkehr über das Internet (eCommerce) kann mit Hilfe der Internet-Basistechnologien keine

- Vertraulichkeit gegenüber unbefugter Einsichtnahme und Manipulation,
- Unveränderbarkeit der übertragenen Daten,

Prozesse
Sicherheit
Standardisierung
Synchronisierung

- Authentizität des Senders und Empfängers sowie
- Verbindlichkeit bzw. Beweisbarkeit einer Kommunikation

gewährleistet werden. Aus diesem Grunde wurden verschiedene Protokolle entwickelt, um Sicherheit in diesen Teilbereichen auf unterschiedlichen Ebenen zu gewährleisten (vgl. Abbildung 4-7).

Internet Schicht	OSI Schicht	Sicherheitsprotokoll
Anwendung	Anwendung	SET, S-HTTP, Digitale Signatur, Pretty Good Privacy (PGP)
	Darstellung	
	Sitzung	SSL
Transport	Transport	
Netz	Netz	IPsec, IPv6
Subnetz	Sicherung	
	Bitübertragung	

Abbildung 4-7: Sicherheitsprotokolle im Internet
Quelle: In Anlehnung an Peukert (1997)

Kryptographische Verfahren stellen eine Basistechnologie zum Schutz vor den Gefahren auf unsicheren Kommunikationswegen wie dem Internet dar (*Schwarzer/Krcmar* 1996, 50). Unterschieden wird dabei häufig zwischen synchronen und asynchronen, starken und schwachen Verschlüsselungsverfahren. Während starke Verfahren einen komplexen Schlüssel aufweisen, dessen Rückübersetzung für Dritte nur mit einem unvertretbar hohen Aufwand zu leisten wäre, zeichnen sich schwache Schlüssel durch ein geringeres Sicherheitsniveau, aber auch weniger Rechen- und Übertragungsaufwand zur Nutzung dieses Schlüssels aus. Bei einer **symmetrischen Verschlüsselung** sind die Schlüssel zum Ver- und Entschlüsseln identisch. Das bedeutet jedoch, daß zur sicheren Übertragung von Dokumenten zumindest der Schlüssel über einen sicheren Kanal, wie beispielsweise während eines persönlichen Treffens, ausgetauscht werden muß. Da dies im Internet nicht praktikabel erscheint, bedient man sich zumeist sogenannter **asymmetrischer Verschlüsselungsverfahren**. Dabei generiert ein Nutzer einen privaten und einen öffentlichen Schlüssel, die unterschiedlich, jedoch zusammengehörig sind. Will ein Sender eine Nachricht verschlüsseln, so nutzt er den frei verfügbaren öffentlichen Schlüssel des Empfängers der Nachricht. Lediglich der Empfänger kann nun mit Hilfe seines privaten, von ihm sicher verwahrten Schlüssels die mit seinem öffentlichen Schlüssel unkenntlich gemachte Nachricht entziffern.

Um die Authentizität des Senders und die Unveränderbarkeit der übertragenen Daten zu gewährleisten, wurden auf Anwendungsprotokollebene sogenannte **Digitale Signaturen** auf Basis asymmetrischer Verschlüsselungsverfahren entwickelt (vgl. Abbildung 4-8).

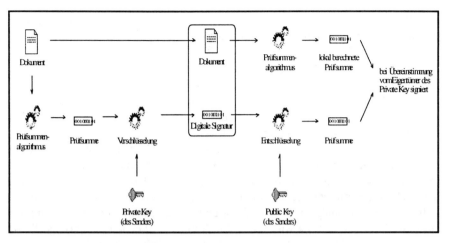

Abbildung 4-8: Digitale Signatur
Quelle: In Anlehnung an *Network Associates* (1999, S.18)

Der Sender eines Dokumentes will dem Empfänger versichern, daß dieses Dokument von ihm stammt und während der Übertragung nicht geändert wurde. Dazu läßt er eine Prüfziffer des Dokumentes berechnen (sogenanntes Hashing) und überführt diese mit Hilfe seines privaten Schlüssels in eine digitale Signatur. Diese wird zusammen mit dem Dokument an den Empfänger übertragen. Der Empfänger berechnet wiederum eine Prüfsumme mit Hilfe derselben Hashfunktion. Parallel dazu entschlüsselt er die digitale Signatur mit dem öffentlichen Schlüssel des Senders und kann damit sicher sein, daß diese Signatur vom privaten Schlüssel des Senders generiert wurde. Stimmt die in der Signatur enthaltene, vom Absender berechnete Prüfsumme mit der vom Empfänger berechneten Prüfsumme überein, dann kann er zudem sicher sein, daß die Nachricht während der Übertragung nicht geändert wurde. Der Sender kann zusätzlich das Dokument vor unbefugter Einsichtnahme schützen, indem er es -wie oben beschrieben- mit dem öffentlichen Schlüssel des Empfängers verschließt.

Die überwiegende Mehrzahl der **Bezahlprotokolle** im Internet verwenden derartige kryptographische Verfahren zur Sicherung der Vertraulichkeit und der Integrität der übertragenen Informationen und ermöglicht zudem eine eindeutige Zuordnung zum Absender einer Nachricht. Das von Visa und Mastercard entwickelte SET (Secure Electronic Transactions) ist ein Beispiel für ein eCommerce-System, dessen Sicherungsmechanismen auf Anwendungsebene definiert sind. Zur Identifizierung, Authentisierung und Authorisierung der Kommunikationsteilnehmer werden dabei verschiedene Formen sogenannter **Zertifikate** verwendet. In diesen Zertifikaten bestätigt die ausstellende Person bzw. Einrichtung -zu der ein Kommunikationspartner Vertrauen hat-, daß der Inhaber des Zertifikats bestimmte Eigenschaften besitzt. Schlüsselzertifikate nach X.509 (*International Telecommunica–*

tion Union 1993) bescheinigen beispielsweise, daß dem Zertifikatsinhaber ein im Zertifikat enthaltener öffentlicher Schlüssel gehört.

Das sogenannte **Trust Management**, durch das die Integrität des Gesamtsystems beispielsweise mit Hilfe von zeitlich begrenzt gültigen Schlüsseln gewährleistet werden soll, wird in vielen weit verbreiteten Ansätzen wie beispielsweise Pretty Good Privacy (PGP) den einzelnen Benutzern überlassen. Verhalten sich dabei einzelne Benutzer bewußt oder unbewußt falsch, kann die Sicherheit des Gesamtsystems nicht mehr garantiert werden. Aus diesem Grunde werden sogenannte **Public Key Infrastructures** diskutiert (*Achter* 1999), die entweder dem hierarchischen, dem Netzwerkmodell oder einer Mischform aus beiden folgen. Beim **hierarchischen Trustmodell** steht an der Spitze einer Baumstruktur die sogenannte Policy Approving Authority (PAA), die grundlegende Richtlinien der Infrastruktur aufstellt. Die zweite Ebene wird durch die Policy Certification Authorities (PCA) repräsentiert. Die PCAs etablieren einheitliche Richtlinien innerhalb einer Organisation, die für die untergeordneten Certificate Authorities (CA) bindend sind. Diese übernehmen Registrierungsfunktionen gegenüber dem Benutzer. Innerhalb dieser Hierarchie gelten damit von oben nach unten eindeutige, homogene Trustpfade, an denen entlang ein Benutzer den öffentlichen Schlüssel seines Kommunikationspartners eindeutig verifizieren kann. Beim **Netzwerkmodell** zertifizieren sich die CAs gegenseitig. Will ein Nutzer den öffentlichen Schlüssel seines Kommunikationspartners verifizieren, dann hangelt er sich ausgehend von seiner Zertifizierungsinstanz mit Hilfe komplexer Suchstrategien durch das Netz bis hin zur CA seines Kommunikationspartners. Einsatzszenarien für eine Public Key Infrastructure sind beispielsweise die End-zu-End-Sicherheit bei Anwendungen wie Home-Banking oder unternehmensweite **Trust Center**, wie sie beispielsweise bei virtuellen privaten Netzwerken über öffentliche Netze wie das Internet eine große Rolle spielen.

Neben der Sicherung von Informations- und Kommunikationsnetzwerken kommt der **Authentifizierung** und Erkennung eines unberechtigten Zugangs zu einem System (dem sogenannten **Intrusion Detection**) besondere Bedeutung zu. IT-Systeme gewähren ihren Benutzern teilweise schon bei unvernetzten Systemen unterschiedliche Zugriffsrechte. Besondere Relevanz kommt vernetzten Systemen zu, da der Zugang auch von einem physisch entfernten Ort mit Hilfe der vom System bereitgestellten Dienste erfolgen kann. Unberechtigter Zugang kann damit entweder mit Hilfe der meist auf Zugangskennungen und Paßwörtern basierenden Authentifikation oder durch Ausnutzen fehlerhafter Zugangsdienste verschafft werden. Mit Hilfe von Verfahren wie beispielsweise aus der Biometrie, die eine eindeutige Zuordnung eines Merkmals zu einer Person erlauben, können die relativ unsicheren Paßwortverfahren abgelöst werden. Ein unberechtigter Zugang über die vom System bereitgestellten Dienste kann durch Filtermechanismen, wie sie Firewalls zur Verfügung stellen, massiv erschwert wenn nicht ganz ausgeschlossen werden. Immer stärkere Verbreitung finden auch Intrusion Detection Systeme, die

Mißbräuche und Anomalien von Nutzern im System teilweise automatisch erkennen können.

Das **Management der Sicherheit** umfaßt Aufgaben und Aktivitäten, die darauf gerichtet sind, Beeinträchtigungen bestimmter Prozesse zu vermeiden oder in ihrer Schadenswirkung zu begrenzen. Dies umfaßt die Organisation dafür zuständiger Struktureinheiten sowie die erforderlichen Mittel bzw. Methoden.

Die obigen Ausführungen haben gezeigt, aus welcher Vielzahl komplexer Aufgaben und Aktivitäten die Sicherung von Informationssystemen bestehen kann. Zu deren Strukturierung wurden in den letzten Jahren verschiedene Rahmenarchitekturen geschaffen. Zu nennen sind vor allem

- die Richtlinien für das Management der IT Sicherheit der International Organisation for Standardisation (*ISO* 1996),
- das Security Handbook des National Institute of Standards and Technology (*NIST* 1999), Washington D.C.,
- der Code of Practice for Information Management des britischen Department of Trade and Industry (*British Standards Institution* 1995),
- die MARION-Methode (Méthodologie d´analyse des risques informatique et d´optimisation par niveau) (*Lamère* 1991, *Lamère* 1985),
- das Verfahren des deutschen Bundesamtes für Sicherheit in der Informations–technik (*BSI* 1992) sowie
- das vom BSI herausgegebene IT-Grundschutzhandbuch (*BSI* 1998).

Diese Rahmenarchitekturen variieren stark in ihrer Anwendungsbreite und -tiefe. Im folgenden wird exemplarisch das Management der Sicherheit gemäß dem IT-Grundschutzhandbuch dargestellt, das in vielen Unternehmen und nach einer Umfrage des Bundesministerium des Innern der BRD in über 90% aller Behörden der BRD Anwendung findet (*Landvogt* 1998). Nicht geeignet ist diese Rahmenarchitektur für hochgradig sicherheitsrelevante Informations- und Kommunikationssysteme, wie z.B. die zentrale Verkehrssünderdatei des Kraftfahrtbundesamtes.

Im Zentrum der Betrachtung steht die Information – nicht die Informationssysteme -, insbesondere unter den Gesichtspunkten Vertraulichkeit, Integrität und Verfügbarkeit (*BSI* 1998). Im ersten Schritt erfolgt die Festlegung der Sicherheitspolitik (vgl. Abbildung 4-9:).

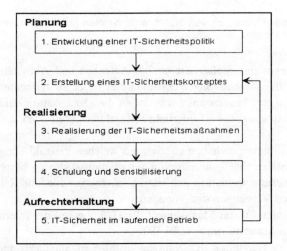

Abbildung 4-9: Managementprozeß der Sicherheit in Informationssystemen
Quelle: *BSI* 1998

Die Definition der **Sicherheitspolitik** erfolgt in der Regel durch die Geschäfts-bzw. Behördenleitung, die dabei das Bewußtsein für die Belange der IT-Sicherheit und deren Bedeutung für die Organisation herausstellt, das Sicherheitsmanagement initiiert und kontrolliert. Die Sicherheitspolitik bildet die Grundlage für die Erstellung eines **Sicherheitskonzepts**, in dem zunächst Risikoerkennungs- und – bewertungsmaßnahmen festgelegt werden. Dadurch können erst Schadensfolgen und deren Kosten bestimmt werden, die in einem zweiten Schritt den zur Risikominderung erforderlichen Maßnahmen wie Sicherung der Systeme, Katastrophenpläne, organisatorische Regelungen über das Festlegen des Sicherheitsniveaus von Informationen oder Abschließen von Versicherungspolicen gegenübergestellt werden können.

Das IT-Grundschutzhandbuch gibt neben detaillierten **Maßnahmeempfehlungen** eine grundlegende Organisationsstruktur vor. Dabei wird die Sicherheitsverantwortung an den die Information benötigenden Aufgabenträger delegiert, unabhängig vom physischen Träger der Information. Die Aufgabenträger werden jedoch, insbesondere bei der Erkennung von Sicherheitsrisiken und auf technischer Ebene, von einem zentralen IT-Sicherheitsmanagement-Team unterstützt. In der Realisierungsphase werden die konzipierten Sicherheitsmaßnahmen wie Backups, Installation von Firewalls oder Schulungsmaßnahmen für die Mitarbeiter umgesetzt. Dem letzten Punkt kommt hierbei besondere Bedeutung zu. Die Mitarbeiter sind die Nutzer und häufig auch die Träger von Informationen. Sie gilt es für die Sicherheitsbelange zu sensibilisieren. Die Mitarbeiter, insbesondere auch das IT-Sicherheitsmanagement-Team, entwickeln das IT-Sicherheits-management-Konzept im laufenden Betrieb unter Berücksichtigung geänderter Sicherheitserfordernisse weiter.

Die technische und organisatorische Betrachtung des Sicherheitsbegriffes zeigt, daß Sicherheit nur durch den Bezug auf andere Kenngrößen meßbar und zudem ein ökonomisch knappes Gut ist. D.h. aber auch, daß absolute Sicherheit, abgesehen von der technischen Unmöglichkeit, vor dem Hintergrund knapper Ressourcen wirtschaftlich nicht sinnvoll ist. Außerdem ist Sicherheit immer stark subjektiv geprägt. Die Akzeptanz von Informationssystemen hängt also entscheidend vom wahrgenommenen Sicherheitsniveau ab.

4.3   STANDARDISIERUNG UND VERTEILUNG

Die zunehmende Verteilung von IV-Aufgaben und -Ressourcen in den Unternehmen ist ein Thema, dessen Stellenwert unter anderem in der Einrichtung des Schwerpunktprogramms „Verteilte DV-Systeme in der Betriebswirtschaft" der Deutschen Forschungsgemeinschaft im Jahre 1992 zum Ausdruck kam (*König/Wendt/Rittgen* 1994). Dieser Abschnitt wendet sich diesem Gebiet unter dem Blickwinkel zu, wie die Verteilung der IV-Aktivitäten ermöglicht werden kann, und behandelt dabei die zentrale Rolle der Standardisierung.

Der Begriff der **Verteilung der betrieblichen Informationsverarbeitung** wurde eingeführt. Er kann mit dem Begriff der Dezentralisierung gleichgesetzt werden. Weitreichende Formen der Verteilung werden durch Schlagworte wie Individuelle Datenverarbeitung (IDV) oder Personal Computing gekennzeichnet, bei denen die Endbenutzer ihre DV-Anwendungen selbst entwickeln bzw. auswählen und bedienen (*Heilmann* 1990, S.691). Die Verteilung der betrieblichen DV vollzieht sich grundsätzlich auf einer technischen und parallel dazu auf einer organisatorischen Ebene. Die technische Verteilung beinhaltet die Verbreitung von Hard- und Software, Netzwerke und elektronische Datenhaltung in allen physischen Bereichen einer Organisation. Damit einher geht die organisatorische Verteilung, die Dezentralisierung der IV-Aufgaben und operativen sowie strategischen IV-Verantwortungskompetenzen in einer gegebenen Organisation.

Als **Ziele der Verteilung** können genannt werden (*Krcmar/Strasburger* 1993, S.16-18):

- verkürzte Reaktionszeiten,
- eine flexiblere Ressourcenallokation (nur lokal benötigte Anwendungen werden verteilt, global benötigte Anwendungen zentralisiert),
- die Stärkung von Autonomie und Eigenverantwortlichkeit,
- die Förderung des Erwerbs und der effizienten Handhabung von Fachkenntnissen im jeweiligen betrieblichen Anwendungsbereich und
- die Vermeidung von DV-Ausfallrisiken für weite Teile oder für das gesamte Unternehmen.

Heilmann (1990) führt daneben eine Entlastung der Anwendungsentwickler des Unternehmens und damit einen Abbau des allgemeinen Anwendungsrückstaus auf. Aus der Unternehmenspraxis der 80er Jahre heraus wohl einer der wichtigsten Gründe für die Verteilung der DV.

Trotz dieser oft schon eingelösten Ziele müssen die **Gefahren der Verteilung** berücksichtigt werden: Die Verteilung kann Wildwuchs, Doppelarbeit, Redundanzen, unnötige Lernprozesse und andere Zusatzkosten hervorrufen. Außerdem ist der Aufwand zur Wahrung der Sicherheit größer als bei zentralisierter IV. Die ökonomischen Vorteile, die weitgehend innerhalb der Debatte um Mainframe versus Client-Server-Architekturen behandelt wurden, sind nur schwer meßbar (*Krcmar/Strasburger* 1993). Grob kann gesagt werden, daß das Preis-Leistungsverhältnis bei PCs besser ist, die Kapazitätsauslastung jedoch bei Mainframe-Lösungen wirtschaftlicher. Anscheinend überwiegen aber die Dezentralisierungs-Vorteile der flexiblen Nutzung verschiedener Rechnertypen und der granularen Unterstützung von sich gemäß dem Wettbewerb dynamisch wandelnden Organisationen. Bei allen Vorteilen der zunehmenden Verteilung hat sich heute jedoch als größtes Problem ergeben, daß sie zwar meist nicht zu unkontrolliertem Wildwuchs, aber dennoch (schon innerbetrieblich) zu heterogenen, nicht kompatiblen IKT-Infrastrukturen geführt hat.

Um die durch die Verteilung entstandenen heterogenen „IKT-Inseln" miteinander ungehindert kommunizieren zu lassen, sind zwei verschiedenartige Auswege möglich: Der erste besteht darin, daß man jede IKT-Insel mit jeder anderen durch Schnittstellensysteme verbindet, wobei dieser Ausweg sehr ineffizient erscheint. Ein Unternehmen mit 100 Kommunikationspartnern heterogener IKT-Systeme, müßte 100 individuelle Absprachen bezüglich der jeweiligen Datenformate, Übertragungsprotokolle etc. treffen (*Picot/Neuburger/Niggl* 1991). Der sinnvollere Weg liegt daher in der Schaffung sogenannter **Offener Systeme** (= herstellerunabhängige Systeme). Voraussetzung für offene Systeme ist eine vorher multilateral getroffene Standardisierung. Die Kernaussage dieses IM-Querschnittsthemas lautet daher wie folgt: Ohne Standardisierung kann keine effiziente Verteilung der IV erreicht werden, was umgekehrt bedeutet, daß eine Unternehmung oder Branche die vorhandenen Schnittstellen um so mehr standardisieren muß, je mehr sie oder die einzelnen Branchenmitglieder ihre DV verteilen wollen.

Die **Standardisierungsökonomie** befaßt sich mit dieser Problematik aus verschiedenen Blickwinkeln wie beispielsweise der Entwicklung und Durchsetzung von Standards, deren Nutzen sowie der Auswahl von Standards (*Kindleberger* 1983, *Katz/Shapiro* 1985, *Hess* 1993, *Thum* 1995, *Buxmann* 1995, *Economides* 1995). Standards sind sogenannte **Netzeffektgüter**, deren Nutzen stark vom Verbreitungsgrad abhängt (*Katz/Shapiro* 1985). Die Festlegung des TCP/IP-Ports 80 und des HTTP-Protokolls zur Kommunika–tion mit Webservern brachte für den ersten derartigen Server keinen Nutzen, da die entsprechenden Browser fehlten

und damit keine Kommunikationspartner vorhanden waren. Anhand dieses Beispiels lassen sich auch die sogenannten direkten und indirekten Netzeffekte verdeutlichen. Die Vorteilhaftigkeit eines Standards ist demnach auch von Entscheidungen anderer abhängig. **Direkte Netzeffekte** bezeichnen die Möglickeit des
Aufbaus eines Netzwerks zwischen den Beteiligten (*Katz/Shapiro* 1985), beispielsweise des World Wide Web. **Indirekte Netzeffekte** treten dann auf, wenn
ein vorteilhaftes Angebot von Komplementärgütern wie beispielsweise HTML-
Editoren bzw. Webdatenbanken, Java-Servlets oder ähnliches besteht. Dies bedeutet jedoch auch, daß viele Standards (wie TCP/IP und HTTP) interdependent
sind und damit auch Netzeffekte aufweisen (*Buxmann/König* 1997).

Investiert ein Anwender in Produkte gemäß eines Standards, dann ist für ihn die
Umstellung auf einen anderen Standard meist mit hohen **Umstellungskosten** verbunden (*Zerdick* 1999). Beispielsweise lohnt sich aus seiner mikroökonomischen
Perspektive der Wechsel zu einem anderen Kommunikationsstandard nur dann,
wenn die Vorteile des anderen Standards die Wechselkosten kompensieren (die
sogenannte Lock-In-Situation). Aus gesamtwirtschaftlicher Sicht wäre die Auswahl eines neuen, technisch überlegenen Standards dann trivial, wenn zwischen
den individuellen Entscheidungsträgern keine Informationsasymmetrien bestün-
den, demnach jeder von der sicheren Erwartung eines Wechsels seiner Kommunikationspartner ausgehen könnte. Da diese Sicherheit nicht besteht, etablieren sich
auch häufig technisch unterlegene Standards.

Zur **Durchsetzung eines Standards** bedienen sich viele Hersteller einer Niedrigpreisstrategie, im Extremfall verschenken sie sogar ihre Produkte. Dadurch sind
die Standardisierungskosten eines Nutzers gering und er wird durch diese und
andere Maßnahmen zu einem Umstieg auf diesen Standard bereit sein. Diese Vorgehensweise ist beispielsweise im Mobilfunkmarkt zu beobachten. Die Betreiber
des E-Netzes, das andere Standards als die schon im Markt befindlichen D-Netze
nutzt, traten mit einer Niedrigpreisstrategie kombiniert mit Wechselprämien für D-
Netz-Nutzer am Markt auf

Die Begriffe Norm und Standard wurden schon definiert und abgegrenzt. Es soll
hier auf den **Nutzen von Standards** näher eingegangen werden. Folgende Nutzen-
arten können unterschieden werden:

* Standards senken generell die Kommunikationskosten. Beispielsweise nannte
  der *Ceccini*-Report (*Ceccini* 1988), daß in der Telekommunikation durch un-
  einheitliche Standards und technische Normen pro Jahr in Europa 4,8 Mrd.
  ECU verschwendet werden.
* Standards schützen Investitionen (*Buxmann* 1996) durch die auf der Offenheit
  basierenden vielseitigen Verwendbarkeit der angeschafften Systeme.
* Standardprotokolle und Standard-Software sind vielseitiger und mit geringerem
  Einarbeitungsaufwand einsetzbar, was zu einer weiteren Kostenreduzierung
  führt.

- Bilaterale Vereinbarungskosten zwischen den Unternehmen oder Unternehmensteilen entfallen (*Picot/Neuburger/Niggl* 1991).
- Standardisierung schafft Zeitvorteile in der Kommunikation, es sind weniger Medienbrüche notwendig.
- Durch standardisierte offene Kommunikationssysteme ergibt sich eine zusätzliche Markttransparenz, was positiv auf den Wettbewerb wirkt.

Die **Auswahlentscheidung** von Standards ist ein häufiges Problem im Rahmen des Informationsmanagements. *Buxmann/König* (1994) haben einen Prototypen zur *Unterstützung betrieblicher Standardisierungsentscheidungen* entwickelt, der auf Basis eines erwarteten positiven Netzeffektes versucht, die mit einem Standard in Verbindung zu bringenden Investitionen zu bewerten. Der Prototyp ermöglicht zwar eine simulative Untersuchung, strategische Auswertungen, die Verwendung von Sensibilitätsanalysen sowie eine explizite Berücksichtigung der Risikopräferenz des Entscheiders, ist aber durch seine Bindung an einige Annahmen und einen hohen Komplexitätsgrad in der Praxis schwer einsetzbar. Trotzdem sollte eine entscheidungsorientierte Betriebswirtschaftslehre weitere Ansätze zu einer Werkzeugunterstützung verfolgen. Grundlage hierfür ist die weitere Erklärung der Faktoren, die die betriebswirtschaftliche Standardisierungspolitik bestimmen. Einzelne Faktoren wurden bereits verschiedentlich aufgegriffen, so das IS-Management (*Bakos/Kemerer* 1992) oder die Softwareentwicklung (*Banker et al.* 1993).

Ein **Totalmodell zur Standardisierung der IKT-Anwendungen im Unternehmen** stammt von *Dewan/Seidmann/Sundaresan* (1995), deren Arbeiten auf der nicht-kooperativen Spieltheorie bei Informationssymmetrie basieren.

Es wendet sich der für das IM zentralen Frage zu, ob Unternehmensstandards für IKT-Systeme festgelegt werden sollten oder, ob vielmehr jede Organisationseinheit jeweils ihre favorisierten („best-of-breed")-Systeme frei auswählen sollte. Entsprechend dem Gedankengang bei der Verteilung sind zwei Arten von Determinanten für die Standardisierungsentscheidung zu unterscheiden. Nicht im Modell von *Dewan/Seidmann/Sundaresan* enthalten sind organisationale Determinanten. Einheitliche Standardisierungsgrundsätze sind beispielsweise eher ungeeignet für Organisationen mit

- heterogenen Geschäftsbedingungen der Abteilungen/Profit Center sowie
- Geschäftsumgebungen mit hoher Entwicklungsgeschwindigkeit und Unsicherheit, da hier die Varietät der Lösungen als Risikoausgleich fungiert.

Das Modell nimmt dagegen die folgenden technischen Bestimmungsfaktoren auf und beschränkt sich auf die Entscheidung zwischen zwei Systemen in zwei hypothetischen Organisationseinheiten (Abteilungen) eines Unternehmens:

- Anschaffungskosten der IKT-Produkte (F),

- Verarbeitungskosten per Einheit Output, beispielsweise pro Dokument (C),
- Übersetzungskosten (T), die durch Umformatieren eines Dokuments in ein vom abteilungsinternen Anwendungssystem lesbares Format entstehen,
- Umstellungskosten (S), bei Systemwechsel, inklusive Daten- und Software-Umstellung sowie Schulung,
- Verarbeitungsvolumen elektronischer Kommunikation zwischen den Abteilungen, gemessen an der Anzahl der ausgetauschten Dokumente, aufgeteilt nach Dokumentenfluß aus der jeweiligen Abteilung heraus (X) und in die jeweilige Abteilung hinein (Y).

Ausgehend von diesen Variablen besagt das Modell für eine Zeitperiode, daß die Organisationseinheiten sich bei der Einführung eines neuen Systems für dasjenige System entscheiden, das die Anschaffungskosten (F), die Verarbeitungskosten (CX) und die Übersetzungskosten (TY) in der folgenden Periode minimiert. Bei zwei Abteilungen A und B zeigt dies Abbildung 4-10. Im Falle hohen Dokumentenübertragungsvolumens von Abteilung A nach B, nicht aber umgekehrt, wird sich Abteilung A ceteris paribus also für ein Standardsystem entscheiden, vorausgesetzt, daß die Übersetzungskosten der empfangenden Abteilung entstehen.

Als weitere relevante unabhängige Variablen sind zu nennen:

- Senkungen der Anschaffungskosten bei Kauf eines gemeinsamen Systems, also Mengenrabatte oder ähnliches (W), und
- Einsparungen (R) durch spätere Lizenzerweiterung von einer Abteilung auf beide Abteilungen (Schattenreiterpotential).

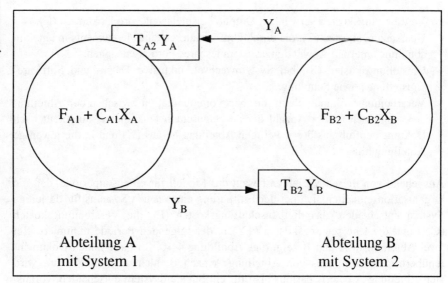

Abbildung 4-10: Kostenstruktur der Abteilungen bei Systemeinführung
Quelle: *Dewan/Seidmann/Sundaresan* (1995, S.103)

Die Inkompatibilitätskosten (TY + WF) bestehen insgesamt aus den Übersetzungskosten (TY) und dem Verlust an Skaleneffekten (Economies of Scale) durch
den Verzicht auf gemeinsamen Kauf eines Systems, ausgedrückt durch WF. Hohe
Mengenrabatte wirken also standardisierungsfördernd. Die Präferenzen der Abteilungen für ein System, beispielsweise System 2, entsprechen dem Preisunter-
schied sowie den Verarbeitungskosten ausgehender Dokumente der Systeme:

$$P2 = F1 - F2 + (C1 - C2) X.$$

Wenn die Abteilungspräferenz (P) für das andere System bei einer der beiden
Abteilungen höher ist als die mit dem System verbundenen Inkompatibilitätskosten, dann wird sich kein Standard (= gemeinsames System) durchsetzen:

$$TY + WF < P$$

Der **Wert eines Standards** ist nun errechenbar: Er entspricht den Mehrkosten
durch ein eigenes System einer Abteilung, vermindert um die Präferenz für dieses
System, von welcher die zugehörigen Inkompatibilitätskosten schon abgezogen
wurden. Φ_1 und Φ_2 können somit als Kosteneinsparungen der aus zwei Abteilungen A und B bestehenden Unternehmung bei einer Standardlösung für System 1
(Φ_1) beziehungsweise System 2 (Φ_2) und damit als Wert dieses Standards angesehen werden (*Dewan/Seidmann/Sundaresan* 1995, S.101).

Einsparungen beim Standardsystem 1 bestehen anders ausgedrückt in Form der
unternehmensweiten Anschaffungskosten von System 1 und Übersetzungskosten
von Abteilung A, abzüglich des Vorteils für Abteilung B, der ihr durch System 2

entstehen würde (Anschaffungskostenvorteil von System 2 sowie laufender Kostenvorteil vermindert um die Inkompatibilitätskosten des Systems 2).

Dewan/Seidmann/Sundaresan gehen besonders auf das Phänomen des bewußten späteren Übernehmens von Systemnutzungslizenzen durch nachziehende Abteilungen als Alternative zu einem gemeinsamen Erstkauf (sogenanntes *Schattenreiterverhalten*) ein. Dieses dysfunktionale Verhalten kann auftreten, wenn die Summe aus Inkompatibilitätskosten und Umstellungskosten bei der Lizenzerweiterung auf die entsprechende Abteilung immer noch geringer ist als der gemeinsame Neukauf in einer früheren Periode für die betreffende Abteilung wäre. Die Abteilung externalisiert hierbei die Kosten ihrer proprietären Lösung, was dem Gesamtunternehmen zusätzliche Kosten gegenüber gemeinsamen Erstkaufs in Periode 1 verursacht. Die Verbreitung des Schattenreiterverhaltens ist empirisch belegt und kann durch zu verhandelnde Ausgleichszahlungen zwischen den betroffenen Abteilungen verhindert werden.

Als **Konsequenzen für das IM** im Unternehmen lassen sich folgende Aussagen zu den drei möglichen Strategien festhalten:

1. Das IM kann unternehmensweite Standards vorgeben.
2. Das IM kann auf Standards bestehen, die konkrete Wahl aber der Verhandlung zwischen den Abteilungen überlassen.
3. Das IM greift bezüglich Standards nicht in das Abteilungsgeschehen ein.

Wie das Modell zeigt, ist die Strategie 1 selten zu empfehlen, Strategie 2 ist fast immer effizienter. Strategie 2 ist insbesondere geeignet bei Bedingungen, in denen keine freiwillige Einigung wahrscheinlich ist. Bei dieser Strategie wird sich ein effizienter Standard nach einer bestimmten Zeitspanne von selbst ergeben. Da aber das Problem des Schattenreitens auftreten kann, wird die Aufstellung eines Transferzahlungsschemas vorgeschlagen. Die Basisstrategie 3 ist geeignet, wenn Bedingungen für eine freiwillige Einigung auf einen Standard bestehen, wenn also ähnliche Benutzeranforderungen in den Organisationseinheiten bestehen, ein hohes internes Kommunikationsaufkommen zwischen den Abteilungen vorherrscht, hohe Inkompatibilitätskosten aufgrund stark ausgeprägter technischer Systemheterogenität bei Nichteinigung drohen oder die Economies of Scale insgesamt groß sind.

Nicht alle in der Realität wichtigen Determinanten wurden hier berücksichtigt. Weitere wichtige Determinanten liegen auch auf der Anbieterseite. Genannt seien die Anbieterstrategien bezüglich Abwärtskompatibilitäten und das Geheimhalten von Funktionalitätsausweitungen bei neuen Versionen, die beide hemmend auf eine Standardisierung im Unternehmen wirken.

Der wirtschaftliche Erfolg der Unternehmen wird zunehmend von der Strategie bezüglich der wichtigsten Standards und deren Einsatz abhängen. Für die Unter-

Prozesse
Sicherheit
Standardisierung
Synchronisierung

nehmen gilt dabei das Oberziel der Minimierung der Kosten für Kommunikation, intern wie auch in ihrem Geschäftsumfeld, bei einer gewählten Standardisierungsstrategie. Die Folgen der technischen und organisatorischen Verteilung erfordern die Planung und Lenkung der **Standardisierung des IM im Unternehmen**. Das IM als geeignete zentrale Stelle ist also gleichzeitig Subjekt und Objekt der Standardisierungsbemühungen. Ziel des IM ist zu entscheiden, welche Standards und welche Hierarchien von Standards wie detailliert in welchen Bereichen (unternehmensweit oder branchenweit) des IM selbst geschaffen werden sollen, um Effizienz und Wettbewerbsfähigkeit des IM zu erhalten. Anstatt dem Betreiben von isolierten Standardisierungsbemühungen in jedem einzelnen IM-Bereich des Unternehmens muß das zentrale IM Standardisierungsaufgaben je Unternehmensteil festlegen.

Das IM hat dabei einige wichtige Zusammenhänge in bezug auf die Standardisierungsbemühungen für das Unternehmen zu erkennen. Die Standardisierung rationalisiert nicht nur, sondern kann in besonderem Maße durch die Ermöglichung elektronischen Datenaustausches eine Veränderung betrieblicher Prozesse ermöglichen, so daß die sich durch offene Systeme ergebenden Entwicklungen laufend mit der Prozeßgestaltung abzustimmen sind. Ein weiterer Zusammenhang zum Outsourcing muß beachtet werden, da vermehrte Systemkompatibilität und standardisierter Datenaustausch Outsourcing-Kosten verringern.

In der Zukunft bedeutet Integration und Vernetzung durch Standardisierung, daß nicht nur standardisierte Hard- und Software, sondern vermehrt Daten- und Prozeßmodelle für ganze Branchen und branchenübergreifende Geschäftsprozesse benötigt werden. Hierbei ist die Frage von zentraler Bedeutung, inwieweit es möglich wird, relevante funktionale Unternehmensobjekte modellhaft auszugestalten und zu standardisieren, so daß diese Funktionen für vernetzte Organisationen zur effizienten Kooperation verstärkt bei Bedarf zur Verfügung stehen.

4.4   FALL: UN/EDIFACT-STANDARDISIERUNG

Electronic Data Interchange (EDI), der papierlose Austausch von Geschäftsdokumenten zwischen Handelspartnern mit dem Ziel der Effizienzsteigerung zwischenbetrieblicher Routineprozesse, ist seit den späten 80ern ein wichtiges Thema in so gut wie allen Branchen. Vorreiter für den EDI-Einsatz waren die großen Unternehmen der Automobilindustrie, die beispielsweise in Deutschland schon seit Beginn der 80er Jahre elektronischen Datenaustausch mit ihren Lieferanten betreiben. Aber auch in anderen Branchen hat sich die elektronische Verbindung zwischen Hersteller und Lieferant etabliert.

Oft genannte Vorteile umschließen die Reduzierung der Papierberge, die deutliche Arbeitsersparnis durch Vermeidung wiederholter Dateneingabe, die Eliminierung von Fehlern bei der Datenerfassung, die Reduzierung von Portokosten und den

Zeitgewinn durch schnellere Übermittlung. Außerdem wird EDI ein Potential für Lagerabbau und Just-in-time Produktion und die Automatisierung von Arbeitsabläufen zugeschrieben (*Georg* 1993).

Für den an den Materialfluß gekoppelten Informationsfluß wird damit die Frage des zu wählenden Formatstandards für den Datenaustausch aktuell. Reicht bei einem Austausch zwischen zwei Unternehmen die bilaterale Vereinbarung über ein proprietäres Datenformat noch aus, ergibt sich mit wachsender Zahl der Kommunikationspartner die Notwendigkeit einer *Standardisierung.* Je nach Reichweite kann zwischen branchenspezifischen und branchenübergreifenden auf der einen Seite und nationalen und internationalen EDI-Standards auf der anderen Seite unterschieden werden (Abbildung 4-11).

branchen-neutral	ANSI X.12 (USA) TRADACOMS (UK)	EDIFACT
branchen-bezogen	VDA (Automobil in D) SEDAS (Handel in D) GENCOD (Handel in F)	ODETTE (Automobil in Europa) RINET (Versicherungen in Europa) SWIFT (Banken weltweit)
	national	international

Abbildung 4-11: Reichweite beispielhafter EDI - Standards
Quelle: In Anlehnung an *Picot/Neuberger/Niggl* (1991, S.24)

Problematisch wird ein begrenzter Standard für diejenigen Unternehmen, die Geschäftsbeziehungen mit Partnern unterschiedlicher Branchen oder mehrerer Länder pflegen, wodurch eine Zwei- oder Mehrgleisigkeit beim Datenaustauschformat von der Konstellation der Geschäftsbeziehungen erzwungen wird. Deutlich wird dies beim Auto-Zulieferer, der die Wünsche anderer Kundengruppen nach eigenen Nachrichtenformaten nicht auch noch befriedigen kann. Als Abhilfe aus diesem Dilemma geht die Entwicklung von proprietären Datenformaten und branchenspezifischen Standards hin zu dem internationalen und branchenübergreifenden Standard EDIFACT. EDIFACT steht für *Electronic Data Interchange for Administration, Commerce, and Transport* und bezeichnet ein weltweit gültiges Regelwerk für alle auszutauschenden Nachrichten im firmenübergreifenden Geschäftsverkehr aller Branchen dieser Welt. Die Arbeit der nationalen und internationalen Normungsgremien der UN/JEDI (United Nations/Joint EDI Group), der ISO (International Standards Organization), des ETSI (European Telecommunications Standards Institute), des CEN (Comité Européen de Coordination de Normalisation) und des DIN (Deutsches Institut für Normung), die an die Mühen des Sisyphus erinnert, hat bis Ende 1993 immerhin zu 168 verabschiedeten Nachrichtentypen geführt (*Schlieper* 1993). Wie man leicht erkennen kann, bringt der Alleinanspruch des EDIFACT-Regelwerks die Nachteile mit sich, daß sich die Entwicklung der Nachrichtentypen aufgrund der Vertretung aller Interessengruppen in den Normungsgremien über Jahre hinzieht und das Endergebnis, beispielsweise eine Nachricht „ORDERS" (Bestellung), zumindest als komplex bezeichnet werden muß.

Aus dieser Problematik heraus entstand die Idee des *Subset*, einer Teilmenge der umfassenden EDIFACT-Nachrichten für eine spezielle Benutzergruppe, die - im Gegensatz zu einem Branchenstandard - zu ihr aber kompatibel bleibt. So entstand EDITEX für Textilien, EDISAN für die Sanitärindustrie, EDIFURN für die Möbelindustrie usw. In Deutschland, wo die Subset-Kreativität am höchsten war, konnte die DEDIG (Deutsche EDI Gesellschaft) im April 1994 die stolze Zahl von 23 offiziell registrierten EDIFACT-Subsets vorweisen. „Stoppt den Subset-Wildwuchs" war denn auch der Hilferuf einer Publikation der DEDIG (*o.V.* 1994), um dem die EDIFACT-Philosophie konterkarierenden Treiben Einhalt zu gebieten. Unter den Subset-Kandidaten hat sich schließlich *EANCOM*, der Ableger des Weltstandards EDIFACT für den Handel mit über die EAN-Nummer identifizierbaren Gütern, als Champion erwiesen, dem sich immer mehr Branchenorganisationen anschließen.

Aber viel schwieriger als ein Neuanfang mit einem branchenübergreifenden Standard gestaltet sich der Übergang von Bewährtem, da die Unternehmen, die in proprietäre oder branchenspezifische Standards investiert hatten, den Umstieg nicht einsehen und zumindest für eine gewisse Zeit ablehnen. Weltweit standen 1993 nach einer Statistik des internationalen EAN-Verbandes 2.899 EANCOM-Nutzer, ein beeindruckendes Wachstum von 199% gegenüber dem Vorjahr, einer großen Mehrheit von 18.089 EDI-Nutzern auf der Basis anderer Standards gegenüber (*EAN* 1994), wobei sich die Nicht-EANCOM-Nutzer in großer Zahl in Großbritannien (TRADACOMS), Frankreich (GENCOD) und Deutschland (SEDAS) befanden, also Ländern mit langer Tradition des Datenaustauschs auf Basis nationaler Standards. So entsteht die paradoxe Situation, daß in der internationalen EAN-Gemeinschaft die EDI-Pioniere die Verbreitung des internationalen Standards EANCOM bremsen. Der Einsatz des Weltstandards EDIFACT in Reinstform blieb - zumindest für 1994 - auf Pilotpojekte im Finanzbereich und im Transportwesen beschränkt, welche als quer zu den Branchen liegende Dienstleistungsbereiche die hauptsächlichen Nutznießer einer gemeinsamen Sprache darstellen.

Nicht zuletzt durch die kräftige Finanzhilfe der Europäischen Gemeinschaft im Programm TEDIS (Trade EDI Systems), das die Förderung des EDI-Einsatzes auf Basis internationaler Standards zur Steigerung der Wettbewerbsfähigkeit europäischer Unternehmen zum Inhalt hat, kann 1994 aber von Fortschritten im Standardisierungsprozeß gesprochen werden, da inzwischen einige Nachrichtentypen verabschiedet wurden und sich Branchenverbände auf die Migration zu EDIFACT festgelegt haben. Eine entscheidende Rolle für die Verbreitung von EDI innerhalb einer Branche kommt damit den Verbänden zu, beispielsweise der CCG (Centrale für Coorganisation), die sich für den Handel dem Wechsel vom Standard SEDAS zu EDIFACT verschrieben hat oder dem VDA (Verband der Automobilindustrie), der den Einsatz des internationalen ODETTE-Standards als EDIFACT Subset auch in Deutschland unterstützt.

Quellen:

EAN International (Ed.): EDI in the EAN community 1993. Brussels 1994.

Georg, T.: EDIFACT - Ein Implementierungskonzept für mittelständische Unternehmen. Wiesbaden 1993.

Eistert, T.: EDI Adoption and Diffusion - International Comparative Analysis of the Automotive and Retail Industries. Wiesbaden 1996.

o.V: Stoppt den Subset-Wildwuchs. In: x-change 2/1994, S. 20-23.

Picot, A.; Neuburger, R.; Niggl, J.: Ökonomische Perspektiven eines „Electronic Data Interchange". In: Information Management 2/1991, S. 22-29.

Schlieper, H.: Introduction to UN/EDIFACT messages. Seventh revised issue, Stuttgart 1993.

4.5   DIE SYNCHRONISIERUNG DER ENTWICKLUNGSGESCHWINDIGKEITEN IM IM

Die letzten Jahrzehnte waren durch eine in ihrem Ausmaß wohl überwältigende Dynamik in der Technologieentwicklung gekennzeichnet, die in den 90er Jahren IV-Kapazitäten schuf, welche in den 70er Jahren kaum vorstellbar waren und deshalb oft in den Bereich der Utopie verwiesen wurden. Im Gegensatz dazu sind die **Entwicklungsgeschwindigkeiten** des *individuellen*, aber auch des *organisatorischen Lernens* alles andere als mit den Entwicklungsgeschwindigkeiten der IKT synchron: Als Beispiel möge man sich verdeutlichen, daß sich in der Spanne einer Menschengeneration von ca. 30 Jahren unzählige Innovationszyklen abspielen können, und daß die Diskussion um einen Wertewandel in der Gesellschaft ähnlich lange Zeiträume umfaßt.

Auf ein Unternehmen bezogen, gilt die Unternehmensstrategie als langjähriges Fixum mit einem Planungszeitraum von durchaus bis zu 20 Jahren, auch wenn die dynamischen Marktentwicklungen in neuerer Zeit oft wesentlich kürzere Strategiezyklen notwendig machen. Die Organisationsstruktur eines Unternehmens ist meist ebenfalls längerfristig angelegt, so daß Restrukturierungsaktivitäten je nach Größe des Unternehmens oftmals frühestens nach 5 Jahren zu konstatieren sind. Länger ist da schon der Zeitraum für IS-Anwendungen anzusetzen, wo Applikationen häufig bis zu 15 Jahre im Einsatz sind, bevor eine neue Generation nachfolgt. All diese Zeiträume stehen in scharfem Kontrast zu der Entwicklungsgeschwindigkeit von IKT.

Besonders deutlich wird für das IM die Aufgabe der Abstimmung der unterschiedlichen Veränderungsgeschwindigkeiten, wenn man die typischen Zeithorizonte für die im letzten Kapitel erläuterten IM-Aufgaben anschaut: *Informationswirtschaftliche* Aufgaben, insbesondere zum Informationsbedarf, ändern sich aufgabenbezogen kaum, höchstens wenn eine turbulente Wettbewerbsumwelt für die Teilaufgaben dauernd andere Informationen erfordern. Die Frage der personenspezifischen Informationsnachfrage dagegen verändert sich mit den Mitarbeitergenerationen, denn die Informationsverwendung hängt beispielsweise von der Ausbildung der Mitarbeiter ab und nicht nur von der Verfügbarkeit von Informationen.

Eine empirische Untersuchung von *Lehner* (1989) hat festgestellt, daß die in der Literatur dokumentierten durchschnittlichen Lebensdauern von *Anwendungen* in der Praxis häufig weit überschritten werden. Die ermittelte durchschnittliche Lebensdauer lag bei 8,8 Jahren, wobei nicht der exakte Wert ausschlaggebend ist, sondern die Feststellung, daß Anwendungssysteme relativ lange genutzt werden. Aufgaben der *Technologieebene* kämpfen mit der schnellen Geschwindigkeit und den vorgegebenen Abschreibungsbedingungen. Die *Gestaltungsaufgaben* des IM haben wiederum unterschiedliche Zeithorizonte, die den Anlaß zur Änderungshandlung bedingen. In Abhängigkeit von der Konstellation externer Rahmenbedingungen können sie sich sowohl sehr kurzfristig ändern, beispielsweise im Falle einer Reorganisation des IM nach Aufkauf des Unternehmens, oder lange konstant bleiben.

Insgesamt ergibt sich, daß sich die Entwicklungsgeschwindigkeiten einzelner Elemente des IM zum Teil drastisch unterscheiden und ein Konzept zur Bewältigung dieser Unterschiede gefordert ist. Dabei sind insbesondere die Folgen der hohen Entwicklungsgeschwindigkeit der IKT im Verhältnis zu der Adaptionsgeschwindigkeit der Mitarbeiter zu berücksichtigen. Als theoretische Alternativen ergeben sich die *Entkoppelung* dieser Elemente und oder die *Anpassung* der unterschiedlichen Geschwindigkeiten aneinander.

Sind denn die Entwicklungsgeschwindigkeiten von IKT, IS und Informationswirtschaft entkoppelbar, wodurch eine Anpassung der Geschwindigkeiten unnötig wäre? Es ist zu fragen, ob die Entwicklungsgeschwindigkeiten von IKT, IS und Informationswirtschaft voneinander **entkoppelt** werden können, wodurch eine Anpassung der Geschwindigkeiten unnötig wäre. Die Antwort auf diese Frage lautet jedoch aus verschiedenen Gründen „Nein". So ergibt sich die untrennbare Zusammengehörigkeit von Information und Technologie allein schon aus der *Dualität der Information* (vgl. Kapitel 2), der Tatsache, daß Information neben dem Modellcharakter auch physische Eigenheiten aufweist.

Außerdem wirkt eine Änderung der IKT auch auf die Form von IKT als Modell. So verändert eine Änderung der IKT auch die Form von Informationen als Modell. Im Modell der Informationsabbildung auf der *Meta-Meta-Ebene*, d.h. Informa–

tionen über Informationen als Abbildung einer Abbildungsrelation, zeigt sich der Einfluß der Technologieentwicklung nur auf der Objektebene (Abbildung 4-12).

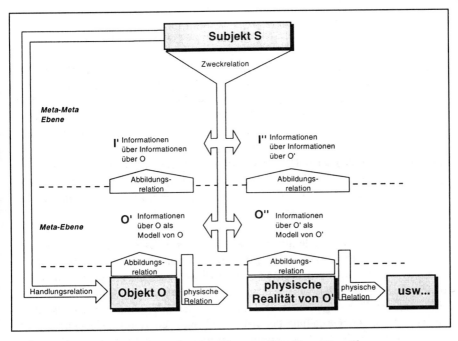

Abbildung 4-12: Information auf der Meta-Ebene und der Meta-Meta-Ebene

Die Entscheidung über die Objekte („Handlungsrelation") werden jedoch auf Basis des Modells bzw. der Modellabbildung gefällt („Zweckrelation"), so daß eine adäquate Entscheidungsgrundlage nur dann gegeben ist, wenn der Fortschritt auf Modellebene mit der Technologieentwicklung Schritt gehalten hat. Die Bewältigung dieser *Geschwindigkeitsfalle* durch Entkoppelung erscheint dem Meta-Meta-Modell entsprechend nicht möglich.

Ein anderes Argument gegen die Entkoppelung findet sich in der zunehmenden Bedeutung der Modellierung in der IV, wie sie sich in der Verbreitung von Unternehmensmodellen und IS-Architekturen manifestiert. Modellierung löst jedoch das Synchronisierungsproblem nicht, da die Modellentwicklungsgeschwindigkeit langsamer ist als die Technologieentwicklung, denn sie beruht auf der individuellen Lernfähigkeit der beteiligten Menschen. Beispielhaft wird die Technologie der Objektorientierung zur Erläuterung herangezogen. Die Technologieentwicklung hat in den letzten Jahren die Objektorientierung mit objektorientierter Modellierung, objektorientierten Datenbanken usw. Hervorgebracht. Während die Technologie mittlerweile einen gewissen Reifegrad erreicht hat, hat sich die Objektorientierung in den Denkstrukturen der vielen Menschen noch nicht durchgesetzt, geschweige denn Eingang gefunden. Der Fortschritt auf der Ebene der Technologieentwicklung, der Objektebene, ist dem Fortschritt auf der Modellebene weit voraus. Eine Entkoppelung der Entwicklungen voneinander ist nicht möglich.

Damit ergibt sich zwingend die Notwendigkeit einer **Anpassung** durch Veränderung der Geschwindigkeiten der einzelnen Elemente des IM, was die Förderung von *Langsamkeit* für die bisher schnellen Elemente oder von *Schnelligkeit* für die bisher langsamen Elemente beinhaltet. Da es eher unwahrscheinlich ist, die Lerngeschwindigkeit der IM-Mitarbeiter an die Änderungsgeschwindigkeit der IKT anzupassen, gilt es, die negativen Auswirkungen schneller Technologieentwicklungen zu verhindern. In dieser Hinsicht ist der derzeitige Trend in der Unternehmensstrategie, das Unternehmen auf wenige *Kernkompetenzen* auszurichten und diese trotz technologischer Dynamik und Änderungen langfristig im Wettbewerb zu positionieren, als deutlicher Versuch der Verlangsamung und der Anpassung der Strategieentwicklung an die menschliche Lerngeschwindigkeit zu interpretieren.

Gleichzeitig ist eine Parallelität der Reaktion zu konstatieren, d.h. eine Annäherung der Geschwindigkeiten wird sowohl von seiten der Technologie (Verlangsamung) als auch der Mitarbeiter (Beschleunigung) angegangen. Komplementär lassen sich für diese Tendenz drei Erklärungsrichtungen ausmachen: Die Erhöhung der Flexibilität durch IKT im Sinne des *Informationsverarbeitungsansatzes*, die variable Gestaltung des IM in Abhängigkeit von der Umweltwahrnehmung auf der Basis des *Interpretationsansatzes* und die gegenseitige Beeinflussung von IKT und Mensch aus der Perspektive der *Strukturationstheorie*.

Im **Informationsverarbeitungsansatz** nach *Galbraith* (1973) wird ein Unternehmen im wesentlichen als Institution verstanden, in der Information gesammelt, transformiert, gespeichert und übertragen wird. In einer der ersten Entwicklungen der Unternehmens-Umwelt-Dichotomie wird die Schaffung ausreichender IV-Kapazität, um den Anforderungen einer unsicheren Umweltentwicklung zu entsprechen, als wesentliches Merkmal effektiver Organisationsgestaltung in den Mittelpunkt gestellt. Dieser „Fit" zwischen IV-Bedarf und -Kapazität, der in Abbildung 4-13 schematisch dargestellt ist, wurde bereits in den 70er und 80er Jahren angestrebt (*Galbraith* 1973) und bezieht sich allgemein auf die Individuen und Gruppen innerhalb von Organisationen.

Obwohl der IV-Ansatz damit nicht auf die IV im technischen Sinne ausgerichtet ist, betont *Egelhoff* (1991) die Erhöhung der IV-Kapazität für die Individuen in Organisationen durch den Einsatz von IKT. In diesem Sinne wird also gefordert, die Entwicklungsgeschwindigkeit der Technologie zu akzeptieren, um die Flexibilität und die Lernkapazität der Mitarbeiter zu erhöhen.

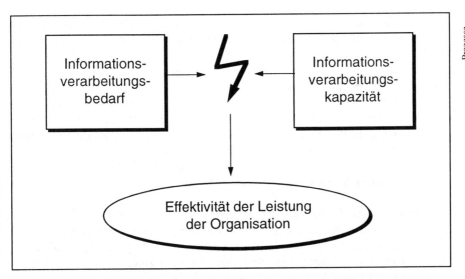

Abbildung 4-13: Informationsverarbeitungs-Fit zwischen Unternehmen und Umwelt

Aus der Eigenschaft von Information, Modell zu sein, ergibt sich, daß Information der Interpretation durch den Menschen unterliegt. Im **Interpretationsansatz** fassen *Daft/Weick* (1984) Organisationen als Interpretationssysteme auf, innerhalb derer ein Prozeß mit den Stufen *Datensammlung*, *Interpretation* und *Handeln* stattfindet. Durch die sich an die Datensammlung anschließende Interpretation, ist jede Information subjektiv zu verstehen, so daß in extremis auch die Grenzen zwischen intern und extern verschwimmen und die Organisation durch die Betrachtungsweise der Handelnden definiert wird. Wie in Abbildung 4-14 dargestellt, lassen sich mit Hilfe der Dimensionen „analysierbare versus nicht analysierbare Umwelt" und „aktives versus passives Eindringen in die Umwelt" vier Organisationstypen herauskristallisieren.

		Eindringen in die Umgebung	
		passiv	aktiv
Auffassung von der Umgebung	analysier-bar	conditioned viewing „benevolent environment"	discovering „correct answer"
	nicht analy-sier-bar	undirected viewing „soft information only"	enacting „construct the environment"

Abbildung 4-14: Typen von Organisationen im Interpretationsansatz
Quelle: In Anlehnung an *Daft/Weick* (1984, S.291)

Wird eine analysierbare Umwelt passiv angegangen und die gegebene Datenbasis als ausreichend angesehen, spricht man von „*conditioned viewing*", bei dem die historisch gewachsenen Datenauswertungsverfahren das Handeln der Organisation prägen. Bei der *„undirected viewing"*-Organisation herrscht die Auffassung einer nicht analysierbaren Umwelt vor, was „weiche" Daten und Auswertungsverfahren wie persönliche Interaktionen und subjektive Meinungen in den Vordergrund stellt, aber zu einem ebenfalls passiven Umgang mit der Umwelt führt. Die *„discovering"*-Organisation hingegen analysiert die Umwelt aktiv, so daß alle bekannten oder noch nicht bekannten Faktoren der als analysierbar angesehenen Umwelt einem ständigen Scanning unterliegen. *„Enacting"* schließlich bezeichnet eine proaktiv interpretierende Organisationsform, die bestehende Regeln auch einmal außer acht läßt oder bewußt bricht, um die nicht analysierbare Umwelt anzugehen, und sich damit ihre Umwelt selbst „inszeniert".

Aus diesem Ansatz heraus läßt sich gesteigerte *Varietät* und *Gestaltungsorientierung* im IM fordern, so daß die Aufgaben des IM nicht immer als gegeben angesehen werden müssen, sondern sich an die Auffassung der Umwelt anpassen. Deutlich wird in diesem Ansatz auch die Orientierung am Zeithorizont, denn Analysierbarkeit und Gestaltbarkeit der Umwelt sind auf längere Sicht eher gegeben. Damit bestimmt die IV-Kapazität der Individuen und deren Entwicklung die Geschwindigkeit der Technologienutzung (*Krcmar* 1991).

Der Gedanke, daß die Entkoppelung der Elemente des IM mit ihren unterschiedlichen Entwicklungsgeschwindigkeiten nicht möglich ist, wird von der **Strukturationstheorie** aufgegriffen und in einen ganzheitlichen *Technologie-Institutionen-Ansatz* überführt, in dem Technologie einerseits als Ergebnis menschlichen Handels -im Gegensatz zu Naturphänomenen- begriffen wird, andererseits aber auch das Medium darstellt, mit dem das Ergebnis geschaffen wird (*Orlikowski* 1990, S.41; vgl. auch Abschnitt 3.3.6). Im Gegensatz zum die Diskussion lange Zeit beherrschenden „technologischen Imperativ" mit seinem unidirektionalen Einfluß auf bestehende Organisationsstrukturen und -prozesse, wird in der Strukturationstheorie das dynamische interaktive Zusammenspiel zwischen den Elementen *Technologie, institutionelle Struktur* und *menschliche Aufgabenträger* in den Mittelpunkt gestellt. In Abbildung 4-15 wird ersichtlich, daß Stand und Entwicklung technologischer Möglichkeiten Rahmenbedingungen setzen sowohl für organisatorische Institutionen als auch für menschliche Individuen als Träger von Aufgaben innerhalb dieser Institutionen. Der Mensch selbst aber ist ursächlich verantwortlich für die Weiterentwicklung von Technologie und nimmt damit auf die ihm Rahmenbedingungen setzende Technologieentwicklung Einfluß.

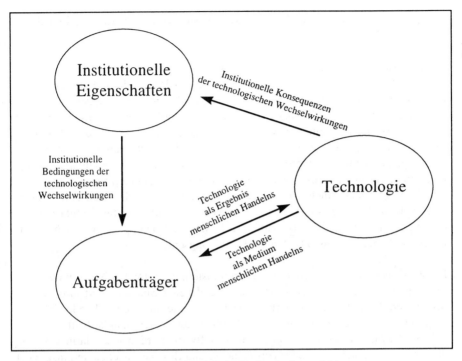

Abbildung 4-15: Das Strukturationsmodell der Technologieentwicklung
Quelle: In Anlehnung an *Orlikowski* (1990, S.41)

Zusammenfassend ergibt sich die **Aneignung von Technologie** durch die in der Organisation tätigen Individuen als der zentrale Prozeß in der längerfristigen Betrachtung des IM, der die Entwicklungsgeschwindigkeit und damit die zeitliche Struktur des IM steuert. Aus einer globalen Perspektive heraus kann dieser Prozeß auf zweierlei Art interpretiert werden, wenn man den Einsatz neuer IKT entweder als *„neutrale Ressource"* oder als *„Mittel zur Änderung etablierter Regeln"* durch innovative Nutzung betrachtet. Bei einer reinen *Ressourcenbetrachtung* ergeben sich keine Probleme aufgrund der Geschwindigkeitsunterschiede zwischen Technologieentwicklung und menschlicher Lernfähigkeit, denn die Nutzung von Innovationen in schneller Folge führt „nur" zu schnellerer, effizienterer und kostengünstigerer Informationshandhabung, beispielsweise durch neue Prozessoren mit höherer Verarbeitungsgeschwindigkeit. Anders sieht es jedoch bei sogenannten „Technologiebrüchen" aus, wenn ein neues *Nutzungsparadigma* eingeführt wird, wie z.B. bei dem Wechsel von textbasierter Bildschirmverarbeitung zu graphischen Nutzeroberflächen. In diesem Falle bestimmt die Aneignungsgeschwindigkeit der Nutzer die Weiterentwicklung und soziale Phänomene wie die Altersstruktur der Beschäftigten (der „Generationenwechsel") werden relevant. Andere Beispiele von neuen Nutzungsparadigmen finden sich in der Einführung von

Online-DV nach Jahren der Batch-Tradition oder in der Nutzung multimedialer Datenbestände.

Damit wird klar, daß den aus den unterschiedlichen Entwicklungsgeschwindigkeiten resultierenden Problemen für das IM durch die Differenzierung in Nutzungs- und Ressourcenparadigma in geeigneter Weise begegnet werden kann. Das Nutzungsparadigma entspricht dem Technologiebruch-Ansatz mit einer radikalen Änderung etablierter Regeln für die Betroffenen. Hier läßt sich schlußfolgern, daß ein solcher Bruch nicht zu oft stattfinden sollte, um eine erfolgreiche Durchsetzung nicht zu gefährden. Als Daumenregel heißt das für Unternehmen je Generation nur einmal, also etwa alle 15 Jahre, etwas zu ersetzen, was dann aufgrund der gesamten Aneignungskosten in dieser Form für die nächsten 15 Jahre nutzbar bleiben sollte. Bezogen auf eine konkrete Idee wie die Einführung von Client-Server-Architekturen ist damit die 15-jährige Bindung an ein solches Nutzungsparadigma Einflußfaktor bei der Einführungsentscheidung.

Die genannten Schwierigkeiten der Synchronisierung im IM bei Nutzern der IKT-Entwicklung lassen sich beispielsweise anhand neuer Standard-Software für den Mittelstand darstellen. Die Mitarbeiter erfahren heute durch die schnelle Entwicklung der neuen Werkzeuge die stete Verfügbarkeit neuer Standardsoftware, wie z.B. SAP R/3. Die Vorteile von Standard-Software werden auch darin gesehen, daß sie das Unternehmen im Prinzip schneller und flexibler machen und insgesamt mehr Informationen zur Führung und Steuerung bereitstellen. Dies ist zwar richtig, gleichzeitig stellt aber Standard-Software nichts bereit, um die menschliche IV-Kapazität entsprechend zu verbessern, also die Frage, inwieweit die Mitarbeiter mit den neu geschaffenen Möglichkeiten in der IV umgehen können und damit in der Lage sind, die Nutzung neuer Technologien auf der Ebene der Informationswirtschaft umzusetzen. Diese Frage stellt sich unabhängig von der Verfügbarkeit neuer Standard-Software immer bei der Einführung neuer Technologien. In der Praxis wird vielmehr angenommen, daß die Fähigkeit zur Nutzung und Umsetzung automatisch vorhanden sei, woraus dann abgeleitet wird, man könne an Schulung, Vorbereitung, Miteinbeziehung der Beteiligten und Erlangung eines gemeinsamen Commitment sparen.

Gleichzeitig ergibt sich aber aus der Sicht des IM als Interpretationsmanagement eine sehr pragmatisch motivierte Einschätzung der eigenen Einflußmöglichkeiten für die meisten Mittelständler. Hängen Großunternehmen vielleicht der Vision nach, sie könnten durch Größe, Marktmacht und Teilnahme an entsprechenden Gremien Einfluß auf die Entwicklung von IKT nehmen, so trifft das für den Mittelständler nicht zu: Er betrachtet sich sozusagen als „Opfer" der technologischen Entwicklung.

Auch für die Einführung einer neuen Standard-Software für das gesamte Unternehmen, die alle informationswirtschaftlichen Grundlagen des Unternehmens verändert, wird er demnach das Interpretationsmuster „optimale Nutzung von wenig beeinflußbarer technologischer Entwicklung" anwenden wollen und dabei die Frage stellen, welches denn nun die richtige Standard-Software ist, statt die Frage zu stellen, welches der richtige Weg ist, Standard-Software einzuführen. Gleichzeitig hat der mittelständische DV-Leiter aber ein gutes Gefühl dafür, daß es letztendlich um Menschen und ihre Fähigkeit zur Adaptation geht. Er steht also der Anforderung gegenüber, die neue Software möglichst schnell einzuführen, da sie doch „nur" ein neues technisches Hilfsmittel darstellt. Der Erfolg der Standard-Software-Einführung hängt aber vom Weg der Einführung und nicht nur von der Software-Auswahl ab, solange die Auswahl verantwortungsvoll durchgeführt wird.

Die Tatsache, daß die Verwendung neuer Arbeitsmittel im Unternehmen ebenso vom „Adressaten" *angenommen* werden muß wie ein neues Produkt im Markt, ist vielen Unternehmensleitern nur schwer zu vermitteln. Der Grund liegt im traditionellen Verständnis der DV als „reine" Technik. Unverständnis herrscht demgegenüber darüber, wie Mitarbeiter alleine und in Gruppen mit der neuen Technik zurecht kommen, damit Akzeptanz geschaffen wird. Daher wird viel zu wenig Bedacht darauf verwendet, die Einführung insgesamt so zu strecken, daß auf die Fähigkeiten der Mitarbeiter zur Technologieadoption Rücksicht genommen wird. Die hier geforderte „Langsamkeit" im Ganzen heißt nun nicht unbedingt Langsamkeit im Detail, bedeutet nicht, daß auch kleinere Aktionen abteilungsweiser Umstellungen gebremst vonstatten gehen müssen, bedeutet auch nicht, daß nicht Möglichkeiten zu suchen sind, die Adaptionsgeschwindigkeit zu erhöhen.

Literaturverzeichnis

Achter, S.: PKI - Public Key Infrastructure, in: Bundesamt für Sicherheit in der Informationstechnik (Hrsg.): Tagungsband des 5. Deutschen IT-Sicherheitskongreß des BSI, Bonn 1997.

Anselstetter, R. (1986): Betriebswirtschaftliche Nutzeffekte der Datenverarbeitung. 2. Aufl., Berlin et al. 1986.

Ansoff, H.I.: Management-Strategie. München 1966.

Augustin, S.: Information als Wettbewerbsfaktor: Informationslogistik - Herausforderung an das Management. Köln 1990.

Aurenz, H. (1997): Controlling verteilter Informationssysteme : Client/Server-Architekturen. Frankfurt am Main 1997.

Bakopoulos, J.Y.: Toward a More Precise Concept of Information Technology. In: Proceedings of the Sixth International Conference on Information Systems, Indianapolis, Indiana, December 16-18, 1985, S. 17-23.

Bakos, Y.J.; Kemerer, C.F.: Recent Applications of Economic Theory in Information Technology Research. In: Decision Support Systems, Vol. 8, No. 5, 1992, S. 365-386.

Ball, L.; Harris, R.: SMIS Members: A Membership Analysis. In: MIS Quarterly, Vol. 6 (March 1982) No. 1, S. 19-38.

Balzert, H.: Lehrbuch der Softwaretechnik. Heidelberg Berlin 1998

Bamberg, G.; Coenenberg, A.; G.; Kleine-Doepke, R.: Zur entscheidungsorientierten Bewertung von Informationen. In: Zeitschrift für betriebswirtschaftliche Forschung, 1976, S. 30-42.

Banker, R.D.; Datar, S.M.; Kemerer, C.F.; Zweig, D.: Software Complexity and Maintenance Costs. In: Communications of the ACM, Vol. 36 (1993) No. 11, S. 81-94.

Barrett, S.; Konsynski, B.: Inter Organization Information Sharing Systems. In: MISQ, Dec. 1982, Special Issue, S. 93-105.

Bartlett, C.A.; Ghoshal, S.: Internationale Unternehmensführung: Innovation, globale Effizienz, differenziertes Marketing. Frankfurt/Main, New York 1990.

Becker, J.: Entscheidungsparameter beim Aufbau eines unternehmensweiten Datenmodells. In: Information Management, 4/1993, S. 30-38.

Becker, J.; Schütte, R.: Handelsinformationssysteme. Landsberg/Lech 1996.

Behme, W.; Ohlendorf, T.: Informationsmanagement in deutschen Unternehmen - Ergebnisse einer empirischen Untersuchung. Arbeitspapiere des Instituts für Betriebswirtschaftslehre, Universität Hildesheim, 1/1992.

Benson, R.J.; Parker, M.M.: Enterprise-wide Information Management - An Introduction to the Concepts. IBM Los Angeles Scientific Center Reports, G320-2768, May 1985.

Berthel, J.: Information. In: Handwörterbuch der Betriebswirtschaft. Hrsg.: Grochla, E.; Wittmann, W. 4. Auflage, Stuttgart 1975, Sp. 1860-1880.

Bichler, M.: Aufbau unternehmensweiter WWW-Informationssysteme. Braunschweig Wiesbaden 1997.

Biethan, J.; Rohrig, N.: Datenmanagement. In: Handbuch Wirtschaftsinformatik. Hrsg.: Kurbel, K.; Strunz, H. Stuttgart 1990, S. 737-755.

Bissantz, N.; Hagedorn, J.: Data Mining (Datenmustererkennung). In: Wirtschaftsinformatik, Jahrg. 35 (1993) Nr. 5, S. 481-487.

Bleicher, K.: Organisation. Wiesbaden 1991, S. 193-196.

Bode, J.: Betriebliche Produktion von Information. Wiesbaden 1993.

Boehm, B.W.: A spiral model of software development and enhancement. In: Computer, May 1988, S. 61-72.

Bongard, S.: Outsourcing-Entscheidungen in der Informationsverarbeitung - Entwicklung eines computergestützten Portfolio-Instrumentariums. Wiesbaden 1994.

Borowka, P.: Ist WBEM die Plattform der Zukunft. In: Ein Faß ohne Boden? Blickpunkt: System- und Netzwerkmanagement. Computerwoche focus Nr. 5/1998, S. 10-12.

Borowka, P.: VPNs – Modeerscheinungen oder Zukunftstechnik? In: Netzwerke – Eine Branche im Umbruch? – Blickpunkt: Internetworking. Computerwoche focus Nr. 2/1999, S. 13-15.

Brancheau, J.C.; Wetherbe, J.C.: Key Issues in Information Systems Management. In: MIS Quarterly, Vol. 11 (March 1987) No. 1, S. 23-45.

British Standards Institution: A Code of Practice for Information Security Management - British Standard BS7799, British Standards Institution, London 1993.

Browning, L.D.; Beyer, J.M.; Shetler, J.C.: Building Cooperation in a Competitive Industry: Sematech and the Semiconducter Industry. In: Academy of Management Journal, Vol. 38(1995), Nr. 1, S. 113-151.

Brynjolfsson, E.: The Productivity Paradox of Information Technology. In: Communications of the ACM, Vol. 36 (December 1993) No. 12, S. 67-77.

Brynjolfsson, E.; Hitt, L. (1993): Is Information Systems Spending Productive? New Evidence and New Results. In: Proceedings of the International Conference on Information Systems, Orlando, Florida, 1993, S. 47-64.

Brynjolfsson, E.; Hitt, L.: Paradox Lost? Firm-level Evidence on the Returns to Information Systems Spending. In: Management Science, Vol. 42 (April 1996) No. 4, S. 541-558.

Buhl, H.; Wirth, A.: Outsourcing von Informationsverarbeitungsleistungen unter Risikoaspekten. In: Informationswirtschaft. Hrsg.: Frisch, W.; Taudes, A. Heidelberg 1993, S. 207-230.

Bundesamt für Informationssicherheit in der Informationstechnik (BSI): IT-Grundschutzhandbuch - Maßnahmeempfehlungen für den mittleren Schutzbedarf, Bonn 1998.

Bundesamt für Informationssicherheit in der Informationstechnik (BSI): IT-Sicherheitshandbuch. Version 1.0, BSI 7105, Bonn 1992.

Burn, J.; Saxena, K.B.C.; Ma, L.; Cheung, H.K.: Critical Issues of IS Management in Hong Kong: A Cultural Comparison. In: Journal of Global Information Management, Vol. 1 (Fall 1993) No. 4, S. 28-37.

Buxmann, P.: Standardisierung betrieblicher Informationssysteme. Wiesbaden 1996.

Buxmann, P.; König, W.: Ein Entscheidungsmodell zur Bewertung von Investitionen in Standards - dargestellt am Beispiel von ISO-Standards und CCITT-Empfehlungen für eine offene Datenkommunikation. In: Wirtschaftsinformatik, Jahrg. 36 (1994) Nr. 3, S. 252-267.

Buxmann, P.; König, W.: Ein Standardisierungsproblem: Zur ökonomischen Auswahl von Standards in Informationssystemen, http://caladan.wiwi.uni-frankfurt.de/wi97/standardisierungsproblem.html, 1997, zugegriffen am 4.7.99.

Cash, J.I.; McFarlan, F.W.; McKenney, J.L.: Corporate Information Systems Management - The Issues Facing Senior Executives. Third Edition, Homewood Boston 1992.

Castells, M. (1996), „The net and the self", *Critique of Anthropology*, Vol. 16, Nr. 1, S. 9-38.

Ceccini, P.: Europa '92 - Der Vorteil des Binnenmarktes. Baden-Baden 1988.

CERT: CERT-Advisory CA-99-04-Melissa-Macro-Virus, http://www.cert.org /advisories/CA-99-04-Melissa-Macro-Virus.html, zugegriffen am: 2. August 1999.

CERT: Ongoing Network Monitoring Attacks, http://www.cert.org/Advisories/CA94.01.ongoing.network.monitoring.att acks.html, zugegriffen am 2. August 1999.

Chandler, A.D.: Strategy and Structure - Chapters in the History of Industrial Enterprise. 3. Auflage, Cambridge London 1966.

Ciborra, C.U.: From Thinking to Tinkering: The Grassroots of Strategic Information Systems. In: Proceedings of the Twelfth International Conference on Information Systems. Hrsg.: DeGross, J.I.; Benbasat, I.; DeSanctis, G.; Beath, C.M. December 16-18, 1991, New York, S. 283-291.

Clemons, E. K.; Kimbrough, S.O.: Information Systems, telecommunications, and their effects on industrial organisation. In: Proceedings of the Seventh International Conference on Information Systems 1986, S. 99-108.

Currie, W.; Willcocks, L. (1998): New Strategies In IT Outsourcing: Major Trends And Global Best Practices. London 1998.

Currran, T.; Keller, G.:SAP R/3 Business Blueprint, 1999.

Daft, R.L.; Weick, K.E.: Toward a Model of Organizations as Interpretation Systems. In: Academy of Management Review, Vol. 9 (1984) No. 2, S. 284-295.

Date, C.J.: An Introduction to Database Systems. Sixth Edition, Reading u.a. 1995.

Davenport, T. (1993): Process Innovation - Reengineering Work Through Information Technology. Harvard Business School Press, Boston 1993.

Davenport, T.; Buday, R.: Critical Issues in Information Systems Management in 1988. Hrsg.: Index Group. O.O. 1988.

Davenport, T.H.; Short, J.E.: The New Industrial Engineering: Information Technology and Business Process Redesign. In: Sloan Management Review, Summer 1990, S. 11-27.

Davidow, W.H.; Malone, M.S.: The Virtual Corporation. New York 1993.

Davis, J.; Millburn, P.; Murphy, T.; Woodhouse, M.: Successful Teambuilding. London 1992.

Dewan, R.; Seidmann, A.; Sundaresan, S.: Strategic Choices in IS Infrastructure: Corporate Standards versus „Best of Breed" Systems. In: International Conference on Information Systems (ICIS '95). Hrsg.: DeGross, J.I.; Ariav, G.; Beath, C.; Hoyer, R.; Kemerer, C. Amsterdam, 10.-13. December 1995, S. 97-108.

Dickson, G.W.; Leitheiser, R.L.; Wetherbe, J.C.: Key Information Systems Issues for the 1980's. In: MIS Quarterly, Vol. 8 (September 1984) No. 3, S. 135-159.

Domsch, M.: Personal. In: Vahlens Kompendium der BWL. Hrsg.: Bitz, M.; Dellmann, K.; Domsch, M.; Egner, H. Band 1, 3. Auflage, München 1993, S. 521-580.

Doranth, M.: Das Dilemma im strategischen Dreieck - Informationstechnik/Nutzer/Zentrales Controlling. In: Informationssysteme Controlling - Methoden und Verfahren in der Anwendung. Hrsg.: CW-IDG-CSE. München 1990, S. 261-302.

Dorn, B.: Managementsysteme: Von der Information zur Unterstützung. In: Das informierte Management - Fakten und Signale für schnelle Entscheidungen. Hrsg.: Dorn, B., Berlin u.a. 1994, S. 11-20.

Dörner, D.: Die Logik des Mißlingens. Reinbek 1989.

Dostal, W.: Berufe in der Wirtschaftsinformatik. In: Handbuch Wirtschaftsinformatik. Hrsg.: Kurbel, K.; Strunz, H. Stuttgart 1990, S. 759-776.

Drucker, P.: The Coming of the new Organization. in: Harvard Business Review, 66(1988)1, S. 45-53.

Dülfer, E.: Projekte und Projektmanagement im internationalen Kontext - Eine Einführung. In: Projektmanagement - INTERNATIONAL. Hrsg.: Dülfer, E. Stuttgart 1982.

Eccles, R.; Nohria, N.: Beyond the Hype: Rediscovering the Essence of Management. Harvard Business School Press, 1992

Economides, N.: The Economics of Networks, in: International Journal of Industrial Organization, vol. 16, no. 4, Oktober 1996, S. 673-699.

Egelhoff, W.G.: Information-Processing Theory and the Multinational Enterprise. In: Journal of International Business Strategy, 3. Quarter, 1991, S. 341-368.

Elgass, P.: Teambasierte Geschäftsprozeßplanung - Konzeption und prototypische Umsetzung eines computergestützten Planungsmodells. Wiesbaden 1996.

Eschenröder, G.: Planungsaspekte einer ressourcenorientierten Informationswirtschaft. Bergisch Gladbach 1985.

Feeny, D.F.; Ives, F.: In Search of Sustainability: Reaping Long-term Advantage from Investments in Information Technology. In: Journal of Management Information Systems, Vol. 7 (Summer 1990) No. 1, S. 27-46.

Ferstl, O.K.; Sinz, E.J.: Grundlagen der Wirtschaftsinformatik. Band1, München 1993.

Fischer, J.: Datenmanagement. München Wien 1993.

Flüs, O. : Falsch verstandener Aktionismus wird teuer – Das Potential und die Folgen der neuen IP-Generation IPv6. In: Innovationen an allen Ecken und Enden. Blickpunkt: Netzwerke. Computerwoche focus Nr. 3/1998, S. 12-17.

FNI: DIN 44 300 Informationsverarbeitung -Begriffe-. Hrsg.: Fachnormenausschuß Informationsverarbeitung (FNI) im deutschen Normenausschuß (DNA). März 1972.

Foster, J.: Teams und Teamarbeit in der Unternehmung. Stuttgart 1978.

Fuhrberg, K.: Sicherheit im Internet, in: BSI-Informationen zu Fachthemen, http://www.bsi.de/literat/doc/fuhrberg.htm, zugegriffen am 2. August 1999.

Gaitanides, M.: Prozeßorganisation - Entwicklung, Ansätze und Programme prozeßorientierter Organisationsgestaltung. München 1983.

Gaitanides, M.; Scholz, R.; Vrohlings, A.; Raster, M.: Prozeßmanagement - Konzepte, Umsetzungen und Erfahrungen des Reengineering. München Wien 1994.

Galbraith, J.: Designing complex organizations. Reading 1973.

Gamer, A.: Datenstrukturen strategischer Planung. Frankfurt am Main u.a. 1994.

Geier, C. (1999): Ein Modell zur Nutzenbeurteilung des Einsatzes von Informationstechnologien im Rahmen der Prozeßgestaltung bei Business Process Reengineering-Projekten. Dissertation. Wiesbaden 1999.

Geier, C.; Krcmar, H. (1999): Ein prozeßorientierter Ansatz zur IT-Nutzenbeurteilung. Arbeitspapier, Lehrstuhl für Wirtschaftsinformatik, Universität Hohenheim, 1999, erscheint.

Gemünden, H.-G.: Information: Bedarf, Analyse und Verhalten. In: Handwörterbuch der Betriebswirtschaft. Hrsg.: Wittmann, W. u.a. 5., völlig neu gestaltete Auflage, Teilband 2, Stuttgart 1993, Sp. 1725-1735.

Giddens, A.: Central problems in social theory. Berkeley 1979.

Gitt, W.: Information - die dritte Grundgröße neben Materie und Energie. In: Siemens-Zeitschrift, (1989) 4, S. 4-9.

Gleich, R. (1997): Performance Measurement. In: Die Betriebswirtschaft (DBW), 57 (1997), 1, S. 114-117.

Griese, J.: Outsourcing of Information Systems Services in Switzerland - A Status Report. In: Outsourcing of Information Systems Services Conference. University of Twente, The Netherlands, May, 20-22, 1993.

Griese, J.: Ziele und Aufgaben des Informationsmanagements. In: Handbuch Wirtschaftsinformatik. Hrsg.: Kurbel, K.; Strunz, H. Stuttgart 1990, S. 641-657.

Grochla, E.: Betriebliche Planungs- und Informationssysteme. Reinbek 1975.

Groß, J.: Entwicklung des strategischen Informations-Managements in der Praxis. In: Planung in der Datenverarbeitung. Hrsg.: Strunz, H. Berlin u.a. 1985, S. 38-66.

Gutenberg, E.: Grundlagen der Betriebswirtschaftslehre. 1. Band, Die Produktion, 24. Auflage, Berlin u.a. 1979.

Hammer, M.: Reengineering Work: Don't Automate, Obliterate. In: Harvard Business Review, July-August 1990, S. 104-112.

Hammer, M.; Champy, J.: Reengineering the Corporation. New York 1993.

Hanker, J. (1990): Die strategische Bedeutung der Informatik für Organisationen - Industrieökonomische Grundlagen des strategischen Informationsmanagement. Stuttgart 1990.

Hansen, H.R.: Wirtschaftsinformatik I - Einführung in die Datenverarbeitung. 7. Auflage, Stuttgart 1992.

Harris, S.E.; Katz, J.L.: Profitability and Information Technology Capital Intensity in the Insurance Industry. In: Proceedings of the Twenty-First Annual Hawaii International Conference on System Sciences. Hrsg.: Sprague, R.H. Vol. IV, 1988, S. 124-130.

Heilmann, H.: Organisation und Management der Informationsverarbeitung im Unternehmen. In: Handbuch der Wirtschaftsinformatik. Hrsg.: Kurbel, K.; Strunz, H. Stuttgart 1990, S. 683-702.

Heilmann, H.: Wie wird man (frau) dezentraler IS-Controller? In: Informations-Controlling-Synergien zwischen Controlling und Informations-Management. Hrsg.: CW-IDG-CSE. München 1989, S. 155-174.

Heimbrecht, J.; Schultze, H.C.: Wirtschaftsspionage I - Beitrags Manuskript „PlusMinus", Westdeutscher Rundfunk (WDR), Beitrag vom 14.4.1998, http://http://aib.de/nsa/plusminus/spion.html, zugegriffen am 2. August 1999.

Heinrich, L.J.: Informationsmanagement - Planung, Überwachung und Steuerung der Informationsinfrastruktur. 6., überarbeitete und ergänzte Auflage, München Wien 1999.

Heinrich, L.J.: Informationsmanagement - Planung, Überwachung und Steuerung der Informationsinfrastruktur. 4., vollständig überarbeitete und ergänzte Auflage, München Wien 1992.

Heinrich, L.J.: Informationsmanagement - Planung, Überwachung und Steuerung der Informationsinfrastruktur. 5., vollständig überarbeitete und ergänzte Auflage, München Wien 1996.

Heinrich, L.J.: Systemplanung - Planung und Realisierung von Informatikprojekten. Band 1, Der Prozeß der Systemplanung, der Vorstudie und der Feinstudie. 6., vollständig überarbeitete und ergänzte Auflage, München Wien 1994.

Heinrich, L.J.; Burgholzer, P.: Informationsmanagement. München Wien 1987.

Heinzl, A.: Die Ausgliederung der betrieblichen Datenverarbeitung. Stuttgart 1991.

Heinzl, A.: Outsourcing the Information Systems Function Within the Company - An Empirical Survey. In: Outsourcing of Information Systems Services Conference. University of Twente, The Netherlands, May 20-22, 1993.

Helber, C.: Entscheidungen bei der Gestaltung optimaler EDV-Systeme. München 1981.

Hess, G.: Kampf um den Standard: Erfolgreiche und gescheiterte Standardisierungsprozesse - Fallstudien aus der Praxis. Stuttgart 1993.

Hess, T.; Brecht, L.: State of the Art des Business Process Redesign - Darstellung und Vergleich bestehender Methoden. 2., überarbeitete und erweiterte Auflage, Wiesbaden 1996.

Heuer, A.: Objektorientierte Datenbanken - Konzepte, Modelle, Standards und Systeme. Bonn 1997

Higgins, K.J.: Manage IP moves. In: Informationweek, 8. September 1997, S. 133ff.

Hildebrand, K.: Informationsmanagement - Status quo und Perspektiven. In: Wirtschaftsinformatik, 34. Jahrg. (Oktober 1992) Nr. 5, S. 465-471.

Hohler, B.: Zertifizierung und Prüfung von Softwareprodukten. In: Handwörterbuch der modernen Datenverarbeitung, (1994) Nr. 175, S. 20-37.

Horton, F.W.: The Information Management Workbook - IRM made simple. Washington DC 1981.

Horváth, P.: Controlling. 5., überarbeitete Auflage, München 1994.

Horváth, P.; Seidenschwarz, W.: Controlling und Informationsmanagement. In: Handwörterbuch der modernen Datenverarbeitung, Jahrg. 25 (1988) Nr. 142, S. 36-45.

Hunter, B.: Internetworking: Coordinating technology for systemic reform. In: Communications of the ACM, Vol. 36 (1993) No. 5, S. 42-46.

IBM Deutschland GmbH (Hrsg.): Business Systems Planning - Handbuch zur Planung von Informationssystemen, Stuttgart 1982.

IBM Deutschland GmbH (Hrsg.): Information Systems Management, Management der Informationsverarbeitung, Architektur und Überblick. Band 1, o.O. 1988.

International Organisation for Standardisation (ISO): Information Technology - Guidelines for the Management of IT Security (GMITS), Part 1: Concespts and models for IT Security, ISO/IEC TR 13335, Genf 1996.

International Telecommunication Union: Information Technology – Open Systems Interconnection – The Directory: Authentification Framework, ITU-T Recommendation X.509, November 1993.

Ives, B.; Learmonth, G.P.: The Information System as a Competitive Weapon. In: Communications of the ACM, Vol. 27 (1984) No. 12, S. 1193-1201.

Ives, B.; Vitale, M.B.: After the Sale: Leveraging Maintenance with Information Technology. In: MIS Quarterly, Vol. 12 (1988) No. 1, S. 6-21.

Kaplan, R.S.; Norton, D.P.: Putting the Balanced Scorecard to Work. In: Harvard Business Review, September-October 1993, S.134-147.

Kaplan, R.S.; Norton, D.P.: The Balanced Scorecard - Measures That Drive Performance. In: Harvard Business Review, January-February 1992, S.71-79.

Kaplan, R.S.; Norton, D.P.: Using the Balanced Scorecard as a Strategic Management System. In: Harvard Business Review, January-February 1996, S.75-85.

Kargl, H.: Controlling im DV-Bereich. 3., vollständig neubearbeitete und erweiterte Auflage, München Wien 1996.

Katz, M.; Shapiro, C.: Network Externalities, Competition, and Compatibility. In: American Economic Review, Vol. 75 (1985), S. 424-464.

Keen, P.G.W.: Shaping the future: business design through information technology. Boston 1991.

Keller, G.; Meinhardt, S.: SAP R/3-Analyzer - Optimierung von Geschäftsprozessen auf Basis des R/3-Referenzmodells. In: SAP R/3-Analyzer. Hrsg.: SAP AG. Walldorf ,1994.

Kieser A.; Kubicek H.: Organisation. Berlin 1983.

Kindleberger, Ch. P.: Standards as public, collective and private goods. KYKLOS, vol.36, (1983), S. 377-394.

Kinney, S.T.; Panko, R.T.: Project Teams: Profiles and member Perceptions - Implications for Group Support Systems Research and Products. In: Proceedings of the 29th Annual Hawaii International Conference on System Sciences, 1996, S. 128-137.

Klas, W.; Neuhold, E.; Schrefl, M.: Using an Object-Oriented Approach to Model Multimedia Data. In: Computer Communications, Special Issue on Multimedia Systems. Vol. 13 (1990), S. 204-216.

Knolmayer, G.: Aufgaben und Aufgabenwandel im Information Center. In: Statistik, Informatik und Ökonomie. Hrsg.: Janko, W.H. Berlin Heidelberg 1988, S. 136-163.

Knolmayer, G.: Benutzersupport: Eine Kernkompetenz des IV-Bereiches?. In: Handbuch der modernen Datenverarbeitung, Jahrg. 33 (1996) Nr. 189, S. 7-24.

Knolmayer, G.: Der Fremdbezug von Information-Center-Leistungen. In: Information Management, 1/1994, S. 54-61.

Knolmayer, G.: Modelle zur Unterstützung von Outsourcing-Entscheidungen. In: Wirtschaftsinformatik '93. Hrsg.: Kurbel, K. Heidelberg 1993, S. 70-83.

König, W.; Niedereichholz, J.: Informationstechnologie der Zukunft - Basis strategischer DV-Planung. Heidelberg Wien 1985.

König, W.; Wendt, O.; Rittgen, P.: Das Wirtschaftsinformatik-Schwerpunktprogramm „Verteilte DV-Systeme in der Betriebswirtschaft" der Deutschen Forschungsgemeinschaft. In: Wirtschaftsinformatik, Jahrg. 36. (1994) Nr. 5, S. 488-501.

Krcmar, H.: Annäherungen an Informationsmanagement - Managementdisziplin und/oder Technologiedisziplin? In: Managementforschung 1. Hrsg.: Staehle, W.H.; Sydow, J. Berlin New York 1991, S. 163-203.

Krcmar, H.: Bedeutung und Ziele von Informationssystem-Architekturen. In: Wirtschaftsinformatik, Jahrg. 32 (1990b) Nr. 5, S. 395-402.

Krcmar, H.: Enterprise-Wide Information Management: Expert Systems for Information Management. IBM Los Angeles Scientific Center, Report No. G320-2767, July 1985.

Krcmar, H.: Informationslogistik der Unternehmung - Konzept und Perspektiven. In: Informationslogistik. Hrsg.: Stroetman, K.A. Frankfurt/M. 1992, S. 67-90.

Krcmar, H.: Informationsmanagement - zum Problembewußtsein deutscher DV-Leiter. In: Wirtschaftsinformatik, Jahrg. 32 (1990a) Nr. 2, S. 127-135.

Krcmar, H.: Informationsproduktion. In: Handwörterbuch der Produktionswirtschaft. Hrsg.: Kern, W.; Schröder, H.-H.; Weber, J. 2., völlig neu gestaltete Auflage, Stuttgart 1996, Sp. 717-728.

Krcmar, H.: Informationsverarbeitungs-Controlling - Zielsetzung und Erfolgsfaktoren. In: Information Management, 3/1990, S. 6-15.

Krcmar, H.: Informationsverarbeitungs-Controlling in der Praxis. In: Information Management, 2/1992, S. 6-18.

Krcmar, H.: Innovationen durch Strategische Informationssysteme. In: Innovation und Wettbewerbsfähigkeit. Hrsg.: Dichtl, E.; Gerke, W.; Kieser, A. Wiesbaden 1987, S. 227-246.

Krcmar, H.: Outsourcing - Mode ohne Grenzen? In: Information Management, 4/1992, S. 64.

Krcmar, H.: Thesen zur Entwicklung der Informatik in der Unternehmung. In: Thexis, 3/1987, S. 103-104.

Krcmar, H.; Björn-Andersen, N.; O'Callaghan, R. (Hrsg.): EDI in Europe - How it works in Practice. Wiley, Chichester u. a. 1995.

Krcmar, H.; Buresch, A.: IV-Controlling - Ein Rahmenkonzept für die Praxis. Arbeitspapier Nr. 50, Lehrstuhl für Wirtschaftsinformatik, Universität Hohenheim, April 1994.

Krcmar, H.; Buresch, A.: IV-Controlling - Ein Rahmenkonzept für die Praxis. In: Controlling, Jahrg. 6 (September/Oktober 1994) Nr. 5, S. 294-304.

Krcmar, H.; Schwarzer, B.: Prozeßorientierte Unternehmensmodellierung - Gründe, Anforderungen an Werkzeuge und Folgen für die Organisation. In: Prozeßorientierte Unternehmensmodellierung, Grundlagen - Werkzeuge - Anwendungen. Hrsg.: Scheer, A.-W. Schriften zur Unternehmensführung, Band 53, Wiesbaden 1994, S. 13-35.

Krcmar, H.; Strasburger, H.: Informationsmanagement und Informationssystem-Architekturen - Vorteile und Risiken von Client-Server-Architekturen aus der Sicht des Informationsmanagements. In: Client-Server-Architekturen - Herausforderungen an das Informationsmanagement. Hrsg.: Krcmar, H.; Strasburger, H. Hallbergmoos 1993, S. 9-29.

Krcmar, H.; Zerbe, S.: Negotiation Enabled Workflow (NEW): Workflow-Systeme zur Unterstützung flexibler Geschäftsprozesse. Arbeitspapier Nr. 94, Lehrstuhl für Wirtschaftsinformatik, Universität Hohenheim, Januar 1996.

Krompl, S.: Konzerne im Visier, in: c't, 4/1999, S. 182.

Kronen, J.: Computergestützte Unternehmenskooperation. Wiesbaden 1994.

Kuhlen, R.: Informationswissenschaft, Schriften zur Informationswissenschaft. Konstanz 1995.

Kupper, H.: Zur Kunst der Projektsteuerung - Qualifikation und Aufgaben eines Projektleiters bei DV-Anwendungen. München Wien 1988.

Küpper, H.-U.: Industrielles Controlling. In: Industriebetriebslehre. Hrsg.: Schweitzer, M. München 1990, S. 781-891.

Lacity, M.; Willcocks, L.: An Empirical Investigation Of Information Technology Sourcing Practices: Lessons From Experience, In: MIS Quarterly, 22, 3, 1998, S. 363-408.

Lacity, M.C.; Hirschheim, R.: Information Systems Outsourcing - Myths, Metaphers and Realities. Chichester u.a. 1993.

Lamère, J.-M.: La securité informatique - Approche méthodologique, Paris 1985.

Lamère, J.-M.: Sécurité des systèmes d´information, Paris 1991.

Landvogt, J.: Vortrag vor dem „Forum IT-Grundschutz", 14. Oktober 1998 in der Fachhochschule des Bundes, Brühl 1998.

Lehner, F.: Informatik-Strategien - Entwicklung, Einsatz und Erfahrungen. München u.a. 1993.

Lehner, F.: Wartung und Nutzung von Anwendungssystemen - Ergebnisse einer empirischen Untersuchung. Arbeitspapier Institut für Wirtschaftsinformatik und Organisationsforschung der Johannes-Kepler-Universität Linz, Nr. 89.01, April 1989.

Leontiades, M.: Management Policy, Strategy and Plans. Boston Toronto 1982.

Levitan, K.B.: Information Resources as „Goods" in the Life Cycle of Information Production. In: Journal of the American Society for Information Science, Band 33, Januar 1982, S. 44-54.

Link, J.: Die methodologischen, informationswirtschaftlichen und führungspolitischen Aspekte des Controlling. In: Zeitschrift für Betriebswirtschaft, Jahrg. 52 (1982) Nr. 3, S. 261-280.

Macharzina, K.: Unternehmensführung - Das internationale Managementwissen - Konzepte - Methoden - Praxis. 2., aktualisierte und erweiterte Auflage, Wiesbaden 1995.

Mag, W.: Informationsbeschaffung. In: Handwörterbuch der Betriebswirtschaft. Hrsg.: Grochla, E.; Wittmann, W. 4. Auflage, Band 1, Stuttgart 1984, Sp. 1882-1894.

Malone, T. W.; Laubacher, R. J.: The Dawn of the E-Lance Economy. In: Scheer, A.-W.; Nüttgens, M. (Hrsg.): Electronic business engineering / 4. Internationale Tagung Wirtschaftsinformatik, Heidelberg 1999.

Männel, W.: Die Wahl zwischen Eigenfertigung und Fremdbezug. 2. Auflage, Stuttgart 1981.

Martin, J.; Leben, J.: TCP/IP-Netzwerke - Architektur, Administration und Programmierung. München 1994.

Martiny, L.; Klotz, M.: Strategisches Informationsmanagement - Bedeutung und organisatorische Umsetzung. München Wien 1989.

McFarlan F.W., McKenney, J.L., Pyburn, P.: Information archipelago: Plotting a course. In: Harvard Business Review, January-February 1983, S. 145-155.

McFarlan, F.W.: Portfolio Approach to Information Systems. In: Harvard Business Review Executive Back Series. New York u.a. 1983, S. 178-193.

McKeen, J.D.; Guimaraes, T.; Wetherbe, J.C.: A Comparative Analysis of MIS Project Selection Mechanisms. In: Data Base, Vol. 25 (August 1994) No. 3, S. 19-39.

Medina-Mora, R.; Winograd, T.; Flores R. et al: The Action Workflow Approach to Workflow Management Technology. In: Proceedings of the Conference on Computer Supported Cooperative Work 1992, S. 281-288

Meier, A.: Ziele und Aufgaben im Datenmanagement aus der Sicht des Praktikers. In: Wirtschaftsinformatik, Jahrg. 36 (1994) Nr. 5, S. 455 - 464.

Meissner, H.: Digitale Multimedia-Systeme. Berlin 1994.

Mertens, P.: Aufbauorganisation der Datenverarbeitung - Zentralisierung - Dezentralisierung - Informationszentrum. Wiesbaden 1985.

Mertens, P.; Bodendorf, F.; König, W.; Picot, A.; Schumann, M.: Grundzüge der Wirtschaftsinformatik. 3., verbesserte Auflage, Berlin u.a. 1995.

Mertens, P.; Griese, J.: Integrierte Informationsverarbeitung 2 - Planungs- und Kontrollsysteme in der Industrie. 7., aktualisierte und überarbeitete Auflage, Wiesbaden 1993.

Mertens, P.; Knolmayer, G.: Organisation der Informationsverarbeitung Grundlagen - Aufbau - Arbeitsteilung. 2., vollständig überarbeitete Auflage, Wiesbaden 1995.

Mertens, P.; Schumann, M.; Hohe, U.: Informationstechnik als Mittel zur Verbesserung der Wettbewerbsposition - Erkenntnisse aus einer Beispielsammlung. In: Informationstechnologie und strategische Führung. Hrsg.: , K.; Zur, E. Wiesbaden 1989, S. 109-135.

Miller, J. G.: Living Systems. New York u.a. 1978.

Milling, P.: Systemtheoretische Grundlagen zur Planung der Unternehmenspolitik. Berlin 1981.

Myers, M.S.: Every Employee a Manager - more meaningful work through job enrichment. New York u.a. 1970.

Mylonopoulos, N.; Ormerod, J.: A Microanalytic Approach to the Efficient Governance of IT Service Provision: The Case of Outsourcing. In: Proceedings of the 3rd European Conference on Information Systems. Hrsg.: Doukidis, G.; Galliers, B.; Jelassi, T.; Krcmar, H.; Land, F. Athens/Greece, June 1-3, 1995, S. 749-765.

Nagel, K. (1988): Nutzen der Informationsverarbeitung – Methoden zur Bewertung von strategischen Wettbewerbsvorteilen, Produktivitätsverbesserungen und Kosteneinsparungen. München und Wien 1988.

National Institute of Standards and Technology (NIST): An Introduction to Computer Security - The NIST Handbook, U.S. Department of Commerce, Special Publication 800-12, http://csrc.nist.gov/nistpubs/800-12/, zugegriffen am 2. August 1999.

Nefiodow, L.A.: Der fünfte Kondratieff : Strategien zum Strukturwandel in Wirtschaft und Gesellschaft Frankfurt am Main: Frankfurter Allg., Zeitung für Deutschland, 1990

Network Associates: Pretty Good Privacy (PGP) - An Introduction to Cryptography, Santa Clara 1999.

Niederman, F.; Brancheau, J.C.; Wetherbe, J.C.: Information Systems Management Issues for the 1990s. In: MIS Quarterly, Vol. 15 (December 1991) No. 4, S. 474-500.

Nolan, R.L.: Managing the Computer Resource: A Stage Hypothesis. In: Communications of the ACM, Vol. 16 (July 1973) No. 7, S. 7-18.

Nolan, R.L.: Managing the crisis in data processing. In: Harvard Business Review, March-April 1979, S. 115-126.

Nordsieck, F.: Grundlagen der Organisationslehre. Stuttgart 1931.

Noth, Th.; Kretzschmar, M.: Aufwandschätzung von DV-Projekten - Darstellung und Praxisvergleich der wichtigsten Verfahren. Berlin u.a. 1986.

o.V. (1994): Seven thinkers in search of an information highway. In: Technology Review, Vol. 97, Nr. 6, August/September, S. 42ff.

ORGA: ORGA Outsourcing Studie. Hrsg.: ORGA GmbH. Karlsruhe 1993.

Orlikowski, W.J.: Evolving with Notes: Organizational Change around groupware technology. Working Paper # 186, MIT, Sloan School of Management, Center of Coordination Science, Cambridge, M.A. 1995.

Orlikowski, W.J.: Information Technology in Post-Industrial Organizations. PhD-Thesis der Graduate School of Business Administration, New York University 1988.

Orlikowski, W.J.: The Duality of Technology - Rethinking the Concept of Technology in Organizations. Working Paper Alfred P. Sloan School of Management, Massachusetts Institute of Technology, CCSTR#105, 1990.

Österle, H. (Hrsg.): Integrierte Standardsoftware: Entscheidungshilfen für den Einsatz von Softwarepaketen. Band 1: Managemententscheidungen. Band 2: Auswahl, Einführung und Betrieb von Standardsoftware. Halbergmoos 1990.

Österle, H.: Erfolgsfaktor Informatik - Umsetzung der Informationstechnik in der Unternehmensführung. In: Information Managemement 3/1987, S. 24-31.

Österle, H.; Brenner, W.; Hilbers, K.: Unternehmensführung und Informationssystem - Der Ansatz des St. Galler Informationssystem-Managements. Stuttgart 1991.

Österle, H.; Steinbock, H.-J.: Das informationstechnische Potential - Stand und Perspektiven (Teil 2). In: Information Management, 3/1994, S. 52-59.

Palvia, P.C.; Palvia, S.: MIS Issues in India, and a Comparison with the United States. In: International Information Systems, Vol. 1 (April 1992) No. 2, S. 100-110.

Panko, R.R.: Is Office Productivity Stagnant? In: MIS Quarterly, June 1991, S. 191-203.

Parker, M.M.; Benson, R.J.; Trainor, H.E.: Information Economics - Linking Business Performance to Information Technology. Englewood Cliffs 1988.

Peukert, H.: Electronic Commerce und Sicherheit. in: Bundesamt für Sicherheit in der Informationstechnik (BSI): Mit Sicherheit in die Informationsgesellschaft, Tagungsband zum 5. Deutschen IT-Sicherheitskongreß des BSI, Bonn 1997.

Picot, A.: Die Planung der Unternehmensressource „Information". In: 2. Internationales Management-Symposium „Erfolgsfaktor Information". Hrsg.: Diebold Deutschland GmbH. Frankfurt 20. und 21. Januar 1988, S. 223-250.

Picot, A.: Strategisches Informationsmanagement. In: Siemens Magazin COM, 3/1988, S. 11-15.

Picot, A.: Transaktionskostenansatz in der Organisationstheorie: Stand der Diskussion und Aussagewert. In: Die Betriebswirtschaft, Jahrg. 42 (1982) Nr. 2, S. 267-284.

Picot, A.; Franck, E.: Die Planung der Unternehmensressource Information. In: Das Wirtschaftsstudium 1988, S. 544-549 und 608-614.

Picot, A.; Maier, M.: Analyse- und Gestaltungskonzepte für das Outsourcing. In: Information Management, 4/1992, S. 14-27.

Picot, A.; Neuburger, R.; Niggl, J.: Ökonomische Perspektiven eines „Electronic Data Interchange". In: Information Management, 2/1991, S. 22-29.

Picot, A.; Reichwald, R. (1985): Menschengerechte Arbeitsplätze sind wirtschaftlich. Vier-Ebenen-Modell der Wirtschaftlichkeitsbeurteilung. Eschborn 1985.

Poe, V.; Reeves, L.: Aufbau eines Data Warehouse. München, London, New York 1997.

Pohl, H.; Weck. G. (Hrsg.): Einführung in die Informationssicherheit, Handbuch Band 1, München, Wien, 1993. In: Stickel E. et al. (Hrsg.): Gabler-Wirtschaftsinformatik-Lexikon, Wiesbaden 1997, S 177 f.

Pomberger, G.; Blaschek, G.: Software Engineering. 2. Auflage, München Wien 1996.

Pongratz, Michael: Der Einsatz des Rahmenwerkes COBIT in der Informatik Revision zur Überwachung der Informationssicherheit, in: Bauknecht, Kurt, Büllesbach, Alfred, Pohl, Hartmut, Teufel, Stephanie (Hrsg.): Sicherheit in Informationssystemen, SIS'98, vdf, Zürich 1998.

Porter, M.E.: Competitive Advantage - Creating and Sustaining Superior Performance. New York 1985.

Porter, M.E.: Competitive Strategy - Techniques for Analyzing Industries and Competitors. New York 1980.

Porter, M.E.; Millar, V.E. (1985): How information gives you competitive advantage. In: Harvard Business Review, July - August, 1985. S. 149-160.

Potthof, I. (1998): Empirische Studien zum wirtschaftlichen Erfolg der Informa–tionsverarbeitung. In: Wirtschaftsinformatik, 40 (1998), Heft 1, S. 54-65.

Prahalad, C.K; Hamel, G.: The Core Competence of the Corporation. In: Harvard Business Review, May-June 1990, S. 79-91.

Pribilla, P.; Reichwald, R.; Goecke, R.: Telekommunikation im Management : Strategien für den globalen Wettbewerb. Stuttgart: Schäffer-Poeschel, 1996

Rao, K.V.; Huff, F.P.; Davis, G.B.: Critical Issues in the Management of Information Systems: A Comparison of Singapore and the USA. In: Information Technology, Vol. 1 (1987) No. 3, S. 11-19.

Reb, M. Krcmar, H. (1998): Informationsmanagement - Eine Bestandsaufnahme. In: Informationstechnologien in Schweizer Unternehmen. Hrsg.: Häuschen, H.; Kueng, P.; Wismer, D., Freiburg (Schweiz) 1998, S. 65-90.

Rehäuser, J. : Prozeßorientiertes Benchmarking im Informationsmanagement, Wiesbaden 1999.

Rehäuser, J.; Krcmar, H.: Benchmarking im Informationsmanagement als Instrument eines umfassenden IV-Controlling. In: DV-Management, 3. Quartal 1995, S. 107-112.

Rehäuser, J.; Krcmar, H.: Wissensmanagement im Unternehmen. In: Wissensmanagement, Managementforschung 6. Hrsg.: Schreyögg, G.; Conrad, P., Berlin, New York 1996, S. 1-40.

Rensmann, J.: Unternehmensnetz nach Maß. In: Office Management, Nr. 3/1998, S.8-10.

Riedl, J.E.: Projekt-Controlling in Forschung und Entwicklung - Grundsätze, Methoden, Verfahren, Anwendungsbeispiele aus der Nachrichtentechnik. Berlin u.a. 1990.

Rockart, J.F.: Chief Executives define their own data needs. In: Harvard Business Review, Vol. 14 (March-April 1979) No. 2, S. 81-93.

Rockart, J.F.: The line takes the leadership - IS Management for the wired society. In: Sloan Management Review, Summer 1988, S. 57-64.

Rogers, E.M.: Diffusion of Innovations. Third Edition, New York 1983.

Roithmayr, F.; Wendner, J.: Ergebnisse einer empirischen Studie über den Zusammenhang zwischen Unternehmensstrategie und Informationssystem-Strategie. In: Wirtschaftsinformatik, 34. Jahrg. (Oktober 1992) Nr. 5, S. 472-480.

Rosemann, M.; Rotthowe, Th.: Der Lösungsbeitrag von Prozeßmodellen bei der Einführung von SAP R/3 im Finanz- und Rechnungswesen. In: Handbuch der modernen Datenverarbeitung - Theorie und Praxis der Wirtschaftsinformatik, Jahrg. 32 (1995) Nr. 182, S. 8-25.

Scheer, A.-W.: Architektur integrierter Informationssysteme - Grundlagen der Unternehmcnsmodellierung. Berlin u.a. 1991.

Scheer, A.-W.: Betriebs- und Wirtschaftsinformatik. In: Handwörterbuch der Betriebswirtschaft. Hrsg.: Wittmann, W. u.a. 5., völlig neu gestaltete Auflage, Teilband 2, Stuttgart 1993, Sp. 390-408.

Scheer, A.-W.: EDV-orientierte Betriebswirtschaftslehre - Grundlagen für ein effizientes Informationsmanagement. 4., völlig neu bearbeitete Auflage, Berlin u.a. 1990.

Scheer, A.-W.: Wirtschaftsinformatik - Informationssysteme im Industriebetrieb. 2., verbesserte Auflage, Berlin u.a. 1988.

Scheer, A.-W.: Wirtschaftsinformatik - Referenzmodelle für industrielle Geschäftsprozesse. 4., vollständig überarbeitete und erweiterte Auflage, Berlin u.a. 1994.

Schenk, M.: Medienwirkungsforschung. Tübingen 1987.

Schindel, V.: Entscheidungsorientierte Interpretationen des Informationswertes und ihre jeweilige Eignung zur Beurteilung von Informationsbeschaffungsmaßnahmen. In: Zeitschrift für Betriebswirtschaft, Jahrg. 49 (1979) Nr. 1, S. 39-56.

Schlageter, G.; Stucky, W.: Datenbanksysteme: Konzepte und Modelle. Stuttgart 1983.

Schmalen, H.: Diffusionsprozesse und Diffusionstheorie. In: Handwörterbuch der Betriebswirtschaft. Hrsg.: Wittmann, W. 5. Auflage, Stuttgart 1993, Sp. 76-788.

Schneider, U.: Kulturbewußtes Informationsmanagement. München Wien 1990.

Scholz, C.: Globaler Wettbewerb, technologische Dynamik und die Konsequenzen für Mitarbeitermotivation und -qualifikation. In: Die Zukunft der Arbeitsgesellschaft - Technologie und Qualifikation. Hrsg.: Scholz C.; Staudt E.; Steger U. Frankfurt a.M. 1992, S. 155-188.

Scholz, C.: Personalmanagement: informationsorientierte und verhaltenstheoretische Grundlagen. 3. Auflage, München 1993.

Schönwälder, S.: Portfoliomanagement für betriebliche Informationssysteme - Ein computergestützter Ansatz zur prtizipativen Einführung und Gestaltung. Wiesbaden 1997.

Schröder, M.: Help-Desk-System. In: Wirtschaftsinformatik, Jahrg. 35 (1993) Nr. 3, S. 280-283.

Schubert, P.; Back-Hock, A.: Groupwarebasierter Help-Desk für Informatikprobleme - Eine Applikation unter Lotus Notes an der Universität St. Gallen. In: Handbuch der modernen Datenverarbeitung, Jahrg. 33 (1996) Nr. 189, S. 54-63.

Schüler, W.: Informationsmanagement: Gegenstand und organisatorische Konsequenzen. In: Informationstechnologie und strategische Führung. Hrsg.: Spremann, K.; Zur, E. Wiesbaden 1989, S. 181-187.

Schumann, M. (1992): Betriebliche Nutzeffekte und Strategiebeiträge der großintegrierten Informationsverarbeitung. Berlin et al. 1992.

Schumann, M.: Abschätzung von Nutzeffekten zwischenbetrieblicher Informa–
tionsverarbeitung. In: Wirtschaftsinformatik, Jahrg. 32 (1990) Nr. 4, S.
307-319.

Schwabe, G. (1999): Telekooperation für den Gemeinderat. Habilitation. Universität Hohenheim 1999, erscheint.

Schwabe, G.: Objekte der Gruppenarbeit. Wiesbaden 1995.

Schwarze, J.: Einführung in die Wirtschaftsinformatik. 2., völlig überarbeitete und
erweiterte Auflage. Herne Berlin 1991.

Schwarzer, B., Krcmar, H.: Wirtschaftsinformatik - Grundzüge der betrieblichen
Datenverarbeitung, 2. Aufl., Schäffer-Poeschel, Stuttgart 1996

Schwarzer, B.: Die Rolle der Information und des Informationsmanagements in
Business Process Re-Engineering Projekten. In: Information Management, 1/1994b, S. 30-35.

Schwarzer, B.: Prozessorientiertes Informationsmanagement in multinationalen
Unternehmen : eine empirische Untersuchung in der Pharmaindustrie.
Diss. Universität Hohenheim. Wiesbaden 1994.

Schwarzer, B.; Krcmar, H.: Einführung in die Wirtschaftsinformatik. Stuttgart
1996.

Schwarzer, B.; Krcmar, H.: Grundlagen der Prozeßorientierung - Eine verglei-
chende Untersuchung in der Elektronik- und Pharmaindustrie. Wiesbaden
1995.

Schwarzer, B.; Krcmar, H.: Neue Organisationsformen - Modewellen oder Rück-
kehr zu den Wurzeln? In: Scheer, A.-W.: 16. Saarbrücker Arbeitstagung
Rechnungswesen und EDV. Heidelberg, 1995, S. 108-122.

Schwarzer, B.; Zerbe, S.; Krcmar, H.: Neue Organisationsformen und IT - Globale
Teams und Netzwerke (Arbeitstitel). In Vorbereitung, 1999.

Scott Morton, M.S.: The Corporation of the 1990s - Information Technology and
Organizational Transformation. New York Oxford 1991.

Seibt, D.: Ausgewählte Probleme und Aufgaben der Wirtschaftsinformatik. In:
Wirtschaftsinformatik, Jahrg. 32 (Februar 1990) Nr. 1, S. 7-19.

Seibt, D.: Methoden, Verfahren und Systeme zur Unterstützung des DV-
Controlling. In: EDV-Controlling - Wirtschaftlichkeit und Sicherheit in
der Informationsverarbeitung. Hrsg.: CW-IDG-CSE. München 1983, S.
235-257.

Seibt, D.: Phasenkonzept. In: Lexikon der Wirtschaftsinformatik. Haupthrsg.:
Mertens, P. 2., vollständig neu bearbeitete und erweiterte Auflage, Berlin
u.a. 1990, S. 326-328.

Seibt, D.: Vorgehensmodell. In: Lexikon der Wirtschaftsinformatik. Haupthrsg.:
Mertens, P., 3., vollständig neu bearbeitete und erweiterte Auflage, Berlin
1997.

Seiffert, H.: Information über die Information. 3. Auflage, München 1971.

Shannon, C. E.; Weaver, W.: Mathematische Grundlagen der Informationstheorie.
München 1976.

Shenk, D.: Data Smog: Surviving the Information Glut, New York 1997.

Siemens AG. Vortrag am 13.07.1999 im Rahmen einer Tagung des Management Circle in Wiesbaden

Sokolovsky, Z.: Produkt-Controlling in der Informationsverarbeitung. In: Informationssysteme Controlling - Methoden und Verfahren in der Anwendung. Hrsg.: CW-IDG-CSE. München 1990, S. 303-325.

Sokolovsky, Z.: Projektcontrolling - Projektbegleitende Wirtschaftlichkeitskontrollen bei   großen DV-Projekten. In: Zeitschrift für Organisation, Jahrg. 56 (1987) Nr. 4, S. 261-268.

Speth, C.: Investitionsgütermarketing bei Kritische Masse-Systemen unter besonderer Berücksichtigung von Telekommunikationssystemen. Dissertation. Stuttgart 1999.

Staehle, W.H.: Management: Eine verhaltenswissenschaftliche Perspektive. 6. Auflage, München 1991.

Stahlknecht, P.: Einführung in die Wirtschaftsinformatik. 6., völlig überarbeitete und erweiterte Auflage, Berlin u.a. 1993.

Stahlknecht, P.: Einführung in die Wirtschaftsinformatik. 7., vollständig überarbeitete und erweiterte Auflage, Berlin u.a. 1995.

Steinbock, H.-J.: Potentiale der Informationstechnik - State-of-the-Art und Trends aus Anwendersicht. Stuttgart 1994.

Steinmüller, W.: Eine sozialwissenschaftliche Konzeption der Informationswissenschaft. In: Nachrichten für Dokumentation 23 (1981) 2, S. 69-80.

Steinmüller, W.: Informationstechnologie und Gesellschaft: Einführung in die Angewandte Informatik. Darmstadt 1993.

Stiel, H.: Im Verzeichnis werden die Weichen gestellt. In: Netzwerke – Eine Branche im Umbruch? Blickpunkt: Internetworking. Computerwoche focus Nr. 2/1999, S. 16-17.

Stonebraker, M.; Moore, D.: Objektrelationale Datenbanken - Die nächste große Welle. München Wien 1999.

Strassmann, P.: Overview of strategic Aspects of Information Management. In: Technology and People, 1/1982, S. 71 -89.

Straube, M.: Zwischenbetriebliche Kooperation. Wiesbaden 1972.

Streicher, A.: Herr der Rechner - ein Gruppenbild ohne Dame. In: Online, (1988) Nr. 5.

Sydow, J.: Strategische Netzwerke : Evolution und Organisation. Habil.-Schr. Freie Universität Berlin. Wiesbaden 1995.

Szyperski, N.: Die Informationstechnik und unternehmensübergreifende Logistik. In: Integration und Flexibilität. Hrsg.: Adam, D.; Backhaus, H.; Meffert, H.; Wagner, H. Wiesbaden 1990, S. 79-95.

Szyperski, N.: Geplante Antwort der Unternehmung auf den informations- und kommunikationstechnischen Wandel. In: Organisation, Planung, Informationssysteme. Hrsg.: Frese, E.; Schmitz, P.; Szyperski, N. Stuttgart 1981, S. 177-195.

Szyperski, N.: Synergien zwischen Controlling und Informationstechnik. In: Informations-Controlling-Synergien zwischen Controlling und Informations-Management. Hrsg.: CW-IDG-CSE. München 1989, S. 9-13.

Szyperski, N.; Eschenröder, G.: Information - Ressource - Management. In: Management betrieblicher Informationsverarbeitung. Hrsg.: Kay, R. Wien 1983.

Szyperski, N.; Winand, U.: Grundbegriffe der Unternehmensplanung. Stuttgart 1980.

Szyperski, N.; Winand, U.: Informationsmanagement und informationstechnische Perspektiven. In: Organisation: evolutionäre Interdependenzen von Kultur und Struktur der Unternehmung. Hrsg.: Seibt, E.; Wagner, D. Wiesbaden 1989, S. 133-150.

Thum, M.: Netzwerkeffekte, Standardisierung und staatlicher Regulierungsbedarf. Tübingen 1995.

Timmers, P.: Business Models for Electronic Markets. In: Electronic Markets Vol. 8 (No. 2) 1998.

Ungerer, H.; Costello, N.P.: Telekommunikation in Europa. Luxemburg 1989.

Venkatraman, N.: IT-Induced Business Reconfiguration. In: The Corporation of the 1990s. Hrsg.: Scott Morton, New York, Oxford, 1991, S. 122-158.

Vetter, M.: Global denken, lokal handeln in der Informatik - 10 Gebote eines ganzheitlichen, objektorientierten Informatik-Einsatzes. Stuttgart 1994.

Vossen, G.: Datenbankmodelle, Datenbanksprachen und Datenbankmanagementsysteme. 3., vollständig überarbeitete Auflage, München, Wien 1999.

Wacker, W.H.: Betriebswirtschaftliche Informationstheorie - Grundlagen des Informationssystems. Westdeutscher, Opladen 1971.

Washburn, K.; Evans, J.: TCP/IP - Aufbau und Betrieb eines TCP/IP-Netzes. 2., aktualisierte und erweiterte Auflage, Bonn 1997.

Watson, R.T.: Key Issues in Information Systems Management: An Australian Perspective - 1988. In: The Australian Computer Journal, Vol. 21 (1989) No. 2, S. 118-129.

Weigle, J; Krcmar, H.: Rauser Advertainment AG - ein Beispiel virtualisierter Unternehmensstrukturen. Arbeitspapier Nr. 109, Lehrstuhl für Wirtschaftsinformatik, Universität Hohenheim, 1999, erscheint.

Weill, P.; Olson, M.H. (1989): Managing in Information Technology: Mini Case Examples and Implications. In: MIS Quarterly 13 (1989), 1, S. 3-17.Nolan, R.L.: Managing the crisis in data processing. In: Harvard Business Review, Vol. 57 (1979) No. 2, S. 115-126.

Weiß, D.; Zerbe, S.: Verbindung von Prozeßkostenrechnung und Vorgangssteuerung - Überlegungen und Denkanstöße. In: Controlling, Jahrg. 7 (Januar/Februar 1995) Nr. 1, S. 42-46.

Wild, J.: Input-, Output- und Prozeßanalyse von Informationssystemen. In: Zeitschrift für betriebswirtschaftliche Forschung, Jahrg. 40 (1970), S. 50-72.

Wild, J.: Management-Konzeption und Unternehmungsverfassung. In: Probleme der Unternehmungsverfassung. Hrsg.: Schmidt, R.B. Tübingen 1971, S. 57-95.

Wilde, E.: Wilde´s WWW - Technical Foundations of the World Wide Web. Berlin Heidelberg 1999.

Wilder, R.P.: The Continuing Evolution of Information Systems Planning. In: Planung in der Datenverarbeitung. Hrsg.: Strunz, H. Berlin u.a. 1985, S. 21-37.

Willcocks, L.: Information Management - Evaluation of Information Systems Investments. London 1994.

Willcocks, L.; Lacity, M.; Fitzgerald, G.: IT Outsourcing in Europe and the USA: Assessment Issues. In: Proceedings of the 3rd European Conference on Information Systems. Hrsg.: Doukidis, G.; Galliers, B.; Jelassi, T.; Krcmar, H.; Land, F. Athens/Greece, June 1-3, 1995, S. 247-260.

Willcocks, L; Lacity, M.; Fitzgerald, G.: Strategic Sourcing Of Information Systems, Wiley, Chichester, 1998.

Williamson, O.E.: Markets and Hierarchies: Analysis and Antitrus Implications. New York 1975.

Williamson, O.E.: The Mechanisms of Governance. New York, Oxford 1996

Wilson, T.: Wanted: IP Addresses. In: Internetweek, 18. Mai 1998, S. 1ff.

Windeler, A: Unternehmungsnetzwerke. Konstitution und Strukturation. Wiesbaden, 1999.

Wirth, A.; Buhl, H.: Diversifikationseffekte als Erklärung für Downsizing und Outsourcing. In: Wirtschaftsinformatik '95. Hrsg.: König, W. Heidelberg 1995, S. 493-507.

Wiseman, C.: Strategic Information Systems. Second Edition, Homewood 1988.

Witte, E.: Das Informationsverhalten in Entscheidungsprozessen. In: Das Informationsverhalten in Entscheidungsprozessen. Hrsg.: Witte, E. Tübingen 1972, S. 1-88.

Wittmann, W.: Unternehmung und unvollkommene Information. Köln Opladen 1959.

WKWI: Profil der Wirtschaftsinformatik, Ausführungen der Wissenschaftlichen Kommission der Wirtschaftsinformatik. In: Wirtschaftsinformatik 36 (1994) 1, S. 80-81.

Wollnik, M.: Ein Referenzmodell des Informationsmanagements. In: Information Management 3/1988, S. 34-43.

Zandt, N.: Nutzenargumente zur Datenmodellierung. In: Information Management, 4/1993, S. 81-82.

Zanger, C.; Schöne, K.: IV-Controlling - Status quo und Entwicklungstendenzen in der Praxis. In: Information Management, 1/1994, S. 62-70.

Zerdick, A.; Picot, A.; Schrape, K.; Artopé, A.; Goldhammer, K; Lange, U.; Vierkant, E.; López-Escobar, E.; Silverstone, R.: Die Internet-Ökonomie: Strategien für die digitale Wirtschaft / European Communication Council. Berlin u.a., 1999.

Zerdick, Axel (Hrsg.): Die Internet-Ökonomie : Strategien für die digitale Wirtschaft, Springer, Berlin und Heidelberg 1999.
Zimmermann, D.: Produktionsfaktor Information. Neuwied Berlin 1972.

Tabellenverzeichnis

Abbildungsverzeichnis

STICHWORTVERZEICHNIS